中山大学国际交流学院学术书系之二

对外汉语教学习得研究

DUIWAI HANYU JIAOXUE XIDE YANJIU

周小兵　朱其智 ◎ 主编

北京大学出版社
PEKING UNIVERSITY PRESS

图书在版编目(CIP)数据

对外汉语教学习得研究/周小兵,朱其智主编. —北京:北京大学出版社,2006.5

ISBN 978-7-301-09600-0

Ⅰ.对… Ⅱ.①周…②朱… Ⅲ.汉语—研究—文选 Ⅳ.H195-53

中国版本图书馆 CIP 数据核字(2005)第 109281 号

书　　　名：对外汉语教学习得研究
著作责任者：周小兵　朱其智　主编
责 任 编 辑：吕幼筠
标 准 书 号：ISBN 978-7-301-09600-0/H·1548
出 版 发 行：北京大学出版社
地　　　址：北京市海淀区成府路 205 号　100871
网　　　址：http://www.pup.cn
电 子 邮 箱：lvyoujun99@yahoo.com.cn
电　　　话：邮购部 62752015　发行部 62750672　编辑部 62752028
　　　　　　出版部 62754962
印　刷　者：北京大学印刷厂
经　销　者：新华书店
　　　　　　890 毫米×1240 毫米　A5　17.375 印张　500 千字
　　　　　　2006 年 5 月第 1 版　2007 年 12 月第 2 次印刷
定　　　价：26.00 元

未经许可,不得以任何方式复制或抄袭本书之部分或全部内容。
版权所有,侵权必究　举报电话:010－62752024
　　　　　　　　　　电子邮箱:fd@pup.pku.edu.cn

目　录

综合研究

结构、表达、学习心理与对外汉语教学……………… 范开泰 （1）
修辞结构理论与对外汉语语篇教学 ……………… 孔庆蓓 （11）
汉语教学语法描述的新构思……………………… 孟柱亿 （25）
华语作为第二语言教学：新加坡的经验 ………… 吴英成 （36）
"S+'一'+V"成句条件初探
　　——兼议制约结构成句的因素对习得过程的影响及其
　　对策 …………………………………………… 赵延风 （43）
语言变体、文言、字词与对外汉语教师 ………… 周清海 （56）
"由"字句选取依据研究…………………………… 朱其智 （68）

汉语研究

现代汉语介词功能与属性研究…………………… 刘　兵 （84）
副词"并"+否定词的语义句法考察……………… 牟世荣 （103）
基于语料库的现代汉语离合词
　　形式分析………………………… 任海波　王　刚 （111）

语言对比

"关键相似度"对汉语学习的影响
　　——韩语"비교적"和汉语"比较"的
　　对比及偏误分析 …………………………… 陈　珺 （132）
现代汉语名词性短语及其
　　跟越南语的对比 …………………………… 阮黄英 （156）
话语指示的语用对比分析………………………… 余　维 （167）
英汉对比分析在基础汉语教学中的
　　作用与价值………………………………… 周　健 （180）

习得研究

外国学生汉字学习策略
  研究……………………高定国 章睿健 吴门吉 潘 伟 (198)
留学生"得"字情态补语句习得考察……………………邓小宁 (222)
日本留学生心理词典的词汇通达
  ——一项关于双音节汉日同形词的
  研究 ………………………………黎 静 高立群 (235)
外国学习者汉语写作的回避现象研究……………………李丹丹 (254)
否定结构的熟悉度对留学生
  选择"不"和"没"的影响……………………………李 英 (269)
留学生汉语报刊阅读中专有名词的识别与
  理解……………………………………………………彭淑莉 (287)
欧美学生汉字笔画与部件习得效应的
  准实验研究……………………………………………王建勤 (307)
日本学习者汉语舌尖后音的产生和发展途径……………谢小丽 (319)
初级阶段留学生话语特征分析……………………………张 舸 (331)

偏误分析

从留学生偏误看协同副词的语义句法特征………………蔡 晓 (341)
韩国人汉语二语习得的语音个案分析
  及纠正方案……………………………………………陈凡凡 (354)
留学生汉语学习中的理解偏差……………………………陈淑梅 (370)
越南学生汉语声韵母偏误分析……………………………何黎金英 (379)
新闻汉译中的偏误…………………………………………叶 蓉 (389)
母语为英语者汉语语篇衔接偏误的
  语内因素考察…………………………………………赵成新 (402)

教学研究

谈零起点混合班的课程设置………………………………郝红艳 (417)
高级综合课教学探讨………………………………………李宇凤 (423)
浅谈中级写作课中的语法教学……………………………林 欢 (434)
对外汉语教学高级阶段同义词的范围与辨析……………刘晓梅 (443)

在韩实用汉语课堂教学
　　——重点难点有的放矢 ················· 王秀珍（455）
对外汉语教学中的敬语问题············· 张高翔　张艳萍（472）
"字本位"和"词本位"以外的思考
　　——汉字与词语关系及词汇教学顺序的考察 ······ 张世涛（483）

师资　教材　网络

对海外汉语师资培训的几点思考··············· 刘正文（492）
新编《医学专业汉语课本》的
　　编写原则····················· 莫秀英　林华生（501）
泰国高校汉语学习者学习状况调查
　　及其对教材编写的启示················· 徐霄鹰（509）
试论网上学习中文的活动·················· 姚道中（520）

首届国际汉语教学与习得研讨会论文讨论
　　综述························· 周小兵（540）
首届国际汉语教学与习得研讨会论文总目············（545）
后记··························· 编　者（548）

结构、表达、学习心理与对外汉语教学

范开泰
上海师范大学对外汉语学院

提　要　本文从以下几个方面探讨对外汉语教学：(1) 现代汉语的话题化问题；(2) 现代汉语中长句化短句问题；(3) 韩国学生的学习心理特点，并根据韩国学生的语言心理和文化习惯，提出"读写领先"的对韩汉语教学的教学法原则。

关键词　话题化　信息量　结构层次　读写领先

对外汉语教学是一种外语教学，要提高对外汉语教学的效率，就必须对汉语的结构特点和汉语的表达特点的机制进行研究，必须对教学对象的学习心理特点进行研究。下面以对韩汉语教学为例来分析。

一　现代汉语的结构特点与
对外汉语教学——话题化问题

在外语教学中，凡是目的语跟母语不一致的地方，往往就是教学中必须讲得清楚、练得纯熟的教学重点，凡是母语的表达类型单一、运用条件简单而相应的目的语的表达形式多、运用条件复杂的，往往就是教学中的难点。如果两种语言的表达格式在类型上有交叉、对应规则不明显的，则必然是难点中的难点。

以汉语的话题句为例。

我们都知道，从语言类型上来说，英语是主语优先(突出)的语言，而汉语是话题优先(突出)的语言。韩语在这方面跟汉语很不一样,有话题句,但不像汉语那么多,韩语的类型特征不是话题优先。因此,韩国人学汉语,理解话题句有一定困难,用汉语表达时,更经常使用"回避"的策略,很少使用话题句。

话题句都是陈述句。汉语话题句的构成有两种类型:第一种在表达上原来就是话题——说明类型,包括描写句(形容词谓语句、主谓谓语句)、判断句(判断动词谓语句、名词谓语句)、评议句(带助动词的动词谓语句);第二种在表达上原来是施事——动作行为类型,属于叙述句(行为动作动词谓语句),经过话题化构成了话题句。这两种类型都可以在话题前加上"至于"、"关于"、"说到"之类的话题标记,成为有标记的话题句。

汉语的主谓谓语句是韩国学生学习汉语话题句的一个难点。例如:

(1) 王先生性格很直爽。
(2) 王先生说话很干脆。
(3) 王先生汉语说得很流利。
(4) 王先生做事效率很高。
(5) 王先生一个人做事效率更高。

有人说,这些句子中的"王先生"是定语,"王先生性格很直爽"跟"王先生的性格很直爽"一样。汉语的名词做定语时,定语和中心语之间可以加"的",也可以不加"的"。就例(1)来说,这种解释说得通,但是用到例(2)和例(3)上就有些勉强了,"王先生的说话很干脆"、"王先生的汉语说得很流利"这样的句子总让中国人觉得有些洋腔洋调,不是地道的汉语。例(4)和例(5)就单独一个句子说,可以说成"王先生做事的效率很高"、"王先生一个人做事的效率更高"。但是如果把例(1)到例(5)连起来说成一个复句呢?我们可以这样说:"王先生性格很直爽,说话很干脆,汉语说得很流利,做事效率很高,一个人做事效率更高。"这是一个并列复句,"王先生"是全句的话题,也就是说是第一个分句的话题,也是后面每一个分句的省略了的话题。这样用话题—述题(说明)结构来解释,结构类型很明确,理解的线索很清楚。用定语说,就把原来全局统一而紧凑的结构破坏了:"王先生(的)性格很直爽,[王先生(的)]说话很干脆,[王先生(的)]汉语说得很流利,(王先生)做事(的)效率很高,(王先生)一个人做事(的)效率更高。"这个例子也说明了汉语是话题优先的语言,在表达时,中国人习惯于用话题结构来表达,用话题构成复句和句群中的话题链。如果说主语优先类型的英语,它的语句结构是依靠形态变化(代词、名词和动词的数的系统,人称代词的格的系统,动词的人称系统)和连接代词系统来表达复杂句和复合句的种种结构关系的,那么话题优先类型的汉语则是依靠话题链和关联词语来连接分句、连接句子,构成一个联系密切、结构紧凑的复句和句群的。所以,理解汉语结构的话题分析原理、学会应用话题句,在对韩汉语教学是一个很重要的课题。

理解汉语结构中的话题化原理,学会应用由话题化构成话题句,是韩国学生学习汉语时另一个难点。

汉语句子话题化的原则很简单,把句子中的某一名词项移位到动词前面,称为次话题化,移到句子头上,称为话题化。于是 SVO 型句子经过话题化可以变换出 SOV 型、OSV 型。例如:

(6) 妈妈做好了泡菜——妈妈泡菜做好了——泡菜妈妈做好了

还可以加上标记词,变成 S 把 OV 型、O 被 SV 型。我们可以把"把"看做前置式的受事次话题标记,也可以看做后置式的施事话题标记;我们可以把"被"看做前置式的施事次话题标记,也可以看做后置式的受事话题标记。例如:

(7) 妈妈做好了泡菜——妈妈把泡菜做好了——泡菜由妈妈做好了

如果话题化的句子都是那么整齐,那么,外国留学生一学就学会了,不至于形成回避的使用策略。实际情况复杂得多,例如同样是行为动作动词句:

(8) 小王看过这本书了——小王这本书看过了——这本书小王看过了——？小王把这本书看过了——？这本书被小王看过了

说"小王把这本书看过了"不行,说"小王把这本书看完了"就行了。传统的解释是"把"字的宾语在意念上应该是谓语动词的受事,也就是说谓语动词在意念上管得到"把"字的宾语。从话题化的角度来分析,"S 把 OV"句是有标记的次话题化的句子,整个句子的话题结构是{[小王]话题[把(这本书)次话题(看完)次述题]述题了}。这是不是因为有标记话题句跟无标记话题句相比较,有对话题信息加以强调的意味,因此相应地对述题(说明部分)信息量要求也更大一些呢?这种分析从原理上说得通,似乎有道理。那么信息量多大可以说"足够"了呢?要仔细研究。例如,"被"字句对述题信息量的要求比"把"字句更严,"这本书被小王看完了"也不行,"这本书被小王看烂了"才行。是不是可以说话题化程度越高,"信息量足够"的要求越高呢?同时"把"字句、"被"字句的述语动词都不能是光杆动词,特别不能是光杆的单音节动词,这似乎也跟话题化句子中对述题的信息量的要求有关。

"做"、"看"是行为动作动词,行为动作动词句里话题的标记是"把"、"被",心理动词句跟"把"、"被"相应的是"对"。例如:

(9) 我很喜欢这本书——我这本书很喜欢——这本书我很喜欢——我对这本书很喜欢——对这本书我很喜欢

跟"把"、"被"比较,作为语义标记,"把"表它后面的名词语是谓语动词的受事,"被"表它后面的名词语是谓语动词的施事,"对"则表示它后面的名词语是谓语动词的对象,他们具有相等的语义结构地位。作为语用标记,"把"、"被"是一种前置的次话题标记或后置的话题标记,而"对"对于它前面或后面的名词语是不是话题并不起作用。"对"在心理动词句中并不表话题。换句话说,心理动词没有标记话题,都是凭位置表示的无标记话题句。

认知动词句呢?"我早就认识那个人了——我那个人早就认识了——那个人我早就认识了——？我对那个人早就认识

了——?对那个人我早就认识了"似乎也是只有无标记话题句。但是把"认识"换成"看透",情况又不一样了。"我对那个人早就看透了"、"对那个人我早就看透了"还是可以的。这说明还是有一个信息量的问题。

二 现代汉语的表达特点与对外汉语教学——长句化短问题

先看一下我为一位韩国朋友修改的几个句子:

(10)(原句)山口守教授把针对杨逵和张赫宙这两个殖民地出身日语作家的日本评论家的文章当做文本来分析他们想象殖民地的具体过程。

(改为)山口守教授分析了日本评论家对杨逵和张赫宙这两个殖民地出身的日语文学作家的评论,剖析了日本评论家对待殖民地作家的具体的心理历程。

(11)(原句)1932年以《饿鬼道》得奖、登上日本文坛的张赫宙,在韩国国内没有受到适当的评价。

(改为)张赫宙1932年以《饿鬼道》得奖、登上日本文坛时,在韩国国内没有得到什么相应的评价。

(12)(原句)1936年迁居到日本东京以后他很活跃的写作。

(改为)1936年迁居到日本东京以后他的写作很活跃。

除了个别词语的调整以外,主要是结构的调整。(10)、(11)两句都是把一个长句化成两个小句(分句)。这就是语文老师经常讲的"长句化短"。长句化短,是一种表达手段的变化。长句化短更便于理解,这是因为长句的修饰语长、修饰语的内部层次多、关系复杂,就会增加理解上的困难,降低了可接受性。

用简单的例子更能看清楚分成两个小句跟结构层次和理解难度的关系:

(13)(原句)今天的大公报在第一版上发表了一篇题目为"印度政府究竟要怎么办"的文章。

（改为）今天的大公报在第一版上发表了一篇文章，题目为"印度政府究竟要怎么办"。

首先是关联项被隔开的长度增加了记忆难度，造成理解上的困难。原句的动词"发表"跟后面的宾语"文章"之间有一个很长的定语隔开，在阅读时就要在一段时间里记住"发表"后面应该有一个跟它相配的词语。其次是结构层次的增多会增加理解上的困难，结构层次减少了，也能减少短时记忆的负担，使句子更容易理解。这个例子中原句结构有十二个层次：

(14) [$_1$[$_2$[$_3$ 今天的$_3$] 大公报$_2$] [$_2$[$_3$ 在[$_4$[$_5$ 第一$_5$] 版$_4$] 上$_3$] [$_3$ 发表了[$_4$[$_5$[$_6$ 一$_6$] 篇$_5$] [$_6$ 题目[$_7$ 为[$_8$"[$_9$ 印度[$_{10}$ 政府$_{10}$]$_9$] [$_9$ 究竟[$_{10}$ 要[$_{11}$ 怎么[$_{12}$ 办$_{12}$]$_{11}$]$_{10}$]$_9$]$_8$]$_7$]$_6$] 的文章$_5$]$_4$]$_3$]$_2$]$_1$]。

改句的两个分句一个是六个层次，一个是七个层次，这样就容易理解了：

(15) [$_1$[$_2$[$_3$ 今天的$_3$] 大公报$_2$] [$_2$[$_3$ 在[$_4$[$_5$ 第一$_5$] 版$_4$] 上$_3$] [$_3$ 发表了[$_4$[$_5$[$_6$ 一$_6$] 篇$_5$] 文章$_4$]$_3$]$_2$]$_1$]，[$_1$ 题目[$_2$ 为[$_3$"[$_4$ 印度[$_5$ 政府$_5$]$_4$] [$_4$ 究竟[$_5$ 要[$_6$ 怎么[$_7$ 办$_7$]"$_6$]$_5$]$_4$]$_3$]$_2$]$_1$]。

如果定语更长，结构层次更多，短时记忆的负担更重，理解的难度就更大。长句化短，就是减少句子中的结构层次，降低理解的难度。

如果结构层次上是叠罗汉式（国外称多分支、左分支、右分支），还容易理解；内嵌式的（国外称套置、自嵌（巢）式）结构），则更困难。举一个 Chomsky 的名著《句法理论的这个问题》(*Aspects of the theory of Syntax*) 里的例子：

(16) I ($_B$ called ($_A$ the man who wrote the book that you told me about $_A$) up $_B$).

如果改成：

(17) I($_A$ called up $_A$)($_A$ the man who wrote the book that you told me about $_A$).

层层套置的自嵌(巢式)结构改成层次相对简单的右分支结构就容易理解多了。在右分支结构中,紧密搭配的"call"跟"up"紧连在一起,短时记忆的负担轻多了。有意思的是,这两句话的汉语直译也有理解难易之别:"我叫了那个写了一本你告诉我的书的人醒来——我叫醒了那个写了你告诉我的书的人。"如果把带长修饰语的一个句子化为两个小句,则更容易理解:"我叫醒了那个人,他写了那本你告诉我的书。"

把长修饰语的多层次结构或套置结构化为几个分句,是长句化短、增加可接受性的重要方法。

朱德熙在《语法·修辞·作文》中的《两点感想》一文中举了个例子,哈尔滨市一区的中学曾经举行过一次数学测验,有一道几何题说:"已知正方形边长为a,求侧面积等于这个正方形的面积、高等于这个正方形边长的直圆柱体的体积。"事后统计,有96.9%的学生这道题做错了,原因是没有看懂题目的意思。本来题目要求的是"直圆柱体的体积",可是这七个字一直到句尾才出现,离"求"字很远,而紧挨着"求"字的正好是"侧面积"三个字,因此很多人就误认为题目要求的是"侧面积"了。这本来是一次数学测验,事实上却变成了一次语文测验。

这里实际上是一种内嵌多层次左分支结构(复杂长修饰语)的套置结构:

(18) [$_1$ 已知[$_2$S'1$_2$]$_1$],[$_1$ 求[$_2$[$_3$[$_4$S'2$_4$],[$_4$S'3$_4$]的N'$_3$]的体积$_2$]$_1$]

如果改成多分支结构(多分句结构),理解上就会容易些:"已知正方形边长为a,另一直圆柱体的侧面积等于这个正方形的面积,高等于这个正方形的边长,求这个直圆柱体的体积。"改句的结构层次大大减少了,特别是没有内嵌的套叠结构了:

(19) [$_1$ 已知[$_2$S'1$_2$]$_1$],[$_1$[$_2$ S'2$_2$],[$_2$ S'3$_2$]$_1$],[$_1$ 求NP$_1$]

当然,长修饰语,甚至套置结构不是绝对不能用,它有理解困难、语言心理上可接受性小的特点,但也有表达严密、紧凑的好处。因此,在科学著作中,像原题那样的语句是常见的。翻译欧美的语句时,如果直译,会造成汉语的修饰语长、内部结构复杂,这就需要调整结构,使译文既能保持原文的风格,又能适应读者的语言心理。朱德熙在《中国大百科全书·语言文字卷》的"汉语"条目中指出:"从语序方面看,汉语的一个重要特点是所有的修饰语都必须放在被修饰成分的前面,所以修饰语不宜太长、太复杂。把外文翻译成中文的时候,原文后置的修饰语都得提到前边去。如果修饰成分比较多,句子就不太容易处置。这种时候,往往会把原来的长句拆成几个短句,使修饰语适当分散或者转成谓语。"这里讲的"使修饰语适当分散或者转成谓语",就是我为韩国朋友修改第3个句子——例(12)时的做法:

(20)他很活跃的写作——他的写作很活跃。

三 外国学生的学习心理特点与对外汉语教学

外语教学法的形成和发展跟语言学理论的发展有关,跟外语教学对象的语言学习的基础条件有关,跟外语教学对象的语言学习心理特点有关。

"听说领先"法在外语教学中占统治地位已经几十年了,它的语言学理论基础是结构语言学的语言观。结构语言学认为口语是第一性的,书面语是第二性的。美国描写语言学家们在调查没有文字的印第安语言时,从语音分析入手,更成了唯一可行的途径,最终形成了音位分析——形态音位(语素)分析——语素序列分析的一整套语言分析方法。语言教学上也相应地形成了一套程序:正音(音素和音节教学)——生词(词汇和短语教学)——课文(句子和语篇教学),并总结了一个"听说领先"的教学法原则。二次世界大战后期,珍珠港事件爆发,美国仓促对日宣战。当时美军上下没有做好准备,包括外语训练的准备。在中国战场上作战,你总要跟中国的友军打交道吧,总要跟当地的老百姓说话吧。于是,紧急调集了一批汉语语言学家为美军进行"快餐式"的汉语教学。于是,"听说领先"的教学方法借这个机会大为行时,逐渐风靡整个外语教学的讲坛。

外语教学上的"听说领先"还跟欧美人的语言心理特点有关。欧美人的性格多为外向型的,喜好当面交际,在酒吧跟素不相识的人可以聊上半天。学外语多做"听"和"说"的训练,他们觉得很自然、很习惯。西方人学汉字就不一样了,一开始往往很有兴趣,学不久就感到很难了。耶鲁大学编的汉语课本里的一句名言在欧美人编的汉语教科书中引用率极高:"说中国话很容易,写中国字很难。"耶鲁的汉语教科书 *Spoken Chinese*,在课文干脆一个汉字也不出现,全部用国语罗马字,后来改为汉语拼音。这是欧美人学汉语特别喜欢"听说领先"的又一个原因。

东方人,特别是韩国的女孩子,受儒家文化传统的影响,性格内向,不习惯于当众说话。同时,韩国和中国同属于汉字文化圈,欧美人视为畏途的汉字,是韩国人非常熟悉、感到亲切的爱物。在这种语言心理和文化习惯的影响下,韩国学生在课堂上往往不主动说话。布置口头作业,他们也是先在纸上写好稿子,到课堂上检查时,拿出稿纸照着说。老师要他们脱稿说,她们也是尽量背出来,就好像演员背台词一样。女同学这样,男同学也这样。问他们为什么这样,说"习惯了"。我跟许多在韩国和中国教过韩国学生的对外汉语教师谈起这种情况,大家都说这是一种很普遍的现象。

既然这样,为什么不能顺其自然地设计一种适应韩国人语言学习心理特点的汉语教学程序呢?对韩汉语教学是不是可以运用"读写领先"法呢?

当然,读写领先,从朗读和背诵开始,经过"模拟式写作—背稿式独白"阶段,逐步过渡到"自由式写作—提纲式发言"阶段,再进一步进入自由对话阶段、专题讨论阶段和深入辩论阶段,一步一步地前进,终极要求是一样的。

一位有多年对韩汉语教学经验的老师告诉我,他们在韩国三星公司的人才开发院从事汉语教学一直就是采用这种方法的,也很有效,但是就不知道在理论上能不能说得通。这就是我们理论研究上的缺失了。实践中行之有效的方法,一定是符合科学原理的。但是,对这种实践经验要进行理论上的验证。"验"就是进行系统的实验研究,"证"就是进行语言结构、语言认知机制、语言习得心理等等方面的严密论证。

修辞结构理论与对外汉语语篇教学

孔庆蓓

北京第二外国语学院国际交流学院

提 要 本文在简单介绍修辞结构理论的基础上,探讨其在对外汉语语篇教学操作上的可行性,举例说明该理论在口语、阅读、精读课上的实际应用,利用修辞结构图式详细说明写作课运用修辞结构理论进行语篇教学的具体过程。

关键词 连贯 修辞结构理论 图式 语篇教学

一 引 言

很多学者都已经注意到这样一个问题:在对外汉语教学中,学习者经过一段时间的系统学习后,虽然能生成合乎语法的单句,在语篇生成中却存在很多问题。因此,近几年汉语语篇的本体研究和教学研究逐渐成为热点,出现了很多研究成果。从教学及学习者语篇习得角度进行的研究大致可以分为三个方面:(1)总体性的综述(如彭小川,1999,2004等);(2)语篇偏误的概括描写(如郭颖雯,2003;何立荣,1999;田然,1997等);(3)就某种偏误现象进行具体的描写与分析(如肖奚强,2001等)。这些已有的研究列举、归纳了学习者语篇中经常出现的偏误,提出了一些改进语篇教学的方法、手段。美中不足的是,大家文章中提出的改进要求似乎多于基于理论基础上的可行性操作,而且对于语篇偏误现象的概括与归纳多集中在语篇衔接方面。

根据教学经验,照应、省略、替代等方面的偏误相对容易克服,较难纠正的是关联词语、词汇衔接和语义连贯、语篇总体结构等问题。这些问题在学习者语篇中也更为常见。Halliday和Hasan(1976)指出语篇不是语言形式单位,而是意义单位。被称为语篇的东西必须具有语篇特征(texture)。衔接与连贯都是实现语篇特征的重要手段,但是二者分属语篇的不同层面。衔接存在于语篇的表层,通过语法和词汇手段实现语篇各个组成部分之间的连接。它是显性的、有形的。连贯隐藏于语篇的深层,通过语义和逻辑的通顺使语篇顺畅,是隐性的、无形的。汉语是一种特殊的语言,汉语语篇也具有不同于其他语言的特殊性。有研究表明,有了衔接不一定就能产生连贯,而连贯有时可以不依赖衔接而存在(田然,1997;何立荣,1999)。胡曙中(1993)认为汉语语篇主要依赖"意合法",相对于表示时间、空间和逻辑顺序的连接词语,语言深层的逻辑关联发挥着更重要的作用。鲁忠义、彭聃龄(2003)也指出:"语言内部的句子或语段之间没有了连贯就会文不通、理不顺……不过,与英语相比,汉语对于连贯的依赖似乎更为明显。因为,汉语不像英语那样注意语法衔接的工整,而是强调语义上的前后贯通和思维的顺畅。"既然汉语语篇的生成对连贯的依赖性更大,而且衔接又是连贯的显性表现,我们有理由认为对外汉语语篇的研究和教学都应以连贯为主要内容。

连贯可以没有明显的形式标记,需要通过逻辑推理来达到语义连接的目的,因此如果要分析无标记的连贯,目前被经常应用于语篇研究与教学的、较多依赖形式标记的理论如功能语篇分析理论、话语分析理论、T-R链推进理论就都有些力不从心。修辞结构理论的提出为语篇分析与教学研究提供了一个操作性强、应用性强的理论和分析框架。本文就修辞结构理论在对外汉语语篇教学中的运用方面做一些探讨。

二 修辞结构理论简介

2.1 理论简介

修辞结构理论[①](Rhetorical Structure Theory,简称RST)是由美国学者W.C.Mann和S.A.Thompson首创于1983年,基本

观点是所有的语篇单位间都是由一些反复出现的关系连接的,这些关系在原则上是开放的,但在具体应用中其数量有限,因此语篇的分析、描写才有可能。修辞结构理论以系统功能语法中的小句为最基础的语篇单位,认为一个语篇可以从最大的功能语句(整个语篇)层层分析到最小的功能语句——每个句子中的小句,从而构拟出一个语篇底层功能结构。

修辞结构理论中的关系可以没有任何形式上的标记,大部分(非全部)关系可用连词表明,而全部关系可用其他方式传达,包括隐含方式。修辞结构理论分析的另一结论是关系结构本身也可以传达信息或表达意义,就像小句结构或词汇一样,称之为"关系命题"。这样的关系结构有时会有诸如语音、词汇、语法的各种标记,有时又是完全隐含的。隐含的关系命题与有标记的关系命题同样重要,在很多情况下,前者是语篇连贯的基础。表层标记的可有可无,说明语篇在很大程度上是靠关系结构而非语法—词汇层面的标记联系的,而且关系与标记之间也不存在简单的对应关系。

2.2 基本术语与常用结构关系

修辞结构理论专用术语②主要有:功能句(text span)、篇位(unit)、结构(structure)、关系定义(relation definition)、图示(schemas)、核心句(nucleus)、辅助句(satellite)等。

常见的结构关系有:

环境关系(circumstance)　　目的(purpose)
解答(solutionhood)　　对照(antithesis)
阐述(elaboration)　　让步(concession)
背景(background)　　条件(condition)
使能(enablement)　　析取(otherwise)
动机(motivation)　　解释(interpretation)
证据(evidence)　　评价(evaluation)
证明(justify)　　重述(restatement)
意愿性原因关系(volitional cause)　　综述(summary)
非意愿性原因关系(unvolitional cause)　　序列(sequence)
意愿性结果关系(volitional result)　　对比(contrast)

非意愿性结果关系(unvolitional result)方式(means)并列(joint)

2.3 修辞结构理论的可行性

根据修辞结构理论,语篇关系的种类与数量在原则上是开放的,但在实际应用中新的关系出现的可能性很低,一些关系很少使用,因此某种文化背景下的语篇都是由一小部分复现率极高的常用关系构成,即用少量常见关系就可以分析某种文化的大部分语篇,在国外它已被广泛地应用于各种类型的语篇分析与研究,效果也往往不错。

修辞结构理论为语篇中小句间关系的描写提供了一个基本方法,不论这些关系在语法或词汇方面是否有标记。汉语语篇的连贯在某种程度上依赖于无标记但隐含于语篇结构中的隐含关系,故修辞结构理论更有助于汉语语篇连贯的研究。

三 修辞结构理论在语篇分析中的运用

要想使学习者的语篇符合汉语的表达习惯,我们首先要为他们提供与其他语言有显著差别的、原型的汉语语篇③表达模式。这就需要进行大量的语篇分析,并从中发现、归纳出典型的汉语语篇模式,首先要划分语篇类型。

3.1 语篇类型的划分

目前语篇的分类方法尚未有统一的标准,大致可以从借助外部标准和内部标准两个层面对语篇进行类型划分(刘辰诞,2001)。外部标准与语言交际情景有关,内部标准则与语篇的形式或内容有关。很多学者倾向于用内部标准对语篇进行分类。叙述(narrative)、描写(description)、说明(exposition)、论证(argumentation)是目前语言学界和文体/修辞学界公认的、也是人们日常最常使用的四种语篇类型。

需要指出的是,上述四种语篇类型均是理想化模式,虽然存在近于原型的、类型较为纯粹的语篇,但其数量很少,大多数语篇是不同类型的混合体。不过在一般情况下,可以根据某一类型所占的支配地位,把某一语篇归入某种类型。

3.2 语篇的修辞结构模式

3.2.1 修辞结构理论的核心化功能

修辞结构理论中最常见的语篇结构关系类型是不对称的,被称为核心—辅助(nucleus-satellite)关系。关系中一方的地位较为重要(核心句),而另一方则较为次要(辅助句)。因此修辞结构理论本身具有"核心化"(nuclearity)的功能,作者可以利用这一功能表明语篇中更重要的部分,语篇分析的结论之一是找出体现整个语篇主旨的核心篇位。核心篇位反映了语篇作者的某一中心目的(某个希望达到的效果),而这正是产生连贯的内在功能。剔除辅助句、只保留核心句,语篇的连贯不会受到影响。

如:a 他的记性真好;b 英语单词看一遍就记住了;c 十几年前发生的小事也记得清清楚楚。

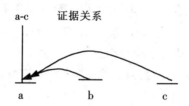

上文共有三个小句,其中 a 是核心句,b、c 是辅助句。作者的目的是告诉他人一个事实(他的记性好),这是最重要的。剔除 b、c 句,语篇基本意思不变。

3.2.2 语篇类型的修辞结构模式

每一个语篇的修辞结构图示都是具体的、唯一的,每个图示中出现的结构关系的种类、数量及顺序都不相同。同一类型的语篇修辞结构图示也不会完全相同,但是它们的核心结构具有很强的规律性,即核心句一般出现在语篇结构的某一个固定层级上,而且由少数几种结构关系组成,结构关系的出现顺序也存在一定规律。如果我们能从大量的、典型的某一类型语篇图示中把该语篇类型的修辞结构核心图示概括出来,就意味着我们可以从宏观上掌握每一类语篇的核心结构,并可以依据这一总体框架来生成规范的语篇。

廖秋忠(1988)已经用图示方式概括出典型的论证结构,孔庆蓓(2003)构拟出叙述语篇和描写语篇的修辞结构核心图示。

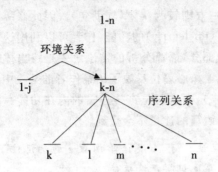

图1 叙述语篇的 RST 核心结构图示

(k、n 等字母为自然数,且 1<j<k<l<m<n)

叙述语篇的核心结构由两种关系构成,其中环境关系提供时间框架,序列关系将一系列事件按照时间先后顺序排列起来。

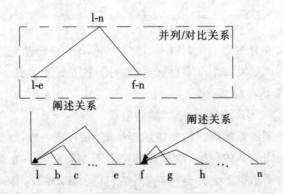

图2 描写语篇的 RST 核心结构图示

描写语篇的核心结构最多由三种结构关系组成,最少可由一种结构关系组成。阐述关系是最基本的关系,它用以阐释事物的特征、性质、构成等内容。并列/对比关系将两个事物同时提出或进行比较,说明语篇和描写语篇没有本质差异。

叙述语篇、描写/说明语篇、论证语篇的修辞结构核心图示被构拟出以后,我们就可以根据图示来进行语篇教学,指导学生生成规范的汉语语篇。

四 修辞结构理论在语篇教学中的应用

大家一般会存在一个误区,认为语篇教学只是写作课的教学内容,实际上它涉及写作、口语、精读、阅读等多种课型。

4.1 非写作课的修辞结构语篇教学

语篇是语义单位,不应以长短来界定。因此,不一定一篇完整的作品才是语篇,语义前后连贯的几个(甚至两个)句子就已经构成语篇了。实际上在初级阶段,包括零起点学习者学习一个半月后,纯粹的单句教学已经不能满足学生的兴趣与需要,口语课或精读课上老师已经给学生提供生成较短语篇的机会了。但这时我们的精力多集中在语法、语音上,对于衔接与连贯方面的偏误不太注重。一般的学校在中、高级阶段才开设写作课,因此在语篇连贯方面有目的、有针对性的系统指导滞后于学习者的使用需要。这就造成了两方面的负面影响:一是教师在讲解语篇时只是关注语言点,对学生一遍遍地进行词汇和语法项目的操练,语篇整体则被肢解得支离破碎,使学生习惯于脱离整体语境和情景的单句练习,无助于语篇整体结构的把握和总体内容的理解,也妨碍了日后写作课较长语篇的生成训练。二是因为没有得到系统、有效的指导与训练,学生在初级阶段产生的语篇连贯方面的错误逐渐内化,到了中、高级阶段不易纠正,而且有可能变成改不过来的偏误。

学习者语篇能力的培养并非是写作课的专利,我们可以利用精读课、口语课、阅读课等课型从初级阶段开始对学习者进行有效的训练。下面以精读课为例,介绍修辞结构理论的应用。

从目前教学状况来看,无论是初级阶段,还是中、高级阶段,精读课的教学都是以语法和词汇为重点,课文的讲解很粗糙:教师带领学生学习完语法和生词后,串讲课文大意;然后就课文内容提出一些问题要求学生回答,或者给出一些判断和选择题;最后让学生复述课文。这样课文中的语言点可能得到了训练,但汉语语篇的脉络、结构布局,学生并未了解,更谈不上掌握。其实,教师在上述内容讲解完毕以后,可以画出该篇课文的修辞结构图示,然后利用图示来分析、讲解作者是怎样谋篇布局及其原因。比如:《汉语教程》(第三册·上)的《好人难当》的修辞结构核心图示(这是这篇文章的核心结构图示,教师可根据实际来决定是否还要将每一段段内的详细图示画出)

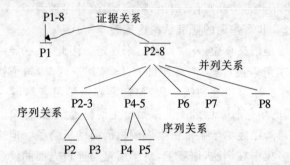

Pn表示段落次序,语篇的核心是"好人难当"。第二至第八段为证明这一观点提供证据,而证据间彼此的关系是并列。这个图示展示了语篇内部的、非线性的连贯关系,易于学习者把握该语篇的整体结构。教师还可以从此图示出发,向学生简单介绍同一类型的语篇的大致结构。

在初级阶段,课文的内容可能全部是对话,教师可挑选其中稍长的几句话来进行修辞结构分析。下面是《汉语教程》(第一册·下)中《我想学太极拳》中留学生麦克的一段话的修辞结构图示:

(麦克:)1. 老师,玛丽让我给她请个假。2. 她今天有点儿不舒服,头疼、发烧,可能感冒了。3. 她要去医院看病,不能来上课。

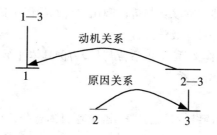

麦克说这些话的原因是希望老师能批准玛丽的请假,因此第一句是核心句,与二、三句的关系是动机关系。二、三句中,第三句是核心句,表示结果,第二句是原因。(教师在讲解时可以不使用术语。)教师讲清语篇结构的同时,还可以提醒学生用汉语表示因果关系,一般是原因在前,结果在后。这样有针对性的启发,使学生意识到汉语不同于其他语言如英语的特殊的连贯方式。

要注意的是,精读课上修辞结构理论的应用不同于中国学生的语文教育,并不需要花费过多的时间,只要让学生理解汉语语篇的整体结构和内在连贯特点即可。

如果在精读课、口语课、阅读课,甚至听力课、语法课,教师都有意识地进行语篇教学,学习者语篇连贯方面的语感一定可以被慢慢培养起来,为写作打下良好的基础。

4.2 写作课的修辞结构语篇教学

4.2.1 教学内容

一般来说,在初、中级阶段的对外汉语语篇教学中,训练项目可包括如下内容:

应用类语篇:请假条、启事、请柬、书信、简历等。

叙述语篇:叙人、叙事。

描写/说明语篇:介绍某个地点、景物;介绍某种习俗、现象;介绍程序、使用方法等。

论证语篇:就某一现象或观点进行评议。

应用类语篇程式化很强,几乎每一种应用文都可以构拟出其修辞结构图示;后三种类型的语篇,已经构拟出它们的核心结构图示,因此上述四种项目都可以利用修辞结构图示进行教学与训练。

4.2.2 具体教学过程

下面以作文《留学生活苦与乐》为例具体介绍如何运用修辞结构理论进行语篇教学。

选题

运用修辞结构理论教学,语篇题目的选择应注意这样几个问题:

(1) 为了学生有话可说,语篇的题目应该贴近他们的实际生活,适合不同背景的学生。

(2) 为了学生语篇写作能力的全面培养,题目应涉及各种语篇类型。

(3) 虽然"文无定法",为了学生从开始就打下扎实的基础,题目可控性应较强,不宜选择散文类内容。

课前准备

在前一次写作课上教师即可布置下一次的语篇题目,要求学生在正式上课之前独立完成初稿或提纲。

课堂教学

(1) 集体讨论。为了开拓思路、激发学生的写作热情,上课时可以先集思广益,进行全班或分组的讨论活动。因为课前已经布置了题目,学生上课时一定会有话可说。

(2) 学生发言,教师记录要点。如:

《留学生活的苦与乐》	
苦	乐
语言　吃饭　生活习惯　想家 天气　生病　住宿　学习　坏人 存钱　上网……	旅游　交朋友　东西便宜　各种食品 提高能力　增长见闻……

(3) 在教师帮助下,学生归纳整理要点:

《留学生活的苦与乐》		
	苦	乐
气候环境	干燥、冷……	夏天舒服
饮食	油多、有味精、香菜……	食物便宜、美味很多……
住宿	条件不太好	没有约束
交通出行	人多、迷路	到各地旅游、打的便宜
购物	交流有困难	可以讨价还价
交往	孤独想家	可以交很多朋友
语言	不能和中国人交流	使用手势、表情
学习	上课时间早、作业多、听不懂	学习进步、HSK取得好成绩
……	……	……

整理好之后要求学生根据自己的情况选择写作要点,并按照一定的顺序(如重要性、时间性)进行排列。

(4) 教师画出与语篇相应的修辞结构图示,详细讲解语篇的总体结构。

① 第一段总说留学生活有痛苦也有快乐。

② 第二、第三段具体阐述第一段的内容。两段分别具体介绍对立关系的苦与乐。

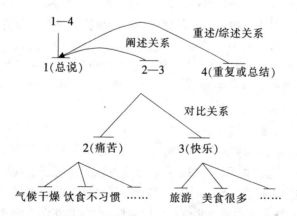

③ 最后一段总结上文,可以重复第一段的观点,也可以对未来提出希望。

图示画出后教师应设法使学生了解段落之间的关系,可以利用图示适当介绍这种情况下中国人的思维习惯和连贯方式。

(5)根据上述的修辞结构关系,列出相应的衔接成分供学生选择,如:

阐述关系:比如说,具体来说……

对比关系:但是,可是,不过,然而,却……

并列关系:第一、第二、第三……,还有,也……

提醒学生,汉语不依赖衔接成分也可以达到语义连贯,举例说明可能出现的连贯方面的错误。

(6)带领学生阅读一定数量的范文。阅读范文时参照修辞结构图示,启发学生把握范文的总体框架结构,注意段落、句子之间的连贯。

(7)请学生提出写作时遇到的问题、困难,教师解答,如果没有问题,开始限时写作。

五 结 语

修辞结构理论创立的最初目的是为设计具有一定语篇创作能力的计算机程序提供理论依据,而随着研究工作的不断深入,其应用领域也在不断扩展。目前它已经在计算机语篇生成和自然语篇的分析与描写两个主要领域都取得了很大的成绩。既然它可以为计算机语篇生成提供模式,我们完全有理由相信,对于学习者的语篇生成它也会有很大帮助,特别是在重"意合"、连接形式可以没有标记的汉语语篇连贯方面。

有两点需要指出:

第一,运用修辞结构理论进行语篇教学并不意味着排斥其他语篇教学理论或手段。修辞结构理论可以为学习者提供符合中国人习惯的语篇整体结构,也可以对段落、句际间的连贯进行有效的指导,但是小句中的一些语篇问题如照应、省略等仍需要其他语篇理论如功能语篇分析理论的帮助。因此在语篇教学中,宏观上我们可利用修辞结构理论,微观上还可以运用其他理论,二者并不冲突,完全可以各取精华、为我所用。

　　第二,运用修辞结构理论的语篇教学是一种程式化程度很高的教学方法,个性较强的学习者在初始阶段不易接受,或许还会出现抵触情绪。而从中国人的角度来看,我们一直崇拜的是"文章本天成,妙手偶得之",因此可能有很多人会认为这种教学方法不可行。其实程式化写作的最终目的是为了放弃模式,进入一种有序而自如的语篇生成状态,二语习得的特殊性决定了学习者必须从"束缚"进入"自由"。

附注

① 王伟,1994 年;W. C. Mann & S. A. Thompson, 1992, Discourse Description: Diverse Linguistics Analysis of a Fund-raising Text, W. C. Mann & S. A. Thompson, 1987。
② 术语的翻译主要参考王伟,1994,"修辞结构理论"评介;徐赳赳,2002,篇章语言学。
③ 本文中"语篇"既指一段语义前后连贯的口语,也指具有语篇特征的书面语,而写作课上的"语篇"则指书面文本。

参考文献

郭颖雯,2003,篇章语言学与语段、语篇口语教学,《语言教学与研究》第 5 期。
何立荣,1999,浅析留学生汉语写作的篇章失误,《汉语学习》第 2 期。
胡曙中,1993,《英汉修辞比较研究》,上海:上海外语教育出版社。
廖秋忠,1988,篇章中的论证结构,《语言教学与研究》第 1 期。
刘辰诞,1999,《教学篇章语言学》,上海:上海外语教育出版社。
鲁忠义、彭聃龄,2003,《语篇理解研究》,北京:北京语言大学出版社。
彭小川,2004,关于对外汉语语篇教学的新思考,《汉语学习》第 2 期。
彭小川,1999,对外汉语语法课语段教学刍议,《语言文字应用》第 3 期。
田　然,1997,外国学生在中高级阶段口语语段表达现象分析,《汉语学习》第 6 期。
王　伟,1994,"修辞结构理论"评介,《国外语言学》第 4 期。
卫真道著,徐赳赳译,2002,《篇章语言学》,北京:中国社会科学出版社。
肖奚强,2001,外国留学生照应偏误分析,《汉语学习》第 2 期。

Halliday, M. A. K & Hasan, R., 1976, *Cohesion in English*, London: Longman.

W. C. Mann & S. A. Thompson, 1987, *Rhetorical Structure Theory: A Theory of Text Organization* ISI/RS—87—190.

汉语教学语法描述的新构思

孟柱亿
韩国外国语大学校中国语科

提　要　本文对现行汉语教学语法体系产生的缘由以及所存在的问题进行了分析，并提出解决问题的构想，认为面向韩国人的汉语语法可以尝试根据韩国语的语法体系或采用语内对比和语际对比来进行描述。

关键词　教学语法　表达语法　语法对比

一　引　言

现在韩国国内的汉语语法书大部分都是教学语法书，这些以汉语学习者为对象编写的语法书，也均作为教学参考书。韩国普遍采用的这些语法书，大都是根据中国普遍采用的对外汉语教学语法编写而成。中国对外汉语教学语法的编写始于20世纪50年代，长期以来一直供外国人学习汉语使用。汉语学习者及教师都已习惯于现今通用的教材，虽然感到不足之处尚多，却很少对此问题进行深入的分析与讨论。本文拟对现行教学语法内容、体系产生的缘由以及所存在的问题进行分析，并尝试找出解决方案。

二　汉语教学语法体系的产生

1958年出版的《汉语教科书》为现今的语法书做了铺垫，书中的语法项分类、排列、说明沿用至今（参看吕文华，1991）。此书的体系受到中国学校语法体系《暂拟汉语语法教学系统》及此前的相关语法著作的影响，产生的背景可归纳如下（参看鲁健骥，1999；

183—184)。

词和句子的分类采用了《暂拟汉语语法教学系统》的分类方法,将句子成分分为主语、谓语、宾语、定语、状语、补语六类。其中补语的分类最为详细,根据动词和补语的关系分为趋向补语、结果补语、程度补语、可能补语、时间补语、数量补语。这种分类法受《现代汉语语法讲话》的影响较大。

关于"情貌",主要受到王力先生的《中国语法理论》的影响。关于六种特殊动词谓语句兼语式、连动式、处置式、被动式、存在·出现或消失的句子、强调动作的时间·地点或方式的句子等均受到赵元任先生《国语入门》中的连动式和王力先生关于处置式和被动式的说法的影响。关于表达方式(称数法、时间·日期表达法、钱数表达法、疑问、否定、强调、比较、语气等)则多受到吕叔湘先生的《中国文法要略》的影响。

三 现行汉语教学语法体系存在的问题

现行的对外汉语教学语法体系,是在1958年的对外汉语语法体系的基础上经过四十多年若干次的修改而形成的。虽然它从对外国人进行汉语语法教学的目的出发,已经经过了较长时间的发展过程,但是仍然不能满足外国人学习汉语的需要,最主要的问题是没能从外国人的角度进行语法描述。现行对外汉语教学语法体系中的大部分内容与面向汉语母语者的语法体系大同小异,没有充分认识到外国人学习汉语的特点。外国人不仅需要理解汉语,还需要用汉语来进行表达,可以说现行的教材对汉语语法的描写没有充分地反映出这一点。对外汉语的教学对象主要是外国成年人,他们有很强的逻辑思维能力,学习的最大特点是善于对比和类推(卢福波,2000)。成年人学习外语的心理特点和思维方式,一般是先产生某个表达意念,再去寻求外语中相应的表达方式。为适应这一点,我们也可从说话人的表达意向出发,结合表达的特定情境以及如何表达得得体等因素去选取相应的语言结构和词汇(吕文华,1991)。以往对外汉语语法教学的最大缺陷是没有很好地体现培养学生实际运用汉语的能力这一教学目的,而只是偏重于语法知识的教学,教什么和怎样教常常跟应有的教学目的以及学生的学习目的相违背(卢福波,2000)。

四 问题解决方案的构想

有助于表达的汉语语法描述应该在不断吸收新的研究成果的同时,还要注意了解汉语学习者的母语背景,包括汉语学习者的母语语法体系与汉语语法体系的对比,以及学习者母语和汉语的语言对比。这方面的对比分析研究早已反映在西方人的对外汉语教学著作中,18世纪初到19世纪末的约二百年间陆续出现的西方人的语法著作,对目前的对外汉语教学语法的描述仍具有较高的参考价值。Arte de la lengua Mandanina(Francisco Varo, 1703)[①]、《汉语札记》(Premare,1731)[②]、《中国言法》(Marshman, 1814)、《汉语语法》(Morrison,1815)、A Grammar of the Chinese Colloquial Language(Edkins,1864)[③]、《语言自迩集》(Thomas Francis Wade,1876)[④]、Grammatical Studies in the Colloquial Language of Northern China(Mc Ilvaine,1880)[⑤]等著作均从自己的母语语法体系出发,描述了汉语语法体系。这种语法描述与《马氏文通》(马建忠,1898)很相似,但其语法描述的出发点与面向的读者却不尽相同。这些语法著作所依据的语法体系跟《马氏文通》大同小异,而《马氏文通》是为中国人的学习而著的汉语语法书,所以受到了众人所指出的"模仿了西方语法,将西方语法体系搬入了汉语语法体系"的批评[⑥]。西方学者将自己所熟悉的语法体系作为依据是理所当然的,他们从外国人学习汉语的目的出发的语法,其描述不仅有助于外国人的汉语学习,同时也有助于用汉语进行语言交际。这种语法描写方法不仅开辟了一条新的学习路径,也体现了实事求是的学术精神。在他们的语法著作中,随处都可以发现从自己母语的角度出发,根据母语语法体系对汉语语法进行描述的尝试。下面试看在《马氏文通》问世以前最早出现的Arte de la lengua Mandanina(Francisco Varo,1703)和最晚出现

的 *Grammatical Studies in the Colloquial Language of Northern China*(Mc Ilvaine,1880)两部口语语法书中的例子。

4.1 *Arte de la lengua Mandanina*

（1）根据拉丁语法的八大词类将汉语词类分成：名词、代词、动词、分词、介词、副词、叹词、连词。

（2）下表说明了名词的格变：

格	单数	复数
主格	先生	先生们
属格	先生的	先生们的
与格	与先生	与先生们
宾格	先生	先生们
呼格	呀先生	呀先生们
离格	同先生	同先生们

表中的名词本身都没有形态变化，而作者把相当于西班牙语语法中的各种格的汉语表达形式列出来了。

（3）在标题为"比较级"的一节[7]，把使用"更"、"过于"、"不如"、"愈"、"越"、"宁可"、"还"、"何况"等小词的句子看成比较级。特别是强调在表达西班牙的"dos reales mas"（两元多）或"dos hombres mas"（两名多）等意义时，要把"多"放在数词前，从而将"多两钱"、"再行多四步"等句子看成使用了比较级的句子。

（4）在标题为"最高级"的一节[8]，把使用"至"、"最"、"太"、"上"、"十分"、"好"、"第一"、"绝"、"得紧"、"得极"、"到极"、"不过"、"得很"、"极"、"尽"、"一等"小词的句子看成最高级。认为"天主教是得紧"、"圣父Francisco妙事情一时说不得尽"等句子也是使用了最高级的句子。

（5）将汉语时制分为未完过去时、过去完成时、先过去时、未完将来时和将来完成时。

（6）将"我去睡"、"他要来"、"我要升天"中的"睡"、"来"、"升"看成不定式。

（7）将"爱者"、"凡会去的人"中的"爱"、"去"看成分词。

4.2 *Grammatical Studies in the Colloquial Language of Northern China*(《中国北方口语语法研究》)

(1)第一章介绍了词和分类,并将其余二十二章分成三大部分。第一部分(从第二章到第十二章)为体词,第二部分(从第十三章到第十八章)为谓词,第三部分(从第十九章到第二十三章)为小词。这样分类反映了作者的词类体系。他在第一章里将汉语词类中的名词、代词、指示词、数词、方位词归为体词,将形容词、动词、副词归为谓词,将介词、连词、感叹词、终结助词归为小词。

事实上,第一、二部分的汉语词类也没有形态变化,但作者仍仅把介词、连词、叹词、终结助词归为小词。他可能是根据这些词同自己母语中无形态变化的词类在句法功能上所具有的共性,对词进行分类。

(2)作者在书中说名词具有所有格。一般的规则就是像英语中加"s"一样,在名词后加"的",如"人的"。

(3)将"所看的书"中的"所"看成相当于"that"、"which"的代名词。

(4)将"自己"、"自"等词归为反身代词。

(5)汉语的谓语具有单纯词根形式和附加"了"的完成词根形式,在谓语前加上辅助词或表示时间的词来构成现在、现在完成、过去、过去完成、将来、将来完成等六种时制。

(6)汉语的条件式由"愿意"、"愿欲"、"如意"、"要"等助动词构成,可能式则在单纯词根形式后加"的",请求式可分为单纯词根形式和完成词根形式,在句末加"罢"或在动词前面使用"可以"、"要"等助动词。此外,还描述了不定词,例如将动词"拴"分成四种形式,即单纯词根形式"拴"、完成词根形式"拴了"、表示持续的词根形式"拴着"、表示完成的词根形式"拴上"、"拴住"、"拴着"。再将各个形式的陈述式、条件式、可能式、请求式、开放谓语、动名词、不定词、分词又分为主动态和被动态。其中一部分内容如下表:

	完成词根形式"拴了"	
	主动态	被动态
陈述式	我拴了马	我拴了
条件式	我可以拴了	马可以拴了
可能式	我得拴了	马得拴了
请求式	我拴了罢	
开放谓语	我拴了得结实	马拴了得结实
定词	他叫我拴了	马难以拴了
动词性定语形式	拴了马的	拴了的马

如前所列举,两部语法著作都根据自己母语的语法体系进行了语法描述。若以目前的观点看,可以指出套用西方语法而忽略了汉语特点的局限性,但是从表达的角度看,应该承认其积极的作用。因为西方语言的表达主要靠的是以形态为主的语法形式,所以他们比照以形态变化为纲的母语的语法体系去寻找对应的汉语表达方式,则不失为一种实用的方法。

五　新构思的适用

面向韩国人的汉语语法描述,可以尝试根据韩国语的语法体系或采用语内对比和语际对比,来进行汉语语法的描述。

5.1　比照韩国语语法体系的汉语语法描写

我们在编写汉语教学语法书时一定要注意的一点,就是要把汉语语法看成外语语法。这一认识对语法点的选择、语法体系以及教学方法的建立,都极为重要。如果从对母语语法体系的认识能够顺利地进入目的语,那么学生就可以将已经熟悉的习惯性语法体系适用于目的语的语法描述。例如,一部分有关补语的描述就是这样。汉语的补语一般被认为是反映汉语特点的句子成分,但是韩国学习者不仅从认知角度接受起来有困难,而且在实际运用中也经常出现错误。

有关补语的描述中,柯彼德(1990)的见解与目前对补语的描述具有较大差异。他指出,汉语教学语法中普遍采用的结果补语、趋向补语、可能补语应该取消,可把这三类归到词法结构,程度补语、时量补语、动量补语、数量补语则视为句法结构,而且后三类结构可视为宾语的次范畴。

从韩国语语法角度出发,对于前三类的处理方法虽不能完全认同,但对于后三类的处理方法却可以赞同,韩国语中这三类均采用宾格助词"을"、"를"。如果采用这种处理方法则更有助于理解后三类的补语类型。

柯彼德对程度补语没有特别的叙述,根据概念范畴,我们可以将它看做状语,不过其位置与韩国语不同。韩国语的状语位于动词或形容词之前,而汉语程度补语位于动词或形容词之后,不易解释。要解释该问题,可以参考史存直先生的见解。史先生在《语法新编》中将汉语的状语分为"前加状语"和"后附状语",其中"后附状语"就相当于现行语法的程度补语(参考史存直,1989:91—96)。从这一观点出发,我们可以将程度补语看成"后置状语"。

5.2 根据对比分析的汉语语法描写

一部分语法现象尽管属于相同的概念范畴,但在实际使用中却是结构不同,意义也有差异。遗憾的是,现在通行的汉语教学语法对这种差异几乎没有提到。试看下面这些问题:汉语的状语和程度补语有何不同?韩国语的状语用汉语表达时,什么时候表达为状语?什么时候表达为程度补语?汉语的介词相当于韩国语的助词,那么是不是所有使用助词的韩国语结构都可以表达为汉语的介词结构?汉语中使用能愿动词"能"的结构和使用可能补语的结构是否一样?如果不一样,有什么差异?这些问题是教学当中经常遇到的,但现行语法书中却很难找到令人满意的答案。这些问题对以汉语为母语的学习者来说是不成问题的,但对以汉语为外语的学习者来说,不仅是一直难以理解的部分,也是实际表达上的难点。要找出这些问题的答案,可以把对比分析当做一种可行的方法。

(1) 车英兰(2003)为探讨韩国语状语和汉语状语、补语的对应关系,对与韩国语状语相对应的汉语表达方式进行了对比研究。她根据韩国语状语的语义指向分为施事、受事和动作行为三种情况,寻找相对应的汉语表达方式。状语的语义指向为施事时,汉语的对应表达方式是状语。状语的语义指向为受事时,单纯的状语在汉语里呈现为结果补语,复杂的状语在汉语里呈现为状态补语。状语的语义指向为动作行为时,情况相当复杂,要看句子的具体情状而定,而且对应规律也较为复杂。

(2)朴昌洙(2004)为研究韩国语的助词与现代汉语的介词是否对应,对与韩国语助词"에"、"에서"相对应的汉语表达方式进行了对比研究。

他的研究对"韩国语助词表达为现代汉语介词"的一般看法提出了质疑。乍一看,韩国语助词与现代汉语介词相对应的假设很有道理。但研究结果显示,在很多情况下韩国语助词还可以表达为除介词以外的其他多种形式。特别是相当于附加在韩国语助词前的词语,汉语中不加介词而直接使用的情况很多。其原因在于汉语是一种在句子结构上常常省略语法功能词而采取广义的意合方式的语言。

(3)金玌廷(2004)从体的角度对"能"、结果补语、可能补语等可能标记结构进行了对比分析。开头的假设是:可以把"能"、结果补语、可能补语三种结构放在"事件实现"的概念中来分析其时体分担的情况。为了进行这样的分析,对"能"、结果补语、可能补语三种结构分别赋予了"未知的可能"、"已结束的可能"和"尚未结束的可能"等特性。

能愿动词"能",出现在表示条件、疑问、反问、假设、愿望等句子中的频率较高。因此,"能"表示的"可能"的意义是尚未实现的,即未知的。在对结果补语"已结束的事件"的标记功能探讨中,将结果补语的复合词性质和表示已完成事件的功能,同"结束"的意义联系了起来。结果补语正在成为复合词的主张已为汉语语法学界所接受,很容易得到认同。"已结束的事件"的见解来自结果补语作为"对事件的某种结果标记"的功能,也很容易理解。接着,金玌廷对可能补语表示"还未结束的可能"进行了说明。结果补语结构说明"结束的事件",表示"实现的结束",而可能补语结构则表示动作行为或动作实现后发生的某种结果在说话人说话的瞬间仍在继续。

（4）李迎春（2004）为有助于以韩国人为对象的汉语教学及以中国人为对象的韩国语教学出发，通过对比现代韩汉两语的目的概念范畴，揭示了两种语言在表达的不同，并从认知的角度对目的概念的范畴做了进一步的分类。

现代韩国语中用动词"-위하-"和词尾"려고、-고자、-러、-게、-도록"等标记形式来表示目的概念范畴，而汉语中有"为"、"为了"、"为了……而"、"为的是/是为了"、"以"、"以便"、"用以"、"借以"、"好"、"好让"、"以免"、"免得"、"省得"、"以防"等表目的的标记成分。韩国语中用"-위하-"表示的目的概念范畴与汉语中"为"、"为了"、"为了……而"、"为的是/是为了"等含有"为"的表示极强目的性的标记成分相对应；而使用词尾"-려고、-고자"和"-러"的目的概念范畴的句子，在说话人不强调其目的性时，更多情况下是与汉语中表示动作发生顺序的连动句式相对应。表示极强目的性的表达方式比较简单，而且具有明显的标志。韩国人对于表示极强目的性的汉语的表达方式轻车熟路，但对于表示一般目的性或较弱目的性的汉语表达方式则显得生疏，因此不少学习者常常不恰当地用表示极强目的性的表达方式进行过度泛化，不管具体情况如何，常常用这种方式表达各种目的概念。通过对韩汉两种语言目的概念范畴的对比，可见韩国语比汉语更具有突出目的性的倾向。这一分析对防止或纠正韩国学生表示目的概念时所犯的错误提供了具有说服力的依据。

六　结　语

本文的立论以韩汉两种语言中某些类似的语法现象为依据。基于教学的需要，为使学习者更快更好地掌握汉语，我们完全可以利用学习者的母语知识来加深对目的语的认识。如前所述，对外汉语教学语法尚待进一步深入进行以表达为出发点的语法描述。比照韩国语语法进行汉语语法描写，如根据韩国语语法体系对相当于汉语语法的概念范畴重新进行解释，则将成为浅显易懂的描述法。对多数韩国学生难以理解的汉语语法点或不容易表达的形式及概念,如几种不同的补语类型、可能补语和表示可能的能愿动词、表示目的概念的形式等,采用汉语内部的对比及韩汉语际的对比,则可使学生容易分辨各个形式之间的异同并掌握具体的使用规律。

但笔者还想强调一点,这些语法现象在韩汉两种语言各自语法体系中所属的语法范畴却不尽相同,我们在进行语法研究时当然不要将二者等量齐观。这也可以说是对外汉语语法教学与汉语语法研究两者的差异。

附注

① 姚小平、马又清译,2003,《华语官话语法》(中文版),北京:外语教学与研究出版社出版。
② 将由北京外语教学与研究出版社出版。
③ 《官话口语语法》(中文版),即将由北京外语教学与研究出版社。
④ 张卫东译,2002,《语言自迩集》(中文版),北京:北京大学出版社出版。
⑤ 笔者在世界汉语教育史国际学术研讨会以《〈中国北方口语语法研究〉在语法学上的意义》为题的报告,2004 年 7 月 2—4 日,澳门。
⑥ 以往对马建忠的评价多为消极的,最近开始有较为肯定的评价。语法描写马建忠所借鉴的拉丁语法已有两千多年的传统和历史。以往中国没有语法学这门学科,与其说马建忠单纯地模仿了西方语法,还不如说是一种借鉴,参看姚小平,1999。
⑦ 第 4 章第 3 节。
⑧ 第 4 章第 4 节。

参考文献

车英兰,2003,副词语리韩中翻译样相의关에研究,韩国外国语大学校大学院硕士学位论文。
董杰锋,1988,《汉语语法学史概要》,沈阳:辽宁大学出版社。
金玬廷,2004,"能"、结果补语、可能补语——可能表示构造에相의分担样相,见《外国语教育研究论集》第 20 号,韩国外大外国语教育研究所。
柯彼德,1990,汉语作为外语教学的语法体系急需修改的要点,见《第三届国际汉语教学讨论会论文》,北京语言学院出版社。

李迎春,2004,现代韩语和汉语目的关系范畴的表达对比分析,见《外国语教育研究论集》第 20 号,韩国外大外国语教育研究所。
卢福波,2000,对外汉语表达语法的教学问题,《语言教学与研究》第 2 期。
鲁健骥,1999,《对外汉语教学思考集》,北京:北京语言文化大学出版社。
吕文华,1991,关于对外汉语教学语法体系,《中国语文》第 5 期。
孟柱亿,2004,《中国北方口语语法学习》在语法学上的意义,世界汉语教育史国际学术研讨会,2004 年 7 月 2—4 日,澳门理工学院。
朴昌洙,2004,韩国语助词의中国语前置词와对照—'의,에'에서相应에中国语表现을中心으로——,韩国外国语大学校大学院硕士学位论文。
史存直,1989,《语法新编》,上海:华东师范大学出版社。
姚小平,1999,《汉文经纬》与《马氏文通》,《当代语言学》第 2 期。
姚小平、马又清译,2003,《华语官话语法》(*Arte de la lengua Mandanin*,*Francisco Varo*,1703),北京:外语教学与研究出版社。
张卫东译,2002,《语言自迩集》(Thomas Francis Wade,1876),北京:北京大学出版社。
Edkins, 1864, *A Grammar of the Chinese Colloquial Languag*, Presbyterian Mission Press.
McIlvaine, 1880, *Grammatical Studies in the Colloquial Language of Northern China*. American Presbyterian Mission Press.

华语作为第二语言教学：
新加坡的经验

吴英成

新加坡南洋理工大学国立教育学院

提　要　为适应形势必需要，新加坡华语教学界近年对华语教学策略做出相应的调整和改革。这主要表现在：(1) 分辨在家讲华语与讲英语的学生学习华语起点的差异。(2) 分辨第一语言、第二语言、外语的本质差异。(3) 以学习者语言背景为导向的华语教学课程设计。正在实施的双语并用华语教学实验计划，就是一种贯彻上述改革理念的灵活务实的华语教学策略。文章还分析了第一语言、第二语言和外语在新加坡的独特内涵和其间的交叉关系。

关键词　双语教学　华语教学　第一语言　第二语言　外语

一　变动中的新加坡华族社会

由过去二十年华族家庭用语的易位，可清楚地观察到华族方言、华语、英语的消长趋势。从政府人口普查数字，可看出以华族方言为主要家庭用语的华族人口急速下滑，从 1980 年的 76.2％ 下降至 1990 年的 46.2％ 与 2000 年的 30.6％。相反，以华语为主要家庭用语的华族人口却迅速增长，从 1980 年的 13.1％ 骤升至 1990 年的 32.8％ 与 2000 年的 45.1％。

至于英语，纵然仍处于次位，也呈现稳定增长，从 1980 年的 10.2％ 倍增至 1990 年的 20.6％ 与 2000 年的 23.8％。值得注意的是 2000 年人口普查统计还显示：35.8％ 年龄介于 5—14 岁的华族儿童以英语作为主要家庭用语，而年龄介于 15—24 岁的华族青年只有21.5％以英语为主要家庭用语。

另外，新加坡教育部小一华族学生主要家庭用语调查也显示相同的趋势：以华族方言为主要家庭用语的人数从1980年的64.4％锐减至1990年的2.5％与2004年的0.5％；以华语为主要家庭用语的人数从1980年的25.9％骤增至1990年的67.9％，至此则开始逐年下跌至2004年的44.6％；以英语为主要家庭用语的人数则一直向上攀升，从1980年的9.3％稳健上升至1990年的26.3％与2004年的49.8％。

这样的趋势，在相差10岁年轻族群间以超过10％的速度推进，倘若没有太大的变动，快则10年、慢则20年，英语将成为新加坡华人最主要的族群母语，而华语将变成透过课堂学习而来的外语。

二　2004年新加坡华语教学改革

新加坡目前实行以英语为主要教学媒介，族群母语——华语为一门必修科目的国民型英华双语教育制度。在这种教育制度下，期望所有学习者华英双语能力同等优异，只是个理想的教育目标。

中国日新月异带来的商机及挑战，让新加坡政府意识到维持新加坡华族学生可接受的华文程度的重要性。为保持这种语言竞争优势，新加坡华语教学界近年也顺势做出相应的调整。

新加坡教育部在2004年2月成立华文教学改革委员会，并于同年11月向国会提呈《华文教学改革白皮书》，其核心政策包括：(1)强化英语为主、华语为辅的双语政策；(2)让华语成为生活语言——对华语保持长久的兴趣；(3)灵活的单元式教学法——按学生语言背景与能力量身设计教学方案；(4)先听说、再阅读、而后写，非听说读写齐头并进；(5)特选学校附加计划——栽培双语双文化人才。

除了教育单位全力投入改革行列以外，政府领导人也广泛地对社会大众提出重视华语的呼吁。李光耀资政在2004年讲华语运动开幕典礼上,就特别鼓励年轻华族家长继续在家里与公共场所(巴刹、购物中心、小贩中心、食阁和餐馆等)广泛使用华语,以确保华语在新加坡继续生存。倘若华族儿童不能透过家庭学习族群母语,新加坡华语终将由目前的第二语言进一步陷入外语的窘境。

三 分辨第一语言、第二语言、外语的本质差异

2004年新加坡华语教学革新,与过去的改革最大的差别在:(1)分辨在家讲华语与讲英语的学生学习华语起点的差异;(2)分辨第一语言、第二语言、外语的本质差异;(3)以学习者语言背景为导向的华语教学课程设计。简言之,这是从过去的"一样米养百样人"改变为因材施教的教学策略。

从语言习得视角着眼,第一语言(first language,L_1)指一个人在自然状态下最早习得的语言。然而在多语社区里,儿童由于受教育或者其他因素,主要使用的第一语言也可能产生转变。这时,第一语言就可能指儿童后来运用得最自如的语言。例如:在家庭中以华语为第一语言的新加坡华族学生,进入以英语为主要教学媒介语的主流教育体系后,英语逐渐成为其最自如的语言,而华语转而成为第二语言。

从族群认同视角着眼,母语(mother tongue)为族群共同语,也是族群文化传承的载体。例如:母语在新加坡指各种族的民族语言(ethnic language),而华族的母语为华语、马来族为马来语、印族为淡米尔语。然而,在西方应用语言学界,母语与本族语(native language)皆为第一语言的同义词。

换句话说,第一语言不等于母语,因此两者就会出现交叉关系。例如:在新加坡,对于在家讲华语的华族学生而言,华语为第一语言和母语;对于在家讲英语的华族学生而言,英语为第一语言,华语则为母语。

从语言习得视角着眼,外语与第二语言(second language,L_2)同义,且无本质上的差异,这也是北美地区的习惯用法。从社会语言视角着眼,按英国习惯用法,外语与第二语言有不同的含义:外

语为一门学科,通常为了跟操这种语言的外国人交际,或者阅读外国语书刊,例如华语在日本、韩国、英国、美国等国就是外语;第二语言虽同为一门学科,但也作为交际媒介在当地社群广泛使用,例如华语在新加坡与马来西亚等国就是第二语言,并成为华族社群的共同语。

从语言习得视角着眼,第一语言与第二语言习得过程有别。对于第二语言初学者来说,第二语言语义的通达只能通过第一语言的中介(词汇联结)。表层形式的联结表现为第二语言至第一语言方向的强联结(图中用实线表示)和第一语言至第二语言的弱联结(图中用虚线表示),而第二语言与概念的联结很弱(图中用虚线表示)。但是,随着第二语言水平的提高,第二语言与概念的联结得到不断的强化如下图(Kroll,Stewart,1994)所示:

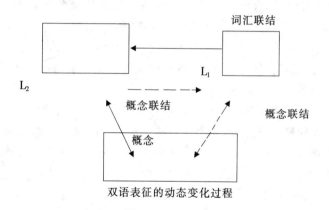

双语表征的动态变化过程

四 新加坡双语并用华语教学法

有鉴于第一语言与第二语言习得的过程有别,新加坡教育部2002年先在四所小学进行为期两年的双语并用华语教学实验计划。这四所实验学校——圣安德烈小学、圣弥额尔小学、英华小学(经禧)和美以美小学的学生,九成以上来自讲英语的华族家庭。

双语并用华语教学实验计划是一种从学习者的家庭语言背景与学习语言策略为考虑,采取灵活且务实方式的华语教学法,其主要特质如下:

1. 以华语为主、英语为辅的华语教学。英语犹如初学游泳者的浮板。

2. 过渡阶段的渐进式教学策略。这种过渡性双语教育课程在初始阶段以英语为辅助教学语言,而后随着学习者华语程度的提高,渐渐只使用华语进行教学,达到终极华语学习的目标。

3. 积极调动学习者的元认知。以提高华英语的元语言意识,作为指导学习者辨析华英二语差异的手段。

4. 以学习者的主导语言为资源。视学习者的主导语言(主要家庭语言)为待开发的资源,而非有待排除的障碍。

5. 以英语为辅助工具的教学法仅为华语教学法之一,并非"万灵丹"。这种"对症下药"的双语并用华语教学法使得讲英语家庭的学生在不惧怕的情境下在初始阶段解除华语难学的心理障碍,并拉近师生距离。同时,教师也抱着同情与支持的态度,把学生学习华语的心留住。

双语并用华文教学法经过两年的实验,学生、家长、教师与校长的反映良好,这证明双语并用华语教学法对来自讲英语家庭的学生很有效。因此,教育部于 2004 年在另外七所小学扩大推行这套教学法。

五 结 语

全球华语可依据在居留地的社会语言功能域、语言习得类型等因素,划分为三大同心圈:内圈、中圈、外圈(吴英成,2003)。新加坡过去的华语教学,曾实行与内圈的中国大陆等华人地区类似的华语教材及教学法,但在面对英语日渐成为新加坡华人最主要的族群母语的大趋势,新加坡教育工作者开始意识到身处中圈的新加坡,必须采行与内圈有别的华文教学策略,这样才能对华语作为第二语言的新加坡华族学生因材施教,以引起学生对华语的学习兴趣,达到最好的教学效果。

　　另外,新加坡教育界也相当重视建立自主的华语作为第二语言教学专业。因为华语作为第二语言教学必须强调它并非华语作为第一语言的中文系的附庸,所以在华语作为第二语言教学的专业课程中,必须着重培养华英兼通的师资。有鉴于此,参与双语并用华语教学实验计划的合格教师,除了必须修读华语教学理论与实践的课程外,同时也必须修读华英对比分析、双语并用华语教学法等课程,这样他们才能针对英语作为第一语言的学习者的特殊学习需求,采取相应有效的教学应对策略。

　　透过持续的师资培训及教学实践,华语作为第二语言教学专业将成为新加坡的华语教学特色,这将使新加坡有机会跃升成为全球华语的教学及师资培训中心之一,并成为新加坡发展知识经济的重要环节之一。

参考文献

吴英成,2003,全球华语的崛起与挑战,《语文建设通讯》第73期。

Goh, Yeng-Seng, 2003, Bilingual Approach to teaching Chinese: Linguistic and pedagogical perspectives, *An Academic Adviser's Report I*,. Singapore: *Curriculum Planning & Development Division*, Ministry of Education.

Kroll, J. F. & Stewart, E., 1994, Category interference in translation and picture naming: Evidence for asymmetric connections between bilingual memory representations. *Journal of Memory & Language* 33: 149−174.

Ministry of Education, Singapore, 2004a, *Refinements to mother tongue language policy*. MOE Press Releases, 9 January.

Ministry of Education, Singapore, 2004b, *Bilingual Approach (BA) to the Teaching of Chinese Language at the Primary Level Extended to Seven Other Schools*. MOE Press Releases, 23 February.

Ministry of Education, Singapore, 2004c, *Report of the Chinese Language Curriculum and Pedagogy Review Committee*.

Richards, Jack C. Platt, J. & Platt H., 1992, *Longman Dictionary of Language Teaching & Applied Linguistics*. Harlow, Essex: Longman Group UK Ltd.

"S＋'一'＋V"成句条件初探
——兼议制约结构成句的因素对习得过程的影响及其对策

赵延风
北京大学对外汉语教育学院

提 要 本文将"S＋'一'＋V"作为典型分析的对象,认为"一"是制约"S＋'一'＋V"成句的因素,进而分析了"S＋'一'＋V"成句时主要采用的四类后续小句。同时通过大量调查研究分析指出,学生在习得这种不自足结构时,习得规律更为复杂,因此要解决类似的偏误,除了要关注这类制约结构成句的因素外,也应该对教材语言点的注释和练习设计精心编排,使之更符合学习者的习得规律,否则很难彻底解决问题。

关键词 制约成句的因素 成句条件 习得规律 语言点注释 练习设计

一 问题的提出

1.1 缘起

在对外汉语教学过程中,学生经常出现这样的偏误,在使用某一句型时,无论从语法结构还是从语义搭配看都没有问题,但是整个句子却给人一种言犹未尽的感觉。如:

*(1) 我真的生了气,虽然她没说完,我把电话一放。
*(2) 我听见有的人在楼下喊我的名字,往下面一看。
*(3) 方先生请我尝一下他做的法国菜,我一尝,又吃了别的菜。
*(4) 他再三邀请我。

*(5) 我一连给他去了三封信。

以上偏误是由于学生将非自足的短语作为自主句使用而致。偏误的共同特点是，单就画线部分的短语和句型的使用而言，在语法结构和语义搭配的平面似乎都很正确，但是整个句子却属于现实中不会出现的非自足句。

1.2　短语、教学句型与现实句

不同于美国结构主义描写语法关于句子的观点，我们认为，现实句并非只是"短语＋语调"，而必须是在现实交际中真正存在的句子。一个论元齐全的主谓短语或教学句型，如果在现实交际中并不存在，那么它并不是一个现实句。汉语教学的最终目的，不是为了学生学习一些非现实的语法结构，而是要使学生把教学句型和短语生成正确的现实句。因此对于成句条件以及怎样让学生真正习得这些条件的研究是至关重要的。

1.3　完句成分和制约成句的因素

一般说来，不自足的短语通过添加必要的完句成分可以成句，但是短语的成句潜力并不相同。论元齐全的主谓短语通常具有很强的成句潜力，只要添加必要的完句成分就可以成为自足的现实句。但是1.1中所提到的非自足句除非增加新的谓词论元，否则无法成句。这使我们认识到，这类成句潜力弱的结构中存在着制约成句的因素，使其成句条件更为复杂，使学习者在使用中出现非现实句的机会更大。

1.4　本文目的

在教学中，"S＋'一'＋V"是学生由于成句条件不明而出错率较高的一个语言点，因此本文将其作为典型分析的对象，通过对比分析，揭示制约这一结构成句的因素及其根源，并对这一结构的成句条件进行探讨，同时对它在学生习得过程中所反映出的问题进行深入的分析，进而提出相应的对策，在此基础上，对目前语法教学中的一些相关问题提出了自己的看法。

二 "S+'一'+V"结构的非自足性及其根源

2.1 "S+'一'+V"的非自足性

"S+'一'+V"的非自足性非常明显,除了我们在1.1中提到的学生的病句之外,下面这些例句也都是明显的不自足句:

*(6) 淑英把两道细眉微微地一皱。
*(7) 陈毅把桌上的地图一卷。
*(8) 门帘一响。
*(9) 我回头一看。
*(10) 您一来。
*(11) 克明把桌子一拍。

目前,就完句成分达成共识的至少有十种范畴,分别是:语调范畴、语气范畴、否定范畴、情态范畴、意愿范畴、时体范畴、趋向范畴、情状范畴、程度范畴、数量范畴。(贺阳,1994)我们发现这些范畴都不能使"S+'一'+V"成句,这使我们得出这样一个结论,即"S+'一'+V"不但不自足,而且其成句潜力也极差。

2.2 制约"S+'一'+V"成句的因素

在这一结构中,如果删减某一成分后,结构的成句潜力明显增强,那么我们有理由认为,这一成分正是制约结构成句的因素。我们发现,在"S+'一'+V"结构中去掉"一"以后,SV在不再增加新的谓词论元的情况下,只要添加必要的完句成分均能成句。我们把"S+'一'+V"和SV添加完句成分的情况比较如下:

	"S+'一'+V"添加完句成分情况	SV添加完句成分的情况
添加趋向性的完句成分	* 淑英把两道细眉微微地一皱了起来。 * 陈毅把桌上的地图一卷起来了。	淑英把两道细眉微微地皱了起来。 陈毅把桌上的地图卷起来了。

续表

添加时体性和数量性的完句成分	*刚才门帘一响了一下。	刚才门帘响了一下。
添加语气性和数量性的完句成分	*我的确回头一看了一眼。	我的确回头看了一眼。
添加语调和时体性的完句成分	*您一来了?	您来了?
添加语调和时体性的完句成分	*克明把桌子一拍得"啪、啪"地响。	克明把桌子拍得"啪、啪"地响。

不难发现,在"S+'一'+V"结构中去掉"一"之后,成句潜力大大增强,只要添加必要的完句成分就能成为自足句。因此,我们认为,"一"正是制约"S+'一'+V"成句的因素。

2.3 "一"制约成句的根源

我们认为,"一"之所以对"S+'一'+V"的成句起制约作用,是由其语义决定的。"一"在"S+'一'+V"这一机构中,并不表示实在的次数,而是泛指动词的突然、短促或随意。总之,"一"的作用在于给它后面的动词打上一个不同寻常的标记,从而形成一种预设,引起听话者对这一动词后果的关注,对下文产生一种期待。因此,"一"的出现要求"S+'一'+V"结构必须提供新的谓词论元方可成句。

三 "S+'一'+V"的成句条件

提供新的谓词论元有两种方法,选择前接引导句或者后续小句。通过对大量相关语料进行分析,我们发现"S+'一'+V"成句时主要采用后一种方式。"S+'一'+V"成句时后续小句在语义上又可大致分为以下四类:

3.1 随后怎样

选择 1 式小句时,主语一般会承接"S+'一'+V"中的主语。如:

(11) 淑英把两道细眉微微一皱,推辞说:"……"

(12) 陈毅把桌上的地图一卷,放大镜往口袋里一插,笑眯眯地迎过来。

(13) 小伙子一愣,随即笑了。

(14) 克明把桌子一拍,怒喝道:"……"

(15) 淑贞不顾众人往门口一冲,跑出去了。

3.2 结果怎样

选择2式小句时,大都会出现第二个主语。如:

(16) 你把粉丝在平底锅内一炸,再把绞碎的豆汁一洒,"蚂蚁上树"就好了。

(17) 您一来,使我想起了一件事。

(18) 她一嚷,大家都知道了。

3.3 发现什么

如:

(19) 淑英惊喜地把头一抬,看见琴在对她微笑。

(20) 琴有点气恼,但仔细一想,觉得喜儿说得也是实话。

(21) 他揉揉眼一看,东边学校操场上坐满了带着大帽花的俘虏。

(22) 我回头一看,只见成渝拢着手,缩着脖子,不住地打盹。

(23) 医生一检查,发现是肺炎。

选择3式小句时,前面"S+'一'+V"中的V有明显的特征,大都是"看"、"想"、"检查"等可以形成发现预设的动词,而后续小句的开头也会常常出现和"S+'一'+V"中动词相呼应的动词:如例句(20)中,"觉得"就是对前面"想"的照应;例句(22)中,"只见"正是对"看"的呼应;例句(23)中,"发现"是"检查"必然出现的后续动词。这种可以形成发现预设的动词还有"尝"、"闻"、"摸"、"琢磨"、"核对"等等。

3.4 出现什么

如:

(24) 门帘一响,从外边乐着走进一个人来。

(25) 门一开,几个孩子风一样地卷进来。

后续小句选择 4 式时,前面的"S+'一'+V"也有明显的特征,主语一般是"门"、"窗"、"舞台"、"帘子"等可以被打开的事物,而 V 则限于"开"、"打开"等动词,例句(24)中,"门帘一响"实际上暗含着"门帘被掀开"的含义。

通过以上分析,我们对"S+'一'+V"的成句条件有了较为清晰的认识,即"S+'一'+V"一般需要有后续小句方可成句,后续小句一般包含"随后怎样"、"结果怎样"、"发现什么"、"出现什么"等方面的语义。在实际教学中,我们可以利用以上这些初步结论充实教材中的语法解释,并设置练习语境,使学生将课堂上所学句型有效地运用在现实交际中。

四 对"S+'一'+V"偏误的动态分析及相应的教学对策调整

4.1 对学生出现偏误原因的假设及相应教学调整

正如本文开头所提到的,学生在使用"S+'一'+V"时出现的大量的偏误正是笔者对其进行关注的原因。最初接触到这类偏误时,笔者认为,教材中语法注释的不足是学生出现偏误的原因。当时笔者使用的《高级汉语教程》(姚殿芳主编,北京大学出版社,1992)是这样注释这一结构的:

> 往口袋里一插
> 介词结构+"一"+动,前面的介词结构表示地点和方位,后面的动词表示动作行为的短暂和随意。"一"不表示实在的次数,而是泛指动作的突然、时间的短暂或动作的随意性。如:往水里一跳、朝外面一看、向桌上一放。

可以看出,这一解释不但没有对"S+'一'+V"的成句条件进行说明,也没有提醒学生注意这一结构的不自足性,甚至没有给学生提供一个包含这一结构的自足的现实句范例。这样,学生出现了文章开头所提到的类似例句(1)、(2)的不自足的句子,就不足为怪了。事实上,在课后教师要求的造句练习中,12名学生里只有1个华裔学生造出了基本正确的自足句,其他均为非自足句,答对率为8.3%。

在这种情况下,笔者对"S+'一'+V"的不自足性及其成句条件进行了初步的探讨,在此基础上,把上述语法解释修改为:

> 陈毅把放大镜往口袋里一插,笑眯眯地迎过来。
>
> S+"一"+V,这里"一"不表示实在的次数,而是泛指它后面动作比较突然、时间比较短暂或动作的随意性。这个结构不是一个完整的句子,它的后边常常跟后续小句,说明随后发生的情况或出现的结果。如:
>
> 1. 他往水里一跳,不见了。
> 2. 我朝外面一看,看见他正向我招手。
> 3. 他把书包向桌上一放,跑出去了。
> 4. 门一开,跑进一个七八岁的孩子来。

不难发现,与原来的语法解释相比,新的解释扩大了"一"的使用范围,使它不再局限于介词结构之后。同时,明确指出了"S+'一'+V"的不自足性,并简要地说明了它成句的条件,并且把所有的例子都改为可以体现"S+'一'+V"特点的自足的现实句。总之,新的解释已经由原先局限在语法结构的情况跳出来,上升到了语用的平面。

在教师用新的语法解释进行讲解之后,学生在随后的课堂练习中,除1例出现其他错误外(文章开头例句(3)的错误),答对率提高到91.6%。这更使笔者坚信,学生的偏误的确是教材语法解释不当所致,只要语法解释详尽科学,消灭类似的偏误就会毕其功于一役。

4.2 对学生习得规律的认识及对出现偏误原因的重新思考

然而,在半个月之后进行的月考结束后,笔者的想法产生了动摇。这次月考中,笔者特别添加了用"S+'一'+V"造句的题目,在对两个高级平行班就这一题目完成情况进行统计后,得出了如下数字:

表 1

班级	答题人数	答对人数	答对率	错误中非自足句所占比例
17班（已采用新的语法解释）	12	4	33.3%	87.5%
18班（未采用新的语法解释）	15	1	6.6%	100%

可以看出，采用新语法解释的17班的答对率明显高于未采用新语法解释的18班，18班的偏误中100%是非自足句，这说明教材中的语法解释方面的不足，的确是造成学生出现偏误的重要原因之一。但是，引人深思的是17班的答对率和半个月前的91.6%相比，只有33.3%，而且偏误中仍然以不自足句为主。为了更清晰地看出学生偏误出现的动态情况，我们列出17班学生三次测试的数据对照表：

表 2

测试次数 项目	第1次（未采用新的语法解释）	第2次（已采用新的语法解释）	第3次（第二次测试半个月后）
参加人数	12	12	12
答对率	8.3%	91.6%	33.3%
错误中非自足句所占比例	100%	0%	87.5%

第三次测试的结果大大出乎笔者的预料，可以看出，采用新的语法解释后在第二次测试中所产生的立竿见影的效果，仅仅半个月后，都出现了明显的反复，这不得不说是一个令人沮丧的发现。原因何在？为此，笔者对17班出错的学生进行了个别询问。当教师告知他们出错的原因，并提醒他们回忆课堂上反复强调的语法解释的内容时，几乎所有的学生的反应都是："对不起，老师，我忘记了。"这使笔者认识到除了语法解释方面的问题之外，一定还有

某个教学环节出了问题,违背了学生语言习得的规律,从而使良好的课堂讲解效果无法转换为学生的语言能力。这样,笔者的注意力逐渐转移到课后练习形式上来。

4.3 从学生习得规律出发对练习形式进行的反思和调整

认知心理学认为,人的记忆分为短时记忆和长时记忆,教师所讲的语言知识,首先进入学生的短时记忆中,如果没有重述和重复的机会,这些信息很快会被抹掉,因为短时记忆是以迅速遗忘为其特征的。正是考虑到这一点,笔者在进行了新的语法解释之后,安排了当堂的练习,91.6%的答对率说明课堂教学效果良好。但是,从后来学生大规模的遗忘可以得出这样的结论,课堂讲解和练习虽然有一定的效果(表1中17班学生33.3%的答对率明显高于18班6.6%的答对率),但尚不能使这些正确的输入完全进入学生的长时记忆中。短时记忆的遗忘有先快后慢的规律,为了保持知识的长存,应该安排及时的复习和练习,乃至进行超额性的操练,以便让大脑处理器对这些信息做深入的加工。这样,课后的练习在输入信息由短时记忆进入长时记忆的过程中是非常重要的一个环节。

认知心理学把知识分为陈述性知识和程序性知识两类:教材中的语法解释属于陈述性知识,它是比较静态的,被激活时需要较长的时间;而学生在语法规则的指导下,逐渐掌握某种产生句子的系列程序,则属于程序性知识,它是动态的,反应速度较快,经过多次练习,操作可达自动化的程度。因此,练习的目的就是要把一套次序作为一个单位学习并且固定下来,某一结构习得的过程实际上就是建立程序并储存起来供以后使用的过程。而这一过程必须依赖于大量的有助于程序建立的练习。

现在让我们回过头来对"S+'一'+V"的程序化过程进行简单的分析。可以发现,要生成一个正确的现实句,学生要习得的程序中新的信息点至少包括以下几个:

(1) 表示动作短暂、突然随意时,可以把"一"放在动词之前。
(2) 动词之后不能再加"了"、"着"、"过"等。
(3) 需要加后续小句。

(4) 后续小句一般说明随后出现的情况或结果。

可以看出,"S+'一'+V"加后续小句的"成句条件"已经超过普通句法结构平面,成为学生第二甚至第三个新输入的信息点,不可能当堂一次性解决,必须在课后练习中设计出一种可以把以上信息点程序化的练习形式,帮助学生通过程序性的操练,实现自动化。

然而,课后的练习环节却非常薄弱。在笔者所使用的《汉语高级教程》中对这一结构的练习只有下面一题:

```
模仿下列格式填空:
   往口袋里一插   把_____一卷   往_____一放   向_____一看
   用_____一比画
```

上述练习由于没有包括"S+'一'+V"成句时所有程序化过程,因此根本不可能帮助学生将课堂上的陈述性讲解转化为程序性知识。非但如此,这种练习形式还将学生的注意力转移到了这一结构的无效信息点——介词结构的宾语上。通过这样的练习,学生很难将课堂短时习得的正确程序性知识导入长时记忆,成为一种永久性习得。

经过几个学期的不断摸索,我们终于从学生习得规律出发,设计出了以下比较符合认知规律的练习形式,即:

练习形式	设计依据与目的
语言点练习 S+'一'+V,……➡	添加"……"便于激活和唤醒所输入的全套程序
▲请完成下面句子: (1) 他把门____,急急忙忙地走了。 (2) 老师____,我们马上都懂了。➡ (3) 我____,发现牛奶已经馊了。 (4) 窗子____,飞进来一只蝴蝶。	再次激活和唤醒所输入的全套程序,并训练学生对该程序中信息点(1)、(2)的掌握,四个句子中所需动词分别和第三部分所讲四类后续小句相对应。

(5) 他把桌子一拍，____。 (6) 妈妈一哭，孩子们____。 (7) 我一看，____。➡ (8) 门一开，____。	再次固化所输入的全套程序，并训练学生出错率最高的该套程序中的信息点(3)、(4)，四个句子分别用来操练四类后续小句。使学生不但牢记添加后续小句，而且可以根据前面的动词选择合适的后续小句，同时也是对上边四题的互现和补充。
(9) _____，_____。 (10) _____，_____。➡	这是传统"造句"的变型，采用这种形式，可以进一步强化所学程序，使学习者把所学结构作为一套次序、一个单位学习并固定下来，从而实现自动化。

之后我们于2004年春季和秋季，结合教材，分别在两个中高级班就"S+'一'+V"结构使用了新的语法解释和练习形式，并对学生的习得效果进行了多次调查，结果如下：

表3

班级	测试次数 项目	第1次 （当堂作业）	第2次 （课后作业）	第3次 （一个多月后的月考）
11班	参加人数	15	15	15
	答对率	100%	93%	80%
	错误中非自足句所占比例	0%	0%	33.3%
17班	参加人数	17	17	17
	答对率	94.1%	92.9%	88.2%
	错误中非自足句所占比例	0%	0%	0%

通过比较表2与表3的相关数据，可以看出，在当堂答对率基本持平的同时，经过一段时间后的月考，答对率数据有了大幅度提高，而"错误中非自足句所占比例"一项的数据则明显降低，在表3

调查所涉及的两个中高级班都有一致的结论,这使我们相信,正是课后练习形式的改变发挥了至关重要的作用,可以说,正是这些从学生习得规律出发精心设计的练习,帮助学生把课堂上正确输入的陈述性知识从短时记忆导入长时记忆,转变为一种程序性知识,为实现真正的习得打下了坚实的基础。

五 相关的问题

我们对于"S+'一'+V"偏误的分析调查和相应的教学对策调整持续了很长时间,笔者的注意力也由最初的对语法形式的考察逐渐转移到对教材的语法注释、练习形式与学生习得规律的研究上来。通过上述研究。引发了笔者对以下问题的思考:

5.1 成句研究侧重点应有所扩展

目前的成句研究侧重点主要在于对完句成分的研究,但是我们认为,对那些制约成句的语言形式的研究也十分必要。事实上,像本文提到的"一"一样制约成句的因素并不少见,如本文开头提到的包含"一连"、"再三"等词语的相关结构,也表现出明显的不自足特征,学生在习得过程中偏误也十分普遍。因此,这对于进行研究、对于精密描述汉语句子的生成,进而指导教学实践具有重要的意义。

5.2 关于教材中语法注释的问题

如前所述,学生非自足句偏误的出现和教材中语法注释没有对成句条件进行关注有直接的关系,这提醒我们在教材中应逐步由结构主义的句型教学的模式向结构功能相结合的现实句教学模式过渡,必须从习得规律出发,综合考虑语法、语义、语用等因素,使语法注释更加科学合理。

5.3 关于教材中练习形式的问题

在本文撰写的过程中,笔者深切地体会到练习形式是对外汉语教材编写和研究课题中十分薄弱的环节。从目前情况来看,教材中的练习形式设计大都比较随意,缺乏按照学生习得规律进行设计的意识,这也是学生反复出现偏误的重要原因之一。目前,已经有不少研究者开始关注这一问题,如刘颂浩就曾对练习形式的研究提出过很多有益的建议,并指出:"在编写练习时要精心设计,仅仅满足于采用了某种练习形式,或者满足于练习种类的繁多都是不可取的,要注意学生的使用情况,从中发现练习设计中的问题并加以改进。"(刘颂浩,1999)本文即是在练习形式设计和习得规律的关系研究方面进行的初步尝试。

5.4 关于科研和教学的问题

科研的目的是为教学服务,这一点是毋庸置疑的。教材是直接面向学习者的教学载体,因此科研领域的理论和研究成果再好,如果体现不到教材当中,可以说都将成为一种没有归宿的"捕龙之术"。目前,虽然有不少前沿理论和研究成果在教材中有所体现。但平心而论,教材编写中不吸收新研究成果自行其是的现象并不罕见。这一问题在语法注释、练习形式等环节尤为突出。如何解决这一问题,值得我们深思。

本文之所以对"S+'一'+V"的偏误情况做如此细致的调查分析并研究其相应的教学对策,目的绝不只是要搞清这一结构的成句条件,而是希望藉此对上述诸问题的解决做出一个个案性的尝试,从而引发对这些问题的关注。

附注

本文的偏误例句均来自学生作业或考试。

本文的调查对象涉及北京大学对外汉语教育学院(原对外汉语教学中心)4个中高级班的学生。分别为:1996年秋季高级17班(12人)、18班(15人);2004年春季中高级11班(15人)和秋季中高级17班(17人)。

参考文献

贺　阳,1994,汉语完句成分试探,《语言教学与研究》第4期。
刘颂浩,1999,注释式词语练习释析,《汉语学习》第4期。
徐子亮,2000,《汉语作为外语教学的认知理论研究》,北京:华语教学出版社。

语言变体、文言、字词与对外汉语教师

周清海

新加坡南洋理工大学国立教育学院中文系

提　要　本文以对外汉语教学中的实例,说明对外汉语教师需要具备三方面的特殊修养。(1)对外汉语教师要了解语言学习者的语言背景,具备一定的语言对比知识。(2)对外汉语教师要对现代汉语里留存的文言现象有比较深入的了解。(3)对外汉语教师要掌握现代汉语"字"的知识。

关键词　语言变体　文言　词　字　语素　学习转移　华语区汉语教学

一　概　说

语文教师应该能很好地运用语文,而且对语文的各个方面应该比一般人具有更多的理性认识,了解所教语文的文化,能根据不同的教学对象,运用不同的教学方法。对外汉语教师是语文教师,这些对语文教师的要求,当然也是对对外汉语教师的要求。

此外,对外汉语教学是第二语言或者是外语的教学。因此,对外汉语教师还得了解语言学习者的语言背景,具备一定的语言对比的知识,才能更好地解释语言,更好地选用适合学习者的教学策略。

对外汉语教师不都是中文系本科毕业的。即使是中文系本科生,也不全都是学习汉语语言的。但是,他们都能够说标准普通话。这包括:(1)发音正确;(2)能辨别哪些是普通话口语词,哪些是方言词;(3)能够构造合乎普通话口语语法的句子;(4)能够断定对操北方话的人来说哪种说法是可以接受的；(5)能够选择适合于某一种语言情景下的语言形式，说恰当得体的话。①

从普通话作为"话"的角度来看，新加坡、中国的香港和台湾的一些普通话教材，就不够口语化，例如"严重的疾病"、"循……途径升迁发展"、"我一定会打电话与你联络"等等。因为这些地区都是在没有普通话口语基础上推广普通话的。口语和书面语不分的弊病，在中国的对外汉语教学的教材里就没有发现。中国是汉语的故乡，因此，语言教学人员对语言，尤其是口语，敏感度比较高。

但是，各华语区的口语和书面语仍然有自己的特点。②在教学方面，了解其他华语区的情况，对对外汉语教师也是需要的。只有了解华语的区域性特点，才能更好地做教学工作。

普通话不但是"话"也是"语"，因此对外汉语教师对于"语"的部分也应该有适当的认识。普通话的书面语（也包括一些口语形式），其实是混合了南北和古代的语言成分，所以我说现代汉语是"南北混合、古今杂糅"的语言。

普通话的"语"，也就是现代汉语的书面形式，旧称为语体文。语体文比汉语口语包含更多的古汉语成分，许多词的语素意义都有古汉语的成分。因此，作为对外汉语的教学人员，也需要对语体文里的文言、字词有些认识。

本论文就从区域性语言变体和现代汉语书面形式的文言成分以及字词这三方面提出个人的一些看法，和大家讨论。

二　区域性的语言变体

语言学习者已经掌握一种语言，能用这种语言充分地表达自己的意思，如果他在自己熟悉的语言基础上学习另外一种语言，就不能避免地会出现学习转移的现象。他所学习的新语言，如果接近他已经掌握的语言，学习起来就比较容易，也就是正面的转移比较多。但是，如果这两种语言关系密切，比如方言和现代汉语，学习者便不容易发现两者之间的差异，不能转移的地方也进行转移，就出现个人的语言错误。整体社群共同的语言错误，就成为地区性的语言变体。中国台湾的国语和香港的书面语,以及新、马的华语,就有很多是在方言的影响下出现的负转移,因而产生语言变体。除了语言学习者第一语言背景的影响下产生语言变体之外,英语能力的转移、不完整的学习、语言体系内的含糊部分引起的类推以及语言在应用中发展等等,都是语言变体产生的因素。

对外汉语教学人员对这些区域性的语言变体及其产生的因素,需要有所认识,才能使教学更有重点,才不至于给语言学习者增加没有必要的挫折感。比如吕叔湘在《现代汉语八百词》一书里对"加以"做了这样的说明:"加以"前面如用副词,必须是双音节的;单音节副词后面不能用"加以",只能用"加"。如"不加研究"|"多加注意"。这些信息,一般语文课本不提供。因为没有这些信息,新加坡华语里"不"就用来修饰"加以",如"不加以处理"。

只有提供足够的信息,语言学习者才有办法正确地用语文。如果语文教学中提供的信息不足,就容易造成语言错误,也容易产生区域语言变体。在给语言学习者提供语言信息方面,对外汉语教学显然做得比以汉语为母语的教学好些。

华语区的差比句有这样的结构:

甲+形容词+过+乙(我高过你/我聪明过你)

这是南方方言比较句的结构。袁家骅认为这是普通话没有的句式。陈建民认为:"北京话口语里偶尔可以听到'一浪高过一浪'的说法。""甲+形容词+过+乙"的结构,在其他华语区表示差比时,都这么说。最近我问从武汉来的博士研究生,她说这种说法在中国相当普遍,尤其是那些出过国的更爱这么说,以表示自己和别人不太一样。可见这种说法的普遍性。《汉语水平等级标准与语法等级大纲》就接受了这个结构,这是正确的做法。

但是,还有许多区域性变体没有处理。在全球化的环境下,各地交流扩大了,学习汉语的人不只在中国生活,也可能到其他的地区,因此对这些变体的处理,应该更加重视。

中国对外汉语教学强调不同语言之间的对比,突出不同语言之间的差异,以减少负转移。这方面的工作,做得很多。对外汉语教学的对象,有一部分是具有一定的方言基础的,因此,教学人员也应该具备方言和普通话对比的知识。如:"驾驶"是一个词。"驾"可以单用,是一个词,如"驾车"、"驾飞机"。但"驶"却只是一个不能独用的语素,只能用在"疾驶而过"、"因故停驶"一类的书面短语里。新加坡华文课本编写者用了这两个句子:

(1)一列出租车驶到他们面前……
(2)出租车驶向上海……

这两个句子不用新加坡常用的"德士",而用"出租车",是向普通话靠拢。但句子里用的"驶"却必须改为"驾",或者用"开"。编写者大概是闽南人,闽南话里只用"驶",不用"驾驶"或"驾"。

这些方言和普通话的对比,对于正确学习与应用共同语,是有帮助的。语言教学人员,除了必须了解语言变异,同时也应该防止语言出现变异。

对外汉语教学中的一些建立在语言对比基础上的分析,包括词义、语法、语用的分析,对于方言区学习标准语,其他华语区学习华语,都有参考价值。根据学习者的需要,在语文的教学中提供比较细致的说明,可以防止出现语言错误,出现地区性的语言变体。这项工作必须具体地体现在教材的编写和语言的实际教学中。

在汉语水平考试方面,笔者强调应该注重华语里的共同性,减少区域性的特征,不管是普通话,中国台湾和香港的国语,或者新加坡华语里的特殊成分,都不应该作为汉语水平测试的项目。也就是说,**汉语水平测试,应以华语的共同核心为测试依据。**

在华语有更大的用途时,对外汉语的教学人员研究和了解这些区域性的语言变体,适当地在教学里容纳这些变体,是必要的。这就意味着对外汉语教材的编写,应该更包容,就像中国香港和美国的一些华语语言课程,特别包括了带乡音的普通话聆听训练一样。

要做到这些,有关的研究单位必须进行这方面的研究,而我们还必须以更宽容的态度来看待现代汉语的规范问题。

三　对文言的认识

学习动机的强弱、语言的应用机会、语言教学方法灵活生动与否,甚至教师的性格,都会影响语言的学习。此外,语文教师对所教授的语言的认识,对语言教学——尤其是第二语言和外语的教学,更有深刻的影响。比如:

"很"和"太"都表示程度高,但"太"含有"超过标准"的意思,"很"没有这个意思。"我嫌他的头发很长"这句子里的"很"就必须改为"太"。

"太"也有只表示程度高的,这种用法多用于赞叹:"这太好了。"/"他太伟大了。"如果用在否定里,如"不太好"、"不太满意",则含有婉转的语气。新加坡华语里,"太"和"很"有混用的现象:"他太久没说话了。"普通话应该用"很"。

"比较"作为副词,表示具有一定的程度,如"比较客观"、"比较热烈"。否定式不能用"比较",只能用"不怎么",如"不怎么客观"、"不怎么热烈"、"不怎么好"等等。新加坡华语也将"比较"用于否定。

我们可以规定"华语"的语音是以北京语音做标准。语法呢?比较不好办。(卢绍昌《华语论集》页47[③])

"比较不好办",用普通话说是"不怎么好办"。

不能分辨这些词的细微描写,就不能指导学习者正确地应用语言。所以,吕叔湘先生提出对词做微观研究的问题,非常值得我们重视。这种研究,有助于语言教师更好地教授语言。周小兵教授等人的近著《对外汉语教学中的副词研究》[④],在描写副词细微的差别方面做出不小的贡献。比如在比较了"再三+V"和"V+再三"之后,说"能在'V+再三'中出现的动词,所指行为的进行一般是需要一段时间的,如'考虑、犹豫、斟酌'等"。就给我们提供了新的信息。

除了对词的微观描写之外,对现代汉语里所保留的古典成分,对外汉语教师也应该有所了解。

文言对现代汉语的影响是巨大的。要了解现代汉语就必须对古代汉语,尤其是文言,有适当的认识。张中行说:"文言和白话并存,难免互相影响,可是影响力量的大小不同:文言大,白话小。以国际贸易为喻,文言对白话是出口多进口少,白话对文言是出口少进口多。"这些意见非常客观、中肯。以普通话作为"语"的教学,教学人员应该有哪些修养,中国出版的对外汉语教学的研究论文或者研究专著里都很少谈到。我想,对外汉语教师应有的修养之一,是认识现代汉语里留存的文言语言现象。

现代汉语从文言里承继了不少的文言成分,成语就是其中之一。我们举一些例子来讨论。

同舟共济

《现代汉语词典》解释为:"比喻同心协力,共同渡过难关。"

《汉英双语现代汉语词典》做了下面的解释:

"pull together in times of trouble;(of people in the same plight) cooperate towards achieving the same aim."

这些解释都没有把"济"的意思说出来。"济"是"渡河",成语的意思是"在同一艘船上共同渡河"。《离骚》的"济沅湘以南征兮"(渡过沅水湘水向南走去),用的就是"渡河"的意思。

《汉英词典》解释为:

"cross a river in the same boat-people in the same boat help each other."

这个解释就将"济"的意思说了,是比较全面的[⑤]。可见许多词典对"济"的意思,或是不甚了解,或是没有察觉,才忽略了解释。

掩耳盗铃

《现代汉语词典》解释为:"把耳朵捂住去偷铃铛,比喻自己欺骗自己,明明掩盖不了的事偏要设法掩盖。"这个解释把"盗"里"偷"的意思说了出来,"盗窃"、"盗取"、"盗墓"、"盗版"、"欺世盗名"的"盗"都是"偷",和现在的"海盗"、"盗贼"显然不同。现代汉语里"盗"作为"偷窃"的意义比作为"抢劫"的意义还多。

劝、胜、救

劝:《现代汉语词典》解释为:"拿道理说服人,使人听从。""劝架、劝哭"等,是"说服人家,使他不要从事某事"。而"劝勉、劝诱、劝酒、劝降"的"劝",是"说服人家从事某事"的意思,《荀子》的"劝学"用的就是这个意思。

胜:粤语"饮胜"的"胜",成语"不胜枚举"、"不胜感激"、"不可胜数"、"不可胜言"的"胜",都是"尽"的意思,这些用法都是从文言继承下来的。《现代汉语词典》在"不胜枚举"之下的解释是"无法一个一个全举出来,形容同一类的人或事物很多"。《现代汉语规范词典》解释为:"不可能一个一个全举出来(胜:尽;枚举:一一列举)。形容同一类的人或事物很多。"显然就比《现代汉语词典》全面。

救:《现代汉语词典》说"援助人、物使免于(灾难、危险):救亡｜救荒｜救灾｜救急"。《现代汉语规范词典》改为:"采取措施,使灾难或危急情况终止。"显然修改了"援助……物"的语病,而且用了"使灾难或危急情况终止",同时照顾了"救"的本意。《现代汉语词典》的"免于……"就没注意将释义和本意结合起来。"救",《说文解字》:"止也。"《论语》:"季氏旅於泰山。子谓冉有曰:女弗能救与?"用的就是本意。这个本意保留在"救灾"等一类词中。

何去何从

《现代汉语词典》解释为:"指在重大问题上采取什么态度,决定做不做或怎么做。"《现代汉语规范词典》增加了"去:离开;从:跟随"的解释,显然是比较好的。"去世"、"去留"的"去"都保留了"离开"的意思。但这个成语所包含的语法现象,两部词典却都没有说明。

古汉语的疑问代词当宾语,必须在动词之前,如:

> 吾谁欺?欺天乎?(《论语·子罕》。我欺骗谁?欺骗上天吗?)

"谁"是疑问代词,所以倒置于动词"欺"之前;"天"是名词,不能倒置。

"何"是疑问代词,所以是"何去"、"何从",而不是"去何"、"从何"。成语"皮之不存,毛将焉附"的"焉"在"附"之前;"而今安在"的"安"在"在"之前,也是这个缘故。

川流不息

《现代汉语词典》的解释是:"(行人、车马等)像流水一样连续不断。"

《现代汉语规范词典》解释为:"河水流动不停,形容来来往往的行人、车马等像水流一样连续不断。"

王还主编的《时代汉英双解词典》解释为:"水流不停。比喻行人、车船等来往不绝。"

文言里以名词修饰动词是普遍的现象,如"豕人立而啼"的"人立",是以"人"修饰"立",句子的意思是"猪像人一样地站着叫"。"川流"就是"像河流的水流一样",《现代汉语词典》把成语的语法特点包含在解释里,比其他两部词典全面些。"川流不息"其实也不限于"车马"、"行人",例如:"走廊上人们急匆匆地走来走去,电话、电报和各种资料川流不息地涌进来。"周宏溟说"多用于车、马、船、人的来往,也用于其他(如……电话、电报和各种资料)",是对的。

其他如"蜂拥"、"鼠窜"、"涣然冰释"、"土崩瓦解"、"星罗棋布"、"耳提面命"、"狼吞虎咽"、"颐指气使"、"鼠窃狗偷"等,都是以名词修饰动词的现象。

下面再谈谈使动用法。

《现代汉语词典》对"平易近人"的解释为:"态度谦逊和蔼,使人容易接近。""近人"是"使人容易接近"。

除了"平易近人"之外,"斗鸡走狗",是"使鸡斗,使狗赛跑",都是使动的用法。现代汉语的"胜之"和"败之"意义相同。"胜"字是一般及物动词的用法,而"败"是使动的用法,"大胜侵略军"便和"打败侵略军"意义相同。

现代汉语口语里有"形势喜人"、"这件事真愁人"等说法。近年来还出现一批复音的动词,用做使动的有"加快速度"、"振奋人心"、"发展经济"、"绿化环境"等等。

单音形容词也有使动用法,如"湿了您的东西","肥了个人,瘦了集体,亏了国家"等的"湿"、"肥"、"瘦"都是。双音形容词也有使动的用法,如"端正态度"、"纯洁组织"、"巩固关系"、"丰富生活"、

"密切关系"、"健全法制"、"坚定信心"等用法⑥。

除了词有使动用法之外，句法上也有使动的用法：

(1) 你想死我们了。（使动句）

(1) 我们想死你了。

(2) 你饿死我们了。（使动句）

(2) 我们饿死了。

双音词的结构里，也有使动的方式，如"惊人"、"恼人"、"怕人"、"气人"、"亡国"、"美容"等等，都是语素的使动用法。

这些形容词和动词的使动用法，都是古已有之的。例如：

(1) 强本而节用，则天不能贫。（《荀子·天论》。加强农业生产而又节约开支，那么天也不能使人穷困。）

(2) 能富贵将军者，上也。（《史记·魏其武安侯列传》。能使将军富贵的人，是皇上。）

(3) 进不满千钱，坐之堂下。（《史记·高祖本纪》。"坐之堂下"，让他坐在大堂之下。）

(4) 尝人，人死；尝狗，狗死。（《吕氏春秋》。"尝"是使动的用法，"使人尝"，"使狗尝"。比较"君赐食，必正席先尝之"（《论语·乡党》)，国君赐以烹调熟了的食物，孔子一定摆正座位先尝一尝，其中"尝"是一般的用法。）

其他如"鱼肉人民"、"草菅人命"、"不远千里"等等，保留了古汉语名词和形容词的意动语法现象。

可见，我们如果对文言有比较深刻的了解，就可以加深对现代汉语的认识，也有助于我们的教学。

四 关于字和词

华语的语言研究或者语言教学里所强调的"词"这个概念，是外来的，"字"才是我们语言研究和语言学习里的传统观念。清代以前的学者没有提出"词"这个观念，一方面是因为古汉语里"字"和"词"基本相当，而另一方面是因为大部分的双音词都和构成词的字的意义有关系。所以用"字",也就可以说明大部分的语言现象,也就不再需要"词"。

虽然儿童语言习得是从词开始的,词是他们最早和最自然的语言习得单位,像"玩具"、"电脑"、"火箭"等词,儿童对词中"字"的意义可能一点都不知道,但却知道词之所指,可是如果将口语落实到书面语,"字"的意义就不可不知道了。这就是为什么很多地方都将受了教育叫做"识字"。

"字"也就是"语素",是构成词的基本要素。在汉语的学习和应用里,"字"占有非常重要的地位,值得我们重视。我们提出常用字的概念,可是却很少注意一个常用字往往不是只有一个语素义。三千个常用字,语素义绝对不止三千个。今天的汉语教科书,无论是对内或者是对外的,对于"字"都重视得不够。如:

"精致",解释为"精巧细致",却对"致"是"美而细"的意思没有丝毫的说明。语言学习者就不能借以类推了解"雅致"、"致密"(或"密致")的意思。

"竭力"是"尽力"之外,没有说明"竭"就是"尽"。这对于了解"竭尽全力"、"竭诚"、"竭泽而渔"没有帮助。

"一劳永逸",解释为"辛苦一次,把事情办好,以后就不再费事了",而对于"逸"是"安乐"的意思如果不加说明,语言学习者就不能类推了解"劳逸不均"、"安逸"、"以逸待劳"的意思,而且也可能将"逸"写成同音字"易"。

"创痕"的"创"有"杀伤"(动词)、"伤口"(名词)两个意思。"创痕"、"巨创"、"创口"、"创巨痛深"等等的"创"是"伤口"(名词);"重创敌军"的"创"是"杀伤"(动词)。

对"字"的语素义没有完全掌握,严重的甚至造成张冠李戴。下列短语的错误,就是这样造成的:

哀(唉)声叹气　英雄倍(辈)出　　残(惨)无人道
脉膊(搏)正常　功亏一匮(篑)　　趁(称)心如意
阴谋鬼(诡)计　轰(哄)堂大笑　　默(墨)守陈规
陈词烂(滥)调

当然,也有些教科书处理得很好,如"悉心",解释为"用尽心思。悉,尽"。这样是正确的,"悉数"、"悉力"的"悉"也是这个意思。"悉"还有"知道"的意思,在教"熟悉"时,就需要解释"悉",学生才能类推"洞悉"、"获悉"、"惊悉"等词的意思。就像"称"有"符合"、"适合"的意思,所以"称心"、"称身"、"称职"都是这个"称"。

除了这三方面之外,一名语文教师,还需要哪些修养呢?1999年6月,笔者提出:在大专师资训练课程里,和语言学有关的课程,有词汇学、语法学、文字学等等,这些都是中文系学生必修的。这里头有一些是将来做专门研究需要的,当然也有很多知识是与教学无关的。我们看中文系的课程里,是不是很需要教育语言学?所谓教育语言学,就是在教中文时我们的教师所需要的语言学知识。教育语言学应该包括哪些课题?是不是也是对外汉语教师所必修的科目?值得我们进一步考虑。

附注

① 这些条件是陈建民于1988年提出来的。
② 关于新加坡华语词汇和语法的特点,请参考周清海编著《新加坡华语词汇与语法》(新加坡玲子传媒,2002)。
③ 据萧国政,2001,《汉语语法研究论》,上海:华中师范大学出版社。
④ 中国国家汉办,2002,1998—2000年科研项目成果丛书,北京:中国社会科学出版社。
⑤ 成语出自《孙子·九地》:"夫吴人与越人相恶也,当其同舟而济,遇风,其相救也如左右手。"
⑥ 王启龙,2003,《现代汉语形容词计量研究》,北京:北京语言大学出版社。

参考文献

陈建民,1986,《汉语口语》,北京:北京出版社。
吕叔湘,1983,语法体系及其他,《吕叔湘语文论集》,北京:商务印书馆。
吕叔湘,1984,《现代汉语八百词》,北京:商务印书馆。
袁家骅,1989,《汉语方言概要》,北京:文字改革出版社。
张中行,1988,《文言和白话》,哈尔滨:黑龙江人民教育出版社。

周清海,2001,语文测试里的语言问题,《中国语文》第 1 期;又见《语言与语言教学论文集》,新加坡泛太平洋出版社,2004 年。

周清海,2004a,语言变体产生的因素,第五届台湾语文研究及教学国际学术研讨会主讲论文,22,5。

周清海,2004b,从母语教学的立场谈三个问题,见《语言与语言教学论文集》,新加坡泛太平洋出版社。

周宏溟,1986,《五用成语词典》,北京:学林出版社。

《汉英双语现代汉语词典》,2002,北京:外语教学与研究出版社。

《汉英词典》,北京:商务印书馆。

《现代汉语规范词典》,2004,北京:外语教学与研究出版社、语文出版社。

《时代汉英双解词典》,1998,联邦出版社、北京语言文化大学出版社。

"由"字句选取依据研究

朱其智

中山大学国际交流学院

提　要　本文认为有必要将"由"字句作为一种被动句式选入对外汉语语法大纲和教材,理由为:(1)对外汉语教学的实践产生了研究"由"字句的迫切需求和动机。(2)"由"字句与"被"字句关系密切,都是表达被动意念的句式。(3)"由"字句在新闻体裁中有相当高的使用频率,而以新闻体裁为内容的课程比重日益增加。(4)留学生将"被"字句过度泛化的语法偏误说明有进行"由"字句语法教学的必要。(5)"由"字句教学实验的统计分析与推理证明,"由"字句纳入被动句范畴进行教学具有正面的、积极的作用。

关键词　"由"字句　被动句　语法大纲　语法项目选取

我们讨论的"由"字句是指由引进施事的介词"由"字组成的句式,可以表达被动意念。而现行的对外汉语语法大纲和教材,基本上没有在被动句这一语法项目下列出"由"字句。

王还(1995)主编的《对外汉语教学语法大纲》、国家汉办汉语水平考试部(1996)制定的《汉语水平等级标准与语法等级大纲》、国家汉办(2002)编写的《高等学校外国留学生汉语教学大纲·长期进修(附件)》、《高等学校外国留学生汉语专业教学大纲(附件二)》在被动句这一语法项目下都没有列出"由"字句这一语法点。

我们对中山大学国际交流学院对外汉语系多年来使用的初、中级阶段的读写、精读课以及报刊课教材进行了考察。《初级汉语课本》(北京语言学院三系,1987)与《现代汉语教程(读写课本)》(李德津、李更新,1988)等都没有将"由"字句列入其语法体系中。《中级汉语教程》(陈灼、刘镰力等,1987)、《汉语中级教程》(杜荣、

1989)、《新汉语》(复旦大学,1991),《中级汉语精读教程》(赵新,1999)等在"语法注释/词语例释"中也都没有涉及"由"字句。

只有《实用汉语课本》(刘珣等,1986)在第三册第二课的"词语例释14"介绍了"由"字句,并与"被"字句进行了比较,认为"由"字句和"被"字句的受事都可以位于句首做主语,不过该书的编者却认为"被"字句表被动,"由"字句不表被动。

《高级汉语报刊阅读教程》(北京语言学院留学生二系,1994)在下册第十二课中仅列有"把……摆到……位置是由……决定的"这样一个"报刊常用结构";《新编汉语报刊阅读教程(中级本)》(吴丽君,2000)在第七课中仅列有"由其所在……出具……材料"这样一个"报刊常用格式"。前者为"把"字句做主语的"由"字句,后者为"由"字句做定语的格式。"由"字句是新闻体裁中必不可少的句式,而我们的教材并没有把它提炼出来作为一种句式来讲解,却与其他无关的语法项目混杂在一起。

我们根据周小兵(2004b:206—215)提出的对外汉语语法项目选取的原则,对有关"由"字的研究情况和学习情况进行了考察,并进行了相关的语法教学实验研究,认为对外汉语语法大纲和对外汉语教材有必要将"由"字句选入,作为被动句的一种下位句式来教,其理由如下。

一 对外汉语教学实践的需要

对"由"字句的研究,基本上是对外汉语教学专家和教师所进行的,充分说明了对外汉语教学实践的迫切需求。

王还(1983/1987)在《英语和汉语的被动句》一文中,第一次明确提出"由"字句的概念,把"由"字句归纳为七种"汉语中可能译成英语被动句的句式"之一,并用专门的节、段进行讨论,还指明了"由"与"被"的差别。

吕文华(1985)随后写出了第一篇以研究"由"字句为主体的文章,把"由"字句分为三段进行具体的考察和研究,A段为句首的受事名词,B段为"由"及其引导的施事名词,C段为句子的主要动词,并且跟"被"字句进行一些比较研究。

白荃(1998)专文论述了在句首的"由+施事"结构的句法功能等有关问题,认为句首的"由+施事"是句子的主语。

李卫中(2000)以三个平面理论为框架,对"由"字句进行了研究。

朱其智(2002a)的《用于"由"字句中典型动词的研究》一文,从语义到句法层面对只能用于"由"字句中的典型动词进行了考察研究,以揭示"由"字句的句式特点。

朱其智(2002b)的《"由"字句的语篇分析》,把"由"字句分为主动句、被动句两种句式,并指出其出现的语篇条件,不同的话题推进模式对于"由"字句的主动、被动句式具有制约作用。

二 "由"字句与"被"字句的密切关系

这两种句式基本语义语序一致,都是受事做主语,"被"和"由"的功能都是引进施事,且位于受事主语与主要动词之间。

确实,"由"字句与"被"字句有种种区别:如"被"字句表"遭遇"义,而"由"字句表"负责"义;"被"字后的名词可省,而"由"字后的名词不可省;"被"字句中的动词不能是光杆动词,而"由"字句中的动词通常是光杆动词等。但我们认为,"由"字句与"被"字句基本语义语序的一致性是第一位的、根本的,而它们不同的特点是第二位的、枝节的。

"由"字句与"被"字句基本语义语序是一致的,我们的语法教学大纲中仅引进"被"字句、意念被动句,而不列入"由"字句,在体系上是不够完整的。

龚千炎(1980)在《现代汉语里的受事主语句》一文中将受事主语句分为六类,其中 E 类为 Np+由、归+Na+V,即我们所谓的"由"字句。如果我们同意龚千炎的定义"'受事'充当主语的句子可称为'受事主语句',也可称为'被动句'",那么将"由"字句归纳为被动句应当没有问题。房玉清(1992:319)也把被动句定义为受事主语句。"由"字句和"被"字句都是表达被动意念的句式。

吕文华(1994)在《对外汉语教学语法探索》一书"常用语法项目分析"部分第十七段"被动句的类型和使用条件"中,根据王还的研究,将被动句分为五类:(1)无标志被动句;(2)"被"字句;(3)"由"字句;(4)主语是受事的"是……的"句;(5)"遭、受、挨"。

我们认为吕文华选入"由"字句并归纳于被动句之下的做法对对外汉语语法教学是有积极作用的,很可惜这一做法在吕文华该书出版后出台的四大语法大纲中没有得到充分体现。

而且,我们认为"由"字句比"是……的"句和"遭"、"受"、"挨"更有理由归纳于"被"字句的名目之下:因为"是……的"只是强调焦点的句式,当强调的是受事主语时才是被动句;而"遭"、"受"、"挨"是动词,这是以词汇形式表达被动的意念。

三 "由"字句的使用频率

龚千炎(1980)认为"由"字句"没有太多内容可讲"。吕文华(1985)认为"也许是'由'字句的使用频率不如'把'字句、'被'字句高,应用起来也不像'把'字句、'被'字句那么复杂"。

我们觉得"被"字句与"由"字句的使用频率的比较,一要用数据说话,二要分不同体裁来谈。下面我们将比较在文学体裁和新闻体裁中"被"字句与"由"的使用频率。

文学作品,我们统计了老舍的《骆驼祥子》和王朔的小说《顽主》、《一点正经没有》、《你不是一个俗人》、《痴人》、《千万别把我当人》、《修改后发表》、《谁比谁傻多少》、《枉然不供》。

新闻体裁,我们统计了2000年的《人民日报》(我们随意选择了10天的报纸),其中:

"由……组成"、"由……构成"、"由……引起"、"不由分说"、"必由之路"、"身不由己"、"任由"、"由此"、"由"="从"不计。"被告"、"被告人"、"被诉人"、"被害人"、"被迫"、"被动"、"被检查者/人"、"被执行人"未计,而将"被捕"、"被俘"、"被害"、"被毁"、"被盗"、"被困"、"被骗"、"被砸"、"被占"、"被斩"、"被缚"、"被擒"等计算在内。

表1 文学作品中"由"字句与"被"字句的使用比率

	"由"字句	"被"字句
老舍的《骆驼祥子》	5例	102例
比例	4.7%	95.3%
王朔的小说	34例	271例
比例	11.15%	88.85%

表1显示,文学作品中,"由"字句的使用频率的确不高,这很可能就是现代汉语语法界"由"字句少有人研究的原因。而过去我们对外汉语教学特别是中高级阶段精读课比较强调文学作品的教学,"由"字句被忽略也在所必然。

表2 新闻体裁中"由"字句与"被"字句的使用比率

《人民日报》2000年	"由"字句	"被"字句
1月9日共4版	9例	10例
1月24日共12版	37例	60例
3月17日共12版	28例	31例
6月7日共12版	35例	43例
7月4日共12版	48例	52例
7月9日共4版	9例	9例
7月19日共12版	39例	70例
10月8日共8版	25例	44例
11月12日共4版	12例	25例
12月9日共8版	25例	52例
总计	267例	396例
比例	40.27%	59.73%

从表2中我们看到:虽然"由"字句的使用频率在新闻体裁中仍然不如"被"字句高,但是已经到了不可忽视的地步。而对外汉语教学的课程设置中,纯新闻体裁课程的地位越来越重要。国家汉办(2002)编写的《高等学校外国留学生汉语教学大纲·长期进修》中"课程设置与安排"将"新闻听力(听读)课"、"报刊阅读课"列为语言技能训练专门技能的必修课;国家汉办(2002)编写的《高等学校外国留学生汉语言专业教学大纲》中的"课程设置"中列有"中

国报刊语言基础(第一学年)"、"新闻听力(第二学年)"、"中国报刊阅读(第三学年)"。这还不包括选入泛读、精读等课程中的新闻体裁的课文。

既然有关新闻体裁的课程在对外汉语教学中的分量越来越重,既然"由"字句使用频率在新闻体裁中也相当高,达到40%强,那么我们的语法教学大纲就必须将"由"字句选入进去,且给予适当的地位,并予以相应的重视,仅仅在介词"由"中列入一个"表示施事"的义项是远远不够的(参见《高等学校外国留学生汉语教学大纲·长期进修(附件)》p.160)。

四 留学生的语法偏误

留学生偏误情况也说明了应该在我们的语法大纲和教材中应该列入"由"字句。

参加此次汉办项目的吴门吉老师和笔者对于对外汉语系初级二到高级班等7个班的留学生,布置了给词造句作业,以考察留学生被动句的习得情况。要求学生用10组词语造句(见附录1),有7组句子是本次研究目的所在,另外还有"把"字句、一般主动句等3个句子,目的是为了不让学生猜出作业的意图。要求学生用一个课时独立完成,并由任课教师监督作业,避免学生间的相互影响,以保证作业的有效性。我们在表3仅列出"被"字句与"由"字句的正确句子比率,两者的差异是非常明显的,似乎不再需要任何统计推理来进一步加以证明。

表3 给词造句作业中"被"字句与"由"字句的正确率

	初级二(32人)	中级一(36)	中级二(34)
被	19(59%)	17(47%)	29(85%)
由	2(6%)	5(14%)	6(18%)

"由"字句与"被"字句使用正确率的差异,显示了留学生在被动句习得上的巨大差异,这种差异也正显示了我们教学语法体系的缺憾所在。

吕文华(1985:18)指出留学生"往往把汉语中应该说成'由'字句的一律说成'被'字句"。例如：

(1) * 八楼被王师傅管理。
(2) * 李白的诗被我朗诵了。
(3) * 画上的字是被作者写的。
(4) * 这些新产品是被第一机床厂制造的。

程美珍(1997:248)也列举了这样的病句：

(5) * 家长是重要的人，每件重要的事情被他们负责解决。

并指出："汉语中若要指出某事的责任属于什么人，而丝毫不涉及受到什么动作行为影响时，不用'被'字句，要用介词'由'代替。"

我们下面列出从留学生平时作文和此次汉办项目实验研究的试卷中收集来的病句：

(6) * 一般人想孩子应该被成人好好指导。
(7) * 这个节目是被李小龙表演的。
(8) * 这个问题被经理负责解决。
(9) * 什么时候考试被老师决定。
(10) * 电脑被王工程师修理。
(11) * 这本小说被李教授翻译。
(12) * 病人被护士照顾。
(13) * 晚会被大使馆举办。
(14) * 今天的会议是被林主任主持的。
(15) * 会议室的门被办公室职员小张来锁。
(16) * 买机票的钱被我们公司付。

我们认为留学生之所以出现上述偏误，主要是因为我们的语法大纲和教材中没有列入"由"字句，他们也无从系统地学习"由"字句。当他们需要表达汉语中用"由"字来表达的被动意念时，他们似乎只能将"被"字句过渡泛化，从而造成偏误。

五 "由"字句教学实验统计分析与推理

我们尝试进行一个"由"字句的教学实验,来检验我们把"由"字句作为一种被动句来教学是否有益于学生的习得,是否能够提高教学效果。

我们对外汉语系分班的依据有两个,一是前一学期所在的班级和成绩,第二是新生入学的分班考试。五班与六班都是"中级一"阶段,它们处于同一水平层次上,而且两个班使用的教材也完全一样。

我们以五班为实验组、六班为控制组。对五班的处理是进行"由"字句的语法讲解,给学生发讲义。重点讲"由"字句的句式语义特点,并列出语法"公式"和举例说明,且与"被"字句做比较。讲解以后做了相应的练习,练习题有造句和重新排序两种(参见附录2)。

讲解和练习共用两个课时,由笔者亲自主持。五班参加的学生15人,六班作为控制组当然没有进行讲解与练习。

隔了两个多星期,我们对五班六班同时进行了测试,由任课老师监督,保证学生独立按时完成。测试试卷相同,共设计了25道多项选择题,有20道与被动句有关,其中15道的答案与"由"字句有关(其中有14题以"被/叫"作为干扰项),5道的答案与"被"字句有关。另外有5道是别的语法项目,为的是不让学生猜出测试的意图。满分共25分(参见附录3)。

六班参加学生是11人,五班参加学生21人,而21人中,只有11人参加前次语法"处理",因此五班的有效答卷也是11份。我们将两组学生的成绩(X_1、X_2)在表4中列出,并算出它们的平均值和标准差,X_d是两班成绩之差。

表 4 五班六班学生测试成绩及其平均值和标准差

五班学生	得分 X1	六班学生	得分 X2	分数差 Xd
一	8	十二	7	1
二	10	十三	7	3
三	11	十四	8	3
四	12	十五	8	4
五	14	十六	11	3
六	16	十七	14	2
七	17	十八	15	2
八	17	十九	16	1
九	17	二十	17	0
十	19	二十一	20	−1
十一	20	二十二	21	−1
平均值	14.64		13.09	1.55
标准差	3.91		5.19	1.69

假定表 4 中两组成绩来自两个正态总体,每组分数就是其中一个总体的一个样本,现在要根据样本的平均值来验证两个总体的平均值 μ 是否相同。

先做出零假设 $H0: \mu_1 = \mu_2$

相反的假设 $H1: \mu_1 \neq \mu_2$

对于随机变量 X1、X2,做出新的随机变量 Xd＝X1－X2。在零假设的条件下,Xd 服从以 0 为平均值的正态分布,我们运用 T 检验法来验证两个组的平均值:如果 T≤λt,维持零假设,两组无显著差异;T＞λt,否定零假设,两组有显著差异。我们经过计算得出 T＝3.039,取 α＝0.05,查自由度(n－1)T 双侧分布表。其临界值为:λt＝2.228,T＞λt,否定零假设。故五班六班此次测试成绩在 α＝0.05 的置信水平上有显著差异,而这一显著差异即可归结为我们对于五班的处理——"由"字句的讲解与相应的练习,也就是说我们的实验研究取得了一定效果,即我们把"由"字句作为一种被动句来教学,并与"被"字句相比较,是有助于提高教学效果,有益于学生对于"由"字句乃至于整个被动句的习得。

然而,我们在此仅仅尝试在我们的语法教学中临时插入"由"

字句的语法教学,由于为汉办项目时限所制约,我们进行的"由"字句的语法教学,游离于语法教学的序列以外,未必是合适的时机,且没有相应的课文配合,教学效果并不十分理想,而且教学的时间也是受到限制的。两个组的显著区别也仅仅在 $\alpha=0.05$ 的置信水平上可以成立,在更严格的 $\alpha=0.01$ 的条件下就不能成立:查表得 $\lambda t=3.169$。而 $T=3.039, T<\lambda t$,则零假设成立。

如果我们的语法大纲中在适当的排序中选入"由"字句作为一种被动句形式,并且有相应的课文与练习配合,那么我们相信届时再做类似的实验研究,其效果将会更加令人满意。

六 结 语

本文从五个方面讨论了将"由"字句作为一种被动句式选入对外汉语教学语法体系及其教材的必要性:(1)对"由"字句的研究,基本上是对外汉语教学专家和教师所进行的,是教学实践产生了研究"由"字句的迫切需求和动机;(2)"由"字句与"被"字句关系密切,基本语义语序一致,都是表达被动意念的句式;(3)"由"字句在新闻体裁中有相当高的使用频率,而新闻体裁的课程在对外汉语教学中的比重日益增加;(4)留学生的语法偏误说明,因为我们没有进行"由"字句的语法教学,使留学生将"被"字句过度泛化,造成病句;(5)我们所进行的"由"字句教学实验的统计分析与推理证明"由"字句纳入被动句范畴进行教学具有正面的、积极的作用。

附注

本文为国家汉办重点项目《语法项目选取的依据与排序》(HBK01-05/076)之一部分,得到项目主持人周小兵教授的指导和吴门吉等参加项目的老师和博士生的支持,一并鸣谢。

参考文献

白荃,1998,试论句首的"由+施事"结构的句法功能及其相关问题,《北京师范大学学报(社科版)》第 6 期。

北京语言学院二系编,1994,《高级汉语报刊阅读教程》,北京:北京语言学院出版社。

北京语言学院三系编,1987,《初级汉语课本》,北京:北京语言学院出版社、华语教学出版社。

陈　灼、刘镰力等编,1987,《中级汉语教程》,北京:北京语言学院出版社;2001,北京:北京大学出版社。

程美珍主编,1997,《汉语病句辨析九百例》,北京:华语教学出版社。

杜　荣主编,1989,《汉语中级教程》,北京:北京大学出版社。

房玉清,1992,《实用汉语语法》,北京:北京语言学院出版社。

复旦大学国际文化交流学院,1991,《新汉语》(五册—八册),上海:复旦大学出版社。

龚千炎,1980,现代汉语里的受事主语句,《中国语文》第 5 期;又 1994,《语言文字研究》,北京:北京语言学院出版社。

国家汉办 HSK 部制定,1996,《汉语水平等级标准与语法等级大纲》,北京:高等教育出版社。

国家汉办编,2002,《高等学校外国留学生汉语专业教学大纲》,北京:北京语言文化大学出版社。

国家汉办编,2002,《高等学校外国留学生汉语教学大纲·长期进修》,北京:北京语言文化大学出版社。

李大忠,1996,《外国人学汉语语法偏误分析》,北京:北京语言文化大学出版社。

李德津、李更新主编,1988,《现代汉语教程(读写课本)》,北京:北京语言学院出版社。

李　珊,1994,《现代汉语"被"字句研究》,北京:北京大学出版社。

李卫中,2000,"由"字句的句法、语义、语用分析,《汉语学习》第 4 期。

林连书,2001,《应用语言学实验研究方法》,广州:中山大学出版社。

刘　珣等,1986,《实用汉语课本》,北京:商务印书馆。

吕文华,1985,"由"字句——兼及"被"字句,《语言教学与研究》第 2 期。

吕文华,1994,《对外汉语教学语法探索》,北京:语文出版社。

吕文华,2002,对外汉语教材语法项目排序的原则及策略,《世界汉语教学》第 4 期。

青苹果数据中心,《中国现代文学名著经典》,北京:北京电子出版物出版中心。

青苹果数据中心,《〈人民日报〉2000 年电子版》,北京:金报电子出版中心。
王　还,1983,《中国语文》第 6 期;又 1987,《门外偶得集》,北京:北京语言学院出版社。
王　还主编,1995,《对外汉语教学语法大纲》,北京:北京语言学院出版社。
王　力,1943/1985,《中国现代语法》,商务印书馆。
吴丽君编著,2000,《新编汉语报刊阅读教程(中级本)》,北京:北京大学出版社。
赵　新主编,1999,《中级汉语精读教程》,北京:北京大学出版社。
周小兵,2002,汉语第二语言教学语法的特点,《中山大学学报》第 6 期。
周小兵,2003,"着"的教学与对外汉语教学语法,胡有清、钱厚生主编《对外汉语教学与研究》,南京:南京大学出版社。
周小兵,2004a,学习难度的测定和考察,《世界汉语教学》第 1 期。
周小兵等,2004b,《对外汉语教学入门》,广州:中山大学出版社。
朱其智,2002a,用于"由"字句中典型动词的研究,《广州华苑》第 1 期。
朱其智,2002b,"由"字句的语篇分析,《语言研究》第 4 期;又 2004,《第七届国际汉语教学讨论会论文选》,北京:北京大学出版社。

附录 1　请用下列词语造句

(1) 信(做主语)
(2) 由(介词,后跟施事)
(3) 是……的(中间强调施事)
(4) 衣服,洗
(5) 毛衣
(6) 把(介词)
(7) 让(介词)
(8) 房间,打扫
(9) 被(介词)
(10) 被……所……

附录 2　被动(passive)句

(一) N_1 +"被"/"叫"/"让"/"给"+ N_2 +V+C+了

N_1 是受事(recipient, goal, receiver)也是主语(subject)。N_2 是施事(agent, actor, doer)。

Pattern(一)表示 N_1 有什么结果,所以常常用动词+补语(V+C)。

(1) 钱包被小偷偷走了。
(2) 老鼠被猫捉住了。
(3) 房间被服务员打扫干净了。
(4) 他爱人被他说糊涂了。
(5) 信被人寄出去了。
(6) 照片被他挂在墙上了。
(7) 行李叫秘书取回来了。
(8) 我的词典叫玛丽借去了。
(9) 照相机让人弄坏了。
(10) 他的病让大夫治好了。
(11) 帽子让人拿走了。
(12) 衣服给大雨淋湿了。
(13) 钱包给他弄丢了。
(14) 那只狼给猎人打死了。

N_1+"被"+V+C+了。

N_2 没有出现,被省略。

(15) 电冰箱被修好了。
(16) 椅子被推倒了。
(17) 书被放在沙发上了。
(18) 画被买走了。
(19) 小周被批评了一顿。

(二) N_1+"由"+N_2+V

"由"≠"由于"。上次的练习有很多同学做错了。如:

(1) *我的成绩不好,由不努力学习。
(2) *由我家里发生了一件事,我只好回国了。
(3) *他由非典回去了。

"由"主要有两个意思:一个是"从"的意思,如"由礼堂出来"/"由白云机场起飞"/"由西往东走";另一个意思是用在被动句中,标明"施事"。表示 N_2 的一种职业、技术、能力或者责任。如:

(4) 这件事由经理决定。
(5) 新闻由张先生播送。
(6) 小说由鲁迅创作。

(7) 读写课由李老师教。
(8) 生日蛋糕由张师傅来做。
(9) 这个节目由三班同学表演。
(10) 房子问题由学校解决。
(11) 钱由我们公司付。
(12) 房间由服务员打扫。
        比较:房间被服务员打扫干净了。
(13) 行李由秘书去取。
        比较:行李叫秘书取回来了。

练 习

(一) 造句

(1) 为……所……
(2) 被……洗……
(3) 由……洗……
(4) 由……介绍……
(5) 由……负责……
(6) 由……照顾……

(二) 组句

(1) 和 陪着 新娘 人 别的 母亲 由
(2) 广播电台 歌 进行 由 首 广播 这
(3) 件 决定 你 这 由 事 只好 来
(4) 负责 生词 王老师 由 解释
(5) 的 买 是 由 钱 公司 的 电脑 付
(6) 和子 托运公司 将 的 托运 由 行李

附录3 测试

选择唯一正确的答案

1. 这个节目是_____李小龙表演的。
    A. 由   B. 被   C. 为   D. 从

2. 很多同学_____假期回国了。
    A. 叫   B. 为了   C. 由   D. 由于

3. 椅子_____他推倒了。
    A. 为   B. 由   C. 被   D. 从

4. 李白的诗＿＿＿＿＿我朗诵(lǎngsòng)。
   A. 由于　　B. 由　　C. 从　　D. 被

5. 这个问题＿＿＿＿＿经理负责(fùzé)解决。
   A. 给　　B. 被　　C. 由　　D. 为

6. 大家＿＿＿＿＿歌声所吸引(xīyǐn)。
   A. 为　　B. 为了　　C. 给　　D. 由于

7. 信由秘书(mìshū)＿＿＿＿＿。
   A. 写错了　　B. 来写　　C. 就要写了　　D. 只能写

8. 明天大家＿＿＿＿＿我这儿出发。
   A. 被　　B. 把　　C. 为　　D. 从

9. 什么时候考试＿＿＿＿＿老师决定。
   A. 把　　B. 由　　C. 被　　D. 给

10. 他＿＿＿＿＿学习汉语来中国留学。
    A. 为了　　B. 由　　C. 叫　　D. 由于

11. 电脑＿＿＿＿＿王工程师＿＿＿＿＿。
    A. 被……修理　　　　B. 由……修坏
    C. 由……修理　　　　D. 为了……所修坏

12. 这本书＿＿＿＿＿你弄脏了。
    A. 为　　B. 把　　C. 给　　D. 由

13. 宿舍＿＿＿＿＿张师傅(shīfu)进行管理(guǎnlǐ)。
    A. 被　　B. 把　　C. 由于　　D. 给

14. 这本小说＿＿＿＿＿李教授翻译。
    A. 被　　B. 由于　　C. 从　　D. 由

15. 玛丽＿＿＿＿＿选做班长。
    A. 让　　B. 被　　C. 为　　D. 由

16. 病人＿＿＿＿＿护士照顾。
    A. 被　　B. 把　　C. 由　　D. 为了

17. 我同屋＿＿＿＿＿房间打扫干净了。
    A. 给　　B. 被　　C. 为了　　D. 把

18. 晚会＿＿＿＿＿大使馆举办(jǔbàn)。
    A. 由　　B. 由于　　C. 被　　D. 给

19. 这种新的照相机＿＿＿＿＿中国制造。
    A. 叫　　B. 把　　C. 从　　D. 由

20. 地址_____他写错了。
    A. 叫　　　B. 为　　　C. 把　　　D. 由

21. 今天的会议是_____林主任主持的。
    A. 为　　　B. 由　　　C. 被　　　D. 从

22. 旅客由导游小姐_____，游览了长城。
    A. 被陪同　B. 给陪同　C. 陪同　　D. 已经陪同

23. 会议室的门_____办公室职员小张_____。
    A. 把……锁上了　　　　B. 从……锁上了
    C. 被……来锁　　　　　D. 由……来锁

24. 我_____不努力学习，所以成绩不好。
    A. 被　　　B. 为了　　C. 由　　　D. 由于

25. 买机票的钱_____我们公司付。
    A. 被　　　B. 为了　　C. 由　　　D. 从

现代汉语介词功能与属性研究

刘 兵
国家对外汉语教学领导小组办公室

提 要 本文通过对语料库的统计,分析介词在现代汉语中的使用频率及兼类情况。在语料库自动标注过程中,非兼类介词标注的准确率较高,出错率高的主要是兼类介词的标注,尤其是高频的"从"、"在"、"与"等兼类介词的标注。以介词"从"为例说明分词语料库所提供的远程搭配关系信息有限,难以获取高度概括的语言知识。语料库可以用来检验语法规则的合理性及其在真实语料中的覆盖程度,并以此为反馈信息修正原有的语法规则。

关键词 介词 语料库 属性 标注

一 汉语介词的界定

汉语研究中主要采用逻辑学中的所谓"负特征"来界定介词的句法功能,而汉语其他词类则一般采用积极、独立的定义方式。例如对于名词,认为名词经常做主语、宾语和定语,名词可用数量短语修饰,名词不能重叠,有些名词可加"们"表示群体;对于动词,认为动词经常做谓语或谓语中心,可由否定副词和程度副词修饰,可带动态助词,有些动词可以重叠。但是在界定介词时,通常将介词与动词加以比较,考察介词缺少了动词的哪些语法特征。例如朱德熙(1982)指出:"纯粹的介词只能用在连谓结构里,不能单独做谓语……在兼属动词的介词里,作为动词有的可以重叠,可以带'着、了、过'等后缀;可是作为介词在句子里出现的时候就不能重叠,也不能带'着、了、过'。"又如:"介词本身不能单独做句子成分,它只能和它的宾语组成介词短语,在句子里充当状语和补语……

介词不能单独成句,也不能单独回答问题……介词不能重叠……介词不能带补语……介词的动态变化不完全。"①

De Lancy(1997)指出介词的两种主要历史来源是连动结构和关系名词结构(relation noun construction),汉语的介词大部分是由连动结构 $VP_1+NP_1+VP_2+NP_2$ 中的前项 VP_1 虚化而来的。VP_1 多是那些语义范畴与动作行为密切相关的动词,实际上是在作为次要动词使用(因为 VP_2 是全句的焦点所在),长期处于次要动词的位置上导致了 VP_1 在语法和语义上发生了虚化。

表1 动词与介词的语法特征比较表

序号	语法特征	动词	介词
1	做谓语或谓语中心	+	-
2	能带宾语	+	+
3	前加否定副词"不"	+	+
4	前加能愿副词	+	+
5	后加动态助词"着"、"了"、"过"	+	-
6	能够重叠	+	-
7	进入"A不A"的格式	+	-

从表中可以看出,从动词到介词的语法化(grammaticalization)过程中,动词的语法特征有留有失。②介词基本保留了动词的第二个特征,能带体词性或谓词性的宾语,但不能处于谓语或谓语中心的位置上;③部分保留了动词的第三个特征,可前加否定副词和能愿动词,但是否定副词和能愿动词是用来修饰整个介词结构的。例如:

不按已确定的从西岸10%—15%的区域 撒军
|_____||_____|
|_____||_____|

可以在平等互利的基础上探索出新的有效的合作方式
|_____||_____|
|_____||_____|

动词的第一、五、六、七个特征则几乎完全丧失。④就整体而

言,介词失去的是原动词中与时间信息有关的句法特征(动词后面加上动态助词、动词重叠等都指示动作行为的相对时间位置或时间信息),而动词支配宾语的句法功能基本保留在了介词中。⑤

从与动词基本论元结构(主体论元+动词+客体论元)的比较来看,动词语法化为介词后,失去了对域外论元(external argument,大致相当于主体论元)的控制,只能支配域内论元(internal argument,大致相当于客体论元),这是介词与介词的支配成分共现的语义基础。⑥

在汉语发展演变的历时平面上,连动结构前项 VP_1 向介词演变的语法化过程是不断进行的,这就必然会造成汉语动词与介词并不是能够截然区分的两个类别。从原型范畴的理论来看,存在着典型的动词和介词,前者如动作动词、致使动词和心理动词,后者如"把"、"被"、"与"、"在"、"从"等使用频率较高的介词。处于二者中间过渡态的词则兼具了动词和介词的句法特征,例如"经过"、"比"、"跟"、"按"、"借"、"叫"、"靠"、"归"、"到"、"离"、"冲"、"乘"、"替"、"依照"、"通过"、"遵照"等词,这些词既可以出现在谓语或谓语中心的位置上,也可以与支配成分组合成介词结构在句中做状语。

二 介词的功能

2.1 句法功能

2.1.1 联系功能

介词是具有结构关系的句法成分之间的联系项。由于介词对于介词之后的体词性或谓词性成分具有很强的支配能力,二者结合起来构成副词性的介词结构,作为一个整体性的模块(chunk)参与到句子结构之中,与句中的述语动词等成分发生句法关系,即一般所说的"介引"作用。由于有介词作为联系项,述语动词与介词宾语之间的句法关系就显得清晰明确,因此从句法层面上来看,介词是状语或补语成分的重要标志。例如:

(1) 探测器在<u>木卫二的中纬度地区</u>发现了许多坑、穹丘和斑点。
(2) 她吃完一个苹果,把<u>果核儿</u>投到很远的地方。
(3) 内塔尼亚胡也与<u>埃及一些新闻文化界人士</u>进行了座谈。
(4) 湘西州这些年来所取得的巨大发展,得益于<u>国家扶持发展少数民族地区的优惠政策</u>。

例(1)中表示处所的"木卫二的中纬度地区"与述语动词"发现"不能直接发生句法关系,而要借助于介词"在"的"介引"作用。同样,例(2)中表示受事的"果核儿"、例(3)中表示与事的"埃及一些新闻文化界人士"也都要使用介词后才能进入句法结构。介词对句中的状语成分具有标识作用。例(4)中"国家扶持发展少数民族地区的优惠政策"通过介词"于"与述语动词"得益"发生句法关系,在这种情况下,介词是补语成分的显性标识。

2.1.2 支配功能

汉语动词语法化为介词之后,失去了充当谓语或谓语中心等动词的语法特征,但动词支配宾语的句法功能基本保留在了介词中,介词对其支配成分具有很强的控制能力。这种支配能力表现在三个方面:

第一,支配体词性成分

现代汉语常用的97个介词中,有29个介词(30%)只能支配体词性成分(详见表2)。这些介词所支配的体词性成分包括名词、代词、数词和定中短语、联合短语、同位短语等。例如:

(1) 熟透了个儿的葡萄被主人用<u>井水</u>一遍一遍洗净。(名词)
(2) 朋友曾替<u>他</u>算了一笔账:近三年来,他已经资助别人近千元。(代词)
(3) 广电部本着<u>丰富贫困地区群众文化生活</u>、把最好的文化娱乐和生活娱乐产品送给贫困地区的宗旨,组织实施了这次活动。(定中短语)
(4) 较之<u>小说和诗歌</u>,散文的内蕴更为贴近人生,靠近民间,形体也比较灵活机动和自然而然。(联合短语)

第二,支配体词性成分和谓词性成分⑦

现代汉语介词中大部分(70%)既可以支配体词性成分,也可以支配谓词性成分。(详见表2)例如:

(1) 据介绍,即将开发的这个地区的煤层气资源量为600亿立方米以上,预计生产。(动词)
(2) 据舆论界的看法,俄罗斯目前尚未为加入这两个国际协定做好准备。(定中短语)
(3) 体育与经济的结合,将源源不断地给国民经济注入新的活力。(名词)
(4) "送书下乡"与建立农村图书室结合起来。(述宾短语)

表2 介词支配成分分类表

类别	介词
体词性支配成分	本、本着、奔、朝、朝着、冲、冲着、当着、每当、给、管、归、较、较之、拿、让、顺、顺着、替、为(wéi)、向着、依、依据、依照、用、沿、沿着、遵照、作为
体词性、谓词性支配成分	按、按照、把、被、比、趁、趁着、乘、除、除了、从、从打、打、打从、待、当、到、对、对于、赶、根据、和、跟、关于、基于、鉴于、将、叫、借、借着、经、经过、就、据、距、距离、离、靠、连、连同、临、论、凭、凭着、凭借、随、随着、通过、同、往、望、为(wèi)、为了、为着、向、以、因、因为、由、由于、于、与、在、照、照着、针对、至、至于、自、自从

第三,共现性

现代汉语中除了"被"、"给"等少数介词外,绝大多数汉语介词的后面不允许出现空位,而且介词既可以支配体词性成分,也可以支配谓词性成分。正是这种较强的支配能力,使介词能够与其支配成分结合在一起,以一个模块的面目出现在句子结构中。

从介词与动词的比较,也可以看出介词必须与支配成分共现的特点。我们先简单讨论一下动词的支配能力在实际语句中的表

现。动词中存在着两种支配能力很差的动词,零价动词和一价动词。零价动词不能与任何论元共现,例如:

It is raining.(下雨了)
It is snowing.(下雪了)
It is blowing.(刮风了)

零价动词"rain(下雨)"、"snow(下雪)"、"blow(刮风)"除了要求虚主语"it(expletive it/pleonastic it)"共现,以满足句法结构完整的需要外,对真正的论元几乎没有什么支配能力。⑧一价动词只能与一个论元共现,这个论元主要出现在述语动词前主语的位置上,但不可能出现在动词之后宾语的位置上。二价动词可以支配两个必有论元,三价动词可以支配三个必有论元,但是在动态言语句中,两种动词的必有论元经常出现省略。例如,二价动词"买"的基本论元结构是"施事论元+买+受事论元",但在下述句子中的必有论元并未全部共现:

(1) 交通不便,运输不够,常常就买不到煤油。("买"的施事论元没有出现)
(2) 我一共只买过两次。("买"的受事论元没有出现)
(3) ——你买过这种牌子的电脑吗?
　　——买过。("买"的施事论元和受事论元都未出现)⑨

正是由于动词的支配成分在语句中并不总是全部出现,所以动词配价研究中的一个主要问题是在什么样的句法框架中提取价的指数。

与动词的支配成分经常"从缺"相比,除了"被、给"等少数介词外,绝大多数介词的后面不能允许出现空位,显然介词对论元的支配能力要强于动词。

2.1.3 控制功能

汉语介词对超长模块具有控制功能。例如:

(1) 较之按学科分卷、卷内再按汉语拼音顺序编排的专业性很强的《中国大百科全书》,《简明版》是真正意义上的综合性百科全书。

(2) 此外,他们在综合社会课、研究型活动课、中学语文拓展性阅读与讨论式教学、牛津英语教学、双语教学、德育课程、低年级IT课等均做了全方位的探索。

在框式介词中,介词对超长模块的控制更为明显。

框式介词是由"在、从、用"等介词常与方位词"上、下、里、外、边、中、之间"以及名词"时、的时候"等配套使用构成的介词组合。

就"上、下、里、外"等方位词而言,这些方位词基本上不再表示具体的空间位置,典型的例证是"上"、"下"、"中"、"里"之间有时可以自由地替换使用,例如:

在手上——在手中——在手里
在走廊里——在走廊中——在走廊上
在电话上——在电话中——在电话里
从桌上掉到地上——从桌上掉到地下

这些方位词在语义上已经虚化,但很多情况在句法层面上是不可或缺的。例如:

(1) 他在电话里不停地问这问那。—→ *他在电话[ ]不停地问这问那。

(2) 他还有个毛病,喜欢在课堂上夸耀他的麻省博士后的学历。—→ *他还有个毛病,喜欢在课堂[ ]夸耀他的麻省博士后的学历。

可见,这些方位词已经语法化为后置词(postposition)。

就"时、的时候、方面、期间"名词性成分而言,这些名词性成分的语义没有虚化,但在句中也不能省略。

(1) 她在1992年8月失踪时年仅9岁。—→ *她在1992年8月失踪[ ]年仅9岁。

(2) 在访问期间,双方将签署有关贸易和工业合作方面的协定。—→ *在访问[ ],双方将签署有关贸易和工业合作方面的协定。

框式介词的支配能力表现在其前项与后项之间可以容纳超长的体词性成分或谓词性成分,这是汉语其他词类所不具有的功能。例如:

(1) 英雄的中国人民<u>在以江泽民同志为核心的党中央坚强领导和党的十五大精神指引下</u>,更高地举起邓小平理论的伟大旗帜……

(2) <u>在有记者问到,M国国务卿宣布本·拉登是袭击M国的头号嫌疑犯,有关的确凿证据将很快公布于众时</u>,M国总统断然否认,声称:"公布证据的时机尚不成熟。"

(3) <u>当李鹏了解到老闫退休前一直都是厂里的先进工作者、曾经被评为北京市"五好职工",退休后仍然为改善职工的住房而奔波时</u>,十分高兴,对他为工厂建设做出的贡献表示感谢。

(4) <u>待我用一刻钟的时间把倪翔的命运和这只鸟儿命运之间的内在联系阐述得一清二楚之后</u>,D先生显得十分惊奇。

同时,由于介词宾语处于框式介词中间,可以清晰地显示介词的辖域(scope)和管界(government boundary),而框式介词后项的使用也符合"联项居中原则",即介词要处于述语动词和体词性成分之间的位置上。

2.2 语义功能

介词不仅用来标识语言成分之间的句法关系,而且还是述语动词与体词性成分之间的论元角色关系的显性标记。这是介词在语义层面上的主要作用。

论元是指带有论元角色的体词性成分,而论元角色是由谓词根据与其相关的名词短语之间语义关系而指派给这些名词短语的语义角色,即与动词连用的论元在与动词所表示的动作或状态里扮演的语义角色。汉语动词的论元结构中,施事、受事等是必有论元,与述语动词之间的语义关系比较密切,一般不用介词标识。工具、材料、处所、时间、范围、依据等是论元结构中的可选论元,与述语动词之间的关系比较疏远,所以一般要用介词来标识。例如:

(1) 他用毛笔写了一副对联。("用"标识工具论元)
(2) 爸爸用木头给他做了一个小汽车,他常常抱着汽车睡觉。("用"标识材料论元)
(3) 省文化部门在宁乡县花明楼镇举行"两节"(元旦、春节)期间送电影下乡首映式。("在"标识处所论元)
(4) 对生产企业而言,资产经营不过是服务于生产经营的一种手段。("对……而言"标识范围论元)

不过,应该指出的是:

2.2.1 介词与论元角色之间并不存在一一对应关系,同一个介词用来标识不同的论元角色,同一种论元角色可以用不同的介词来标识别。例如:

(1) 所有导弹发动机部件(约 130 件)当天下午将用运输机空运到美国。
(2) 这副对联用金色的字迹镌刻在门的两边。
(3) 他已在农村工作了 36 年,与农民群众有着深厚的感情。
(4) 他以身作则,带头学习,经常下基层,跟农民和农村党支部的同志建立起密切的关系。

例句(1)和例句(2)中的介词"用"分别标识工具论元和方式论元,例句(3)和例句(4)中的与事论元分别用介词"与"和"跟"标识。

2.2.2 介词是汉语标识论元角色的重要手段,但介词的使用只是显示论元角色的充分条件(介词一定能够起到标识论元角色的作用),而不是充要条件(论元角色不一定都要用介词标识)。例如:

(1) 在长安街沿线及大街小巷的高大建筑物上,国旗、彩旗飘扬。—→ [　]长安街沿线及大街小巷的高大建筑物上,国旗、彩旗飘扬。
(2) 对于那些不畏艰苦、奋勇拼搏、成效显著的领导干部,要敢于表彰,大胆提拔。—→ [　]那些不畏艰苦、奋勇拼搏、成效显著的领导干部,要敢于表彰,大胆提拔。

例句(1)中的介词"在"标识处所论元,例句(2)中的介词"对于"标识客事论元,但是"在"和"对于"的省略并不影响论元角色的显示。

2.3 语用功能

"关于、对、对于、至于、针对、就、针对、按照、论、作为、在……上/中/方面/之外"等介词引导的成分处于句首状语的位置上时,具有标识话题的作用,因此介词是汉语重要的话题标记(topic marker)。[⑩]例如:

(1) 对于他们来说,从农村到城市,是一个飞跃,对于我们来说,从国内跑到国外,也是一个飞跃。
(2) 至于重振大国地位,俄罗斯不仅想当政治大国、军事大国,而且志在成为经济大国。
(3) 就中国的传统观念而言,夫妇婚后不能生育,很容易导致感情不和,家庭不睦。
(4) 针对证券市场尚处于不成熟阶段,不可避免地存在一些违法违规等问题,监管部门及时采取措施,加快法规建设。

另外,介词处于句首话题的位置上时还能起到篇章管界作用。例如:

(1) 对于公款吃喝之风,不仅广大普通群众怨声载道,就是在干部队伍中赞成的也没几个,但却为什么长期屡禁不止呢?其原因自然很多,但问题的主要原因还是在于领导行为和制度的欠缺。一种风气的形成与改变,领导者的行为有着重要的示范、引导作用,这就是古人说的"上有好者,下必有甚焉者矣"。
(2) 关于谋略,在春秋战国时期的兵法名著中每篇必及,这个时期被称为中国谋略史上的第一个高峰;而明清时期,则是"谋计纷呈"的第二个高峰,刘基则开了明代奇计先河。怎样使中国的军事谋略宣传再进一步发展和继承?由此,编撰者想到了为中国历史上众多的军事谋略人物立传。

例句(1)中的"对于公款吃喝之风"和例句(2)中"关于谋略"对整段内容起到管界作用,后面的内容分别围绕"公款吃喝之风"和"谋略"展开阐述。

三 介词的动态属性分析

3.1 频率分析

通过对现代汉语通用语料库中四类主要功能词的统计可以看出[⑪],介词在现代汉语中的使用频率较高,共使用介词439,361次,平均每句话出现介词0.78次。在四类主要功能词中,仅次于助词。同时,从统计中还可以看出,介词的使用与语料的分布、语体的特点有关,自然科学类与人文科学类语料中介词的使用频率高于其他两类。

表3 现代汉语介词使用情况表

	人文社科类	自然科学类	文学作品类	新闻通讯类	合计
字数	4,061,857	1,995,628	10,473,687	1,921,468	18,452,640
词数	2,176,754	998,596	6,329,429	989,482	11,491,293
句数	89,963	42,751	386,399	41,801	560,914
动词数	404,407	200,539	1,454,971	192,861	2,252,778
助词数	190,526	90,072	579,202	77,916	937,716
连词数	78,581	36,958	118,910	26,593	261,042
语气词数	5,028	1,391	109,272	18,944	134,635
介词数	103,443	51,422	242,753	41,643	439,261
每句平均介词数	1.15	1.20	0.63	0.99	0.78

3.2 兼类统计

从语料库的统计中可以看出,汉语介词的兼类情况则比较复杂。

从兼类的数量上看,在语料库中出现的97个介词中,有59个介词兼属其他词类,专职介词有38个;从使用频度上看,词频最高的前20个介词中,只有"被、于、由、往"4个介词属于专职介词,频度在1.00以上的47个介词中,有35个介词是兼类词;从兼类的词性上看,介词除了与动词存在兼类关系外,与连词、副词、量词、名词之间也存在兼类关系,其中兼动词的介词有47个,兼连词的介词有9个,兼副词的介词有9个,兼名词的介词有7个,兼量词的介词有3个。

表4 现代汉语介词兼类情况表

分类		介词
兼类介词	介词兼动词（47个）	对、连、根据、论、经过、比、作为、依据、管、把、同、跟、就、至、在、按、借、叫、靠、归、给、到、离、当、待、打、除、冲、乘、朝、奔、赶、替、依照、依、临、向、照、为、针对、用、通过、随、遵照、让、拿、凭
	介词兼连词（9个）	以、因、因为、由于、和、与、跟、同、就
	介词兼副词（9个）	自、从、较、将、连、同、就、至、在
	介词兼名词（7个）	比、根据、经过、作为、依据、连、论
	介词兼量词（3个）	对、把、管
专用介词（38个）		凭借、按照、打从、由、从打、于、趁着、冲着、至于、被、照着、本着、自打、向着、趁、朝着、自从、除了、鉴于、连同、每当、凭着、据、顺着、经、借着、对于、随着、当着、基于、往、为了、关于、为着、沿、距、沿着、较之

表5 现代汉语介词与动词兼类统计表

		人文科学	自然科学	文学作品	新闻通讯	合计	比例
比	介词	1089	935	4184	457	6665	96.85%
	动词	47	19	90	61	217	3.15%
当	介词	484	276	1513	308	2582	48.71%
	动词	250	50	2239	180	2719	51.29%
跟	介词	159	38	5415	345	646	82.62%
	动词	84	11	1063	29	1187	17.38%

续表

借	介词	28	3	53	5	89	13.15%
	动词	101	29	410	48	588	86.85%
经过	介词	411	359	584	247	1601	82.95%
	动词	29	33	177	90	329	17.05%
靠	介词	153	45	359	48	635	35.49%
	动词	231	59	729	135	1154	64.51%
拿	介词	8	1	67	2	78	2.33%
	动词	278	57	2734	204	3273	97.67%
通过	介词	1752	1364	560	598	4274	86.10%
	动词	282	161	60	187	690	13.90%
在	介词	18806	12686	67871	1783	101146	98.90%
	动词	77	11	758	276	1122	0.10%
照	介词	5	1	117	6	129	21.18%
	动词	27	20	419	14	480	78.82%
作为	介词	710	222	439	160	1531	47.72%
	动词	851	249	152	425	1677	52.28%

四 问题与讨论

4.1 关于介词标注

在语料库自动标注过程中,非兼类介词标注的准确率较高,出错率高的主要是兼类介词的标注,尤其是高频的"从、在、与"等介词的标注。出现的问题主要有五类:

4.1.1 与动词兼类介词的标注

待/v 我/r 从/p 无拘无束/i 的/u 境界/n 回/v 到/v 这/r 严酷/a 的/u 监号/n 中/f 来/v 时/ng,/w 他/r 阴郁/a 的/u 脸上/s,/w 却/d 绽出/v 一点点/m 酸楚/a 的/u 笑纹/n。/w

("待"应标注为介词)

我们/r 在/p 内衣/n、/w 毛衣/n、/w 棉衣/n、/w 鞋袜/n 等/u 柜台/n 都/d 照/v 着/u 质量/n 好/a、/w 款式/n 大方/a 舒适/a 的/u 买/v。/w

("照着"应标注为介词)

4.1.2 与连词兼类介词的标注

一旦/d 落/v 到/v 蹲/v 小/a 店/n <u>与/c 引/vg 车/n 卖/v 浆/ng 者流/n 为伍/v</u>,/w 人们/n 或许/d 以为/v 他/r 会/v 沮丧/an,/w 会/v 绝望/an,/w 会/v 愁眉不展/i。/w

("与"应标为介词)

胡子/nr 说/v 不/d 光/d 锻炼/v 有效/a,/w 这/r <u>和/c 他/r</u> 戒/v 了/u 酒/n 也/d 有/v 关系/n。/w

("和"应标为介词)

4.1.3 与副词兼类介词的标注

孕妇/n 生/v 下/v 的/u 小孩/n 在/p 14/m 岁/q 时/ng 要/v 比/p 那些/r <u>从/p 不/d 饮酒/v</u> 的/u 孕妇/n 所/u 生/v 的/u 小孩/n 的/u 体重/n 轻/a 3/m 磅/q。/w

("从"应标为副词)

如今/t 他们/r 忽然/d <u>在/d 喘息/v 的/u 机会/n 里/f</u>,/w 看到/v 了/u 对方/n。/w

("在"应标为介词)

4.1.4 与名词兼类介词的标注

里面/f 的/u 东西/n 也/d 只/d 能/v <u>依据/n 现有/vn 的/u 存在/vn 形态/n 和/c 方式/n</u> 来/v 讨论/v 它/r 的/u 意义/n。/w

("依据"应标为介词)

汉字/nz 的/u 月/ng 就/d 是/v <u>根据/n 新月/n</u> 创造/v 出来/v 的/u。/w

("根据"应标为介词)

4.1.5 与量词兼类介词的标注

一下子/m <u>把/q 被套/n 角/n</u> 挂/v 在/p 那/r 人/n 的/u 腿隔肢/n 上/f。/w

("把"应标注为介词)

如果/c 有/v 一些/m 对/q 储蓄/vn 机构/n 不利/a 的/u 证据/n,/w 法院/n 很/d 可能/v 依据/p 民法/n 通则/n 的/u"/w 代理人/n 和/c 第三/m 人/n 串通/v。/w

("对"应标注为介词)

兼类介词的标注失误主要与缺乏远程语法搭配信息有效支持有关。

4.2 关于远程搭配

现有语料库的词性标注结果主要是使用关联矩阵表示的,关联矩阵是个二维关系表。这种二维关系表所提供的远程搭配关系信息有限,难以处理长距离的语言现象,难以获取高度概括的语言知识。下面以"从"为例说明语料库中的远程语法搭配问题。

(1) 从不同的角度和层次研究社会经济各部门的发展规模、结构和水平

(2) 从不会强迫你做任何事

(3) 从不含服务项目价格的商品零售价格看

(4) 从不与人合作到充分发挥团队精神

上述例句中"从"与"不"共现时是介词还是副词,仅凭二者之间的句法属性制约关系无法直接准确判断,这就需要非相邻的远程句法搭配信息的支持。例句(1)比较容易判断,自左向右扫描到"同的"时即可确定"从"是介词;"不"后动词的情况下,"从"是副词,如例句(2);但这条规则并不适用于例句(3)与例句(4),例句(3)扫描到句尾"看"时才能确定"从"是介词,例句(4)扫描到"到",并确认"从……到"是搭配使用的框式介词后,才能确定"从"是介词。现有的语料库在标注过程中正是由于缺乏远程搭配信息的支持,所以在类似"从"与"不"的标注问题上常会出现失误。

4.3 关于语法知识挖掘

语料库是大规模真实文本的有序集合。对于基于规则的研究而言,语料库可以用来检验语法规则的合理性及其在真实语料中的覆盖程度,并以此为反馈信息修正原有的语法规则。例如,语言学

者认为汉语处所论元的话题化是几乎不受什么条件限制的,但是我们从语料库中发现,有些类型的句子很难实现话题化。例如:

(1) 他能够<u>从敞开的门口</u>清楚地观察审讯的情形。⟶ *<u>敞开的门口</u>他能够清楚地观察审讯的情形。

(2) 她<u>在苏州</u>有一个儿子叫马太伯,书读得很多……⟶ *<u>苏州</u>她一个儿子叫马太伯,书读得很多……

(3) 我毫不迟疑地<u>沿着全船所有的通道</u>奔跑起来。⟶ *<u>全船所有的通道</u>我毫不迟疑地奔跑起来。

(4) 她<u>顺着一条田埂</u>,跌跌撞撞地走过来。⟶ *<u>一条田埂</u>她跌跌撞撞地走过来。

上述四个例句中处于状语位置上的处所论元无法通过话题化移到句首话题的位置上。这表明,汉语处所论元的话题化并不是不受条件限制的。一般而言,"在"引导的处所论元可以话题化,而"从"、"顺着"等其他介词引导的处所论元则受到限制,但由地名、行政区划名构成的处所论元不能话题化。

附注

① 朱德熙,《语法讲义》第174页;赵淑华,介词和介词分类,《词类问题考察》,胡明扬主编,北京语言文化大学出版社,1996年,第408—411页。

② 这里所比较的介词,是就介词的整体情况来说的。实际上,虚化程度不同的介词,其语法特点也有不同之处。"把"、"被"、"从"、"给"、"与"、"关于"等几乎专职的介词,只保留了动词的第二、三、四项语法特征;虚化程度较低的"沿"、"靠"、"趁"、"遵照"、"朝"、"替"、"随"等介词,除了不能重叠外,能够进入"A 不 A"的格式。

③ 介词处于谓语中心的情况是极为罕见的,例如:"你为谁?"

④ 关于介词后面的动态助词,赵元任(1979)认为:"有些介词的后缀可以认为是固有的,不是临时加上去的,如'为了'、'为着'……用不用动态的后缀是一个程度问题,甚至是一般不带动词后缀的介词在一定场合也可以带上这种后缀,如:"这家的大门朝过南,后来改朝了北。"但是,Claude Hagège(1975)认为"跟了"、"当着"中的"着"、"了"不是真正的动态助词,而是一种凑音节(épaississeur phonique)的用法。参见徐丹(1990)。少数介词可以进入正反套叠的"A+不+A"格式,例如"你从不从这儿走"、"在

不在家过年"、"比不比她高"、"你通不通过大使馆办出国手续"等。这应该看做极少数虚化程度较低的介词所保留的动词的语法特点。

⑤ 石毓智,时间一维性对介词衍生的影响,《中国语文》1995年第1期。

⑥ 论元可以分为域外论元(external argument)和域内论元(internal argument),域外论元通常是带有施事者的论旨角色,它处于中心语动词所属的动词短语之外,通过主述关系与动词和其他论元联系在一起;域内论元处于中心语短语所属的动词短语之内,与深层结构中的宾语相对应。参见顾阳(1994)。

⑦ 吴竞存、梁伯枢(1992:177)说:"介词的宾语,就使用的频率说,通常是体词性的成分,表示与动作有关的事物……但就所属的词类说,它可以是体词性的成分,也可以是谓词性成分。就介词观察,约有60%—80%的介词既能带体词性宾语(把钱花了),又能带谓词性宾语(把花钱不当一回事)。"

⑧ 关于现代汉语中是否存在零价动词,语法学界还存在着争议。有学者坚持汉语中存在零价动词,例如袁毓林(1998:276)认为"晴"、"阴"、"下雨"、"下雪"、"起雾"、"打闪"、"打雷"等属于零价动词。另有学者认为汉语中不存在零价动词,例如陈昌来(2002a)中说:"它们(指"下雨"、"下雪"等气象动词——作者注)不是纯粹的动词,而是述宾短语,既然不是动词,也就无所谓'零价动词','下、起、刮、打、变'才是真正的动词,但是一价动词'雨、雪、风、雷、闪、天'是其配价成分。"

⑨ 当然,动词的必有论元在句法层面以何种方式出现,出现几个必有论元,受到语义、语境等多种因素的影响。

⑩ 话题是句子里表示语境中的已知成分,是句子其余部分的陈述对象。话题的典型特点是:a. 居于句首位置;b. 后加停顿;c. 表示已知的信息;d. 具有延续性,经常把它的语义辖域延伸到后面的几个句子。汉语话题化的主要手段是语序变换和添加语法标记。参见沈家煊(1999)第219—231页,石毓智(2001)第48—66页、杨成凯《汉语句子的主语和话题》(载史有为主编《从语义信息到类型比较》,北京语言文化大学出版社,2001版)等文献。

⑪ 本文研究所依据的语料库是山东大学中文信息研究所研制的"现代汉语通用语料库"(Contemporary Chinese General Corpus)。整个语料库规模为18,452,640字,包括8311个样本,涵盖社会科学、自然科学、文学艺术和新闻通讯等门类,根据题材和文本特征分为19个子库。为了反映20世纪80年代以来现代汉语在词汇、语法、语义、语用等方面的基本面貌,在

语料收集和处理的过程中始终坚持语料分布的通用性、平衡性和系统性原则。

参考文献

白　硕,1996,语言研究中的实用主义,见罗振声、袁毓林主编《计算机时代的汉语和汉字研究》,北京:清华大学出版社。

陈昌来,2002b,《介词与介引功能》,合肥:安徽教育出版社。

范开泰,2000,现代汉语虚词功能探新,《语法研究和探索》(九),北京:商务印书馆。

冯志伟,1983,特斯尼耶尔的从属关系语法,《国外语言学》第1期。

冯志伟,1998,从属关系语法的某些形式特征,见黄昌宁主编《1998中文信息处理国际会议论文集》,北京:清华大学出版社。

金昌吉,1997,汉语的介词、介词短语与格,《语言研究论丛》第七辑,天津:南开大学出版社。

林杏光、孙德金、王玲玲主编,1994,《现代汉语动词大词典》,北京:北京语言学院出版社。

蔺　璜,1997,现代汉语介词的语法作用,《语文研究》第2期。

刘丹青,2002,汉语中的框式介词,《当代语言学》第4期。

刘涌泉、姜一平,1982,机器翻译与介词研究,《语言和计算机》(1),北京:中国社会科学出版社。

鲁　川,1987,介词是汉语句子语义成分的重要标志,《语言教学与研究》第2期。

陆俭明、郭　锐,1998,现代汉语语法研究所面临的挑战,《世界汉语教学》第4期。

陆俭明、马　真,1999,《现代汉语虚词散论》,北京:语文出版社。

马希文,1989,以计算语言学为背景看语法问题,《国外语言学》第3期。

马　真,1999,关于虚词的研究,见马庆株编《语法研究入门》,北京:商务印书馆。

邵敬敏,2000,《汉语语法的立体研究》,北京:商务印书馆。

沈家煊,2000,句式和配价,《中国语文》第1期。

盛玉麒,2002,《书面汉语词汇系统可控性研究》,山东:山东大学中文信息研究所。

石毓智,1995,时间一维性对介词衍生的影响,《中国语文》第1期。

汤廷池、张淑敏,1996,论旨网络、原参语法与机器翻译,《中国语文》第4期。

吴竞存、梁伯枢,1992,《现代汉语句法结构与分析》,北京:语文出版社。
吴蔚天,1999,《汉语计算语义学》,北京:电子工业出版社。
徐　丹,1990,评介〈介词问题及汉语的解决方法〉,《中国语文》第6期。
袁毓林,1998,《汉语动词的配价研究》,南昌:江西教育出版社。
袁毓林,2002,论元角色的层级关系和语义特征,《世界汉语教学》第3期。
赵淑华,1996,介词和介词分类,见胡明扬主编《词类问题考察》,北京:北京语言文化大学出版社。
郑定欧,1999,语法的定性、定位、定量研究,见邢福义主编《汉语语法特点面面观》,北京:北京语言文化大学出版社。
周　强、孙茂松、黄昌宁,1999,汉语句子的组块分析体系,《计算机学报》第22卷第11期。
周小兵,1997,介词的语法性质和介词研究的系统方法,《中山大学学报》(社科版)第3期。
周小兵,2000,介词结构与动词结构的语义关系,《语法研究与探索》(九),北京:商务印书馆。
朱德熙,1982,《语法讲义》,北京:商务印书馆。
朱德熙,1985,《语法答问》,北京:商务印书馆。
Chao Yuenren,1968,A Grammar of Chinese. (中译本:《汉语口语语法》,吕叔湘译,商务印书馆,1979;《中国话的文法》,丁邦新译,香港中文大学出版社,1980。
Chomsky, N. ,1957,*Syntactic Structure*. The Hague, Mouton.
Chomsky, N. , 1980, *Rules and Representation*. New York：Columbia University Press.
Fillmore,1966,Toward a Modern Theory of Case. In D. Reibl and S. Shane (ed.) *Modern Studies in English*. Englewood Cliffs, N. J. Prentice Hall,s.
Fillmore,1968,The Case for Case. In E. Bach and R. Harms(ed.)*Universals in Linguistics Theory*. New York：Holt, Rinechart and Wiston. (中译本《"格"辨》,胡明扬译,商务印书馆,2002年)

副词"并"+否定词的语义句法考察

牟世荣

北京语言大学汉语进修学院

提　要　本文着重考察副词"并"+否定词的语义、句法特征。"并"用于否定句,有加强语气的意义,同时它与否定词连用具有否定预设或常理、说明真实情况的语义;"并"+否定词组合用于表示转折和因果的复句中。"并"+否定词组合出现在复句的上下句以及有无标记的可能。其中无标记的"并"+否格式用于复句中给学习带来较大困难,教学中教师要有所注意。

关键词　否定词　语境　预设　有标记　无标记

　　本文将副词"并"与其后的否定词(不、没有、非、无、未)称为"并"+否格式。关于"并"+否格式,《现代汉语八百词》(增订本)的说明是:常用于表示转折的句子,有否定某种看法、说明真实情况的意味,加强否定的语气;《现代汉语词典》的说明是:加强否定的语气,略带反驳的意味。马真(2001)的概括是:"加强否定语气,强调说明事实不是对方所说的、或一般人所想的、或自己原先所认为的那样。"以上两本权威性工具书及专家的描述具有概括性和准确性,他们都指出了"并"+否定词"加强否定语气、强调某种存在"这一本质性的特点。然而这仅是"并"+否格式语义特征的一个方面,对对外汉语教学似乎有所欠缺。实际上,我们可以从语义和句法两个方面更为详细地描述"并"+否格式的特征。

　　笔者通读了《围城》(钱钟书)、《那五》(邓友梅)、《年轮》(梁晓声)、《牵手》(王海鸰)、《水与火的缠绵》(池莉)等五部小说,从一百二十多万字的语料中找出了三百多个含有"并"+否格式的句子。本文将从语义和句法的角度对这些语料进行观察和分析,通过有一定说服力的统计来描述"并"在否定格式中的特征和功能。

一 "并"+否格式的语义特征分析

1.1 "并"+否格式有加强否定语气的语义特征

(1) 爸爸你千万别生气,这并不证明我心里只有妈妈。
(2) 可是我并没有骗我婶啊!
(3) 福大爷并不小气。
(4) 那五并没看这几版小说,红了脸。
(5) 尽管尚未发现方向平有过这方面的劣迹,但并不能说明问题。
(6) (夏晓雪)手里拿着一件织了一半的毛衣,却并不在织。

以上几例中的"并"+否格式有明显的加强否定语气的作用,应有两个理由。第一,假设用了"并"可以加强语气,那么就意味着不用"并"、只有单纯否定词的句子的语气就有所减弱。这个假设是否成立,我们来看去掉了"并"的句子。

(1)′爸爸你千万别生气。这(并)不证明我心里只有妈妈。
(2)′可是我(并)没有骗我婶啊!
(3)′福大爷(并)不小气。
(4)′那五(并)没看这几版小说,红了脸。
(5)′尽管尚未发现方向平有过这方面的劣迹,但(并)不能说明问题。
(6)′(夏晓雪)手里拿着一件织了一半的毛衣,却(并)不在织。

通过对比,不难看出,没有"并"的句子的否定语气不如用了"并"的语气强:句中不用"并"时,只表示一般的否定,其语气较客观,似乎在平静地叙述一个事实(否定)的存在;而在用了"并"的一组句子中,否定语气明显加强,说话人或叙述者的语气、感情、态度显得强得多。如例(2),吴振庆的母亲怒斥他一直隐瞒郝梅未死的事实,而欺骗大家,包括句中的"我婶"。吴误以为母亲所指为最近发生的与婶无关的事,这件事吴没有跟婶提起。因此就谈不上欺骗了。看到母亲如此愤怒,吴说话需要加强语气,以此将自己没做错什么事的强烈感情传达给听话人(母亲、婶),使她们相信自己。想象一下,如果吴振庆只轻描淡写地说一句"可是我没骗我婶",显然就不符合上述语境了。也就是说,特定的语境要有特定的语言与之匹配。语境决定了语言的特性。因此上列两组句子(一组用"并",一组不用"并")若从单个的句子而论,并无不妥,但要将其置于周围的篇章情景中,就有所区别了,在这样的情景中用了"并"才显得和谐一致。

以上我们从篇章的角度说明了"并"的语气功能。现在来说明另一个理由。先看下列句子。

(7) 小女儿们并不像另有发明,但祝愿的内容却是各有各的创造。
(8) 车夫走了,幸次并不理会美和子疑惧的脸色。
(9) 由于上回那一出戏,刚见面并没给他好脸子。
(10) 小围子按面积说并不比洋楼小。
(11) 徐克显然对它并不陌生。
(12) 但是无罪并不等于无错。
(13) ……并且并非学政治,聘他当教授太冤枉了。
(14) 你像外国人所说的狗,叫得凶恶,咬起人来并不厉害。

大家都知道,在汉语中,为了准确地、生动地或强烈地传达感情信息,我们需要用一些功能词语来辅助表达。如用"一点儿也"、"决"、"从来"、"才"等词语强调表达否定的语气。既然如此,为了说明方便,同时从语义的接近性考虑,我们不妨分别将以上例句中的"并"用"一点儿也"、"决"等词语替换,看有何规律。

(7)' 小女儿们(一点儿也)不想另有发明,但祝愿的内容却是各有各的创造。
(8)' 车夫走了,幸次(一点儿也)不理会美和子疑惧的脸色。
(9)' 由于上回那出戏,刚见面(一点儿也)没给他好脸子。

(10)′小围子按面积说(决/一点儿也)不比洋楼小。
(11)′徐克显然对它(一点儿也)不陌生。
(12)′但是无罪(决)不等于无错。
(13)′……并且(决)非学政治,聘他当教授太冤枉了。
(14)′你像外国人所说的狗,叫得凶恶,咬起人来(一点儿也)不厉害。

由于"一点儿也"、"决"等词语后面也可以跟否定副词"不"、"没(有)"、"无"、"非"、"未"等,同样也有加强否定语气的功能(从上列各句看,只是语义有所不同)。由此,暂且不论"一点儿也"、"决"与"并"在其他方面是否有共同点,但在"用于否定词前,加强否定语气"这一特征上,它们却有相似之处。那么我们说"并"也有这样的语义特征就不无道理了。

1.2 "并"+否格式具有否定已知情况或预设的语义特征

(15) 办的报纸低级黄色,但并没发表反共文章或吹捧敌伪和国民党的文章,不存在政治问题。
(16) 今天我促成您弄这内画的手艺,可并不就是贪拿几个回扣,实在是发现您真有才。
(17) 高岛先生说,小林太太并没有来过。
(18) 你们几个很幸运,并没有被传染上。
(19) 他的药材其实是来往客商卖下的便宜货,并没有人参鹿茸。
(20) 何况这手艺并非一年三百六十天全能做的。
(21) 但是他们并没有这么说。

"并"的这一语义特征表现在:已知一个表肯定意义的情况,或人们思维中存在一个预设,但实际上这一情况或预设不存在,即用"并"+否格式否定这一情况或预设,进而推断或说明真实情况。看例(19),"大生堂"药店门外的匾上写着"办生熟药材吉林野山参人黄毛鹿茸",人们认为它一定有人参、鹿茸之类的名贵药材。事实恰恰相反,是便宜药材。"并"+"没有",否定了"有人参鹿茸"的预设。

我们认为,"并"+否定组合首先否定预设,进一步或同时强调说明真实情况,否定的目的是为了后面的说明,而这个说明往往与预设的内容有如下关系:(1)强调事实与某情况可能引发的结果不同。在例(18)中,与"你们几个"朝夕相处的三名知青得了出血热,人们以为"你们几个"肯定会被传染上。但事实与预设的结果相反(没被传染上)。(2)强调事实与已存在的看法、理解不同。在例(16)中,人们一般理解"促成弄内画的手艺"的目的是"拿几个回扣",这个预设与事实"发现您真有才"相异。(3)强调与作者认为有些人对某种情况可能存在的看法、理解、反映不同。例(20)中,"这手艺一年三百六十天全能做"可以看做是作者认为有些人(如不懂行的人)有这样的看法,"并非"强调事实与此不同。(4)强调事实与某情况可能存在的前提不存在。在例(15)中,"办的报纸低级黄色"不是"存在政治问题"这一预设的前提。

另外,有时即使没有明确说明真实情况,在否定预设的同时已经暗含了与设想完全相反或不同的结果,读者可以根据上下文领会到:如例(17)中"小林太太并没有来过"隐含了"小林太太去了别的地方"的说明;例(21)的"他们并没有这么说"的言外之意为"他们说了别的"。

二 "并"+否格式的句法特征分析

2.1 "并"+否格式用于表示转折关系的复句中

(22)拉车的嘴里说话,可并不停车。

(23)别说骑马,偶然逛一趟白云观,骑驴时两腿也打哆嗦,但这并不妨碍他作为武职世家的光荣。

(24)价格并不贵多少,但是车厢高大、宽敞、卫生,又准时。

(25)她虽有对自杀的向往,但并没有决心去行动。

(26)可同学们并未觉得异常,齐声跟读……

(27)显然王纯对父母说起过他,但并未说全。

(28)小雪本来并没有想说的,这时却想也没想地脱口而出。

(29)尽管他们并没有并肩走,而是一个在前,一个在后。

(30) 他替小姨拔出了手上的刺,却并未放开小姨的手。

以上各句都是表转折关系的复句:"并"+否格式既可以用于转折句的上句,如例(24)、(26)、(28)、(29);有可以用于转折句的下句,如例(22)、(23)、(25)、(27)、(30)。各句中都用了表示转折关系的连词或副词,如"虽"、"可"、"但是"、"尽管"、"却"等,这种转折关系显而易见,我们姑且借用一个术语称之为"有标记"转折复句。

在转折复句中,还有一种情况属于"无标记"转折关系,即句中没有用表转折关系的连词或副词,但可以从上下文语句的关系中判断得知。如:

(31) 他看了一眼,并没有在意。
(32) 别人画的壶画面透明,壶壁并不透明。
(33) 于师傅跟她说打算让晴雪来做伴,她当时并没答应。
(34) 她想好了并没对她儿子说。
(35) 此系传言,并无对证。
(36) 张萌掏出钥匙,犹豫着并没有马上开门。
(37) 高勇以前没有睡觉,并不能说明他以后不睡觉。
(38) 他回来,手里只有手提袋,头上并无帽子。

这些无标记转折关系复句的一个句法特征是:"并"+否多用于转折复句的下句。在本文开头提到的300个语料中,转折复句有120个,无标记转折复句有35个。本文认为,这一小小的规律在对外汉语教学中用益颇大。因为留学生在解读一组句子、一个段落或篇章遇到有标记的复句时,较易于理顺句与句、段与段的各种关系,从而理解表达的信息。而当他们遇到无标记复句时,其解读过程就显得不够顺利。假使我们在讲授"并"时将它的这一用法提出来,并在操练中给学生提供分析这类无标记复句的机会,定会对教学有所帮助的。

2.2 "并"+否格式用于表示因果关系的复句中

（39）鸿渐全不知道这些仪节,他想一进门已经算见面了,不必多事。所以这顿饭吃得并不融洽。

（40）她后来知道聘书并非无心遗漏,也就不勉强他。

（41）我这儿并不安全,我不能留你。

（42）他并没有忘记这个,不会耽误的。

（43）所以他和何明义对着脸喝酒、吃菜,晴雪站在一旁伺候,他并不介意。

（44）夏利本嫌丢人,并没说自己认过何明义做师傅。

（45）由于上回那一出戏,刚见面并没给他好脸子。

（46）曾芒芒并不知道,因为天意吵得太厉害了。

在积累的语料中,有20%的部分是表因果关系的复句。这些因果句有些这样的特征:有的用了"因为"、"由于"、"所以"等表示因果关系的连词,如例（39）、（43）、（45）、（46）;还有的没有用表示因果关系的连词,如例（40）、（41）、（42）、（44）。"并"+否组合有时用于复句的上句,如例（40）、（41）、（42）、（46）;有时用于复句的下句,如例（39）、（43）、（44）、（45）。

除了以上提到的表示转折关系和因果关系外,王明华(2001)认为"并"+否格式还有表示并列关系、解释关系和假设关系的语法特征。仅从本文占有的数据看,我们认为"并"+否格式用于单句,同时它还用于表示上列关系的复句中,只不过表示转折关系和因果关系的复句比例（转折句约39.8%,因果句约20%,其他约14%,单句约26%）明显多于表其他关系的复句。这说明我们平时上课时,仅强调"并"+否格式用于表转折的复句是不够全面的。在适当的时候,如在对"并"的用法进行深入学习或归纳时,有必要展示"并"+否其他的语义句法特征。

以上我们根据搜集到的语料对"并"+否定词格式进行了分析。从语义特征的角度看,"并"有加强语气的功能,同时它与否定词连用还可以否定预设或读者思维中可能的想法、常理等,进而说明真实情况的存在,这种情况一般与事实、已存在的看法、理解或作者的看法或理解是不同的;从句法特征的角度看,"并"+否定词组合用于转折复句中,除此以外,它还出现在因果复句、并列复句和表解释关系的复句中。在转折复句和因果复句中,有的是有标记的,有的则是无标记的。留学生面对有标记的复句时,其解读和理解信息的过程相对来说较为顺利,而要理解和运用无标记的复句、段落、篇章就不会那么轻而易举了。教师首先应提出"并"+否格式的句法特征,这样也就限定了它的适用范围,从而引导学生正确处理词语在语言结构中的作用,达到有效学习的目的。

参考文献

北京大学中文系1955、1957语言班,1993,《现代汉语虚词例释》,北京:商务印书馆。
李大忠,1996,《外国人学汉语语法偏误分析》,北京:北京语言文化大学出版社。
刘辰诞,1999,《教学篇章语言学》,上海:上海外语教育出版社。
陆俭明、马　真,1999,《现代汉语虚词散论》,北京:语文出版社。
吕叔湘,1999,《现代汉语八百词》,北京:商务印书馆。
马　真,2001,表加强否定语气的副词"并"和"又",《世界汉语教学》第3期。
王明华,2001,用在否定词前面的"并"与转折,《世界汉语教学》第3期。
张谊生,2000,《现代汉语副词研究》,上海:学林出版社。
周小兵、赵　新,2004,《对外汉语教学中的副词研究》,北京:中国社会科学出版社。

基于语料库的现代汉语
离合词形式分析

任海波　王　刚
上海师范大学对外汉语学院

提　要　本文在大规模语料库的基础上对离合词的使用情况进行了考察:考察了离合词的离合频度,并给出了离合词离合频度统计表,以期给对外汉语教学提供一个参考;分析了离合词的三种离散形式,即重叠某个构成成分、前移后一个成分、中间插入成分,给出了这三种形式的常用词表;着重考察了插入形式的常见句法成分类型,发现插入成分的主要句法类型有前成分的补语(肯定或否定)、后成分的定语、前成分的间接宾语等,也有这些成分的多个一起插入的形式;最后考察了离合词带宾语的情况。

关键词　离合词　形式　分析　语料库

一　引　言

早在20世纪40年代前期就有人注意到离合词这种现象(王力,1943),自陆志韦先生提出"离合词"这一概念以来,不少前辈语言学家相继对此做了论述(陆志韦,1957;张寿康,1957;吕叔湘,1979等),但是对它的认识还只是初步的。自从90年代中期以来,人们对离合词关注的程度要大大超过了以前,就我们所见到的对它专门进行论述的文章就多达30篇左右。这些论文讨论了离合词的成因(吴登堂,1996;沈怀兴,2002;王海峰,2002;蔡国妹,2002;华莎,2003等)、离合词的性质与确定方法(赵淑华、张宝林,1996;吴登堂,1996;梁驰华,2000;吴道勤、李忠初,2001;谢耀基,2001等)、离合词的结构类型和离合词的插入成分(段业辉,1994;

饶勤,1997;王素梅,1999;付士勇,2001;吴道勤、李忠初,2001;蔡国妹,2002;曹保平、冯桂华,2003 等)、离合词的语义特征与语用价值(饶勤,1997;王素梅,1999;丁勇,2002;吴海燕,2004 等)、离合词在教学与信息处理中的问题(李炳生,1996;沙吾丽·库尔班别克,2002;韩明,2003;傅爱平,1999;王海峰等,1999;姜德梧,2004)等等。应该说以往的研究对离合词的认识已经比较深入,但是面对数量庞大的离合词,人们还是很难把握在教学中应该先教哪些、后教哪些。因而,对每个常用离合词在实际使用中以离散或合成形式出现的频度有必要做一些研究,对离合词所能表现的离散形式的种类也应该做相对穷尽的描述,对离合词在句中表现出来的句法特征也有待深入研究。

我们把《现代汉语离合词用法词典》(杨庆蕙,1995)提供的离合词表(4000 余条)与 HSK 等级词表(8822 条)进行比较,选取其共同的部分,确定了一个常用离合词表(423 条)。因为 HSK 词表可以说是一个常用词表,虽然有某些词已经不太常用(相关论述见姜德梧,2004),但是大部分还是常用的。我们可以把两者的交集看做是一个基础的常用离合词表,以此为出发点,我们在 1300 多万字的当代小说语料中穷尽性地抽取了这 423 个离合词的所有例句,然后对它们进行逐个分析,在此基础上对离合词的离合频度与离散类型的频度做出了统计。

二　离合词的离合频度

有人指出,离合词自古就有,如尝新、存心、睡觉(沈怀兴,2002;吴道勤,2004),这些词的两个部分在古代可以分开使用,也可以合在一起使用,实际上在古代它们是两个词,但是它们已经常在一起使用。随着汉语双音节化的发展,如今这些词的两部分一般都是合在一起作为一个词使用,同时也可以分开来使用,这就是离合词。在现代汉语中,离合词的出现概率比较高,数量也不少。有人注意到《现代汉语词典》标明的双音节离合词有 3228 个(王素梅,1999),也有的说该词典标明的离合词总数有 2500 条以上(韩明,2003),也有的说总数有 3310 个(梁驰华,2000)。有人认为"在日常的口头谈话中出现的离合词的数量远远超过书面材料中出现的"(段业辉,1994)。离合词确实是一种口语中很常见的语言现象,《现代汉语离合词用法词典》(杨庆蕙,1995)收入了 4066 条,总数超过了《现代汉语词典》标明的数量,由此我们自然会想到这样的问题:离合词总数到底有多少?虽然每个离合词都可离可合,但是每个词的合离表现一样吗?如果不一样,每个离合词在实际使用中的离与合频度有多大的区别?

要回答第一个问题首先要有确定离合词的标准,赵淑华、张宝林(1996)从构词成分的黏着与否、搭配是否受限、词内部组合结构是否改变等方面来判定一个词是否为离合词。这是很有意思的尝试,但是对词内部成分是否粘着的判断靠什么做出?对这些成分的搭配能力判定是否只根据现有的词表就足够?这个问题有待我们进一步思考。我们觉得如果能够依靠以大规模的日常交谈的口语语料为基础来做离合词离合使用频度的调查,能较好地把握离合词的数量,但是目前我们尚无大量的日常交际的口语语料,因此对这个问题的回答只能留待将来。

对第二个问题的回答,理想的做法也需要大规模的日常交际口语语料,但是,小说语料在一定程度上反映了日常交际的情况,基本可以满足我们对离合词进行离合频度考察的要求。为此我们从 1300 多万字的小说语料中穷尽性地抽取了例句,为每一个 HSK 等级词汇中包含的离合词(423)建立了一个例句集合表,逐个考察它们的离合状态,并进行标记,然后做出统计,最后我们获得了一个离合频度统计表,以下我们给出该表的高频部分。

表 1 离合词离合频度统计表(部分)

考察项目 离合词	总例句数	离散总数	离散比率	合成总数	合成比率
得病	91	78	0.8571	13	0.1429
退步	97	83	0.8557	14	0.1443
办学	23	18	0.7826	5	0.2174

续表

沾光	64	47	0.7344	17	0.2656
搞鬼	50	36	0.7200	14	0.2800
听话	484	334	0.6901	150	0.3099
跳高	19	13	0.6842	6	0.3158
分清	102	69	0.6765	33	0.3235
着凉	18	12	0.6667	6	0.3333
出事	471	302	0.6412	169	0.3588
打针	43	27	0.6279	16	0.3721
吸烟	363	223	0.6143	140	0.3857
上当	220	135	0.6136	85	0.3864
干杯	126	76	0.6032	50	0.3968
拨款	10	6	0.6000	4	0.4000
吃惊	807	463	0.5737	344	0.4263
打仗	1192	674	0.5654	518	0.4346
吃亏	367	206	0.5613	161	0.4387
犯罪	129	72	0.5581	57	0.4419
费力	94	49	0.5213	45	0.4787
握手	549	282	0.5137	267	0.4863
享福	147	74	0.5034	73	0.4966
答卷	4	2	0.5000	2	0.5000
决口	10	5	0.5000	5	0.5000
投票	24	12	0.5000	12	0.5000
帮忙	671	334	0.4978	336	0.5007
吃苦	206	102	0.4951	104	0.5049
转弯	167	81	0.4850	86	0.5150
告状	116	56	0.4828	60	0.5172
发言	251	115	0.4582	136	0.5418
放假	55	25	0.4545	30	0.5455
发财	213	96	0.4507	117	0.5493
鞠躬	213	96	0.4507	117	0.5493
受伤	399	178	0.4461	221	0.5539
变形	21	9	0.4286	12	0.5714
点火	118	50	0.4237	68	0.5763
下台	112	47	0.4196	65	0.5804

续表

施肥	15	6	0.4000	9	0.6000
泄气	75	29	0.3867	46	0.6133
插秧	13	5	0.3846	8	0.6154
跑步	280	107	0.3821	173	0.6179
读书	290	108	0.3724	182	0.6276
挂钩	27	10	0.3704	17	0.6296
劳驾	30	11	0.3667	19	0.6333
聊天	165	60	0.3636	105	0.6364
签字	99	36	0.3636	63	0.6364
当面	392	142	0.3622	250	0.6378
碍事	58	21	0.3621	37	0.6379
干活	371	134	0.3612	237	0.6388
发炎	14	5	0.3571	9	0.6429
做梦	287	102	0.3554	185	0.6446
争气	62	22	0.3548	40	0.6452
请假	178	62	0.3483	116	0.6517
洗澡	211	72	0.3412	139	0.6588
负伤	328	111	0.3384	217	0.6616
埋头	155	52	0.3355	103	0.6645
订婚	3	1	0.3333	2	0.6667
剪彩	3	1	0.3333	2	0.6667
谱曲	3	1	0.3333	2	0.6667
说谎	33	11	0.3333	22	0.6667
闹事	95	31	0.3263	64	0.6737
送礼	95	31	0.3263	64	0.6737
犯法	54	17	0.3148	37	0.6852
鼓掌	254	79	0.3110	175	0.6890
狠心	125	38	0.3040	87	0.6960
回头	1823	553	0.3033	1270	0.6967
上课	287	87	0.3031	200	0.6969
放手	130	39	0.3000	91	0.7000

上表所列的是离散频度超过30％的离合词，一共有68个。对达到这种离散频度的离合词我们在教学中应该首先加以注意。

从以上的表中我们可以看到有些词不仅离合度高,而且使用频率也高。这样的离合词,我们在教学中更应该注意。当然,有些词可能有很强的时代特征,它在我们表中虽然显示出很高的使用频度,但是在实际使用中可能不一定很高。这一点在教学次序选择使用中需要加以注意。

除了上表中的这些词,离散度在 30% 以下的有下列一些词(按离散度从高到低的次序排列):

发烧	来信	点名	开课	念书	差点	上学	出门	讲话
排队	见面	敬酒	招手	付款	要命	敬礼	编号	补课
减产	投标	涨价	吵架	安心	过年	出名	发火	下课
讲课	翻身	升学	报仇	开会	遭殃	怀孕	操心	消毒
挂号	签名	散步	教学	将军	睡觉	说情	纳税	伸手
报名	交手	丢人	贬值	成套	集邮	下班	撒谎	吵嘴
种地	接班	加班	开刀	汇款	让步	拍照	收回	救灾
离婚	配套	谈天	理发	生病	谈话	开饭	订婚	分工
化妆	结婚	抽空	插嘴	做工	定货	请客	生气	出神
看病	抓紧	随便	没辙	打架	跳舞	照样	刹车	贷款
落地	订货	发热	推动	变质	用功	造句	罚款	回信
提名	问好	留神	拜年	上班	使劲	当家	倒霉	吹牛
放学	发誓	开头	上去	讲理	开工	看见	起床	住院
宣誓	算数	扑灭	加油	漏税	上报	站岗	放心	辞职
分类	上来	起哄	听见	破产	值班	上台	懂事	失业
打败	开幕	尽力	录音	发愁	留念	露面	投资	增产
称心	满月	伤心	照相	存款	冒险	缺席	用心	出来
得到	拼命	如意	认真	耕地	参军	毕业	捣乱	出差
带头	道歉	动手	着急	失学	偷税	纳闷	完成	完蛋
过去	打猎	突出	退休	出院	达到	开口	留心	戒严
送行	登陆	离开	用力	起来	推翻	讨厌	说服	打倒
造反	留学	作文	打破	捐款	通信	通风	担心	行贿
出面	开学	命名	入学	下乡	保险	回来	害羞	进去
努力	起身	保密	害怕	转向	失眠	超过	展开	游泳

献身	出口	会客	遇见	缺口	罢工	告别	随意	下令
起草	提高	突破	动身	出去	移动	通过	滑雪	加工
落后	作战	同事	结果	过来	革命	行军	有名	进来
批准	下来	遇到	办公	下去				

以上共有248个离合词,虽然它们离散度在30%以下,但是在我们的语料库中都找到了离散的表现。而另外还有108个词,在HSK词表中收入的并在《现代汉语离合词用法词典》中也收入的离合词,在我们的语料库中没有找到它们的离散形式。因此如果还把它们当做是离合词的话,那么它们的离散度在我们的语料库中是低于我们以上所列词的。它们是以下这些:

爱好	把关	办理	绑架	抱怨	报到	比价	闭幕	播音
播种	裁军	成交	成人	出品	出席	怠工	捣蛋	到底
到期	得力	得意	点心	定居	定性	动工	对话	对头
发病	防汛	防疫	分红	赶上	告辞	给以	关心	过分
合资	滑冰	还原	灰心	回去	及格	加热	建交	结业
解雇	进口	经商	就业	就职	绝望	抗旱	考取	空心
旷工	旷课	练兵	列席	领先	留意	落选	卖国	冒牌
萌芽	免费	命题	赔款	配方	碰见	请愿	入境	上任
设计	失事	失效	失约	失踪	施工	探亲	逃荒	调剂
挑战	听讲	通航	通商	同学	违法	吸毒	效力	押韵
延期	移民	迎面	用人	越过	运气	在意	招生	整风
执勤	执政	走私	做法	做客	作案	作废	坐班	

以上所列这些,其中某些凭我们的语感似乎也应该有离散形式,但是我们在所查的语料中却没有发现。我们曾对其中少数(如"把关")在其他语料中做了检索,发现了它的离散形式。因此,在不同风格与不同时代的语料中,离散度可能会有一些不同的变化。我们目前所见到的离散度只是我们目前使用的语料(当代文学小说,详见后面附录)的一种反映,它可以说明一种相对的差异,但不是绝对的。

三 离合词的离散形式

在我们发现的以上 316 个具有离散形式的词中,离散形式的具体表现也有多种,主要有三种类型:

3.1 重叠某个构成成分

如:

(1) 你伺候得我长这么大了,难道我不能帮帮你的忙?(赵树理《三里湾》)

(2) 我们到德公这里来,原打算喝喝咖啡,聊聊闲天,让你们吵得头昏脑涨,真有点吃不消。(周而复《上海的早晨(下)》)

(3) 李铁穿出大门一看,原来是李兰心表姐,她向他招招手,带着民兵拐过一个边道去了。(雪克《战斗的青春》)

(4) 他站起身来:"屋里太闷了,我们出去散散步好吗?"(周励《曼哈顿的中国女人》)

在上面的例句中,"帮忙"离散以后成为"帮帮你的忙";"聊天"成为"聊聊闲天";"招手"成为"招招手";"散步"成为"散散步"。其中前一个成分动语素进行了重叠。在我们的语料库中能够这样重叠的词有如下这些:

帮忙	随便	握手	聊天	见面	散步	认真	招手	谈话
享福	讲话	狠心	念书	请客	说情	报仇	读书	睡觉
算数	跳舞	洗澡	消毒	点火	讲理	上学	听话	点名
跑步	上课	打仗	调剂	翻身	理发	送礼	安心	操心
吵架	发言	开刀	看病	露面	努力	伸手	使劲	送行
沾光	罢工	出去	打猎	带头	分工	干杯	干活	告状
加工	救灾	离婚	排队	生气	跳高	通风	投资	突出
要命	用功	站岗	做工					

以上一共有 67 个,它在所有可以离散使用的 316 个离合词中占 21.2% 的比例,应该说,在数量上也不少。

3.2 前移后一个成分是离合词离散形式的第二种情况

如：

(5) 然后严定礼站起身来，一拱手说："廖大嫂，我们的忙帮到这个地步，也算尽心了。"（林雪《双枪老太婆》）

(6) 萧队长头也不回地喊道："老万，掏出匣枪，注意道上的脚印，顺着脚印走。"（周立波《暴风骤雨》）

(7) 我们几位男同学毫不犹豫，背着她继续行军，逢山过山，逢河过河，我们把吃奶的劲都使出来了。（贾芝《延河儿女》）

(8) 真是祸不单行，仇还没报，杨子荣又遭到差一点致死的残害。（曲波《林海雪原》）

(9) 岂料董必武逮住便问道："润之呀，你们的架吵完了没有呢？"（伍近先《山水狂飙》）

以上这些例句中离合词"帮忙"、"回头"、"使劲"、"报仇"、"吵架"的两个成分的位置都置换了，后面的成分都放在了前面。除此之外，在我们的语料库中，以下这些词都有这种离散的表现形式：

打仗	讲话	发言	回头	干活	报仇	开会	埋头	狠心
帮忙	放心	享福	睡觉	谈话	读书	吃苦	伸手	念书
种地	使劲	闹事	做梦	吃亏	招手	懂事	翻身	过年
讲理	来信	上课	吵架	带头	告状	见面	结婚	开饭
听话	泄气	打架	当家	负伤	干杯	耕地	回信	开幕
签字	撒谎	沾光	转弯	安心	操心	插秧	打猎	倒霉
订婚	发财	犯罪	放手	分工	革命	化妆	讲课	鞠躬
理发	冒险	没辙	拼命	请假	生气	施肥	受伤	送礼
提名	跳舞	握手	吸烟	献身	用心	有名	站岗	

以上离合词有81个，它在所有可以离散使用的316个离合词中占25.3%的比例，在数量上超过了第一种离散形式，但是在总体上说，两者应该是差不多的。这也是一种比较常见的离散形式，但并不是最常见的离散形式。

3.3 中间插入成分

这种形式几乎在所有谈到离合词结构形式的文章中都被提到。这是离合词最常用的离散形式,也是人们最熟悉的形式。对此,我们着重分析了插入形式的种类,首先从插入成分的词性入手,通过对语料的分析,我们发现名词、谓词、副词、量词、代词、助词都可出现在离合词中间,而且从我们的语料中也发现了以下特点:

第一,离合词的分离结构中单独插入某个词语的例子很多,但是多个词语一起出现在离合词分离结构中的例子也比较多。下表就是一个根据插入成分按词性做出各种排列的情况:

表2 离合词中间插入成分主要词性序列表

插入形式	用例
代词+量词	帮我点忙 / 告他一状
代词+谓词+助词	发这样大的火 / 闹这些冒险的事
副词+趋向动词	转不过弯来
副词+谓词	插不进嘴 / 帮不上忙
副词+谓词+量词	跑不上三四步
副词+谓词+助词	闹更大的事 / 生很大的气
副词+助词	出不了门 / 睡不着觉
副词+助词+代词	吃不了那份苦 / 享不了什么福
副词+助词+量词	跑不了两步
副词+助词+谓词	打不了胜仗
名词+(数)量词	敬朱延年一杯酒 / 投福佑一点资
名词+助词	请首长的客 / 上敌人的当
谓词+代词	犯下什么罪 / 放开她手
谓词+量词	插上一句嘴 / 跑出几步
谓词+名词	干完泥活 / 跳起扇舞
谓词+助词+量词	跑出了两步 / 最后的一课
助词+代词+(助词)	碍着你事 / 伤了你的心
助词+代词+(数)量词	上了我一课 / 握过他一次手
助词+副词+谓词+名词	用了很多苦功
助词+副词+谓词+助词	帮了很大的忙
助词+量词	吵了一架 / 吃了一惊

续表

助词＋量词＋名词	敬了一下军礼 / 拍了几张单人照
助词＋量词＋谓词	做了个怪梦 / 送了一份厚礼
助词＋名词	打过笔仗 / 当着贵客面
助词＋谓词	吃了大亏 / 打了胜仗

以上这些情况看上去纷繁复杂，其实我们很难把它们罗列穷尽。这些插入成分的几个词并不一起组成一个语法单位，而是或者跟前面的成分有联系或者跟后面的成分有联系。如：

（10）这茂密的青纱帐也帮了很大的忙，况且跟敌人的距离老在五百米开外，所以毛驴太君没有发现。（刘流《烈火金刚》）

（11）为了记住它们，她用了很多苦功。（孙犁《风云初记》）

（12）我看了这张条子，脑筋一时转不过弯来：一心只想去苏联，怎么又要我改行经商？（林雪等《双枪老太婆》）

（13）唐仲笙吃了一点菜和汤下去，肚子有了底子，想站起敬朱延年一杯酒，头一次见面，要联络联络感情。（周而复《上海的早晨（上）》）

（14）我骂孩子碍着你事了？（周立波《暴风骤雨》）

（15）是我对不起你，伤了你的心，使你烧掉了许我终身的手绢。（雪克《战斗的青春》）

在以上的句子中，例(10)中处于"帮忙"之间的"了"与"帮"组合，而"很大的"与"忙"组合，做它的定语；例(11)中处于"用功"之间的"了"与"用"组合，而"苦"先与"功"组合，然后"很多"做它的定语；例(12)中处于"转弯"之间的"过"与"弯"后面的"来"是趋向动词的分离用法，"弯"插入其中，"不"是对它的否定；例(13)中处于"敬酒"之间的"朱延年"是"敬"的间接宾语，"一杯"是"酒"的定语，组合起来做"敬"的直接宾语；例(14)中处于"碍事"之间的"着"与"碍"组合，"你"与"事"组合，做定语；例(15)中处于"伤心"之间的"了"与"伤"组合，"你的"做"心"的定语。由此可见，插入离合词中间的多个成分常常分向归属，作为一定的句法成分与离合词的前成分或后成分结合。这一点,我们将在下一节具体分析。

第二,插入在离合词中间的助词虽然数量不多,常用的仅仅只有几个,如"了"、"着"、"过"等,但是它们的使用频率却很高。在下面的分析中我们将看到,助词单独充当插入成分的比率在这些词中是最高的。

离合词中间插入成分这一离散形式是最常见的,在我们的语料库中可以出现这种离散形式的词有298个,它在所有可以离散使用的316个离合词中占94.3%的比例。

四 离合词的插入成分

如上所述,离合词中间插入成分是最常见的离散形式,处于离合词中间的成分充当一定的句法成分,或者与离合词的前成分组合,或者与离合词的后成分组合。它们主要充当的句法成分有:前成分的补语(肯定或否定)、后成分的定语、前成分的间接宾语等,此外还有这些成分的多个一起插入等。下面我们来看一看常见的形式:

4.1 单独插入补语

如:

(16) 农会在这里办起公来,杨亮和胡立功就开始来整理组织,把他们编组,重选组长。(丁玲《太阳照在桑干河上》)

(17) 她安下心,又打着盹儿想道:"逃到上海去吧。"(欧阳山《苦斗》)

(18) 参军的人报完名,人们又开始祭奠烈士。(冯德英《苦菜花》)

以上这些句子中,离合词中间插入了肯定式的补语,另外还有否定式的补语,如:

(19) 一次一位特等功臣因家庭有困难来找老部队,因他住的地方较远,部队根本帮不上忙,临走拿了300元钱加上

解决路费 200 元就感到满足了。(李人毅《平型关大捷》)

(20) 心上乱嘀咕,说什么也安不住心了。(梁斌《红旗谱》)

(21) E 老师就把我"犯错误"的事对他讲了一遍,还说:"大梁的态度这么不好,是毕不了业的呀!"(梁晓声《梁晓声作品自选集》)

能够这样使用的离合词很多,主要有:回头、打仗、出事、吃惊、握手、吸烟、见面、开会、受伤、谈话、伸手、当面、结婚、吃亏等。

4.2 单独插入定语

如:

(22) 谁挡她的路,谁碍他的事,碾不扁,压不碎,也要推到一边凉快去。(李国文《李国文小说自选集》)

(23) 小刑监战战兢兢如实相告,泉氏说她来世做猫杀鼠以报大仇。(苏童《后宫》)

(24) 我们的人在政治局中的太少了,一开会表决就吃大亏。(陈宇《草地龙虎》)

(25) 决心下定,毛泽东开始考虑用将,他由此想起往常打大仗之前与之并肩战斗的朱德。(陈宇《草地龙虎》)

能够这样使用的离合词也很多,主要有:吃惊、打仗、听话、开会、握手、帮忙、差点、吃亏、出事、当面、吸烟、睡觉、上当、生气等。

4.3 补语与定语一起插入

如:

(26) 不管怎么说,他还是帮过我的忙的。(李国文《李国文小说自选集》)

(27) 在三年游击战争初期,就吃过这样的亏……(黎汝清《皖南事变》)

(28) 小城的居民从电线杆上的布告里知道了那个陌生逃犯,布告上说他犯下了抢劫罪、流氓罪、杀人罪、扰乱社会治安罪。(苏童《世界两侧》)

(29) 还是那些话,要大家不流泪,使出吃奶的劲打反动派。
（冯德英《迎春花》）

能够这样使用的离合词主要有:吃惊、打仗、握手、当面、出事、吸烟、伸手、鞠躬、开会、跑步、上当、得病、吃亏、睡觉、退步、做梦、发财、谈话、翻身、犯罪、受伤、帮忙、读书、见面、念书、负伤、转弯、要命、沾光、敬礼、费力、来信、请假、吃苦、点火、干活、吵架、发烧、伤心、洗澡、上课、生气、干杯、使劲、告状、开头、排队等。

4.4 （补语+）宾语与定语一起插入

如：

(30) 我求你,求你在这一点上帮我个忙。（冯志《敌后武工队》）

(31) 我看不如到中村面前告他一状,也让他知道点厉害。（李晓明《平原枪声》）

(32) 我希望能够见她一面,把话说清楚。（欧阳山《三家巷》）

(33) 这些财主老爷都想沾王巡捕一点光,虽说明知周保长有周保长的贪图,但也不妨借此机会把王巡捕和周保长都巴结一番。（高玉宝《高玉宝》）

能够这样使用的离合词不多,只有以下这些:"上去"、"帮忙"、"告状"、"上来"、"见面"、"敬酒"、"请客"、"让步"、"问好"、"罚款"、"沾光"。

4.5 "了"/"着"/"过"单独插入

如：

(34) 洛玉,从拜了年,你准还没有来过哪。（冯志《敌后武工队》）

(35) 这太好啦,将来大事成功,为人民出力,为你干娘也算报了仇。（李英儒《野火春风斗古城》）

(36) 听着河坡方向传来的枪声,焦急地瞭望着,小声议论着,为自己的游击队担着心。（雪克《战斗的青春》）

(37) 这时她吓了一跳:那个小孩子的身上不但不凉,而且火炭似的发着烧——原来是个病孩子。（杨沫《青春之

歌》)

(38) 刘教员没有在乡村师范毕过业,有时改卷子自己先写上别字,就离不开一本字典。(丁玲《太阳照在桑干河上》)
(39) 我就不信,你们就没跟你们家的太太拌过嘴,吵过架。(曹桂林《北京人在纽约》)

能用"了"插入的离合词最多,主要有:"出事"、"吃惊"、"打仗"、"受伤"、"结婚"、"见面"、"上当"、"握手"、"吃亏"、"鞠躬"、"负伤"、"开会"、"翻身"、"得病"、"吸烟"、"出门"、"犯罪"、"做梦"、"谈话"、"跑步"、"发财"、"放心"、"睡觉"、"生气"、"敬礼"、"请假"、"来信"、"着急"、"帮忙"、"离婚"、"签字"、"下班"、"过年"、"转弯"、"毕业"、"出神"、"洗澡"、"要命"、"出名"、"报名"、"生病"、"泄气"、"讲话"、"沾光"、"参军"、"干杯"、"发言"、"落地"、"犯法"、"费力"、"开口"、"开头"、"报仇"、"告状"、"念书"、"伤心"、"退步"、"吃苦"、"鼓掌"、"吵架"、"订婚"、"读书"、"起床"、"让步"、"下课"、"着凉"、"上课"、"收回"、"招手"、"发火"、"干活"等等。能用"着"插入的离合词相对少一些,有以下这些:

当面	吸烟	握手	谈话	排队	伸手	发烧	埋头	鼓掌
招手	点火	睡觉	鞠躬	站岗	担心	怀孕	讲话	敬礼
拼命	转弯	发誓	散步	做梦	碍事	发热	留神	纳闷
起哄	通信	拜年	保险	吃苦	发财	发愁	发言	滑雪
敬酒	聊天	跑步	签字	上课	生病	使劲	跳舞	沾光

能用"过"插入的离合词也不少,有以下这些:

回头	见面	打仗	伸手	谈话	读书	念书	翻身	结婚
开会	转弯	吃亏	负伤	吃苦	受伤	握手	上学	洗澡
吵架	讲话	留学	作战	出门	发誓	交手	说谎	做工
做梦	告状	上当	毕业	吵嘴	得病	订婚	离婚	请客
撒谎	上课	消毒	宣誓	照相	拜年	帮忙	报仇	操心
担心	发火	化妆	敬礼	开饭	散步	跳舞	通信	下乡
享福	沾光	种地	报名	出神	存款	打针	点名	订货
犯罪	付款	害怕	集邮	开刀	开口	看病	来信	闹事

批准　拼命　签名　签字　请假　送礼　同事　投票　吸烟
用功　造反

以上我们分析了离合词内部插入的句法成分的情况。对于用对每个离合词来说,是否常用插入的形式来表现离散性,它们在频度上的表现也是不一样的。以下这些词,它们中间插入成分的频度在50％以上：

加热　听话　退步　得病　搞鬼　办学　分清　沾光　着凉
出事　打针　跳高　上当　吸烟　干杯　吃惊　吃亏　犯罪
投票

五　离合词带宾语的情况

一般来说,离合词是不能再带宾语的,如:"见面"、"帮忙"、"告状"等词的后面不能再有宾语出现,但是在我们的语料库里,有些离合词后面却可以带宾语,如：

（40）你呀,真是个好闺女,自己的事不着急,倒来操心别人的啦！(冯德英《苦菜花》)

（41）元亮说:"那阵恐怕是担心他的实力不足,要不起价钱,反而被你吃掉了,现在这个问题不存在了。(林雪等《双枪老太婆》)

（42）水山哥这个人,一心都在工作上,别的事他想得少,还没留意你对他的情意,这在他是常理。(冯德英《迎春花》)

（43）从账面上看,单是行贿干部的交际费就有一亿二千万元。(周而复《上海的早晨(上)》)

（44）他努力安慰自己:没有下文不等于完全绝望,投资一种企业是一件大事,不说别人,就拿自己说吧,要投资大利药厂也犹豫好久,想了又想,才下了决心。为了调头寸,又耽搁了一些时间。(同上)

在以上的例(40)中,离合词"操心"带了宾语"别人的"。例(41)中,"担心"带了宾语"他的实力不足",这个宾语是一个主谓短语。例(42)中,"留意"的宾语是"你对他的情意"。例(43)中,"行贿"的宾语是"干部"。例(44)中,"投资"的宾语是"一种企业"。

这些宾语实际上都可以用一个相应的介词介引,把它们放在这些离合词的前面。但是读起来可能比较费力,也有的可能反而会变得拗口。如例(42)中的用法如果把"还没留意你对他的情意"改成"还没对你对他的情意加以留意",读起来总是不如前者好。离合词带宾语这种超常情况出现,总是有一些表达上的需要。如像例(43),"行贿干部"是做"交际费"的定语,用介词把"干部"提前了说,总是不如现在这么说紧凑。对于这些动因的研究不是本文的任务,我们想要在这里说明的是这样的用法尽管有,但还是很少见。通过考察语料库,我们发现在我们的离合词表中,不考虑述补式构词的离合词有以下这些词能带宾语。它们的频率从前往后递降。

讨厌	关心	留心	抱怨	留意	设计	行贿	列席	留学
进口	操心	调剂	留神	纳闷	提名	命名	投资	上报
播种	告辞	赔款	伤心	问好	消毒			

在以上所列的词中,从构词的方式看,主要是支配式。当这些离合词带上宾语的时候,它们一定是在合的状态下,离合词不可能在离散的形式下带宾语。

六 结 语

以上我们借助语料库,分析了常用离合词在实际使用中离与合的频度、离合词的离散形式、离合词插入成分的主要类型以及离合词带宾语的情况。

通过分析,我们发现不同的离合词的离与合的频度是很不一样的,离散频度高的离合词是少数一部分,这些词应该在我们的教学中首先加以考虑和应用。离合词的离散形式虽然主要有三种:重叠某个成分、前移某个成分、在中间插入成分,前两种的使用频度比较低,而后者却是十分常见的离散形式,超过94%的离合词以这种形式表现出离散性。在离合词中间插入成分的情况,从词性上看它的形式纷繁复杂,但是归结起来,无非主要是插入了离合词前成分的补语(或其否定式)或者间接宾语,或者是插入了离合词后成分的定语,或者是两者一起插入在离合词的中间。"了"、"着"、"过"是最常见的插入形式,但是也有其他一些插入形式。一般来说,离合词不能带宾语,但是也有一些离合词在实际使用中由于种种原因带上了宾语,但是它们频度并不高。

我们在研究中发现,语料的选择如何对以上所述的离合词的各种因素的分析有至关重要的影响。本文选用的语料虽然是小说语料,而且都是比较典范的,但正是因为典范,可能这些语料在离合词的使用上面表现得还是不够充分。另外,这些语料的时间虽然是当代的,但是大部分却是出现在相对较早的年代,因此对离合词使用的最新情况可能反映得不够充分。我们将在以后的研究中更加注意研究语料的均衡性,以期更客观地反映离合词使用的情况。

在本次研究中,我们总共分析了 120828 个例句,并对它们做了相应的标注,然后统计了相关的数据。本来我们想对考察的现象做进一步的理论分析,但是由于时间的仓促,我们在本文中未能这么做。本文主要的工作是对离合词使用情况提供一些客观的数据,希望这些数据能够对关心本课题研究的人有所帮助。我们日后也将在目前客观描述的基础上,对离合词做进一步的理论分析。

参考文献

蔡国妹,2002,离合词探源,《喀什师范学院学报》第 1 期。
曹保平、冯桂华,2003,"离合词"的构成及离合规律,《广播电视大学学报》(哲学社会科学版)第 4 期。
丁 勇,2002,汉语动宾型离合词的语用分析,《语言研究》特刊。
段业辉,1994,论离合词,《南京师大学报》(社会科学版)第 2 期。
傅爱平,1999,汉英机器翻译源语分析中词的识别,《中文信息学报》第 13 卷第 5 期。
付士勇,2001,论离合词,《黔东南民族师专学报》第 1 期。
韩 明,2003,论对外汉语教学中的离合词,《温州师范学院学报》(哲学社会科学版)第 4 期。

华　莎,2003,名词并入与述宾式离合词,《解放军外国语学院学报》第 4 期。
李炳生,1996,词汇教学中应注意的一类词——离合词,《语言与翻译》第 3 期。
李清华,1983,谈离合词的特点和用法,《语言教学与研究》第 4 期。
姜德梧,2004,关于《汉语水平词汇与汉字等级大纲》的思考,《世界汉语教学》第 1 期。
梁驰华,2000,离合词的价值及处理方式,《广西师院学报》(哲学社会科学版)第 4 期。
刘　顺,1999,论现代汉语的"离合词",《齐齐哈尔大学学报》第 5 期。
陆志韦,1957,《汉语的构词法》,北京:科学出版社。
吕叔湘,1979,《汉语语法分析问题》,上海:商务印书馆。
聂仁忠、王德山,1994,浅议离合词,《济宁师专学报》第 2 期。
饶　勤,1997,离合词的结构特点和语用分析,《汉语学习》第 1 期。
饶　勤,2001,动宾式离合词配价的再认识,《语言教学与研究》第 4 期。
沙吾丽·库尔班别克,2002,浅谈离合词教学,《新疆教育学院学报》第 3 期。
沈怀兴,2002,"离合"说析疑,《语言教学与研究》第 6 期。
谢耀基,2001,词和短语的离合问题,《烟台大学学报》(哲学社会科学版)第 2 期。
王海峰等,1999,汉英机器翻译中汉语离合词的处理策略,《情报学报》第 8 期。
王海峰,2002,现代汉语离合词离析动因刍议,《语文研究》第 3 期。
王　力,1943,《中国语法理论》,北京:中华书局,1955 年重印。
王素梅,1999,论双音节离合词的结构、扩展及用法,《沈阳师范学院学报》(社会科学版)第 4 期。
吴道勤,2004,"睡觉"考,《娄底师专学报》第 1 期。
吴道勤、李忠初,2001,"离合词"的语法性质及其界定原则,《湘潭工学院学报》(社会科学版)第 3 期。
吴登堂,1996,离合词探析,《丹东师专学报》第 2 期。
吴海燕,2004,浅谈离合词带补语的特点及其应用,《莱阳农学院学报》(社会科学版)第 1 期。
杨庆蕙,1995,《现代汉语离合词用法词典》,北京:北京师范大学出版社。
张寿康,1957,略论汉语构词法,《中国语文》第 6 期。
赵淑华、张宝林,1996,离合词的确定与离合词的性质,《语言教学与研究》第

1期。

赵元任,1979,《汉语口语语法》,吕叔湘译,北京:商务印书馆。

附录:所选语料内容

蔡仁照《山河呼啸》
曹桂林《北京人在纽约》
陈　宇《草地龙虎》
丁　玲《太阳照在桑干河上》
杜鹏程《保卫延安》
冯德英《苦菜花》
冯德英《迎春花》
冯　志《敌后武工队》
高玉宝《高玉宝》
贾芝主编《延河儿女》
黎汝清《皖南事变(上下)》
李国文《李国文小说自选集》
李人毅《平型关大捷》
李晓明《平原枪声》
李英儒《野火春风斗古城》
梁　斌《红旗谱》
梁晓声《梁晓声作品自选集》
林雪等《双枪老太婆》
刘　流《烈火金钢》
柳　溪《战争启示录(上下)》
罗广斌等《红岩》
马　烽《吕梁英雄传》
欧阳山《苦斗》
欧阳山《三家巷》
钱钟书《围城》
曲　波《林海雪原》
苏　童《后宫》
苏　童《末代爱情》
苏　童《世界两侧》
孙　犁《风云初记》

王　蒙《王蒙小说精选》
魏　巍《地球的红飘带》
吴　强《红日》
伍近先《山水狂飙》
雪　克《战斗的青春》
杨　沫《青春之歌》
张贤亮《张贤亮小说自选集》
赵树理《三里湾》
知　侠《铁道游击队》
周而复《上海的早晨（上下）》
周立波《暴风骤雨》
周　励《曼哈顿的中国女人》

"关键相似度"对汉语学习的影响
——韩语"비교적"和汉语"比较"的对比及偏误分析

陈 珺

中山大学中文系

提 要 "比较"是韩国学生在学习过程中学习较早、但偏误一直较多的程度副词。本文通过韩汉对比,发现韩语汉字词"비교적"在语义、用法等方面与汉语在1911—1949年间的"比较地"有更多相似之处。根据北京大学现代汉语语料库的统计,观察了汉语中"比较"这个词从1911到现在这近一个世纪的变化过程,并进一步探讨了因语言借用而产生的关键相似度问题,指出了韩国学生这一词偏误多出的深层原因。

关键词 比较(副) 汉字词 关键相似度

一 "比较"常见偏误的统计

我们以书面语、口语横向和口语跟踪三种方式对韩国学生进行了调查,并以定量的方式计算了韩国学生使用"比较(副)"时常出现的偏误类型的比例,再进一步分析它的原因。

表1 "比较"的偏误类型及所占比例初步统计表

偏误类型 \ 语料类型	书面语语料		口语横向调查语料		口语跟踪调查语料	
	频次	比例	频次	比例	频次	比例
1. 比+"比较"①	2	16.67%	6	16.22%	16	19.05%
2. "比较"+很、有点等	2	16.67%	3	8.11%	13	15.48%
3. "比较"+更	0	0.00%	1	2.70%	0	0.00%
4. "比较"+不/没(有)	2	16.67%	8	21.62%	24	28.57%

续表

5.	"比较"+动	0	0.00%	3	8.11%	2	2.38%
6.	"比较"+名	1	8.33%	7	18.92%	3	3.57%
7.	"比较"用在主谓短语或一般动词加程补短语之前	3	25.00%	3	8.11%	9	10.71%
8.	"比较"一样/差不多	0	0.00%	1	2.70%	14	16.67%
9.	其他偶然或原因不明	2	16.67%	5	13.51%	3	3.57%
	共计	12	100%	37	100%	84	100%

从表中我们可以看到，以各种调查方式得出的偏误都很集中的几类偏误是第1（"比较"用在"比"字句中）、2（"比较"加很）、4（"比较"用于否定）、7（"比较"的位置）类。

二　汉语"比较"（副）和"비교적"的对比

2.1　现代汉语中的程度副词"比较"的意义和用法

2.1.1　意义

根据《现代汉语词典》，"比较"可做动词、介词和副词。本文中只讨论做程度副词的"比较₃"。《现汉》中注释："比较₃，副词，表示具有一定程度。"吕叔湘《现代汉语八百词》指出"比较〔副〕表示具有一定程度，不用于否定式"，后可加形容词（如"比较近"）或加（助）动词再加动词（如"比较爱看电影)。

张国宪（1993）、周小兵（1995）等专门讨论过程度副词。周小兵认为"比较"是相对程度副词，但在后文相对程度的分析中却没有讨论这个词。实际上"比较（副）"并非词典中注释的如此简单。我们从北京大学现代汉语语料库②中查到的实例来看看：

（1）什么你**更擅长一些，比较合适**？（王朔《无人喝彩》）

（2）**比较正式、更具说服力**的是受她父亲的影响。（王朔《许爷》）

（3）感到自己脏了，他打开皮箱，取出盥洗用品，**在两个脸盆中挑了个比较干净的**，换上拖鞋去水房洗漱。（王朔《人

莫予毒》)

(4) 说马锐"看"他了,于是破口大骂,追上来就打,**用台球棍比较粗比较坚硬的一头**在马锐头上狠狠砸了几下,像用锤子砸钉子,打破了马锐的头。(王朔《我是你爸爸》)

(5) 在一些地方和部门的工作中,忽视思想教育、忽视精神文明,"**一手比较硬,一手比较软**"的问题还没有完全解决。(《人民日报》)

(6) 是,是,我们对生活看法**比较**一致,写出东西来么看上去也就**有点**相同,生活都是相同的么。(王朔《一点正经没有》)

(7) 工资照发,不愁吃喝,社会地位又**比较**高,精神上**极**舒坦。(池莉《你以为你是谁》)

(8) 康伟业算来算去,认定自己**考虑**问题**比较**周全,做法**非常**漂亮。(池莉《来来往往》)

(9) 用户对空调器的制冷效果还是[比较]满意的,认为"**很好**"和"**较好**"的合起来占了87.3%……(《人民日报》)

(10) 一般来说,武汉男人普遍**比较瘦小**,但刘板眼之类生得一副好架子,**瘦瘦高高**,宽肩直背……(池莉《来来往往》)

这里明显可以看到两类,一类是例1—5,例1、2中的"比较"与"更"共现,3—5中"比较"则表示二者中一个相对另一个怎么样。例6—10中则是"比较"与"有点"、"极"、"非常"、"很"这些绝对程度副词或形容词重叠共举。

从这些例子可以看出,汉语的"比较$_3$(副)"从程度副词内部来说,是兼绝对程度副词和相对程度副词两个次类的兼类词:

① 绝对程度副词:表示"具有一定程度"(吕叔湘,1999)

绝对程度实际上是以形容词所代表的性质为标准参照,再根据其量的大小而分成的各个相对的层次等级。我们常常可以看到这样的排序:

不好＜比较好＜好＜很好＜非常好＜太好了

以"好"为代表,"好"即形容词单独出现,它的性质代表一个参照标准,形容词前所加的不同的绝对程度副词各自代表了相对于参照标准的一个量的层级。"比较(副)"所代表的层级是略微具有了"标准"的特征、但还未达到标准的中心模式的"略低级",而"很"、"非常"等高量绝对程度副词则代表达到了标准的最大范围;而"太"则表示超出了标准范围之外。形象图示如下:

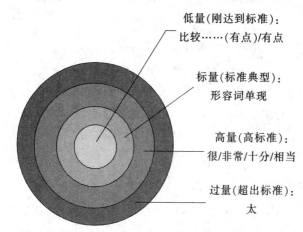

图1 绝对程度量级示意图

当找不到具体比较对象,只是与心目中常识标准加以比较时,常会用"绝对程度副词"对某个事物或现象归类。因为并非和某个固定参照物对比,处于边界的量不同的人可能会有不同的归类。例:

(11) A:昨天晚上我吃得比较多。
　　　B:你那还叫比较多呀?你吃得太多了!
(12) A:你老公多高呀?
　　　B:很矮,才一米七二。
　　　A:不算矮了,在南方算是比较高的了。

绝对程度副词也常可用来构成层级性的单项比较句,通过不同量域的归类来对比显出二者的差异。如:

(13) L：你喜欢工作还是喜欢学习？（选自学生初级口语调查）

　　J：学习，我喜欢。比较容易。这里工作，很难。

因为绝对程度副词代表的是一个相对固定的量域，在当代汉语中不能进入"比"字句。

② 相对程度副词：表示"二者对比而言，一个比另外一个稍微高出"

(14) A：中国和韩国的交通怎么样？

　　B：我想韩国的交通比较好一点。

"比较（副）"在表相对程度时，比较双方都很明确，表示一方比另一方稍微超出一些。但因"比较（副）"单句内不能同时引介两个比较对象，在没有语境的情况下可能判断不出"比较"是表绝对程度适中还是相对程度超出。例：

(15) 他的成绩比较好。

在没有上下文的情况下，我们不知道是说"他的成绩在他们班中等偏上"呢，还是说"他和另一个同学相比，他的成绩要略微超过另一个同学"。因此我们可以看到汉语中一个有趣的现象，老师在评价张三和李四在班上的成绩时写：

　　张三的成绩好，李四的成绩比较好。

意思是说"张三的成绩比李四好"。但是如果有人直接问老师："李三和张四哪个的成绩好呀？"老师会回答：

　　李三的比较好（一点）。

事实上，教师虽然都用了"比较"，但在书面评价中用的是绝对副词的用法和意义，在口头回答时用的是相对程度的用法和意义。

2.1.2　用法

从用法上看，"比较"后可加形容词或心理动词、能愿动词，不能接名词或一般动词。如：

比较好/比较快　　　　　*比较好人/比较快车
比较爱看电影/比较能吃　*比较看电影/比较吃

不能作为插入语,用于主谓短语之前。

　　*比较面子大。

不能用于否定形式,相应的否定意义用"不太 A"表达。如:

　　*他比较不高③(他不太高)

后面可以加"一点"、"一些"这两个表少量的数量补语,但不能接"得多"(多了)表高量的数量补语,也不能与"很"、"有一点"、"更"、"稍微"等程度副词共现。如:

　　比较胖一点(一些)
　　*比较胖得多(多了)
　　*比较有点胖/比较很高/比较稍微胖/比较更胖

不能用于比较句。

　　*他比我比较高。

与形容词结合后,不能做动词的状语,只能做补语。

　　跑得比较快　　　　　*比较快地跑(快点儿跑)
　　事情办得比较好　　　*事情比较好地办
　　他办事情办得比较好　*他比较好地办事情

2.2　韩语中的"비교적"的意义和用法以及与汉语的对比难度

韩语中的"비교"(汉字"比较"的韩语读音)是一个汉字词,但在韩语中它的词性是名词。"비교"加上动词后缀"하다"可构成动词"비교하다",加上副词词缀"적"即构成副词"비교적"。

2.2.1　韩语的"비교적"的三个义项:

③ 表示"比较的"

例:

(16) 韩语:비교적 방법(选自雅虎《韩英词典》)

　　字译:比较的方法

意译:比较的方法

(17) 韩语:비교적으로.
字译:比较的用说明
意译:比较说明

这种在韩语中属于名词的用法,在本文中只讨论以下两种属于副词的用法。

④ 表示一般以上程度(보통수준이나정도보다)

可位于形容词或动词前,也可位于整个句子之前。在形容词之前与汉语中的绝对程度副词"比较(副)"相当,位于整句前相当于"一般来说"。例:

(18) 韩语:이 모자는 비교적 싸다④(选自雅虎《韩英词典》)
字译:这 帽子比较便宜
意译:这帽子比较便宜。

(19) 韩语:우리는 의도적으로 토론을 비교적 일반적인 것에 국한시켰다
字译:我们的有意图地讨论比较地一般式的东西局限
意译:我们有意将讨论保持在比较一般的范围之内。

(20) 韩语:비교적 줄넘기는 학생들이시간이나 공간의 제약을 받지 않고
손쉽게 할수 있는 운동이다.
字译:比较地跳绳学生们时间或者空间的限制受到不
轻而易举地 做 可以的 运动是
意译:一般来说,跳绳是学生们不受时间空间限制可以
轻而易举地做到的运动。

⑤ 表示相比、较比、相对

(21) 韩语:그 문제는 주된 인구 밀집지역에 영향을 미치고 비교적 작은
도시들에는 영향을 미치지 않는다.

(选自《进明韩中辞典》)

字译:那问题(强调格)主要的人口密集地域在 影响(宾
格)涉及比较地小的都市复数在影响(宾格)涉及
不

意译：这个问题主要影响到了人口密集的地区，而不是那些比较小的城镇。

(22) 韩语：그 차가 작은 것을 감안하면 내부는 비교적 넓은 편이다.
　　　　　（同上）
　　字译：那车(主格)小的东西(宾格)斟酌的话里面(强调格)比较地宽的算是
　　意译：相对这么小的车而言，这车里面算是比较宽了。

(23) 韩语：비교적 일이 잘 되었다．(选自韩国empas《韩英词典》)
　　字译：比较地事情好解决
　　意译：相对而言，事情完满地解决了。(事情解决得比较完满。)

2.2.2 "비교적"(副)的用法

两个位置。

"비교적"的位置既可位于谓词前，如例(18)(19)、(21)(22)；也可像插入语一样位于句首，如例(20)、(23)。

可用于否定形式。如：

(24) 韩语：비교적 오늘은 춥지 않다.
　　字译：比较　今天　冷　不
　　意译：比较而言，今天不冷。

(25) 韩语：비교적 복잡하지 않은 기계 장치
　　字译：比较地　复杂　不的　机械　装置
　　意译：不太复杂的机械装置

(26) 韩语：이것들은 17세기 플랜더스파의 비교적 알려지지 않은 화가의 작품입니다.
　　字译：这些　17　世纪　弗兰托斯派的　比较地　知名　不　画家的　作品是
　　意译：这些是17世纪弗兰托斯派不太出名的一位画家的作品。

可以和各种程度副词和数量副词连用。如：

(27) 韩语:감정을 처리하는 뇌 부분이 비교적 아주 어릴 때 성장하고
……

(육아와 심리학(育儿和心理学):노진경)

字译:感情 处理的 脑 部分 比较 很 幼小的时候 形成……

意译:处理感情大脑有些部分的是在幼年时期就形成了……

(28) 韩语:사마귀는 비교적 매우 흔한 피부질환 중에 하나이다.(韩国 goole 例)

字译:瘊子 比较地 很 常见 皮肤疾患 中 一个

意译:一般来说,瘊子是十分常见的皮肤疾患之一。

(29) 韩语:그리고 나머지 다른 하나는 비교적 좀 밋밋한 맛이없습니다.

字译:而且 剩下的 别的 一个 比较地 一点 平平的 没有味道

意译:而且剩下的别的那些比较起来,简直平平的一点味道都没有。

(30) 韩语:늦어도 오후 3시 이전에 비교적 약간 어두운 곳에서 적당한 주변의 소음과함께 잠시 잠들다가 깨게 하세요.

字译:晚了也下午3点以前在比较一些黑的地方从适当的周边的消音和一块暂时睡着

意译:就算晚了,也要在下午三点以前,在比较暗一点的而且周围也没什么噪音的地方让他暂时睡一会。

(31) 韩语:안주도 비교적 많이 먹는 편이다.

字译:按酒也 比较 多 吃 顺便

意译:下酒菜也顺便吃得比较多。

(32) 韩语:아이가 비교적 더 빨리 적응하므로……(同上)

字译:孩子 比较 更快 适应

意译:相比之下,孩子适应得更快……

(33) 韩语:다른 엔진에 비해서 저사양에서 비교적 훨씬 원활하게 플레이가

가능합니다.

  字译：别的　引擎　相比　这个赛场　比较地　远远
     圆滑地　运行　可能
  意译：跟别的引擎相比,这个赛场可以运行得圆滑得多。

可用于"보다/비해"比较句中,例：

（34）韩语：남성(39.5%)이 여성(20.2%)보다 비교적 거부감이 낮았다.
   （同上）
  字译：男性（39.5%）女性（20.2%）比　比较地　排斥感
    出现
  意译：男性（39.5%）比女性（20.2%）的排斥感要强一
    点。

（35）韩语：또한 수술후 다른 수술 보다도 비교적 빨리 시력을 회복하여
  字译：而且　手术后　别的　手术　比也　比较地　快
    地　视力　恢复
  意译：而且手术后也比别的手术视力恢复得快。

（36）韩语：겨울의 기온은 한국이 그것에 비해 비교적 높으나 바람이 강해
   체감 온도는 비교적 낮습니다
  字译：冬天的　气温　韩国的　那个　相比　比较　高
    而且　风　降下　递减温度　比较地　低
  意译：跟韩国相比,冬天的气温比较高,而且随着风起温
    度也随之下降。

和形容词结合后做状语直接修饰动词,如：

（37）韩语：비록 비교적 느리게 말하지만, 발음은 오히려 분명하다.（韩
   국 yahoo 例）
  字译：虽然　比较(副)慢(状)说(转折),发音(强调格)
    反倒　分明
  意译：虽然说得比较慢,发音却很清楚。

韩语中是"비교적＋形容词＋动词",而汉语中是以补语的形式

出现的,所以不能说"比较慢说",而应该用"说得比较慢"。

(38) 韩语:그는   비교적   일을   잘 처리한다.(同上)
　　 字译:他(强调格)   比较(副) 事(宾格) 好   处理
　　 意译:他比较会办事。

这里加入了一个新的成分即宾语,在韩语中语序为"비교적+宾语+形容词+动词"。在汉语中宾语和补语不能直接连接在谓词之后,要么重复动词,要么提前宾语,因此在汉语中相应的形式应为"他事情得处理得比较好"或者"他处理事情处理得比较好"。

可与"差不多"这样的等比结论项共用。如:

(39) 韩语:식용으로서의 질은 매우 다르지만 성분은 비교적 비슷하다.
　　 字译:食用   的   质量   十分   不同   虽然   成分   比
　　　　 较地   差不多
　　 意译:虽然食用起来的品质十分不同,但是成分却是差不多的。

(40) 韩语:두 팀은 비교적 동등하게 경기하지만 이번에는 아시날이 졌다./
　　　　(2위로)떨어지다.
　　 字译:两个队   比较地   同等地   竞技虽然   这次
　　　　 Arsenal队   落选了(第二轮离开了)
　　 意译:虽然这两个队实力相当,但是这次Arsenal队在第二轮时落选了。

2.3 对比难度等级的分析

现在我们根据对比难度等级的理论来看看韩汉副词"比较"所属的难度等级。西方语对比分析家认为,差异点和相同点存在等级;等级跟学习难度相关。下面列出Ellis(1985)的等级分类:

① 第一语言和第二语言某个语言点无差异、无难度。

② 第一语言两个语言项对应第二语言一个语言项。这类语言项学习难度较低,学习者只要将母语的两个项目合并成目的语的一个项目就可以了。

③ 第一语言某语言项在目的语中不存在。

④ 第一语言某语言项在第二语言中等值项分布不完全一样。

⑤ 第二语言有某个语言项,第一语言没有。

⑥ 第一语言一个语言项对应于第二语言的两个或多个语言项。这种情况学习难度最高,学生不知道如何根据上下文选择合适的词语。

韩语的"비교적"(一语)和汉语的"比较(副)"(二语)应该属于难度等级的四级。相同点是均为副词,均可修饰形容词和某些动词,均有表绝对程度和相对程度的义项。不同点是:A. 位置不同:韩语的位置比较灵活,可位于句首、句中,也可位于谓语前;汉语只能位于形容词(及能愿动词心理动词)之前。(2)韩语可用于否定。(3)表绝对程度和相对程度的义项虽同,但是用法不同。韩语的"비교적"可与其他程度副词连用,可用于比较句中,表示"相对"、"对比"的义项使用更广;但汉语的"比较(副)"不行,且表绝对程度的义项使用率高。有相同点,又有不同点,学生会误认为两种语言相同,使用时(输出)容易混淆,学习难度较高。

三 "关键相似度"——韩语中的汉字词对韩国学生的特殊影响性

3.1 韩语中的汉字词与汉语存在"关键相似度"

韩语中存在大量的汉字词,有些是从中国传过去的,有些是从日本传过去,还有些是韩国人根据汉字自己造出来的。孟柱亿先生在中山大学的讲演中称其为"蝙蝠词"。这些汉字词在帮助韩国学生学习汉语上有时可以起到积极的作用,但是很多时候却有更大的干扰性,学生可以很快使用这些汉字词,却长时间地无法准确使用,偏误不断。"比较(副)——비교적."就是这样一对词。

Lee(1968)曾经指出结构相差太大的两种语言在学习时反而很少会出现干扰,Wode(1976)进一步指出母语的干扰更可能出现在两种语言存在"关键相似度"(a crucial similarity)的时候。韩语中的汉字词的干扰应该属于这种,由于汉字词与汉语的历史渊源,汉字词与现代汉语中相应的词会存在以下几个方面的致命干扰因素:

首先,语音相似。汉字词通常在发音上和汉语词比较相近,语言的第一物质外壳就是语音,韩国学生在听到这些汉字词时,心理上会有很强的认同感,并根据母语猜测它的意义。

其次,书写形式相似。"韩国在创制自己的文字即'训民正音'以前,汉字是韩国唯一的正式书写工具。后经过了并用期、混用期、废除期、部分汉字并用期等(黄贞姬,2000[⑤])。汉字词在书写中可以使用韩国的한글(韩语的书写体系),也可以用相应汉字(韩国用繁体字,中国用简体字)。这种汉字的长期使用使得韩国许多年纪大的人不会汉语,但认得汉字,可以用韩语的读音诵读汉语文章。汉字对他们学习汉语是一种强有力的辅助工具。当代年轻的韩国人不像以前那样对汉字掌握得那么好,但是"韩国文教部在1972年8月16日发布了基础教育用汉字。教育用字共1800字,小学教育(韩国称"初等教育")和中学教育(韩国称"高等教育")各900字[⑥]。这或多或少对使年轻的韩国人对汉字有所熟悉。统一的书写形式会使懂得汉字的学生进一步加强语音带来的认同感。

最后,概念意义相似,但用法存在交叠的复杂情况(或既有重合之处,又有各自的差异;或义项都相同,但使用范围有差异)。汉字词和汉语词在内涵层面(即概念意义)多是一致的,如"比较"和"비교"、"同感"和"동감"、"关心"和"관심"等,那么在理解层面(输入层面)时一般不会显示出太大差异。概念意义的相似性在帮助学生理解汉语时会起到积极的作用,这会进一步使学生从理解认知的层面上肯定这些汉字词与汉语词是等值的。但实际上这些汉字词和汉语中相应词的外延(即所指范围)常常差异明显,如"비교"(比较的韩语读音)在韩语中只能做名词,动词形式为"비교하다",副词形式为"비교적",而汉语中"比较"这一个语音形式有动词、介词、副词三种词性。外延的差异性会在生成层面(输出层面)使得很多汉字词和汉语中相应词的用法表现出相当微小但细致的差异。

二语学习中借助母语实际上是学生的一种有效的学习策略。韩国学生常常会利用母语中的汉字词背景知识,帮助自己学习汉语,以加快自己的学习速度。

汉字词之所以会同汉语相应词有这样的"关键相似度",是因为韩汉两国语法属于不同的系统(汉语是孤立语,属于汉藏语系;韩语是黏着语,属于阿勒泰语系),词汇层面的借用词汇的词性、意义和用法都会受到整个语法体系的规约。韩语中汉字词(如"비교적")多借用了汉字的字面义,但在借用当时以及借过去后其义项的宽窄、语义的褒贬感情、语体色彩,乃至词性、用法都会根据自己语言固有的语法体系做出相应微妙的调整。而与此同时,汉语中的本词也不是一成不变的,它的意义和用法也是在整个语法体系的制约下处于不断的演变之中。经过一段时间的各自发展之后,汉字词和汉语相应词就会出现很多细微的差别。源自同一母体的汉字词和汉语相应词在不同的语言环境体系中受不同语言体制的制约,在各自的语言中发生着不同的变化。这就好像一对双胞胎从母体复制的基因源是相同的,可是表现基因的强弱方面也许会因个体有差异。而在后天的成长过程中,环境的因素会更多地影响到他们,使他们在一致中显出细微的差异。

3.2 从"比较"(副)的历史发展看汉韩"比较"的渊源

3.2.1 检索结果

　　我们利用北大现代汉语语料库查找"比较"的相关语料,分为两个阶段进行检索:

⑥ 现代阶段(1919—1949 年)

初步统计结果如下:

表 2　1911—1949 年间文学作品中的"比较"的统计

总计频次	动词性"比较"		介词性"比较"		副词性"比较"	
	频次	频率	频次	频率	频次	频率
314	101	32.2%	15	4.8%	198	63.1%

表 3　副词"比较"表绝对程度和相对程度在现代文学作品中的频率分布

总计	绝对程度		相对程度	
	频次	频率	频次	频率
198	115	58.1%	83	41.9%

⑦ 当代阶段(1949—)

在现代汉语语料库中进行搜索,共检索到含"比较"的句子8691句,因数量太大,我们只选取了其中的王朔、池莉和方芳三位当代的语料为代表,共找到含"比较"的句子171句,其中动词性"比较"和副词性"比较"句的情况如下表:

表4 动词性比较和副记性比较在当代语料中的出现频次

	比较(动词性)		比较(介词性)		比较(副词性)		总计频次
	频次	频率	频次	频率	频次	频率	
王朔	12	11%	0	0%	97	89%	109
池莉	0	0%	0	0%	51	100%	51
方方	1	9.1%	0	0%	10	90.9%	11
总计	13	9.1%	0	0%	158	90.9%	171

从上表中我们可以看出,在现代汉语中"比较"做副词的用法已经远远超过了做动词的用法。我们现在再来看看"比较"(副)其意义是表达相对程度还是绝对程度的情况:

表5 副词"比较"表绝对程度和相对程度在当代文学作品中的频率分布

比较(副)	绝对程度		相对程度	
	频次	频率	频次	频率
王朔	86	88.7%	11	11.3%
池莉	50	98.0%	1	2.0%
方方	10	100.0%	0	0.0%
总计	146	91.3%	12	8.7%

从抽查的结果来看,在现代汉语中"比较"做绝对程度的频率大大超过了做相对程度的频率,多数是找不到具体两个比较对象的。

3.2.2 分析

因古代的语料太少,我们只将现代和当代阶段的语料加以对比。

⑧ 从词性的角度看

"比较"沿着"动词——介词——副词"的轨迹在不断虚化。从表2和表4的对比我们可以发现,当代作品中"比较"(副)

的用法大大增加了,而动词和介词的用法比例呈明显下降趋势。动词性的用法由 30% 左右下降到了 10% 左右,而副词性用法则由 66% 左右上升到了 90% 多。介词性用法已经非常之少,在我们所抽查的语料中没有出现。这说明汉语的"比较"在短短几十年中依然在不断地发生变化,其变化趋势是不断虚化,其发展阶段是:动词——介词——副词。介词只是其中的一个中间阶段。我们来看看现代汉语中介词性"比较"的例子:

(41) **"大书"比较"小书"** 尤其着重表演。(叶圣陶《说书》)

(42) 但初上学时我因为在家中业已认字不少,记忆力从小又似乎特别好,**比较其余小孩,可谓十分幸福。**(沈从文《我读一本小书同时又读一本大书》)

(43) 五行八作,行行出状元,学手艺原不是什么低搭的事,不过**比较当差稍差点劲儿罢了。**(老舍《我这一辈子》)

这些介词"比较"和现在的差比格式标志"比"有很多的共同之处,都是连接两个比较对象,但是它后面的结论项中绝对程度和相对程度的限制不那么严格,在我们查到的九例中有 4 例是接相对程度副词"更"、"稍",有 3 例接模糊数量补语"一点"、"一些"、"得多(得远)",有 2 例接绝对程度副词"十分"、"有点"。由于现代汉语中"比"(介词)来引入两个差比比较对象的地位已经非常巩固,所以这一用法逐渐被淘汰了。

⑨ 从语义的角度来看

随着词性的虚化,"比较(副)"用来表示相对程度的下降,绝对程度上升,"比较"由表具体对象的对比(相对程度副词)进一步虚化为无比较对象的标准比(绝对程度副词)。

现在我们来看看 1911—1949 年间"比较(副)"的用法规则和当代的有什么不同。通过表 3 和表 5 的对比我们可以发现,在现代的作品中"比较(副)"用来表示绝对程度和相对程度的比率差不多是一比一的,绝对程度的比率比相对程度比略高。但是到了当代,表示绝对程度的比率已经大大超过了表示相对程度的比率,达到了 90% 左右。我们已经很难再找到表示二者对比的例子。

这是因为随着"比较"一词虚化程度的提高,汉语整体的语法规约着它,使它必须进一步整齐地归入到程度副词的范围之内。随着现代汉语比较句的表达功能进一步细化,绝对程度和相对程度的分工也越来越明确,绝对程度不能进入比字句,相对程度副词可以进入比字句。"比较(副)"用来表示相对程度和表示绝对程度相比,意义比较实在,与"比较(动)"和"比较(介)"有着更为紧密的联系,还可以看到十分明显的真实比较的意味。而表示绝对程度的"比较(副)"几乎看不到任何比较的对象,而只是一种程度等级的分类,表示具备一定的程度,不高也不低。

⑩ 从形式上看

现代使用"比较(的、地)"做副词比率高,当代一般不加"的、地",直接放在形容词或动词的前面。

我们在统计中发现 1911—1949 年"比较"作副词修饰形容词或动词时有两种比较普遍的形式:一种是"比较"直接加"形/动",共 152 例,占 76.8%。例:

(44) 这刊物原意重在创作,论文**比较**少。(俞平伯《五四忆往》)(绝对程度)

(45) **我比较冷静,她比较温柔**,因此从来没有激烈的辩论,或吵过架……(冰心《我的良友》)(相对程度)

还有一种是"比较的(地、得)"+"形/动",其中加"的"37 例,加"地"6 例,加"得"3 例,共计 46 例,占 23.2%。请看下例:

(46) 因而牺牲一点点真理,这也可以算是说谎,那么,女人确是**比较的**富于说谎的天才。(梁实秋《女人》)(绝对程度)

(47) 火光更明了,城内可是**比较的**清静了一些。(老舍《火葬》)(相对程度)

(48) 黄酒[**比较的**]便宜一点,所以觉得时常可以买喝,其实别的酒也未尝不好。(周作人《谈酒》)(相对程度)

而我们在当代的语料中,只查到"比较+的"表示副词的 2 例,"比较地"3 例。可以说是非常少见的。这与五四之后有相当长时期我们的语言有欧化的倾向,如使用"他、她、它"区分"性","们"的使用范围变宽等。"比较"后面加上"的"或"地"以标志它的状语（副词）身份，在当时的语言中还是比较普遍的。

⑪ 从用法来看

1911—1949期间"比较（副）"后面可以与"最"、"更"、"一点、一些、多（得多、多了）"相结合，当代因为受"比较（绝副）"程度适中及比较意味减弱的影响，只能与"一点、一些"结合，不能再和"更"、"最"联用了。例：

（49）大众的取舍并不是完全基于文学价值的——何以《红楼梦》**比较通俗得多**，只听见有熟读《红楼梦》的，而不大有熟读《金瓶梅》的？（张爱玲《论写作》）

（50）当他再接火柴吸上了第三口烟的时候，他的声音已经**比较地和暖得多了**。（叶紫《古渡头》）

（51）感情简单化之后，**比较更为坚强、确定**，添上了几千年的经验的分量。（张爱玲《洋人看京戏及其他》）

（52）杀一只鸡有趣，那一定是因为鸡是必须杀了才好作菜吃，它的趣味是**比较的更实际更老实一些**，远不及纯出于游戏的，带有艺术欣赏性质的去杀一条狗——慢慢……（老舍《火葬》）

（53）不是没有好笔，但是小坡专爱用落毛的，因为一边写字，一边摘毛，**比较的更热闹一些**。（老舍《小坡的生日》）

（54）而孝子的事迹也**比较地更难画**，因为总是惨苦的多。（鲁迅《朝花夕拾》）

（55）孩子中之**比较最蠢**，最懒，最刁，最泼，最丑，最弱，最不讨人欢喜的，往往最得……（梁实秋《孩子》）

（56）倒真想叨你的光开开我的眼，你替我想法，要找在你这宏富的经验中**比较最贴近理想的**一个看看……（徐志摩《巴黎的鳞爪（一）》）

"比较的"在1911—1949期间位置灵活多样，当代受程度副词整体规则制约位置相对固定，只可以出现在形容词或能愿动词、心理动词、"有（能力）"类动词之前。

像插入语一样单独置于句首,或者插入句中,现代由"相对而言、相比而言、跟……比起来(相比)"等别的形式所取代。例:

(57) 不过,**比较的**,马老太太到底比别人都更清醒,冷静一些。(老舍《四世同堂》)

(58) 可是**比较的**,我还算是他的熟人,自幼儿的同学。(老舍《柳屯的》)

(59) 今天所要说的话也不过是这些,然而**比较的**却可以算得真实。(鲁迅《坟》)

(60) 能辨明天气之冷热的人,常常感觉到,语言无味,还不如免开尊口,**比较的**可以令人不致笑出声来。(梁实秋《让座》)

在主谓谓语句中插在大小主语中间;例:

(61) 中装**比较的**花样要多些,虽然终年一两件长袍也能度日。(梁实秋《衣裳》)(当代通常用"中装花样要比较多些")

用在"一般动词+程度补语"之前;例:

(62) **比较**嚷得高声些,话也仿佛津津有味的是一位胖胖的站务司事。(吴伯箫《夜发灵宝站》)(当代通常用"嚷得比较高声些")

其他的,例如:

(63) 他们的害处大概**比较**会少点罢!(梁遇春《论知识贩卖所的伙计》)(用在情态动词前)(当代通常用"大概会比较少点")

(64) **比较**使他高兴,而并不完全没有难堪的,是程长顺的来访。(老舍《四世同堂》)(当代通常用"使他比较高兴")

我们通过历史的考察,可以发现历史上的"比较(副)"的用法较现代汉语和现在的韩语中的"비교적"有更多相似之处。正因为汉韩"比较(副)"具有这样的历史移用渊源和如此致命的"关键相

似度",韩国学生在使用这个词时很容易误以为二者完全相似而出现偏误。

四 偏误分析

4.1 "比+比较"

(65)*P:我们去的那个中华广场电影城比天河城那个地方电影院比较人少,中华广场人少,所以更好……(初3口语)

(66)*J:中国炒饭比韩国的比较油腻。(初4口语)

(67)*以前小的时候我的父母的年纪比我同学父母比较大。(中3作文)

(68)*我特别喜欢的料理是东北菜,比广东菜比较合适韩国人的口味。(中4作文)

韩国学生常常将"比较"用于比字句中,这与他们经常使用"比较(副)"的单句来表示二者相对比的意思有关。他们在单项比较时习惯了使用"比较(相对副词)"。在使用复合双项比字句时,也很自然地将"比较"作为作为比字句的结论项,这在韩语中是可以接受的语法。而在汉语教学中一般也没有人指出"比较"不能用于比字句,所以很容易在这一点上母语负迁移。

4.2 "比较+很"

(69)*而且在这里比较有很多保安。(中1班作文)

(70)*留学生活中学日记本、写信比较很有用,可是……(高级作文)

(71)*Y:全部人都穿吗?—X:不是全部人,比较很多人。(初4口语)

(72)*S:小城市的人有情感。城市人比较很忙。在地铁城市人对老人或者小孩子给自己的座位。(中2口语)

因为韩国学生常常用"比较(副)"来表达二者相对的意义,因此他们并不排斥在比较后再次使用别的程度副词,如"很、非常、有

点、更"等。但是这在汉语中受"比较"表绝对程度的义项占优势的影响,"比较(副)"不能再接别的程度副词。而在韩语中表比较的相对副词"더、훨씬"常与绝对程度副词"너무/아주"等联用。这与两种语言对比较、绝对程度相对程度的区分的严格度有关,汉语较严,韩语较松,这是一个比较隐形的差别。因此常常会导致母语负迁移。

4.3 "比较+不"

(73) * 跟学校外面的房间比起来,比较不干净,不能做菜。(中1作文)

(74) * 因为男生比较不太喜欢说话。(中3作文)

(75) * 有一些是跟城市一起的,但是不是那么多,厦门是比较不是那么发达。(中1口语)

(76) * X：经济比较不太好。以前英语国家,现在自己家庭不景气,大部分来中国。(高级口语)

肯定和否定应该是好像对称的两翼,如果缺少一边就是一种不正常的不平衡现象。在韩语中"比较(副)"的用法是肯否平衡的。有肯定的说法,就有否定的形式。但是汉语相对标记性强,"比较"后是不能有否定形式的。在汉语中即使是在"比字句"中,其否定式也不是直接否定谓词,而是将否定副词提前,置于"比"之前。汉语中这种差比否定不平衡的现象相对来说是有标记的语法现象。学生在学习这种有标语法时,就很容易产生迁移。

4.4 "比较"的位置

(77) * 他们找了**比较眼镜多的**商店。(中1作文)

(78) * 现在我觉得作文课最难的是把连词**比较用得多的**描写。(中2作文)

(79) * 有。西游记什么什么,内容上面差不多,但是**比较频道多**。(中3口语)

(80) * L：呃,付钱的时候,**韩国的女孩比较**,呃,跟男孩一起吃饭的时候,不是那么 AA 制。(中3口语)

(81) * 那时候日本侵略我韩国的嘛,基督教的传教士教我们

很多好多的好处的东西,好像医术啊,**那些比较对朝鲜的老百姓有用的东西**,那么他们慢慢开始接受。(高级口语)

在韩语中每个词语的句法成分的地位都会有一个外在的格或助词的标志显现出来,以标明它在句中所起的语法作用,所充当的语义角色。因此,位置灵活,对于韩语意思的理解来说不是太大的问题。而汉语的语序是表现句法成分和语义角色的重要手段,而且很多词同形但不同词性,这些都是通过语序来表现的,如果我说"小芳比较小强,差远了",那这里的"比较"是介词;"小芳跟小强比较,差远了……",这里的"比较"是动词;"小芳跟小强比较差",这时的"比较"是副词。因此,汉语里"比较(副)"在句中的位置是固定的,只能出现在性质形容词或能愿动词、心理动词的前面。韩国学生对于语义角色的把握是很丰富的,因为他们对各种格所代表的关系有十分清晰的语法意识,但是对这种语序就没有太多的意识。因此也容易出现母语负迁移。

以上这几类偏误都很明显地受到韩语的影响,是典型的母语负迁移,在口语和书面语中都大量地存在着。我们的教材一般都不是针对性的教材,未向韩国学生解释韩语中的"비교적"虽为汉字词,来源于汉语,但是其用法却并非和汉语中的"比较(副)"完全一致。韩国学生又特别喜欢利用自己汉字词的优势,所以在运用中大量使用,甚至有泛化使用的倾向(我们的调查中口语使用率在35%左右,书面使用率约14%)。但是在用法上照搬了韩语中的规则,自然就容易出错了。

五 结 语

本文主要针对汉语和韩语中的副词"比较"的义项和用法逐一进行详细地对比,在对比的基础上,探究韩国学生习得汉语的"比较(副)"时出现的偏误的原因。并进一步探讨了韩语汉字词的致使相似度产生的原因和发生的条件。明白了偏误的原因,我们就应该因材施教,对韩国学生特别强调出二者的相同和相异之处,特别要指出用法上的差别。这样可以大大减少韩国学生习得"比较（副）"上出现的偏误。

附注

① "比……比较"以及后文中出现的"比……一样、差不多"我们在整体出现偏误时只在比字句中计算一次。但在各类偏误分析中为求该类的完整性，在计算比例时也将其计算在内。
② 本文中汉语方面的例子来自北京大学汉语语言学研究中心网上语料库。
③ 有极少数已经固定成词的否定形式可以，如"比较不错"。
④ 本文中韩汉对比的例子来自韩国小说《菊花香》、剧本《蓝色生死恋》和《雷雨》韩译本、《进明韩中词典》以及韩国网上韩英词典。
⑤《〈汉语水平汉字等级大纲〉》中的汉字与韩国教育用汉字构词能力的比较》，《汉语学习》2000年第1期，第52页。
⑥〔韩〕李应百：《资料中所反映的汉字、汉字词的实态与教育》，亚细亚文化社，1988年，第3页。

参考文献

白　林、崔　健，1991，《汉朝语对比和偏误分析》，北京：教育科学出版社。
崔　健，2002，《韩汉表达范畴研究》，北京：中国大百科出版社。
姜信道，2001，《精选汉韩 韩汉词典》，商务印书馆、进明出版社。
康寔镇、南德铉，1997，《进明中韩词典》，进明出版社授权黑龙江朝鲜民族出版社。
李相度、张皓得，1998，《进明韩中词典》，进明出版社授权黑龙江朝鲜民族出版社。
李宇明，2000，《现代汉语量范畴研究》，武汉：华中师范大学出版社。
刘月华、潘文娱、故　骅，2001，《实用现代汉语语法（增订本）》，北京：商务印书馆。
柳英绿，2002，韩汉比较句对比，《汉语学习》第6期。
卢福波著，박정구.오문의.김우석译，1999，《新중국어HSK 실용문법》(新中国语HSK 实用语法)，송산출판사。
吕叔湘，1999，《现代汉语八百词》（增补版），北京：商务印书馆。
沈家煊，1995，有界与无界，《中国语文》第5期。
石毓智，2000，《语法的认知语义基础》，南昌：江西教育出版社。

韦旭升、许东振,1995,《韩国语实用语法》,北京:外语教学与研究出版社.

相原茂、石田知子、户沼市子原著박귀진.민병석편역翻译,1988,중국어문법책(《中国语文法书》),시사중국문화원.

肖奚强,2000,韩国学生汉语语法偏误分析,《世界汉语教学》第 2 期.

许成道、崔　健,공저.사람과책(1997)《중국어작문과 어법》(中国语作文和语法).

张国宪,1993,《现代汉语形容词的选择性研究》(博士学位论文).

张国宪,1995,《现代汉语的动态形容词》,《中国语文》第 3 期.

张国宪,1998,《现代汉语形容词的体及形态化历程》,《中国语文》第 6 期.

张国宪,1999,《延续性形容词的续段结构及其体表现》,《中国语文》第 6 期.

周小兵,1995,论现代汉语的程度副词,《中国语文》第 2 期.

Ellis, R., 1985, *Understanding Second language Acquisition.* Oxford University Press.

Hatch, E., 1983, *Pshcholinguistics: a Second Language* Perspective. Rowley Mass: Newbury House.

Schachter, J., 1974, *An error in error Analysis*, *Language Learning* 24.

김하인,2000,〈국화꽃형기〉(菊花香),혜원출판사.

김종호,1998,〈현대중국어문범〉(现代中国语文法),신아사.

김태성,1999,〈최신 중국어법 노트〉(最新中国语法注释),문예림.

맹주억,1992,〈현대중국어문법〉(现代中国语文法),청년사.

이재돈.감수.모해연 편저 (1999) 중국어문법 @easy.fun.com(《中国语文法@easy.fun.com》),오해영편짐.진명출판사.

조우作.한상덕译,1996,《雷雨》,한국문화사.

现代汉语名词性短语及其
跟越南语的对比

阮黄英

越南河内国家大学下属外语大学中国语言文化系

提　要　本文集中讨论现代汉语名词性短语的语法语义结构。说明修饰中心语名词的定语应该分为五类：类名定语、定质定语、定量定语、指示定语和领属定语。对定语的这种分类有助于描写名词性短语的层次结构及其语序，有助于揭示结构助词"的"的隐现规律。汉语名词性短语与越语名词性短语大同小异。揭示汉越名词性短语的异同有助于避免操汉语的越南人的差错，提高对越汉语教学的效果。

关键词　语序　语义结构

一　汉语名词性短语的语法语义结构

汉语的教科书和汉语研究专著及论文对名词性短语有详尽的描写。本节主要从语义关系对定语进行再分类，进一步揭示名词性短语的深层结构。

1.1　名词性短语的模式

一个名词性短语包括两个组成成分：中心语及其定语。中心语由名词或名物化的词语充当，一般呈现于名词性短语的表层结构，但是在一定的语言环境下可以隐含，造成汉语大量的"的"字结构和量词结构。这也就是说，本文认为"的"字结构和量词结构就是一种特殊的名词性短语。定语是中心语的修饰成分。定语从不同的角度修饰并限制中心语的所指范围，从而增强其确指程度。

经过考察45万多汉字的语料，从定语对中心语所修饰的内容及其语法性质看,定语可以归纳为五大类:类名定语、定质定语、定量定语、指示定语和领属定语。如果把中心语的位置记为0,把从靠近中心语算起的各定语位置记为1、2、3、4、5,那么汉语名词性短语的模式如下:

5	4	3	2	1	0
领属定语	指示定语	定量定语	定质定语	类名定语	中心语
学校的	那	三位	有名的	汉语	老师

考察的结果表明,87%汉语名词性短语的各个组成成分是按照上述的语序安排的,但是在一些情况下也可能出现变序,比如在说话人想强调事物的某些特点、某些属性的时候,定质定语可以挪到指示定语之前,例如:

把昨天买的那件衣服拿过来。

1.2 名词性短语的定语描写
1.2.1 指示定语

充当指示定语的词语一般是"这/那/某/本/该/此/彼"。其中"这/那"的使用频率最高。通常人们都认为"这"是近指的指示代词,"那"是远指的指示代词。但是经过考察《三毛》这一作品,结果表明,汉语"这/那"的使用有一定的灵活性。这就给汉语学习者(包括学汉语的越南学生)带来一些困难。

指示定语直接修饰名词中心语时可以指示个体的事物,那时定语和中心语之间可以省略了量词,例如:

这(个)房间是我的。/那(座)楼是留学生宿舍。

也可以指示某一类事物,即可以算是名词性短语里边省略了表种类的量词,例如:

这(种)天气容易感冒。/那(种)黄牛很罕见。

甚至在一定的情况下,指示定语的指示作用已经模糊了,例如:

这熊猫吃竹子。

指示定语和中心语之间永远不出现语气助词"的"。当中心语省略的时候,指示定语经常和定量定语结合在一起,构成数量结构。例如:

这件(毛衣)多少钱?／**那三本**(书)是我的。

1.2.2 定量定语

定量定语包括表数量的和表单位的两个组成成分。在名词性短语里边它们的层次结构是:

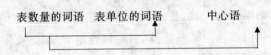

一般地说,定量定语的两个组成成分都同时出现在名词性短语前。但是在一定的条件下,其中一个组成成分可以隐含。经过考察,我们总结出来隐含定量定语的组成成分的条件如下:

(1) 表数量词语的隐含条件:如果定量定语满足以下一个条件,那么其表数量的词语可以隐含。

① 带定量定语的名词性短语处于宾语位置,例如:

我真喜欢家里有**个**小孙子。

② 定量定语之前有指示定语,例如:

这个书院向来没有中国学生。

③ 定量定语是量词的重叠形式,例如:

条条道路都通向罗马。

(2) 表单位词语的隐含条件:如果定量定语满足以下一个条件,那么其表单位的词语可以隐含。

① 定量定语是不确定的数量词语("几"除外),例如:

他曾担任过**一些**重要的职务。

② 定量定语所修饰的中心语是兼量词的名词,例如:

我在北京住了六年,所以对北京比较了解。

③ 定量定语和中心语之间出现"大"这个词,例如:

浙江三**大**名湖/十**大**重点项目/美国十**大**巨商

④ 定量定语是整数,例如:

我们学校一共有五千学生。

⑤ 定量定语是"一",并且其前面有指示定语,例如:

这**一**问题/这**一**事实/那**一**材料

当定量定语表单位的成分带上修饰语,该修饰语(小定语)的位置是表单位成分之前,例如:

两**小**杯咖啡/三**大**堆石头/一**大**批游客

这时名词性短语的层次结构是:

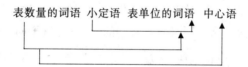

定量定语和中心语之间一般不出现结构助词"的"。当结构助词"的"出现时,定语不再是定量定语了,而转为定质定语。

1.2.3 领属定语

领属定语表示和中心语的血统、领有、时间、处所等关系,它由名词、名词性词组或代词充当。可以把领属定语分为必然领属和临时领属的两个小类:必然领属定语一般指血统关系、长期生活与工作的单位或处所,它和中心语之间具有不可转让的关系;临时领属定语一般指领有者、时间、一般的处所等,它和中心语具有可转让的关系。

临时领属定语和中心语一般出现结构助词"的"。必然领属定语一般直接修饰中心语。在需要强调领属关系时结构助词"的"才出现。例如:

必然领属定语：

    我(的)哥哥今年二十岁了。

临时领属定语：

    图书馆的书很多,种类很丰富。

1.2.4 定质定语

定质定语是内容最丰富、结构最复杂的一种定语。定质定语描述中心语各种各样的临时属性。充当定质定语的词语一般是形容词及其词组、动词及其词组、数量词、名词、介词结构等。因为定质定语对中心语有描写、说明的作用,所以定质定语具有很强的谓词性。

定质定语和中心语之间一般必须出现结构助词"的",除非有语音因素的干涉,例如：

    美好的生活/**笔直的**马路/**不平凡的**人/**红得发紫的**歌星/**熟透了的**苹果/**挂满了白花的**松树/**推门进来的**人/**木头的**房子/**大米的**粥/**三斤的**鸡/**五间的**房子/**对孩子的**关心

当定质定语包括两个以上的并列成分,其语序是描述中心语的性质越具体,该成分就离中心语越远。例如：

    我去年买的粉红的上衣

1.2.5 类名定语

类名定语反映中心语的稳定属性。这些属性接近于中心语的概念,在意义上与中心语结合得很紧密,容易与中心语构成事物的名称。因此,类名定语和中心语之间一般必须不出现结构助词"的"。例如：

    语文老师/**孩子**脾气/**中国**客人/**指挥**中心/**研讨**会/**蒸**鱼/**煎**饼/**黄**头发/**白**衬衫/**公共**场所/**对外**汉语/**三十三**楼

当这定语和中心语之间出现结构助词"的"的时候,定语不再是类名定语了,而转为领属定语或定质定语。

上述例子表明充当类名定语的词语在词类上不受限制,但是因为类名定语和中心语一般可以构成事物的名称,所以充当类名定语的词语也有一定的选择。比如我们只能说"白衬衫/白纸",而不能说"白家具",原因是"白"这个性质对中国人来说不可能是"桌子"的稳定属性。我们把类名定语的这种选择叫做社会性的选择,因为在很大程度上它是社会约定俗成的。

当类名定语包括两个以上的并列成分,其语序是:与中心语概念越紧密的成分就越靠近中心语。例如:

橡皮长筒雨鞋/**外语师范**大学/**河内国家**大学

1.3 名词性短语的结构助词"的"

1.3.1 结构助词"的"的隐现规律

在描述名词性短语的定语的同时,我们已经介绍了各种定语与结构助词"的"的隐现。其规律可以总结如下:

定语类别 "的"的隐现	领属定语		指示定语	定量定语	定质定语		类名定语
	必然领属定语	临时领属定语			具有语音因素的影响	一般情况	
出现结构助词"的"	(＋)	＋	－	－	(＋)	＋	－

(注:"＋"表示一般出现,"－"表示一般不出现,"(＋)"表示可有可无)

上述结果表明,揭示名词性短语里结构助词"的"的隐现规律与定语的分类有密切关系。

1.3.2 结构助词"的"的作用

汉语是没有严格形态变化的语言,因此语序与虚词在语法语义结构上起特别重要的作用。结构助词"的"跟其他虚词那样,它在语法结构中并不是可有可无的东西。结构助词"的"是汉语偏正结构名词性短语的标志,所以它能够把名词性短语和其他短语区分开来。例如：

  买书（述宾结构）≠买的书（偏正结构）
  学校宿舍（并列结构）≠学校的宿舍（偏正结构）

另外，因为结构助词"的"的隐现规律与定语的类型有密切关系，所以"的"字的隐现还起转化定语类型的作用。例如：

公司职员（类名定语）　　———→公司的职员（领属定语）
三斤鸡（定量定语）　　　———→三斤的鸡（定质定语）
煎饼（类名定语）　　　　———→煎的饼（定质定语）

汉语名词性短语的上述描写是基于一般的情况。实际上因为受到语用、文化等因素的影响，名词性短语的具体表现还更复杂。限于本人的研究能力与研究条件尽介绍于此。希望得到读者的讨论意见。

二　汉语名词性短语和越语名词性短语的异同

  研究汉语同时跟母语进行比较，从而揭示两者在语法语义结构上的异同，是母语非汉语的汉语教师们的研究任务，也是提高自己汉语教学效果的最好办法。认识到这个问题，在研究汉语名词性短语的同时，我们也在一定的程度上把汉语与越语进行对比，找出汉越名词性短语的异同。在进行对比的时候，我们把汉语作为对比框架去考察越语的情况，并得出两者的相同与不同之处。考察结果表明，汉语和越语名词性短语之间基本的相同点是两者的语义深层结构相同。就是这样的相同之处，使得越南学生学习汉语名词性短语相当顺利。而两者的最大区别是汉语和越语的语序似乎完全相反。我们可以用下面的图画表示汉越名词性短语之间的基本异同：

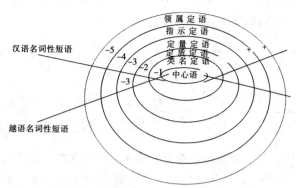

注:同心圆表示汉越名词性词组具有相同的语义深层结构,两条横线上各数字的位置表示汉越名词性词组表层结构上的不同语序。其中负号表示中心语前的位置,正号表示中心语后的位置。

除了上述的基本异同之外,汉越名词性短语之间还存有一些细微的差别,具体表现在以下几点:

1. 相当于"这/那"的指示定语,在越语里有 đá đó kia này ấy nọ nay nãy 等八个指示代词。在指示功能上它们之间有一定的分布,可以概括如下:

汉语的指示代词	越语的指示代词	指示事物	指示时间
这	Này	＋	＋
	Nay	－	＋
那	Đấy	＋	＋
	Đó	＋	＋
	Ấy	＋	＋
	Kia	＋	（－）
	Nọ	（－）	＋
	Nãy		＋

就是因为越语指示代词比汉语多,并且有一定的分布,所以越南学生进行汉越翻译时往往出现用词不当的一些差错,学越南语的中国学生在这方面的错误就更加明显。

2. 越语定量定语除了表数量、表单位的两个组成成分之外,还有表示全部的词 toàn bô/ hêt thây/ tât câ 和表强调的词 cái，其内部层次结构如下：

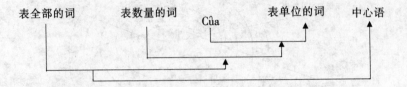

之所以越语定量定语有表示全部的词，因为越语的这些词既能概括全部事物，又可以概括一部分数量的事物。而汉语同样意义的词却只能概括全部事物，不能概括一部分数量的事物。由于掌握不好这个问题，所以越南学生在表达过程中往往会出现这样的病句：

*平衡这所有三个学生都是我们班的。

3. 在越语里，当表单位的词带上小定语时，这小定语一般放在定质定语的位置上，有时造成短语意义的模糊。例如：

môt đông đá to / môt bát muôi to

（一堆石头大）/（一碗盐大）

在这两个名词短语里，定语 to（大）可以被理解为中心语 đá（石头）和中心语 muôi（盐）的定语，也可以被理解为量词 đông（堆）和 bát（碗）的定语。在汉语里，量词的小定语往往与量词结合在一起，所以不会出现上述意义模糊的情况。

4. 量词虚化这种现象在越语里比较普遍，因此造成大量的量词与名词的组合，并且这个组合可以充当主语。例如：

Con gà（只 鸡）cũc tác lá chanh

Con lôn（只 猪）ûn în mua hành cho tôi

Con chó（条 狗）khóc dúng khóc ngôi ……

在汉语里量词要想直接修饰中心语，一定要满足一些严格的条件。因此越南学生在学习汉语的基础阶段经常说出这样的病句。

*我的**本书**很有意思。

*间房子**很漂亮。

5. 越语量词不能重叠而汉语量词可以重叠。例如：

朵朵葵花都很鲜艳。

对对情侣伫立观望。

就是因为越语没有量词重叠的表达方式，所以越南学生为了表达上述的句子往往采取另外的表达方式，例如：

所有的葵花都很鲜艳。

各个情侣伫立观望。

6. 汉语定量定语表单位的成分在一定的条件下才能省略。但是在越语里这种现象比较普遍，尤其当中心语是越语名词的时候，数词常常直接修饰中心语。例如：

bâ học sinh（三学生）/ năm công nhận（五工人）/ mây thanh niên（几青年）/ hai diên viên（两演员）/ ba ngan hàng（三银行）/ hai quôc gia（两国家）/ bôn tînh（四省）/ mây huyên（几县）/ môt ly tuông（一理想）/ hai nhiêmj vụ（两任务）/ ba khái niêm（三概念）……

7. 在汉语名词性短语里只有一个结构助词"的"，并且这个结构助词完全虚化了。而在越语名词性短语里边，语法功能相当于汉语结构助词"的"的词语比较丰富，如 mà/ cûa/ bâng/ cho/ do/ đê/ ô/ nhû……其中只有 mµ 完全虚化，其他的还保留一定的实在意义。这种差异也给学习汉语的越南学生带来一些困难。

三　结　语

汉语名词性词组的语法语义结构可以从不同的角度去观察了解。本文再一次提出另外一种分析，试图让学习汉语的外国人更加理解汉语名词性词组。此外，经过考察与对比，我们认为汉越名词性短语之间除了一些相同点，还存有不少差异。揭示两者的异同,有助于汉越两种语言的研究,更有助于提高对越汉语教学的效果。

参考文献

北大中文系现代汉语教研室,1995,《现代汉语》,北京:商务印书馆。

程美珍、李　珠,1998,《汉语病句辨析九百例》,北京:华语教育出版社。

崔应贤,2002,《现代汉语定语的语序认知研究》,北京:中国社会科学出版社。

邓恩明,1998,加强对外汉语教材《词组层级的建设》,《汉语学习》(3)。

范　晓,2001,关于汉语的语序问题(一),《汉语学习》(5)。

范　晓,2001,关于汉语的语序问题(二),《汉语学习》(6)。

黄伯荣、廖序东,2002,《现代汉语》(上/下),北京:高等教育出版社。

刘宁生,1995,汉语偏正结构的认知基础及其在语序类型学上的意义,《中国语文》,(2)。

陆俭明、沈　阳、袁毓林,2000,《面临新世纪挑战的现代汉语语法研究》,济南:山东教育出版社。

吕叔湘,2002,《现代汉语八百词》,北京:商务印书馆。

吕文华,1999,《对外汉语教学语法体系研究》,北京:北京语言文化大学出版社。

吕文华,1994,《对外汉语教学语法探索》,北京:语文出版社。

史锡尧,1990,《名词短语》,北京:人民教育出版社。

话语指示的语用对比分析

余 维

日本关西外国语大学

提 要 本文从语用上对比英、日、汉语指示词的异同。主要从话语指示、话语的空间指示、话语的时间指示三个方面进行探讨,对比了英语"this、that"和日语"それ、あれ"和汉语"这、那"等词语在用于单方信息或共有信息、主观叙述性的强弱、指称对象心理的接近度等方面的异同。

关键词 话语 时间 空间 指称

一 话语指示研究的范围

我们将说话人与听话人之间所交流的会话群以及文章群合称为"话语",将形成会话群以及文章群中所使用的指示词称之为话语指示。话语指示(discourse deixis)或称篇章指示(text deixis),是指用词语表示话语的一部分,该词语包含在话语的指示词语中,其参照点是说话人当时正讲到的地方。在名称上,话语指示偏重于口语,篇章指示偏重于文章,可将两者折衷统称为语篇指示。Halliday 和 Hasan(1976,p.33)把话语称为"篇章",就指示提出了如下的分类:

指示 { 状况性的:外照应(exophora)
篇章性的:内照应(endophora) { 前照应(anaphora)
后照应(cataphora)

所谓状况性的外照应是指话语之外的世界(状况)中的指称对象,相当于指示词的空间性直接指示。对此,内照应表示谈话(语篇)之中的指称对象的照应意,所以内照应所讨论的是语篇内部前

后的照应指示用法。我们可以将以上 Halliday 和 Hasan 的分类进一步修整,标记为:

指示 { 状况性的:外照应 → 空间性直接指示
　　　语篇性的:内照应 → 语篇性文内指示

Fillmore(1971)指出指示词有三种用法:
指示性用法:① 姿态性的——这是真货,这是假货。(说话人指着某物说)② 象征性的——这世界世态炎凉,活得好累。(包括说话人在内的地点)
前照应用法:③ *John* came in and *he* lit a fire. /约翰进来后,(他)点着了火。(he 承前指 John)

我们可以结合 Halliday 和 Hasan 与 Fillmore 两者的分类,归纳出以下模式:

指示 { 状况性的:外照应(空间性直接指示)
　　　用法:姿势性的,象征性的
　　　语篇性的:内照应(语篇性文内指示)
　　　用法:前照应,后照应

话语指示所要研究的是语篇性文内指示的内照应,其指示用法可分为前照应与后照应。有关话语指示在对外汉语教学中的应用研究,目前尚不多见,作为个例先行研究者,曹秀玲(2000)主要对韩国留学生语篇中的指称类型进行了考察。田然(2005)在《近二十年汉语语篇研究述评》中指出:"汉语语篇研究由于起步较晚,因而尚不成系统,这是当前语篇研究的一大问题。语篇分析在英语作为第二语言的教学中已经十分成熟,汉语研究者需要多加借鉴并与汉语实际相结合。"本文尝试通过英、日、汉语的对比分析,找出汉语的话语指示的一般性规律和语用差异,从而探讨对外汉语教学中话语指示的应用研究课题。

二　话语的时间与空间

由于话语(语篇)是在一定的时间和空间内进行的,所以话语指示与时间和空间指示有密切关系。首先我们要分清时间指示与话语指示,话语是在时间流中进行的,所以话语指示要参照时间指示。

英、日、汉语的时间指示与话语指示。

2.1 时间指示

2.1.1 时间指示

last week/先週/上星期

next week/来週/下星期

2.1.2 话语指示

in the *last chapter*/前(の)章で/在上一章中

in the *next chapter*/後(の)章で/在下一章中

(1) in the last chapter you *saw* that..."过去"(动词时态:有标)

マエの章で述べたように、(有标)

如上一章中所述(无标)

(2) in the next chapter I *will show* "将来"(动词时态:有标)

アトの章で述べるように(无标)

如下一章中所述(无标)

从以上的分析中我们可以看出,英语和日语在时间上把属于过去的部分都看做"在前(前にある, in the last)",动词时态上与过去式相结合。属于未来的部分都看做是"在后(後にある, in the next)",英语的动词时态上与将来式相结合。英语和日语在话语指示上采用前后顺序的时间指示,汉语虽然也可以采用前后,但习惯上一般多采用上下的空间指示。另外,汉语动词无时态标记,对外汉语教学中可提醒学生,从空间指示的"上"与"下"中,推导出"过去"与"将来"的语用含义。

2.2 空间指示

2.2.1 "上下"指前后

日语和汉语均可用上下的空间指示来指前后的谈话部分。

(3) 以上申し上げましたように/

如上所述(指现在之前的发言内容)"过去"

(4) 以下申し上げますように/
如下所述(指现在之后要讲述的内容)"将来"

英语中也有类似表现,如:

(5) as mentioned above/上に述べたように/如上所述"过去"
(6) as shown below/下に示されるように/如下所示"将来"

但英语这种上下的表达方式只用于较强硬的法律性文章群,口语中不使用。会话群中使用 It stated above. /如上所述"过去"和 While being shown below/如下所示"将来"。

2.2.2 "左右"指前后

在从右边往左开始的文章中表示左右的空间指示词,如日语和汉语等的竖排文章中可表示前后。这一点日语和汉语是相通的。

(7) 右に記してあるように/如右所记(指文章阅读之前的部分)
(8) 左記の如く/如左边所记(指文章阅读之后的部分)

2.2.3 "这那"指前后

在话语指示中,还可用空间指示词"这"与"那"指前后所要谈的部分。

(9) I bet you haven't heard this story. (Levinson, 1983, p.85)/
きっと君はこの話を聞いてはいまい。
我想你肯定没听说过这个故事。
(10) That was the funnist story I've ever heard. /
それ(あれ)は僕が今までに聞いた一番面白い話だ。
这(那)是我至今为止所听到最有趣的故事。

上面例句中,this(これ/这)指后面要谈的部分,that(それ/那)指前面已经谈过的部分。日语的"あれ"还可指前述的回忆。

话语指示的前述与后述形式化如下:

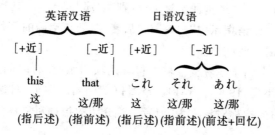

汉语的"这"既可以指前述,又可以指后述;而英语指前述时一般只能用"that",日语用"それ"。另外,日语三项指示的"あれ"还可以表示回忆,两项指示的英语和汉语则要根据其语境推导出表示回忆的语用含意。

(11) あれは僕が今までに聞いた一番面白い話だ。(回忆)
那(这)是我至今为止所听到最有趣的故事。

(12) 人生,原来就是和那些事、那些人相遇的过程。**那(这)**是我人生中最难忘的记忆。(回忆)

汉语在表示心理感情上的虽远犹近,就好像刚发生一样时,也可以用近指"这",而英语和日语用远指(that/あれ)。汉语近指词"这"的使用频率远远大于"那"。

根据《现代汉语频率辞典》(北京语言学院出版社,1986)的抽样统计表明:

"这"的使用频级次为 11 级,使用度为 9139
"那"的使用频级次为 34 级,使用度为 3263

但有时我们还必须分清"这"所指的究竟是空间性直接指示,还是语篇性文内指示。比如(曹秀玲,2000,4)中有以下分析:

学生的错误主要表现在"这/那"的选择上面,"这"的使用频率远远高于"那",甚至在应该用"那"的地方用上了"这"。例如:

现在我看看在香山拍的照片,又想起了**这次**愉快的旅行。

我们认为在此用"这"也未尝不可,关键在于区别其用法。应进一步说明的是,如果手指着照片发话的话,是空间性直接指示。

如果是语篇性文内指示的话,则可表示说话人内心的独白和心理上的接近。如单纯指回忆过去时,则用"那"。

2.3 话语指示中"前者"与"后者"时间与空间的两种类型

2.3.1 时间类型

同一个句子或者文章群中包含两项指示时,有时间与空间两种类型(小泉,1990,p.131)。请看以下例句。在英、日语中,时间上早介绍的指称对象称为"前者",晚介绍的指称对象称为"后者"。

英语:Moliere and Racine:the former is comic, the latter is tragic.

(the former/前者,the latter/后者)

日语:モリエールとラシーヌであるが、前者は喜劇的で、後者は悲劇的である。

英语、日语是根据时间顺序来理解前者与后者的,属于时间型。

A,B:A〔前〕,B〔后〕

汉语:莫里哀和拉辛,前者是喜剧式的,后者是悲剧式的。

很明显,汉语与英语、日语同属于前后顺序的时间型指示类型。

"前者"与"后者"的时间类型(英/日/汉),形式化如下:

A, B: A〔前〕, B〔后〕

2.3.2 空间类型

法语和德语却是属于空间型的。

法语:Molière et Racine:*celui-ci* est tragique, *celui-là* est comique. /莫里哀和拉辛,这(后者)是悲剧式的,那(前者)是喜剧式的。

这里法语按以下对应。

前一指称对象(莫里哀):celui-là/那个[—近]由现视点看较"远",后一指称对象(拉辛):celui-ci/这个[+近]由现视点看较"近"。

即从两项(指称对象)的提示结束的一瞬间来看,指示词"celui-ci"指较近的指称对象(后者),"celui-là"指较远的指称对象(前者)。法语属于空间型。德语也属于空间型,德语:

  Moliere und Racine: *dieser* ist tragisch, *jener* ist komisch. (dieser 这个, jener 那个)

"前者"与"后者"的空间型类型(法/德),形式化如下:

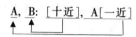

A, B: [+近], A[—近]

三　话语中的空间指示

话语中的空间指示"这"与"那"会对已知和未知的信息做出反应。Fillmore(1971, p.71)指出:"this"用于说话人或听话人的某一方所知道的指称对象,即单方信息;"that"用于说话人或听话人双方都知道时的指称对象,即共有信息。

(13) I met a friend of yours last night. Well, *this* guy told me some pretty interesting things about you. /
私はゆうべ君の友人の一人に会ったよ。その(この)人は君のことについてとても面白いことを話してくれたよ。/
昨晚我见到了你的一位朋友,那(这)人对我说起了许多有关你的趣闻

这是说话人的单方信息,听话人不知道是哪位朋友,英语用"this",而汉语用"那"。当说话人对这位朋友表现出浓厚的兴趣时,汉语也可以用"这"。如:"昨晚我见到了你的一位朋友,这人特逗,对我说起了许多有关你的趣闻。"此时,汉语也可以用"这"表示

说话人对指称对象的心理上的接近,日语和汉语为同一类型。

(14) Remember the man who sold us those football tickets? Well, that *guy* told me.../
あのサッカー券を僕たちに売ってくれた人を覚えているかい。あの人が僕に言ったんだが……
你还记得那个卖给我们足球票的人吗?那人对我说……

这是说话人与听话人的共有信息,听话人知道说的那人是谁。

通过以上分析,我们可以看出汉语的单方信息和共有信息均用"那",在表示说话人对指称对象的心理上的接近时用"这"。

有关日语的分析,久野暲(1973,p.282~290)中这样规定:

「それ」は、話し手か聞き手の一方が知っているか体験したことを指示し、「あれ」は、話し手と聞き手の両方が知っているか体験したことを指示する/"それ"指说话人或听话人某一方知道或体验过的事,"あれ"指说话人和听话人双方都知道或体验过的事。

(15) A:「きのうの会合で、お知り合いの人に会いました。その(この)人は、あなたを知っていると言っていました」
在昨天会上,我遇见了一位你认识的人,那(这)人说知道你。
B:「だれかな。その(この?)人はどんな人でしたか」
是谁呀。那(这?)人做什么的?

那人是说话人知道而听话人并不知道的人,即说话人的单方信息,汉语和日语还可以用"这"「この」,表示说话人的接近。由于是说话人的单方信息,听话人只能用"那"「その」。

(16) A:「きのうの会合で、大山さんに会いました。あの人は、面白い人ですね」
昨天的会上,我见到了大山,那人很有意思。

B:「あの人は愉快な人です」
那人是个有趣的人。

大山是说话人和听话人都知道的人,即双方的共有信息。

通过以上对比分析,我们可以将英、日、汉语的话语的空间指示的对应关系形式化做如下表示:

话语的空间指示〈远近型〉

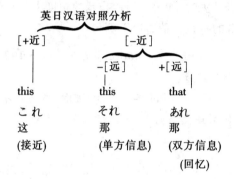

四 话语中的时间指示

英语的时间指示中,用"now"表示现在[＋现在],用"then"表示非现在[－现在],指过去或者将来。"then"在语用上有两种含意,既可以指过去,也可以指将来。请看以下例句,

(17) I was still young then.（过去）
そのとき、私はまだ若かった。
那时,我还年轻。
(18) It'll be too late then.（将来）
そのときは、もう遅すぎるでしょう。
那时,就为时过晚了吧。

在时间指示词的用法上,英、日、汉三种语言是有共性的。

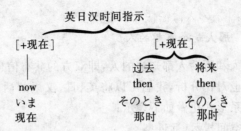

然而在指过去时,如果从话语指示的角度去分析的话,三种语言又有其各自的特性。请看以下例句:

(19) The Cultural Revolution broke out in 1966, *then* I was a child.(过去)
文革爆发于 1966 年,「这时/那时」我还是个孩子。
文化大革命は1966年にぽっ発した。「このとき、そのとき、あのとき」私は子供だった。

在指过去时,英语中只能选择一项时间指示,在翻译时,其语用含意只能从文脉中去推理。汉语可以选择两项,日语可以选择三项,各有其不同的语用含意。汉语和日语在语用上有什么差异?其对应关系又是如何呢? 通过对比分析,可以找出汉语的语用差异特征,应用于对外汉语教学。日语表示过去的时间指示中可以有三种说法,分别是「このとき」「そのとき」「あのとき」。有关日语三项指示的论述如下:

a「このとき」(主观导入说。小泉 1995)
在历史事件中,可采用「そのとき」的单方面信息的形式,也可以采用「このとき」,把事件主观性的导入说话人的领域,从而增添兴趣和临场感。
b「そのとき」(单方信息说。久野 1973)
"それ"指说话人或听话人某一方知道或体验过的事。
c「あのとき」(双方信息说。同上)
"あれ"指说话人和听话人双方都知道或体验过的事。

按照以上的观点,我们可以就汉语和日语做出对比分析。

(20) 清朝末年,中国最后一个皇帝即位了,**这时(那时)**才六岁。(主观性话题导入)

用"这时"(＝このとき)可以把事件主观性导入说话人的领域,增添身临其境的效果,主观叙述性较强。当然用于比较客观的叙述时,一般多采用单方信息的"那时"(＝そのとき)。「その時歴史が動いた」《那时历史发生了变动》(NHK电视节目名)。

(21) 父亲:"1949年10月1日新中国成立了,一个新的时代开始了。"
儿子:"**那时**,爸爸您在那儿?"(单方信息)

因为孩子没有经历过此事,所以使用单方信息的指示词"那时"(＝そのとき)。

(22) 父亲:"**那天**晴空万里,天安门广场可热闹了。"(回忆)

父亲回想起当天的情景,使用"那天",表示回忆(＝あの日)。以下是一对夫妻的对话。

(23) 丈夫:"咱们的婚礼也是5月初举行的。"
妻子:"是啊,**那时**也正好是在这个春暖花开的季节。"
(双方信息)

婚礼是夫妻共同的双方信息,相当于日语的「あのとき」。

(24) 2008年在北京开奥运,**那时**希望再见到你。(将来)

话语的时间指示指过去时,英、汉、日语指示的项数与语用差异:

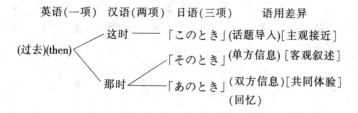

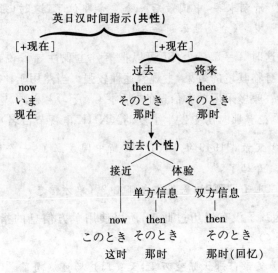

我们可以根据这个框架,从理论上分析话语指示在对外汉语教学中的应用。如曹秀玲(2000)认为中级阶段留学生的时间指称错误则要多一些,并举了下例:

　　1996年早春我从韩国到了北京,到了延吉。**这时候**,天已经黑了,不知那儿是那儿。取行李的人很多,噪声很大。**这时**,从远方走来了我的朋友。

曹认为上例中的"这时候"应改为"那时候",因为后面还有一个"这时"。

我们认为这种分析还不足以说明问题。我们可以用以上理论进行论述:"这时候"之所以应改为"那时候",是因为此时的"那时候"表示过去,指说话人的单方信息;而后面的"这时"则表示说话人的身临其境的接近。这样的解释可以从理论上阐明这个问题,效果可能好一些。

五　小　结

本文从汉语作为外语教学上的角度出发,主要就话语指示的定义研究范围、话语指示类型、话语的时间与空间指示、语用上的异同与差异特征等,做出了语用上的对比分析,其目的是为了探讨语境与表现中的新观点与方法,从而尝试探讨汉语作为外语在教学上语用学的理论与应用的研究课题。

参考文献

北京语言学院语言教学研究所,1986,《现代汉语频率辞典》,北京:北京语言学院出版社。
曹秀玲,2000,韩国留学生汉语语篇指称现象考察,《世界汉语教学》第4期。
何自然,2002,《语用学概论》(修订本),长沙:湖南教育出版社。
胡壮麟,1994,《语篇的衔接与连贯》,上海:上海外语教育出版社。
久野暲,1978,『談話の文法』,大修館書店。
田　然,2005,近二十年汉语语篇研究述评,《汉语学习》第1期。
小泉保,1990,『言外の言語学—日本語語用論』,三省堂。
小泉保,1995,『言語学とコミュニケーション』,大学書林。
余　维,1995,日中人称指示的语用对比分析,《修辞学习》第6期。
余　维,1997,时间指示的语用对比分析,《世界汉语教学》第2期。
余　维,1998,亲疏尊轻的理论框架与人称指示的语用对比分析,《外国语》第4期。
余　维,1999,「中国における語用論研究概要」,『語用論研究』創刊号(日本語用論学会)。
余　维,2001,空间指示的语用对比分析,《第6届国际汉语教学讨论会论文选》,北京:北京大学出版社。
正保勇,1981,「『コソア』の体系」,『日本詞の指示詞』,国立国語研究所。
Fillmore, C. J. (1971) Santa Cruz Lectures on *Deixis*. Berkley：University of California
——(1982) Descriptive Framework for Spatial Deixis. R. T. Jarvell and W. Klein(eds.) *Speech, Place and Action*. New York：John Wiley.
Halliday, M. A. K. and R. Hasan(1976) Cohesion in *English*. London：Longman.
Levinson, S. C. (1983) Pragmatics. Cambridge：Cambridge University Press.

英汉对比分析在基础汉语教学中的作用与价值

周 健

暨南大学华文学院

提 要 本文从介绍新的语言点、理解汉语的概念和表达、分析语言错误根源、课堂训练以及提高跨文化交际能力等五个方面讨论汉英语言对比分析在对外汉语教学基础阶段的作用与价值。

关键词 汉英对比分析 对外汉语教学 作用 价值

吕叔湘先生在《中国人学英语》中指出:"我相信,对于中国学生最有用的帮助是让他们认识英语和汉语的差别,在每一个具体问题——词形、词义、语法范畴、句子结构上,都尽可能用汉语的情况来跟英语做比较,让他通过这种比较得到更深刻的领会。"这段话同样适用于学习汉语的外国学生。任何一种语言的特色都是在与别种语言的比较中显现出来的。目前英语已经成为"国际语",大部分留学生都能或多或少地使用英语交际,教师在课堂上使用的媒介语通常也是英语。从这一实际情况出发,汉英对比分析不仅具有可操作性,还具有示范性,学生即使不熟悉英语,也可以仿照汉英对比来进行汉语与母语的对比。

第一语言的习得通常在自然环境中完成,而第二语言的学习主要在课堂教学中实现。学生在学习第二语言伊始,就必然会自觉地或不自觉地进行两种语言的对比。由于母语先入为主,习惯成自然,在心理上形成强势,就会对第二语言的习得产生"迁移"作用。大力提倡语言对比为教学实践服务的 Lado(1957)曾说过,"一个对外语和学生母语进行过比较的外语教师将能更好地了解真正的问题所在并能设法解决这些问题。"

我们坚决反对教师在汉语课堂上过多使用媒介语(英语),但恰当地使用学生熟悉的英语材料与汉语进行对比,尤其是在学生刚刚接触汉语的基础阶段,可以帮助学生发现汉语的规律。事实上,即使课堂教学中没有语言对比的内容,学生自己也在时时进行母语与汉语的比较,但学生由于缺乏规律性的认识,往往流于表面的比附。因此,适当地进行汉英对比分析以凸现汉语的特点,发挥成人的思维优势和母语能力的作用,是符合第二语言教学规律的。

汉英对比分析可以分为语音对比、词汇对比、语法对比以及在语义、语用或文化背景层面上的对比。外国学生初次接触汉语,自然处处新鲜,处处可比,但进行对比分析的目的主要的不在于增加知识,而在于解决实际问题。通过汉英对比,让学生领会汉语的表达方式,从而避免因母语干扰而产生的错误或能够准确迅速地纠正错误。因此,实用性是基础汉语课堂教学中进行对比分析的基本原则。本文通过若干教学实例来讨论汉英对比分析在对外汉语课堂教学基础阶段中的作用。

一 用对比分析的方法来介绍新的语言点

这样做的好处是可以充分利用学生的母语知识,并在开始接触语言点的时候就留下较为深刻的印象,从而防止错误的出现。教师应预测那些容易受到母语干扰而常常出错的难点,用对比分析的方式引介,以防患于未然。

1.1 人称代词的对比

第二人称及所有格的单复数,英语不做区分,但汉语分得清楚;类似情况还有 her(兼做宾格"她"与所有格"她的");而三种第

三人称,汉语书写形式虽有别但发音一样,在口语中有时容易混淆。汉语的代词所有格形式比英语简单,加一个"的"字就行了:

$$\begin{cases}我的(my/mine)——我们的(our/ours)\\你的(your/yours)——你们的(your/yours)\\他的(his)——他们的(their/theirs)\\她的(her/hers)——她们的(their/theirs)\end{cases}$$

1.2 构词法的对比

汉语构词以类别意合为主,学生如果能理解和体会到汉语的构词思维特点,就会感到更容易类推和记忆。比如:一月、二月、三月……要比记忆 January, February, March……这些各不相同、彼此关联不明显的单词容易得多。学生学了"牛肉"就能很容易理解"猪肉"、"羊肉"、"鸡肉"、"兔肉"、"马肉"、"狗肉",学了"汽车、火车"就不难理解"面包车"、"旅行车"、"卡车"、"货车"、"轿车"、"赛车"、"摩托车"、"自行车"、"马车"、"列车"。

缀合法(affixation)是英语构词法中常见的现象,如后缀 er 或 or 表示从事某一方面工作的人或物:writer, New Yorker, teacher, sailor, worker, washer, computer……;汉语中也有相当数量的前缀后缀,如表示从事某一方面工作的人的后缀"者"的有"作者"、"读者"、"记者"、"患者"、"劳动者"、"领导者"。表示"家"的有"艺术家"、"画家"、"音乐家"、"文学家"、"科学家"。

英文中也有类别词,但中英的构词理据多不相同,比如 telegraph, telephone, telephotograph, television 等词,汉语对应的名称是"电报"、"电话"、"电传照片"、"电视"。英语着眼于 tele- 即"远距离传送的",而汉语把它们都归入"用电的"。

1.3 人称、数量、时间对动词的影响对比

I am→我是　　　You are→你是　　　He is→他是

She is→她是　　　We are→我们是　　　You are→你们是

They are→他们是/她们是　　　　　　　I say→我说

You say→你说　　　　　　　He says→他说

Mr. Wang says→王老师说 I said→我说

You are saying→你说　　He was saying→他说
She would s→她会说　　Mr. Wang has said→王老师说过

　　汉语的动词本身没有人称、数量、时间的变化,但常用时间词或虚词来表达时态。

1.4　打招呼方式的对比

　　汉语教科书的开篇通常是:"你好!"这句问候语的使用范围有多大,也不妨与英语作一个对比:

英语	汉语对应表达	汉语实际通用说法
(1) Hello (Hi)!	你好!	
(2) How are you?	你好吗?	
(3) How do you do?	你好!	
(4) How are you doing?	你好!	你(您)好!
(5) Good morning!	(你)早! /? 早上好!	
(6) Good afternoon!	? 下午好!	
(7) Good evening!	? 晚上好	
(8) Good night!	? 晚安!	早点休息。再见!
(9) Have a nice day!	_____(无对应说法)	

　　通过对比,可以知道英语中前七种问候语汉语都能说"你好"(对长辈或关系疏远的用"您好")。句前有"?"的几句是翻译过来的说法,在地道的汉语日常交际中一般不说。有的英语说法甚至没有对应的汉语表达法。这样学生就懂了:"你好"几乎在任何时间、任何场合都可以使用,并且答语也是"你好"。教师还需指出,并非汉语打招呼的词语贫乏,而是另有独特的表达方式。

1.5　时间表达方式的对比

　　描述时间、地点,汉语是由大范围到小范围,与英语相反。这种差异一般认为是由不同的文化背景所产生的不同思维习惯所决定的,实际上更可能是由于不同语言中修饰语和被修饰语的次序差异决定的。这种差异对比应当在开始时就跟学生讲清楚,以避免出错。

　　以"星期"说法为例,假定今天是星期三,那么 last Friday 与

"上星期五"一致,但 last Monday 指的是前天,而"上星期一"指的却是一周前的 Monday。因此这里的 last Monday 汉语该说"这(个)星期一"。同样,the next (coming) Friday 也要说成"这(个)星期五",而不是"下星期五"。英语中一周七天每天都有独特的名称,它们给人以具体某一天的概念。凡是最近一个过去的用 last,即将到来的用 next 或 coming。而汉语的名称是由"星期"加数字组成,突出了"星期"(周)的概念。"上星期一"是指"上星期/一",而英文的 last Monday 相当于"上/星期一",表示今天以前的那个 Monday,不与"周"挂钩。曾有一位老师请留学生"下星期六来我家吃饭",没想到这位留学生在老师发出邀请的周末就来了,这位老师毫无准备,十分尴尬。(吕文华,1994)

在表示周(week)这一概念的时候,汉英的差异体现在汉语的"一周"(这个星期,上个礼拜)一般指的是从星期一到星期日;而英文的 week 开始于 Sunday,终止于 Saturday。因此,在表达星期日的归属时,就容易产生误解。例如汉语的"这个星期天"相当于英文中的 next Sunday 或 the coming Sunday。

与"星期"类似的还有"月"和四季,汉语常和"年"挂钩,last May、next Summer 既可能是"去年五月"、"明年夏天",也可能是"今年五月"、"今年夏天",要看说话时所处的时间而定。讲明这一点,可以消除学生在词语转换时的困惑。

二 汉英对比帮助理解汉语的概念和表达

在讲解汉语的词汇、语法、习惯表达等内容时,学生囿于自己母语的认知方式和表达习惯,不容易理解汉语语言结构中所表现的汉语思维方式。恰当的对比能帮助学生迅速理解汉语的认知特点与表达方式。

比如教多位数认读的时候,留学生的反应普遍迟缓,问题出在什么地方?通过对比我们发现,汉、英等主要语言虽然都采用了十进制的数词体系,但它们的核心单位不一样,英语等的核心单位是"千",而汉语的核心单位是"万";英文中没有"万"的单位,把万称

做"十千",十万叫做"百千"。英文中数词的主要单位有千,千千(million),千千千(billion),因此西方人写多位数时,每三位一个逗号,如1,325,749,568。汉语数词的主要单位有万,万万(亿),万万万(万亿),如果要采用便于中文读数的写法,上数不妨写成13|2574|9568,即从右往左数每四位划一竖线,第一条线是万,第二条线是亿(万万)。这个数便可以很容易读出来:十三亿二千五百七十四万九千五百六十八。由于用外文读数字时需要转换核心单位,所以中外学生的反应都比较慢。做了这样的对比分析,学生掌握大数的认读就容易多了——从右向左每四位划一条短线就解决了这个难题。

汉语"上"、"下"所表示的空间隐喻学生初学时可能难于体会,汉英对比有助于理解。如:(1)处于某种状态用"上":上班、上课、上学、上岗、上任;不在状态为"下":下学、下课、下岗。(2)表示公开状态用"上":上电视、上报纸、上法庭、上市;反之用"下":私下、下意识。(3)表示主动状态用"上":上进、上心、上前;反之用"下":退下、放下、留下。(4)表示开始或顺序在前的用"上":爱上、喜欢上、过上、上午、上半年;反之用"下":下课、课下、下工、余下、下册、下集。(5)表示等级或地位高的用"上",反之用"下":上等、上级、上访、皇上、部下、下人、上行下效、上情下达。

英语多用介词 at、on、in 等表示空间状态,如表"在状态":at work/school/rest/sleep; on display/show/rent/duty; in despair/sorrow/love/fun/trouble 等;不在状态,多用 out:out of trouble/work 等。不过,英语也常用"上"、"下"概念来隐喻状态,如:His life was full of ups and downs; Happy is up; Unhappy is down; conscious is up; unconscious is down; Health and life is up; Sickness is down.

可见,汉语和英语既有各自的空间隐喻的表示方法,也有共同的认知表达。适当做一些汉英对比之后,学生就容易理解汉语中的"省上"、"上头"、"犯上"、"天天向上"、"上品"、"上好"、"上台"、"上门"、"上马"、"考上"、"吃上"、"下级"、"下属"、"属下"、"下乡"、"乡下"、"手下"、"下手"、"下台"、"下流"、"下作"等词语了。

评价相貌的常用词语之汉英对比,如采用列表的方式,学生看了就一目了然:

评价词语	近义词语	英文	适用性别
美丽(měilì)	美(měi)	beautiful	女(F)
漂亮(piàoliang)	好看(hǎokàn)	good-looking	女/男(F/M)
帅(shuài)	英俊(yīngjùn)	handsome	男(M)
一般(yìbān)	普通(pǔtōng)	ordinary	男/女(M/F)
难看(nánkàn)	丑(chǒu)	ugly; plain	男/女(M/F)

教师还可以进一步指出词语的语体风格:"美丽"、"英俊"、"丑"是书面语;"漂亮"、"帅"、"一般"、"难看"、"好看"是口语,"丑"也用做口语。

英文的形容词和副词有原级、比较级、最高级词形变化,而汉语并无这样的等级形态。如:

(1) This book is better than that one.
这本书比那本好。
(2) This book is the best of the three.
这三本书中以这本为最好。
(3) Can you walk more quickly?(用副词)
你能再走快一点儿吗?
(4) He runs most quickly among us.(用副词)
我们当中他跑得最快。

又如:

(1) 最漂亮的校园【最 A 的 N】
the most A of N's
(2) 比他(更)有经验【比 NA(比 N 更 A)】
more A than N
(3) 跟我的一样贵【跟 N 一样 A(有 NA)】
as A as N

汉英在句式和语法方面有许多类同之处,都属于 SVO 类型,如:她是个美国女孩。(She is an American girl.)/她哭了。(She cries.)/他踢足球。(He plays football.)/他会寄给我一张圣诞卡。(He will send me a Christmas card.)/老师叫我回答问题。(The teacher asks me to answer questions.)但有时差异很大,教师需要做一些对比,以帮助学生更好地理解汉语的语序、省略、语法手段等。在汉语句子下边逐字直译就是介绍汉语语序的一个直观的方法。比如:

(1) 打国际长途一分钟多少钱?
Make international long distance one minute how much money?

(2) 他来我就走。
He comes I just go. (If he comes, I'll go.)
"If(如果)"在汉语中可省略,语义靠对比来表达。

(3) 你最喜欢什么样的电影?
You most like what kind of film? (What kind of film do you like best?)

汉语宾语不前置。

(4) 我们租的房子很合适。
We rent house very suitable. (The house that we rent suits us well.)

汉英语言结构关系不一样,而且汉语形容词可直接做谓语,无需动词。

汉英定语的位置和词序有时相同,如:一位年轻的美国艺术家(a young American artist);但在多数情况下不一样,如:第十课(Lesson 10),1987年(in the year 1987),外国事物(things foreign),说话的人(the man speaking),我们需要的东西(the things we needed)。其他差异如:

(1) 对,他不是系主任。
No, he is not the department chair man. (肯否差异)

(2) 一切都在意料之中。
There is nothing unexpected about it.（肯否差异）
(3) 我把书放到书架上。
I shelved the books.（词类转换）
(4) 他刚从国外旅行回来。
He has just returned from his trip abroad.（语序差异；词类转换）；
(5) 那个抱小孩的妇女正在等医生给她看病。
The woman holding a baby in her arms is waiting to see the doctor.（定位位置差异）

英语的被动语态在汉语中多数用主动句来表达，比如：

(1) It can be done right away.
这件事可以马上做。
(2) Your letter has been received.
你的来信已经收到了。
(3) Has the clothes been washed clean?
衣服洗干净了吗？
(4) Good result of study can only be achieved by making great efforts.
努力学习才能取得好成绩。

汉英都有各自的省略方式。如：He did not go, nor did I (go). 对比：他没去，我也没去。（最后的"去"不能省略）I have tried my best (efforts). 对比：我尽了最大努力。（"努力"不能省）但汉语的流水句中常有大量的承前蒙后省略，如：

（我们）下了课,（我们）赶快回到（我们的）宿舍,（我们）打开电视,（我们）发现(××电视台)没有转播世界杯(足球赛)，(这件事)气得我们大骂××(电视)台。

如果用英文写，括号里的词语恐怕都不能省略。

三　用汉英对比分析挖掘错误根源

据一些学者研究,学生在初级阶段的大多数语文错误,半数以上的语法错误都来自语际干扰。运用对比分析的方法来诊断学生的病句,指出母语干扰的病因,这是汉英对比最常见的应用。教师在课堂上做病句分析时,要选取学生的典型"干扰错误"。例如:

你不是新学生吧?
* 不,我不是。

按照汉语,应回答"对(是),我不是"。学生显然是受到母语的影响而弄错的,试比较:

—— You are not a new student, are you?
—— No, I am not.

对比后可以概括出否定是非疑问句的回答方式:汉语是对提问者的假设表示肯定或否定,英文是根据自己回答的意见是肯定的还是否定的来确定先说 Yes 还是 No。因此二者的回答方式是相反的,英语该说 Yes 的地方,汉语要说"不",反之亦然。

* 这位老师比那位老师很好。

这个病句很可能是受到英文表达方式的影响:This teacher is much better than that one.

* 我不想他今天会来了。

对比:I don't think he will come today.

* 我买了那件衣服在天河城昨天。

对比英语语序:I bought the dress in Tianhe Mall yesterday.

外国人学汉语的语法偏误按性质大体上可以分为遗漏、误加、误代和错序四大类,初学者发生这几类偏误的主要原因都在于母语干扰,以"遗漏"类为例(遗漏部分用[　]表示):

(1) Though he has lived in China for six months, he can not speak Chinese.

　　* 他虽然在中国住了六个月了,[可是]不会说汉语。

(2) I heard his words.

　　* 我听[见]了他的话。

(3) we have played basket-ball for two hours

　　* 我们打篮球[打]了两个小时。

(4) They played very well.

　　* 他们打[得]很好。

(5) Please put tile dictionary on the table.

　　* 请把词典放在桌子[上]。

(6) The child has run up.

　　* 小孩子跑上[去]了。

(7) Even Chinese people often misuse that word.

　　* 连中国人[也]常常用错那个词。

　　一般说来,关联词的后一部分,动词的结果补语、需要重复的动词成分、结构助词等附加成分,介词"在"、"从"、"往"等后的处所或方位宾语等项都容易被遗漏或疏忽,其原因就在于英语中没有对应的部分。教师剖析各类病句时如能有针对性地做些对比分析,学生便会一目了然地发现病源,留下比较深刻的印象,以后错误的重复率会有所降低。

　　在语音学习方面,成年人的母语干扰要比儿童严重得多。外国人说汉语读音不准,洋腔洋调比较普遍,运用对比分析常能找出问题的症结。例如,普通话和英语都有 b、p 等辅音,在汉语成对的声母中(p、b,t、d,k、g,q、j,ch、zh,c、z),每对前一个是送气音,后一个是不送气音,它们全是清音。而在英语成对的辅音中(p、b,t、d,k、g,f、v,ch、j,s、z)前一个是清音,后一个是浊音,清浊分明,却无送气与否的区别。西方学生常犯的错误之一是把汉语中的清音浊化。z、c、zh、ch、sh、j、q、x、e 是他们最难发准的音,他们常用类似的英语音如 ds（beds）、ts（bets）、s（sun）、j（jam）、ch（chair）、sh（shape）、j（jeep）、ch（cheap）、sh（sheep）来代替,教师可通过对比——指明区别所在。又如汉语中有四声,英语没有四声,学生有时用母语中重读单词表示强调的习惯,把汉语中要强调的词读成第四声。如英语 very good 强调 very,他们就把"很"读成"恨":"我恨喜欢这个电影!"

四 汉英对比在课堂训练和练习中的运用

主要方法之一是英译汉,教师要选择那些学生易受英语影响而出现偏误的句子或词语来进行有针对性的强化训练。

比如汉语的特指疑问句与英语的词序不同,且句尾不用"吗",通过"先回答、再提问"的方式进行对比,学生能够比较容易地掌握汉语特指疑问句的形式:

1) Who is he? ——他是马克。——他是谁?
2) What is this? ——这是杂志。——这是什么?
3) Where is Mary going? ——玛丽去商店。——玛丽去哪儿?
4) When do you set out tomorrow? ——我明天八点半出发。——你明天几点出发?

英语的疑问代词一般位于句首,而汉语的位置不固定,问句的词序与陈述句一样。把陈述句需要提问的部分改成疑问代词就成了特指疑问句。训练时,教师给出英语,学生先用汉语回答再提问,效果较好。

教材上一般都有汉英对照的生词表,这本身也是一种汉英对比的形式。汉英两种词汇中,词义完全相等的很少,词汇表上的英文释义一般仅限于汉语词的基本义或泛指义,实际上还有丰富的隐含义和引申义没有(也不可能)标示出来。但初学者常常把它们看成一对一的等值关系,造出许多病句来。

从词义的指称范围来看,有的是英窄汉宽,有的是汉窄英宽。汉宽英窄时,学生容易掌握。例如,不论是 factory、mill、works 或 plant,学生只要掌握一个词"工厂"就够了;但汉窄英宽时就难多了。如 old 有时是"老"(old man),有时是"旧"(old book);rice 相当于"饭、米、稻谷"三个词;carry 一词换成中文,就不知是该用"提"、"抱"、"背"、"扛"、"挑"还是"拿"了。又如 run 在词汇表上注的是"跑",但是"The trains are running again."是"火车又通了";The play ran 100 nights. 是"这戏连演了一百场";My watch has run down. 是"我的表停了";Water is running short. 是"水快用完了";run a factory 是"办工厂";run the risk of 是"冒……的风险";run after a girl 是"追求一个女孩";run across an old friend 是"不期而遇故人"等,都不能译做"跑"。需要注意的是,在不同的语义场中,同一个词语的指称界限的宽窄可能会发生变化,例如:"他穿花衬衫。"其中动词"穿"可能是 wear,也可能是 put on,这时汉宽英窄。但英文 wear,又可能相当于汉语的"穿"(衣服)、"戴"(帽子、眼镜)、"系"(领带)、"佩"(剑、枪)、"留"(胡子)等动词,这时又汉窄英宽了。

再如汉语教材生词表上"看"的注释是"see",其实这两个词往往并不对应。如:

你看!(Look!)/看书(read a book)/看电视(watch TV)/看起来(it seems, it looks as if)/看懂(understand)/看透(understand thoroughly)/看成(take sb or sth for)/看望(visit, call on)/看中(take a fancy to, settle on)/看笑话/(amuse oneself by watching other people make fools of themselves)

还需要指出,see 译做"看见"可能更妥当。在做翻译练习时,教师应多给学生做汉窄英宽的练习,以及英汉词义不对应的练习。

五 通过英汉语用对比提高跨文化交际能力

中西文化在交际方面的差异也很大,教师可以通过中西交际方式的对比来体现汉语交际文化的特点。还要帮助学生在跨文化交际中克服对西方文化的依附。

以称呼方式为例,西方文化中对不熟识的人多采用"先生"(Mister、Sir、Gentleman)、"女士"(Lady、Madam)、"小姐"(Miss)、"夫人"(Mrs、Madam)"等通用称呼。对于熟识的人,则直呼其名,以示亲切,并不计较年龄和辈分的差异。但中国文化分长幼之序、重亲疏之别。使用亲属称谓时尽量把对方的辈分或排行拔高。汉语通称用语的使用不如英语普遍,姓+职务(职称)是最普遍的社会称谓方式,如"王局长"、"张校长"、"刘主任"、"方老师"、"马教授"、"孙会计"、"谢大夫"、"周工(工程师)"等等,其次是亲属称谓发达,不仅用于家庭和家族内部,也用于社交场合,如"王大爷"、"李大娘"、"吴叔叔"、"赵阿姨"、"大哥"、"大嫂"、"兄弟"等等。教学时可以设置不同语境,让学生根据对象选择恰当的称呼方式。

有些学生不习惯使用亲属称谓,我们可以通过介绍家庭、家人、亲戚在汉文化中的特殊地位,让学生了解中国人重家庭的价值取向,进而理解用亲属名称来称呼陌生人的积极作用,一个亲人的称呼似乎把他变为自己的家人,从外人变成了自己人,能一下子拉近双方的距离,使被称呼者感到亲切温暖,有利于交际的顺利进行。

在西方文化中,忌讳"老"字,因为"老"容易使人联想到年龄大、体衰、保守、无用等,在称谓语中,对于"老"字更是讳莫如深。中国社会却是一个尊老敬长的社会,强调的是"长幼有序","长者为尊"。可以通过中国传统伦理道德的介绍,引导学生理解为什么汉语中带"老"的尊称特别多。如"老人家"、"老先生"、"老师"、"老大爷"、"老大娘"、"老伯"、"老兄"、"老弟"、"老前辈"、"老伴"、"老公"、"老婆"、"老将"、"元老"、"老手"、"老大哥"、"老板"、"老总"、"老汉"、"老表"、"某老"等,在日常生活中,"老王、老李"更是常见的称呼。学生应在理解的基础上,主动学习和使用这些称谓。

称谓教学还应包括称谓策略的运用技能。称谓的选择与改变,常能引起对方心理上的反应。因此巧妙地运用称谓策略,比如把对方的职务、职称、头衔、辈分往高里说或用关系亲密的称谓取代疏远的称谓等等,往往能达到交际顺利的语用效果。

英汉西常用交际语的对比,往往能使学生对文化差异留下深刻的印象:

情景1:初次见面,交谈几句后想知道对方姓名

　　英:What's your name?
　　汉:您贵姓?(通常问姓不问名)

情景2:出门遇见熟人

　　英:How are you doing, Michael?
　　汉:老李,上哪儿去?(中国式的打招呼方式之一)

情景3:餐后遇见熟人

　　英:Hello, Jack?
　　汉:吃了吗?(过去常用的打招呼方式,如今城市已少用,农村依然常用)

情景4:对方称赞你外语讲得好

　　英:Thanks. I studied it in school.
　　汉:哪里哪里,您过奖了。(自谦是回答夸奖的方式)

情景5:在自己家里招待客人

　　英:Help yourself with the chicken, I made it myself.
　　汉:粗茶淡饭,没什么菜,你多吃点儿。(自谦)

情景6:与朋友在饭馆一起吃饭,结账时

　　英:Shall we go Dutch?
　　汉:我来付款(买单)。(在中国,朋友聚会争相付款是常见的现象)

情景7:向对方送礼物

　　英:I hope you like it.
　　汉:一点儿小意思,请收下。(自谦,通过贬低礼物的价值来降低对方受礼的心理负担)

情景8：接受对方礼物后

英：(unwraps the present) It's so lovely. I really appreciate your gift.

汉：真是的,你何必破费呢？（用抱怨来表示谢意）

情景9：在饭桌上请爷爷把胡椒粉递给自己

英：Philip, would you pass me the pepper?

汉：爷爷,麻烦您把胡椒递过来。（必须先称呼长辈亲属名,还要用敬语）

情景10：别人向自己道谢以后

英：You are welcome.

汉：不用谢,别客气。（用否定式表示答谢）

情景11：在拥挤的超级市场,你推着购物车希望别人给你让路

英：Excuse me.

汉：劳驾（借光）,请让一让。（请求对方提供方便,而不是让对方原谅自己）

情景12：送客

英：Good-bye.

汉：请慢走（请走好）,不远送,有空常来玩儿。（不是简单道别）

外国学生学到中级程度时,应能掌握体现在不同交际用语中的文化差异,教师还可以根据实际情况补充若干对话。

在体态语和手势语方面,中西既有相同的一面,如点头表示同意、摇头表示不知道或不同意、向上伸大拇指表示赞扬等等；也有各自独特的一面,如西方人表示胜利的V字形手势、表示同意的OK形手势、表示不知道或遗憾的摊手、耸肩姿势等,如中式的伸食指刮脸颊表示"不知羞"、手掌向下手指向内勾动表示叫人过来（西式手心向上）、吃饭时为客人夹菜、劝酒等等。我们可通过对比

让学生习惯于中式的身势语,并能"入乡随俗"运用中式的身势语。

通过以上列举的教学实例,可以看出汉英对比分析在基础汉语教学阶段应用广泛、效果显著,因为第二语言学习的一个重要方面就是掌握两种语言的语码转换规则。当然,我们也要看到对比分析的局限性,它并不能预示第二语言学习中的所有问题,因为学生的错误并不全是因母语干扰引起的,还有"发展错误"(规则过度泛化)等等,影响外语学习的还有诸多的社会、文化和心理的因素,这方面的问题的确不能全靠对比分析来解决。但对比分析有利于促进正迁移,克服负迁移,具有不可替代的作用。同时,我们反对在课堂上大讲对比分析的理论,也反对枝蔓琐碎的对比分析和追本溯源的论证。我们做研究时,不仅要指明两种语文的异同所在,还要深入探究产生异同的原因,务求全面深入。但在基础汉语教学中,一般只要指明差异就可以了。二者有不同的用途与标准。恰当适度的对比能使学生迅速领会、印象深刻、举一反三。总之,简明扼要、切中肯綮、画龙点睛式的对比分析能凸现汉语的特点,能提高学生对两种语言差异的敏感,也能明显提高对外汉语课堂教学的效率,所以我们提倡在面向成人的对外汉语教学中适当运用语言对比的方法。

参考文献

黎天睦,1987,《现代外语教学法——理论与实践》,北京:北京语言学院出版社。

李瑞华,1996,《英汉语言文化对比研究》,上海:上海外语教育出版社。

刘 珣,2000,《对外汉语教育学引论》,北京:北京语言文化大学出版社。

鲁健骥,1993,外国人学汉语的语法偏误分析,《第四届国际汉语教学讨论会论文集》,北京:北京语言学院出版社。

吕叔湘,1980,《中国人学英语》(修订2版),北京:商务印书馆。

吕文华,1994,外国人学汉语的语用失误,《对外汉语教学语法探索》,北京:语文出版社。

潘文国,1997,《汉英语对比纲要》,北京:北京语言文化大学出版社。

束定芳、庄智象,1996,《现代外语教学》,上海:上海外语教学出版社。

王 还,1993,有关语法对比的三个问题,见《汉英对比论文集》,北京:北京语言学院出版社。

王菊泉,1982,关于英汉语法比较的几个问题,《外语教学与研究》第4期。

王宗炎,1985,《语言问题探索》,上海:上海外语教育出版社。

魏志成,2002,《英汉语比较导论》,上海:上海外语教育出版社。

萧立明主编,1998,《英汉语比较研究》,长沙:湖南人民出版社。

杨自俭、李瑞华,1990,《英汉对比研究论文集》,上海:上海外语教育出版社。

张祥麟,1991,《从汉语看英语》,南宁:广西教育出版社。

赵金铭主编,2003,《对外汉语研究的跨学科探索》,北京:北京语言大学出版社。

赵贤州、陆有仪,1996,《对外汉语教学通论》,上海:上海外语教学出版社。

周　健等,2004,《汉语教学法研修教程》,北京:人民教育出版社。

Spolsky, B., 1979, Contrastive Analysis, Error Analysis, Interlanguage, and Other Useful Fads, *The Modem Language Journal*, Vol, LXⅢ.

Lado, R., 1957, Linguistics Across Cultures: *Applied Linguistics for Language Teachers*. Ann Arbor: University of Michigan Press.

外国学生汉字学习策略研究

高定国　章睿健　吴门吉　潘伟
中山大学心理学系　中山大学国际交流学院

提　要　本研究在分析汉字的有关特点以及回顾有关外国人学习汉语的研究结果后,设计了"外国人汉语学习调查问卷",旨在调查外国人学习汉字的困难及学习特点。研究对象包括不同母语背景、不同汉语学习水平的在华外国留学生。研究发现,汉语初学者在汉字声调、汉字书写、汉字字形和字音转换、字音与字义联系以及字形与字义联系方面都存在困难;无论留学生的汉语水平如何,母语为拼音文字的学习者在汉字声调以及汉字书写方面存在的困难更多更大;无论母语为哪种文字,初级班的学习者比高级班的学习者更依赖语音线索。

关键词　汉字　学习策略　外国学生

一　引　言

随着中国综合国力的增强和国际地位的提高,越来越多的外国人开始学习汉语。汉语的书写体系是汉字,一种非常独特的书写体系。对于留学生特别是对于那些以拼音文字为母语的留学生来说,学习汉字是学习汉语时所遇到的最大挑战之一。汉字的学习包括字形、字音和字义三个方面,那么他们在学习汉字的过程中会遇到哪些具体的有关形、音、义方面的困难呢? 这是本调查所希望了解的主要内容。

1.1　汉字或汉语的特征

第一,现代标准汉语(普通话)只有 400 个左右的音节,加上声调上的区别,约 1200 个"声调音节"数(Anderson 等,2003)。这些声调在区分汉字读音时起到了很大的作用,是汉语的一个重要特征。但是对于多数外国人来说,他们的母语中并没有声调的区分,所以他们很有可能在掌握拼音的声调方面存在困难。尽管语言教学界早已注意到这方面的困难,但相关的调查研究尚不多见。

第二,与拼音文字不同,汉字是平面文字,不实行连写法,每个方块字的大小、间距都一样,字与字之间没有明显的空格,而且汉字中又是左右结构的合体字居多,所以很容易造成留学生在阅读一个句子或几个汉字的时候发生部件拆分错误。比如,"邻明"两个字就可能被看成是"令"、"阳"、"月"这三个字。和英语单词由字母从左到右依次组成不同,对于单个汉字来说,汉字是平面结构,是由部件组成,多个笔画有序地堆积在一定面积的空间内。此外,书写时笔画的书写顺序是有一定规律的,一般是先上后下,先左后右,先里后外。但是对初学者来说,他们有可能就看到一团笔画堆在一起,临摹起来无从下手,不知道从哪一笔写起较好,所以有可能造成书写方面的困难。

第三,汉字的正字法极深。近年来有一些认知心理学家、心理语言学家探讨语言的正字法深度对于文字识别的影响。正字法深度,简单地来说就是见形知音的程度。比如,克罗地亚语正字法比较浅,因为词的形态和发音具有严格的——对应关系,每个字母都代表一个特定的因素,完全可以见形知音。英语的正字法较之比较深一些,因为相似的拼写可以表示不同的发音,词的形态和发音之间的对应关系并不严格。但是在拼音文字中,无论其正字法深浅,单词的拼写与发音之间总是有一定的音形对应规则的。汉字是一种正字法极深的文字,它的音形之间不存在固定的对应规则,因此汉字也被认为是一种表意文字。虽然说常用汉字中有70%的形声字,形声字的声旁提供了语音线索,但是这种线索并不可靠,其中只有23%的汉字读音和声旁读音完全相同(Shu等,2002)。可以说,声旁和整字读音之间的关系是很复杂的。如果只依靠声旁线索,一般是不能正确地对整字进行发音的。所以我们认为由于汉字的这种"见形不知音"的特点,会给外国留学生朗读汉字带来困难。

第四,汉字中同音字过多。同一种读音可能会对应多个不同的汉字,因此会有很多种词形和词义。所以对于汉字来说,字音和字义之间的对应关系是弱的,通过一个字的读音根本无法知道它的意思。举一个简单的例子来说,中国人在介绍自己姓名的时候,往往会对其中的每一个字都进行组词。也就是说,大多数情况下,汉字的读音要放在上下文的背景下才能使字音、字形和字义联系起来。已有很多研究表明在汉字语义激活过程中,语音只起到了有限的作用(参见周晓林,1997)。但是对于英语等拼音文字来说,语音在语义激活中起了很重要的作用(参见 Frost,1998)。支持这种观点的研究者们认为,以语音为中介的加工即使不是词汇通达的唯一路径,也是主要通路。在词汇加工初期,由视觉输入计算出的语音信息,通过语音表征被映射到心理词典的语义表征上,字形信息然后被用来对由语音激活的语义进行修正和调制。直接的视觉通路或者不存在,或者在词汇通达过程中只起到次要的作用(Tan,Perfetti,1998)。由此可见,汉字和拼音文字加工过程中,对于语音信息的利用程度是很不相同的。对于以拼音文字为母语的学习者来说,他们习惯了由音达义的加工方式,但是这种加工方式又不适用于汉字的阅读。这种矛盾的出现,可能也会给留学生们带来一定的困难。

第五,汉字一向被认为是表意文字,它的字形对于字义来说是很重要的。特别是在形声字中,形旁能表示一定的语义,所以从字形上就可以猜测出一定的语义来。如"榆"、"柏"、"枫"都有"木"字旁,它表示这些字和木头或树有关。可是像这样规则的形声字并不能代表所有的汉字。比如形声字"样"也有"木"字旁,但是它和木头和树都没有什么直接的联系,更何况还有很多独体字。比如,"申"、"田"和"由","己"、"已"和"巳"这两组字在形状上虽然相似,但是在字音和字义上没有半点联系。现代汉字经过简化后,更是失去了原来的很多表意功能,就算还保留了一些,都要追溯到它们的古意上去,但是对于没有一点汉字知识、没有一些汉文化底蕴的外国留学生来说,从字形了解字义是"远水解不了近渴"的。

1.2 关于留学生学习汉语的有关研究

关于外国人学习汉语的有关心理学研究并不算很多,但是江新及其合作者从心理学角度对留学生学习汉语这一问题进行了较为系统的研究。

江新(2000)使用国外流行的语言学习策略量表(SILL)对外国留学生学习汉语的策略进行了研究,探讨了性别、母语、学习时间、汉语水平等因素与留学生汉语学习策略使用的关系。这是国内比较早的一篇对于留学生学习汉语的系统调查,但是这里他们使用的量表只是涉及很宏观的学习策略,并没有深入探讨因汉字特征而引发的具体的汉字学习问题。

江新(2001)研究了外国学生对形声字表音线索的意识及其发展的问题。在纸笔测验中,她要求参与者用拼音写出给定的不同频率和不同规则程度的形声字的读音。结果发现在外国学生中存在汉字的规则效应,这种效应在熟练的汉语学习者身上表现得更加明显。这说明形声字的规则性对于外国学习者的发音有影响,而且这种效应会随着学习程度的提高而增强。这一研究的主要目的是在从汉字的自身内部特征角度来分析汉语学习问题。

江新和赵果(2001)利用自行编制的汉字学习策略量表对汉语学习初级阶段外国留学生的汉字学习策略进行了分析。结果发现:(1)在总体上,留学生最常使用的是整体字形策略、音义策略、笔画策略和复习策略,其次是应用策略,最不常用的是归纳策略;(2)"汉字圈"国家的学生比"非汉字圈"国家的学生更多使用音义策略、应用策略,较少使用字形策略、复习策略。此后,赵果和江新(2002)又利用以上量表研究了汉语学习初级阶段留学生汉字学习策略和汉字学习成绩的相关关系。主要结果表明:字形策略很可能不利于汉字书写的学习,利用意符对汉字意义识别很有帮助,形声字学习比非形声字学习对策略的使用更敏感。这两个系列的研究较好地说明了外国学生在学习汉语时所用到的策略,但是他们所选用的学习者只是汉语初级班的学生,并没有研究汉语学习高级班学生的策略使用,所以不能看到其中的交互作用和发展效应。另外,学习策略和学习困难之间还是有所不同的,他们的研究主要探讨的是留学生在学习汉语过程中主要采取的策略,但是本研究主要想了解外国人在学习汉语时所遇见的各种困难,特别是那些因为汉字本身或是汉字和拼音文字之间的差距所造成的学习困难。

江新(2003)研究了汉语作为第二语言学习的外国学生对汉字知音和知义之间的关系。结果发现,日本、韩国学生的汉字拼音成绩和意义成绩之间没有显著相关,而印尼、美国学生汉字拼音和意义成绩之间有显著相关,表明母语背景是影响汉语学习的一个重要因素。有表意文字背景的日韩学生记忆汉字的意义可能不依赖于汉字的正确读音,而表音文字背景的印尼、美国学生记忆汉字的意义则可能依赖汉字的读音。江新和柳燕梅(2004)通过研究拼音文字背景的外国学生在自然写作中出现的汉字书写错误类型发现:(1)在书写错误中错字比别字多,但随着识字量增加,学习者汉字书写中的错字错误减少,而别字错误增多;(2)在所有汉字书写错误中,由字形相似导致的错误多于由字音相似导致的错误,但随着识字量增加,学习者汉字书写中的字形错误减少,而字音错误增多。在别字错误中字形和字音错误也存在类似的趋势。这个研究明确地提出了以拼音文字为母语的外国人在汉字的音义和形义联系中所犯混淆的倾向。但是,没有对照组,我们就无法知道这种错误是普遍存在的,还是只存在于拼音文字背景的学习者中。

从以上研究,我们可以看到母语背景、学习汉语的时间、汉语的水平对于汉语学习的策略使用、错字的类别、音义和形义之间的联系强弱等各个方面是有影响的。在我们的调查研究中会综合考虑这些因素。

1.3 本研究的问题提出和目的

前面介绍的研究有用测验完成的,也有用问卷调查的。但是这两种研究范式都存在各自的不足。测验研究通过对于影响因素的严格控制、对于刺激的精心挑选,所得到的结果比较可靠。但是每次实验所能涉及的问题很少,而且参与的人数也有限。问卷调查是研究语言学习策略常见的方法之一。但是到目前为止,研究者用来研究语言学习策略的流行量表是Oxford(1990)的SILL,而这个量表是用来测量第二语言学习者整体的语言学习策略的,并不针对某种具体的语言学习任务。虽然江新和赵果(2001)针对汉语学习编制了一个较有效度的量表,但是他们量表的基础还是SILL,也是将问题概括化,没有具体地探讨外国留学生在汉语学习中究竟碰到了哪些音形义上的困难。而且在他们的两项调查研究中,都只采用了初级汉语学习者作为调查对象,没有探讨程度不同的学习者在汉语学习中所遇困难上的不同,也没有探讨不同母语背景下的学习者在汉语具体学习上所遇到的困难的异同。然而以上所述的很多研究都已表明母语背景、学习汉语的时间、汉语的水平对于汉字学习都有影响。

本研究的目的就在于通过自编的问卷,主要采用描述统计的方法探讨外国留学生学习汉语中在音、形、义各方面所遇到的具体困难,比较不同母语背景、不同水平的外国留学生所遇到困难的异同。

二 方 法

2.1 调查对象

中山大学对外汉语系外国留学生160人和暨南大学华文学院对外汉语系外国留学生60人,有效问卷为206份。其中男91人(44.2%),女115人(55.8%);初级班学生有145人(70%),高级班学生有61人(30%);被试来自于韩国(49人)、印尼(45人)、越南(22人)、日本(21人)以及其他国家(69人),其中以拼音文字为母语的学生有109人,以非拼音文字为母语的学生有97人。调查对象的基本信息见表1。

表1 被试基本信息表

	母语(人数)		性别(人数)		平均年龄(岁)		学习汉语的平均月数(月)	
	拼音文字	非拼音文字	男	女	M	SD	M	SD
初级	77	68	73	72	27	9.6	7	6.6
中高级	32	29	18	43	23.2	4.2	25.9	18.8

2.2 测量工具的制作

我们在编制问卷前,对外国汉语学习者进行观察、课余交流,并对教师进行访谈,而且我们根据汉字的特征及其可能对外国学生学习汉字中有可能造成的困难为基础,确定了五方面的困难,包括拼音声调的困难、字形书写上的困难、音形转换方面的困难、音义联系方面的困难、形义联系方面的困难以及其他一些问题。在与对外汉语系资深教师的探讨中,编写了26道问题。

除了这26道问题,我们在问卷的基本信息部分询问了参加者的性别、年龄、国籍、班级、等级、汉语学习时间及在中国生活的时间等基本情况。此外,我们还询问了参加者的语言学习经验,如要求被试对汉语、英语及其他外语在听、说、读、写四方面的能力进行自评,让他们比较不同语言在初学时的困难程度。

考虑到有些参加者汉语水平有限,特别是初级班的,而英语是大多数学生熟悉的语言,所以我们将量表翻译成英语,用汉英两种语言呈现,要求学生根据自己的实际情况对量表上的每个项目做出5点等级评价(从"完全不同意"到"完全同意")。

2.3 施测

整个调查分为两个上午完成,同一个学校的参加者同时完成。问卷调查在课堂进行,集体施测,事先约定培训的班主任老师担任主试。学生独自完成问卷,主试老师不能对问卷做过多的解释。每一个参与调查的学生和老师都得到了一定的报酬。

三 结 果

3.1 何种语言最难学

在问到哪种语言最难学的时候,有80%的学生回答了这个问题,其中只有0.6%的人认为自己的母语最难学,11.7%的人认为英语最难学,71.2%的人认为汉语最难学,还有16.6%的人认为其他外语(如法语、拉丁语、日语)最难学。如果将学习者按其母语背景和汉语水平进行分组后,再看他们认为汉语最难学的人数多少,我们就得出了以下结果(见表2)。

表2 不同母语背景和汉语水平的被试认为汉语最难学的人数百分比(%)

	拼音文字背景	非拼音文字背景
初级水平	71.4	42.6
中高级水平	75.0	27.6

经 X^2 检验,在汉语初级水平和中高级水平上,拼音文字背景的学习者认为汉语最难学的人数均显著多于非拼音文字背景的学习者(初级水平:$X^2=9.53, df=1, p<0.01$;中高级水平:$X^2=15.18, df=1, p<0.01$)。对于拼音文字背景的学习者来说,学习水平高低没有造成学习难度评价显著不同($X^2=0.04, df=1, p>0.05$)。但是对于非拼音文字背景的学习者来说,中高级汉语水平的学习者对于"汉语最难学"的评价明显地降低了($X^2=3.98, df=1, p<0.05$)。提示,这些学习者的非拼音文字背景可能在汉语达到一定水平后帮助其学习汉语,而拼音文字背景者则始终认为汉语难学。这一推论有待进一步的实验研究。

3.2 不同等级、不同母语背景的留学生对于汉语能力自评的结果比较

在问卷中我们让参与者对其汉语各方面的能力进行了评价,从"差"(1分)到"好"(5分)。结果见表3。

表3 不同母语背景和汉语水平的被试对于汉语听说读写四方面的评价得分

	拼音文字背景				非拼音文字背景			
	听	说	读	写	听	说	读	写
初级	2.3	2.3	2.1	1.9	2.3	2.3	2.6	2.3
中高级	3.3	3.2	3.1	2.9	3.3	2.9	3.4	2.8

多重比较的结果发现,班级等级(即汉语水平)在听说读写四方面的主效应都极其显著(听:$F_{(1,201)}=58.88, p<0.01$;说:$F_{(1,201)}=28.12, p<0.01$;读:$F_{(1,201)}=41.45, p<0.01$;写:$F_{(1,201)}=32.75, p<0.01$);母语背景主效应只有对读的方面有显著影响($F_{(1,201)}=9.53, p<0.01$);两者的交互作用不显著($p>0.05$)。

3.3 初级班的留学生在 26 道问题上对不同选项选择的人数百分比

我们想了解对于刚开始接触汉字的外国人来说,学习中会碰到哪些困难。报告某种困难的人数越多,那么我们就可以认为这种困难就更普遍。问卷的回答形式是从"完全不同意"到"完全同意"5级评分。为了简化,我们在数据处理时把"完全不同意"和"不同意"两项进行了合并,又把"同意"和"完全同意"两项进行了合并。先将每个被试在26题上的选择项目进行分类,然后算出选择每一题的"不同意"、"不确定"和"同意"这3个选择项上的人数,分别除以总人数,得到了每一题3个选择项上选择人数百分比(表4)。

表4 初级班的留学生在26题上对不同选项选择的人数百分比(%)

声调的困难		拼音文字背景		非拼音文字背景	
		不同意	同意	不同意	同意
t_1	我很难读准汉字的声调。	23.4	54.5	25.0	50.0
t_2	如果不考虑声调问题,我能正确的写出汉字的拼音。	13.0	64.9	25.0	51.5
书写方面的困难					
t_3	刚开始学习汉字时,我很难在句子中分出一个一个的汉字。	31.2	49.3	41.2	36.7
t_4	现在我能够正确的数出句子中的汉字个数了。	10.4	68.8	11.8	60.3
t_5	我觉得如果字符间距大些,那么会容易读得多。	24.7	40.2	36.8	36.7
t_6	我常常画字(倒笔顺)。	44.2	38.9	42.6	39.8
t_7	我数不清一个汉字由几笔组成。	31.2	38.9	33.8	28.0
形音转换					
t_8	阅读时,我明明记得学过那个汉字,但是怎么也想不起它的读音来。	18.2	55.8	22.1	44.1
t_9	在我自己写汉字的时候,有的字我会写,但是我不知道它的读音。	53.2	28.6	45.6	39.7
t_{10}	对于汉字,我常常只会说,而不会写。	13.0	72.7	33.8	50.0

续表

	音义联系				
t_{11}	阅读时,我会认为同音字就是同义字。	50.6	22.1	52.9	26.5
t_{12}	在我自己写汉字时,我常常不能区分同音不同义的字。	53.2	22.1	55.9	23.5
t_{13}	在做组词的时候,我觉得音同、形义不同的字最难。	32.5	32.4	41.2	35.3
t_{14}	有些汉字我不会写,但如果我知音,就会知意。	5.2	75.3	23.5	41.2
t_{15}	阅读时,我常常遇到这样的情况:我知意不知音。	13.0	59.7	27.9	51.5
t_{16}	有些汉字虽然我不会念,但是我知道它的意思。	28.6	46.7	20.6	55.9
t_{17}	对于那些我只会写但不会念的汉字,我也知道它们的意思。	32.5	35	36.8	44.1
t_{18}	在我自己写汉字时,我常常会写出同音不同义的错字。	45.5	33.7	36.8	36.7
	形义联系				
t_{19}	在我自己写汉字时,我常常会写出形状差不多但是意义不同的错字。	6.5	67.5	30.9	35.3
t_{20}	阅读时,我能区分那些形状很相似的汉字的意思。	24.7	38.9	23.5	45.6
t_{21}	在做组词练习时,我觉得形相近音不同的字最难。	23.4	45.4	38.2	42.7
t_{22}	在阅读的时候,我会认为形状差不多的字的意思也一样。	59.7	13.0	58.8	23.6
	其他	不同意	同意	不同意	同意
t_{23}	我觉得要记住多音字的各种读音很难。	11.7	68.8	17.6	57.4
t_{24}	如果我知道汉字的读音,我就可以写出它的拼音。	22.1	55.8	14.7	57.4
t_{25}	我喜欢按拼音查字典。	15.6	70.1	11.8	72.0
t_{26}	我不喜欢用笔画来查字典。	39.0	45.4	38.2	39.7

除了以上部分的描述性统计,我们还针对这 26 个题项做了组间和组内的多重比较,用以探索不同母语背景、不同等级的留学生在 26 道题不同选项上选择人数上是否存在差异以及在哪些被试在哪些方面的选择上存在人数上的差异(结果见表 5)。

表 5 不同母语背景、不同等级的留学生在各选项上选项的人数百分比 (%)

题号	拼初－拼高		非拼初－非拼高		初拼－初非拼		高拼－高非拼	
	不同意	同意	不同意	同意	不同意	同意	不同意	同意
T₁ 我很难读准汉字的声调。	−1.81	1.32	−2.25*	2.04*	−0.22	1.56	−0.6	1.07
T₂ 如果不考虑声调问题,我能正确地写出汉字的拼音。	−0.36	−0.39	−0.27	1.23	−1.85	3.77*	−1.14*	2.42*
T₃ 刚开始学习汉字时,我很难在一句子中分出一个一个的汉字。	0.65	−0.96	−1.57	1.55	−1.25	4.69*	−2.66*	3.07*
T₅ 我觉得如果汉字符合同匠大些,那么容易读得多。	1.04	−2.13*	1.91	−2.31*	−1.58	0.05	−0.17	0.03
T₆ 我常常画字(倒笔顺)。	2.84*	−1.07	0.43	0.49	0.19	1.91	−1.98*	1.22
T₇ 我数不清一个汉字由那几笔组成。	−2.15*	2.03*	−1.65	1.12	−0.33	0.19	0.11	0.15
T₈ 阅读时,我明明记得学过那个汉字,但是怎么也想不起它的读音来。	1.15	−0.34	−0.93	1.52	−0.59	3.81*	−2.12*	2.49*
T₁₈ 对于汉字,我常常只会说,而不会写。	0.07	1.36	−1.65	2.35	−2.98	4.36*	−3.3*	2.78*
T₁₀ 阅读时,我会认为同音字就是同文字。	−0.54	0.4	3.06*	−4.34*	−0.28	−7.73*	2.96*	−4.32*
T₁₂ 在做组词的时候,我觉得音同、形又不同的字最难。	−2.90*	1.44	−1.89*	1.42	−1.09	−0.25	0.03	−0.2
T₁₃ 有些汉字我不会写,但我知道,如果遇到这样的意思,我知道怎样写。	−3.71*	1.98*	2.39*	−2.82*	−3.19*	−1.99*	2.83*	−1.32
T₁₄ 阅读时,我常常遇到这样的情况:我知道这个字的意思但是不知读音。	−1.17	−0.27	1.12	−1.59	−2.24*	−0.79	0.46	−0.53
T₁₅ 有些字虽然我不会念,但是我知道它的意思。	1.80	−0.9	1.66	−1.52	1.11	−1.95*	0.73	−1.32
T₁₆ 对于那些我只会写但不会念的汉字,我也知道它们的意思。	1.11	−0.55	2.64*	−0.38	−0.54	−0.95	1.22	−0.6
T₁₉ 在我自己写字的时候,我常常会写出形状差不多但意义不同的字。	−2.71*	0.81	−0.01	−0.24	−3.82*	2.59*	−0.52	1.68
T₂₀ 我能区分那些形状相近但意义不同的字。	1.04	−2.25*	1.08	−1.8	0.17	−0.37	0.2	−0.24
T₂₁ 在做组词练习时,我觉得形状相近音不同的字最难。	0.17	0.46	2.03*	0.43	−1.93	0.31	0.46	0.21
T₂₄ 如果我知道汉字的读音,我就可以写出它的拼音。	2.43*	−2.52*	0.58	−1.07	1.14	1.49	−1.14*	1.11

注:"拼初 vs. 拼高":以拼音文字为母语的被试,初级班和高级班之间的比较;"初拼 vs. 初非拼":初级班中,以拼音文字为母语的被试和以非拼音文字为母语的被试之间的比较;"非拼初 vs. 非拼高":以非拼音文字为母语的被试,初级班和高级班之间的比较;"高拼 vs. 高非拼":高级班中,以拼音文字为母语和以非拼音文字为母语的被试之间的比较;标有*号的数值表示,进行比较的两组被试之间在这三个方面存在选择性差异(p<.05)。

3.4 不同等级、不同母语背景的汉语学习者在问卷5个部分的比较

不同母语背景(2种)和不同的班级等级(2种)组成了一个2×2的因素矩阵。我们根据问卷编制是区分的5个部分,将各个部分中题目得分加起来,得到5个部分的总分,然后比较不同等级、不同母语背景的留学生在5个总分上的差异。

多重方差分析的结果表明,母语背景在"声调的困难"和"形的困难"两方面上的主效应显著($F_{(1, 201)}=6.22, p<0.05; F_{(1, 201)}=8.03, p<0.01$)。班级等级在"声调的困难"和"语音线索依赖"两个方面上主效应显著($F_{(1, 201)}=6.2, p<0.05; F_{(1, 201)}=8.03, p<0.01$)。

进一步的独立样本t检验的结果表明,无论是初级班的被试还是高级班,和母语为非拼音文字的被试相比,母语为拼音文字的被试在声调和书写方面的困难显著的大($t_{(204)}=2.8, p<0.05; t_{(204)}=1.8, p<0.05$)。

对于以非拼音文字为背景的被试来说,初级班比高级班在声调、字形上有更多的困难($t_{(95)}=2.1, p<0.05; t_{(95)}=1.97, p<0.05$)。而且无论母语为哪种文字的被试,初级班比高级班更依赖语音线索($t_{(204)}=2.08, p<0.05; t_{(204)}=2.00, p<0.05$)。

3.5 自评与各部分得分的相关分析

积差相关分析的结果显示,声调的困难程度与听、说和读三方面的评价成绩呈显著负相关,相关系数r分别为:-0.15、-0.17、-0.18,$p<0.05$;对语音线索的依赖和读、写两方面的评价成绩呈及其显著的负相关,相关系数r为-0.19,-0.22,$p<0.05$。也就是说,声调困难大的被试,往往给予自己听、说、读、写方面的评价低;依赖语音线索多的被试,往往给予自己读、写两方面的评价低。

四 讨 论

4.1 大多数的留学生明确认为汉语最难学习

其中特别是以拼音文字为母语的留学生,无论其汉语水平如何,他们都认为汉语是最难学的外语。我们分析下来大概有如下几方面的原因:第一,汉语和他们母语之间的差别大,要大于他们所学的其他语言;第二,他们所学的其他外语一般也是拼音文字,和他们的母语相对接近,所以在比较之下,汉语更难学。我们还发现,拼音文字背景的留学生和非拼音文字背景的留学生不同,他们并不随学习时间的增加而认为汉语越来越好学。这可能是因为接触汉语的时候和深入学习的时候,他们遇到的困难有所不同。比如,可能开始是字音字形的困难,而学到后来成为了字义、语法以及文化理解上的困难。而非拼音文字背景的学生,尤其是日本和韩国的学生,文化背景的相似、母语和汉语的接近,所以在这方面的困难就相对少一些。

4.2 不同等级、不同母语背景的留学生对于汉语能力自评

本研究的结果表明,无论是哪种文字背景的留学生,他们随着汉语水平的提高,对自己汉语能力的评价也随之提高。这应该是理所当然的,说明我们的教学卓有成效。而母语背景的不同只有在阅读方面的自评有所不同。这有可能是因为非拼音母语背景的学生,他们的母语和汉字有相同之处,比如日文本来就有很多的汉字,所以造成他们阅读文字的时候比较方便。在听说方面,母语背景不同没有什么显著差异,因为汉语的汉字和日语的汉字虽样子差不多,但是语音是完全不同的,对于所有母语背景的学生都是一样新异的,所以大家的评分都差不多。

第一,声调问题是大多数留学生感到困难的地方,因为其他大多数语言是没有声调的区分的,所以由于缺乏经验以致成为他们学习的困难。

第二,在刚开始学习汉字的时候,汉字的书写形式对于大多数学生来说也是一种挑战,特别是对于拼音文字的学生更是如此。

从 t_3、t_5、t_7 这三题来看,拼音文字背景的留学生比非拼音文字背景的留学生在书写方面所碰到的问题更多(见表 4)。我们认为这是语言的经验问题引起的。拼音字母是由字母构词的,每个字母的书写简单,而且组合成字时也总是按照从左到右的顺序进行的。但是汉字不仅有左右之分,还有上下、内外、独体之分,如果说拼音文字是一维的话,那么汉字就是两维的了。汉字和拼音文字在书写上有如此大的差别,所以造成以拼音文字为母语的汉语初学者会在书写上面碰到困难。而对于日本学生,他们的文字中已经有汉字,所以相对来说,对于汉字的书写并不陌生。

第三,在音形转换方面,我们原来以为汉字没有固定的音形转换规则,所以"见形"并不一定能"知音"。但是表 4 的结果却显示,只有在说和阅读时才发生了见形不知音的情况,而在写的时候这种情况不多见。我们认为原因可能是初学者会依赖语音来书写。如果不会说,她/她就不会去写这些字。也就是说,他们只选择那些他们会说的字来写,采用回避困难的策略,所以就很少碰到我们所说的这种情况了。

第四,音义联系并不紧密。汉字的音义联系很不紧密,因为汉字里的同音字过多。如果不考虑声调问题的话,同音字就更多了,所以如果只依赖语音线索的话,在理解汉语的过程中会遇到很多的困难。但是另一方面,拼音文字背景的留学生对于语音的依赖是很高的,如果他们把学习母语的策略迁移到汉语的学习中来的话,将不利于同音字的学习,但是有利于其他字的音义联系的学习。从 t_{10}、t_{11}、t_{12}、t_{17} 中我们可以发现,留学生在同音字学习上所碰到的困难并没有我们想象中的那么差,他们可以区分同音字的字义(见表4)。原因可能有两个:第一,学习者可能在学汉语时并不只是利用语音线索,而且还利用了汉字的字形线索,因为很多同音字的形状是完全不同的;第二,初学者碰到的同音字并不多,所以还没有机会体验这种困难。另外我们从 t_{13}、t_{14}、t_{15}、t_{16} 中可以看到,知音并不一定能知义,而且知义也不一定要先知音(见表 4)。这点再次证明了汉字的音义联系相对较弱,语音不是提取字义的必要条件,至少不是唯一路径,语音在字义获取中所起的作用有限。

第五,关于形义联系的问题,我们得到的结果比较有趣。一方面在阅读的时候,留学生们基本能够分清字形相近的汉字的字义(t_{20}、t_{22});而另一方面,在自己写或组词的时候(t_{19}、t_{21}),他们就容易混淆形近的汉字了。我们认为这种差异是因为不同的认知加工过程造成的,阅读的时候进行的加工主要是再认,所使用的加工通路是对印刷文字的视觉加工过程到获取心理词典中的语义信息;而自己写的时候涉及的加工主要是产生和回忆,从对语义构建到词条选择再到词形确定的过程。而且以往研究表明,再认要比回忆更简单些,因为再认时涉及的提取线索要多于回忆时可利用的线索。另外,在阅读时学习者还可以利用上下文的语境线索进行辨别。但无论如何,本研究的结果说明在写汉字的时候,汉字的形似确实是造成困难的因素之一。

第六,学习者在查字典方面也表现出喜好不同。音序查字典比较适用于知道某个汉字的读音,但却不知道它的意义或写法的情况;而部首笔画查字典比较适用于知道某个汉字怎么写、但是不知道它的读音和意义的情况。从 t_{25} 和 t_{26} 来看,留学生更喜欢用拼音查字典方式(见表4)。这也从一个侧面反映了他们在学汉语的时候,经常是先知音、后知形义的。而不像中国人在学英语时,往往先知道单词的拼法,然后才知道发音的。用音来引发形义的学习,这种方式本身就需要对语音有更大的依赖性,这和拼音文字的学习策略可能吻合。

4.3 不同学习等级、不同母语背景的留学生在问卷5个部分上的总分比较

结果发现不同母语背景、不同学习等级的学习者之间是存在差异的。多重比较的结果表明,母语背景在"声调的困难"和"形的困难"两方面主效应显著,学习等级在"声调的困难"和"语音线索依赖"两方面主效应显著。进一步的独立样本t检验的结果表明,无论是初级班还是中高级班,和母语为非拼音文字的学习者相比,母语为拼音文字的学习者在声调和书写方面的困难比较大。这也是因为母语和汉语之间的差别大小导致的。

对于以非拼音文字背景的学习者来说,初级班比高级班在声

调上、字形上有更多的困难；但是拼音文字背景学习者没有这种等级变化趋势。声调和字形书写上的困难是比较低级的困难。中国一年级的儿童可能就可以克服这两方面的困难了。可见这两种困难并不是很难克服的。对于和汉字书写体系相似学习者来说，这些困难可能在学习的初期还存在，但是经过一段时间的训练，当他们看汉字多了以后，渐渐地会形成内隐的正字法意识，所以这种困难就不常发生了。

无论母语为哪种文字，初级班的留学生比高级班的留学生更依赖语音线索。对于刚刚接触汉语的学习者来说，他们没有什么更好的策略，只好将母语学习的策略迁移到汉语学习中来。另一个更可能的原因是汉语学习并不全是汉字的学习，在汉字中，字形是比较重要的，但是在汉语学习中，语音也是非常重要的。对于那些刚学汉语的学习者来说，他们先接受到汉语的语音知识，然后再学汉语拼音，最后学的才是汉字。所以在一开始的阶段，语音对于他们来说是更常用的策略。

自评与各部分得分的相关分析的结果表明，声调困难大的学习者往往给予自己听、说、读、写方面的评价低，而依赖语音线索多的学习者，往往给予自己读、写两方面的评价低。声调问题是汉语学习中的基本问题。如果声调上存在很大的问题，说明学习者还处在初级阶段，他对自己各方面的能力评价也都不高。由于汉语中的同音字过多，而且音义之间的联系不紧密，所以如果过多的依赖语音线索的话，不但对于阅读理解、写作表达没有帮助，反而会阻碍理解。

4.4 本研究待改进之处

本研究虽然致力于寻找外国人学汉语时可能碰到的具体困难，但是研究尚处在探索阶段，量表的编制上也还存在一些问题。比如，学习者有可能因为汉语和英语水平都有限，因而造成对题意有所误解。另外，本研究主要做的是描述统计，很少运用推断统计，所以我们只能从中了解既有的情况，不能做太多的推断性预测。下一步的工作还可以在研究方法上做些改进。例如，我们可以将访谈法和问卷法相结合，这样不仅有利于学习者对于题目的理解程度,还可以从访谈中找到一些研究者本身想不到的学习困难来。我们也可以设计一些实验来验证这些从调查中获得的结论。最后一点是,除了学习者的自我评定外,还应该有一个比较客观的测验相结合。以后我们可以根据这份问卷所述的问题,编制对应的测验项目,这样就可以更客观地了解外国人学习汉语的困难所在了。

五 结 论

（一）留学生普遍认为汉语是自己所学过的语言中最难的一种语言。持这种观点的留学生中,更多的是拼音文字背景的学习者(不论其汉语水平如何)。与中高级班的学习者相比,初级班的学习者更倾向于在听、说、读、写四方面给自己较低的等级评定。

（二）与非拼音文字背景的学习者相比,拼音文字背景的学习者更倾向于在阅读方面给自己较低的等级评定。

（三）汉语初学者在汉字声调、汉字书写、汉字字形和字音的转换、字音与字义的联系、字形与字义的联系方面都存在困难。

（四）无论留学生的汉语水平如何,拼音文字背景的学习者比非拼音文字背景的学习者在汉字声调以及汉字书写方面存在的困难更多更大。

（五）无论母语为哪种文字,初级班的学习者比高级班的学习者更依赖语音线索,即前者更依赖于汉字的音义联系。

（六）自评分数和各方面的困难得分之间存在相关。认为自己在声调上有较大困难的学习者,往往对自己听、说、读、写四方面评价低;依赖语音线索多的学习者,往往对自己读、写两方面的评价低。

附注

本研究得到国家社会基金项目(编号:01BYY003)资助。

参考文献

江　新,2000,汉语作为第二语言学习策略初探,《语言教学与研究》第6期：61—68。

江　新,2001,外国学生形声字表音线索意识的实验研究,《世界汉语教学》第2期：68—74。

江　新,2003,不同母语背景的外国学生汉字知音和知义之间关系的研究,《语言教学与研究》第6期：51—57。

江　新、柳燕梅,2004,拼音文字背景的外国学生汉字书写错误研究,《世界汉语教学》第1期：60—69。

江　新、赵　果,2001,初级阶段外国留学生汉字学习策略调查,《语言教学与研究》第4期：10—16。

赵　果、江　新,2002,什么样的汉字学习策略最有效？——对基础阶段留学生的一次调查研究,《语言文字应用》第2期：79—85。

周晓林,1997,语义激活中语音的有限作用,彭聃龄主编《汉语认知研究》,济南：山东教育出版社,164—172。

M. W. 艾森克、M. T. 基恩著,高定国、肖晓云译,2003,《认知心理学》(第4版)上海：华东师范大学出版社：305—596。

Anderson, R. C., Li, W. L., Ku, Y., Shu, H., & Wu, N. 2003, Use of partial information in learning to read Chinese characters. *Journal of Educational Psychology*, 95：52—57.

Frost, R. 1998, Toward a strong phonological theory of visual word recognition：True issues and false trails. *Psychological Bulletin*, 123：71—99.

Shu, H., & Anderson, R. C., Wu, N., & Xuan, Y. 2002, Properties of school Chinese：Implications for learning to read. Champaign, IL：Center for the Study of Reading.

Tan, L. H., & Perfetti, C. A. 1998, Phonological codes as early sources of constraint in reading Chinese：A review of current discoveries and theoretical accounts. Reading & Writing. 10：165—220.

附录1　汉语学习调查问卷（中文版）

尊敬的先生/女士：

您好！我们正在进行语言学习方面的研究,十分感谢您在百忙之中给予我们帮助。

　　这是一份关于您的汉语学习的调查表，答案无对错与好坏之分，所以请您根据实际情况和感受如实选择。您所提供的所有信息，包括您的一些个人资料都是保密的，仅供研究之用，除了研究者之外的其他任何人都无法得到这些资料，尽请放心。请您认真作答。谢谢合作！

基本信息

姓名：_____　　性别：（男／女）　　国籍：_____
来中国以前在大学所学的专业：_____
来中国以前所从事的职业：_____
现在的年级：_____（初级／高级）
出生年月日：_____　　　　填表日期：_____

1. 你的母语是：_____
2. 如果英语不是你的母语，你学了_____年英语。
3. 你开始学习英语的年份：_____。
4. 如果英语不是你的母语，请你评价一下自己在英语的"听、说、读、写"这四方面的能力（请在**答题纸上**写上合适的分数）：

(1) 听

```
    差              一般              好
    |---------|---------|---------|---------|
    1         2         3         4         5
```

(2) 说

```
    差              一般              好
    |---------|---------|---------|---------|
    1         2         3         4         5
```

(3) 阅读

```
    差              一般              好
    |---------|---------|---------|---------|
    1         2         3         4         5
```

(4) 写作

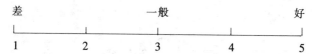

5. 你什么时候来中国的？_____在中国生活了几年？_____
6. 你学了_____年汉语。
7. 开始学习中文的年份：_____。
8. 请你评价一下自己在中文"听、说、读、写"这四个方面的能力。
(1) 听

(2) 说

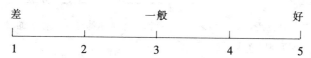

(3) 阅读

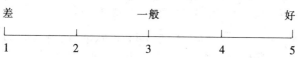

(4) 写作

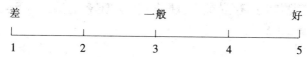

9. 除了你的母语、英语和汉语这几种语言，你还学过哪些语言，开始学习的年份；分别学了几年，以及对于它们"听、说、读、写"四方面能力的评价。
   请把具体答案填在下表内：

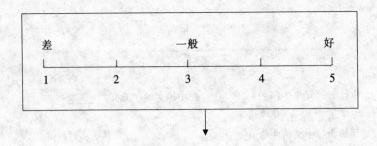

s	所学语言	开始学习年份	按上图的等级评分（把分数写在空格里）			
			听	说	阅读	写
1.						
2.						
3.						
4.						

10. 你觉得你的母语和汉语之间的差别大，还是你的母语和你学的其他语言之间的差别大？

请选择

    A. 我的母语和汉语差别较大　　　　B. 一样大

    C. 我的母语和我所学的其他语言之间的差别大

11. 请回忆一下，在刚开始学习汉语和其他语种中（除了你的母语），你觉得_____语言最难学。

请选出符合您个人情况的描述，将相应的字母填在答题纸上。对于每个问题请只选择一个答案。

一　第一部分

1. 我很难读准汉字的声调。比如，我会把"请"（qǐng，意思为"please"）读成"qíng"。

    a. 完全不同意　　b. 不同意　　c. 不确定　　d. 同意　　e. 完全同意

2. 如果不考虑声调问题，我能正确的写出汉字的 pīnyīn。

    a. 完全不同意　　b. 不同意　　c. 不确定　　d. 同意

    e. 完全同意

3. 对于我认识的汉字,我喜欢按 pīnyīn 查字典。
   a. 完全不同意   b. 不同意   c. 不确定   d. 同意   e. 完全同意

4. 我觉得要记住多音字的各种读音很难。比如,我有可能记不住"差"字的全部读音有"chà"、"chā"和"chāi"这三种。
   a. 完全不同意   b. 不同意   c. 不确定   d. 同意   e. 完全同意

二 第二部分

1. 刚开始学习汉字时,我很难在句子中分出一个一个的汉字。
   a. 完全不同意   b. 不同意   c. 不确定   d. 同意   e. 完全同意

2. 现在我能够正确地数出句子中的汉字个数了。
   a. 完全不同意   b. 不同意   c. 不确定   d. 同意
   e. 完全同意

3. 我觉得如果句子中一个字和另一个字能够分开一些的话,那么会容易读得多。
   a. 完全不同意   b. 不同意   c. 不确定   d. 同意   e. 完全同意

4. 我不喜欢用笔画来查字典。
   a. 完全不同意   b. 不同意   c. 不确定   d. 同意
   e. 完全同意

5. 我常常画字。
   a. 完全不同意   b. 不同意   c. 不确定   d. 同意
   e. 完全同意

6. 我数不清一个汉字由几笔组成。
   a. 完全不同意   b. 不同意   c. 不确定   d. 同意
   e. 完全同意

三 第三部分

1. 对于汉字,我常常只会说而不会写。
   a. 完全不同意   b. 不同意   c. 不确定   d. 同意   e. 完全同意

2. 如果我知道汉字的读音,我就可以写出它的 pīnyīn。
   a. 完全不同意   b. 不同意   c. 不确定   d. 同意   e. 完全同意

3. 阅读时,我明明记得学过那个汉字,但是怎么也想不起它的读音来。
   a. 完全不同意　　b. 不同意　　c. 不确定　　d. 同意　　e. 完全同意

4. 在我自己写汉字的时候,有的字我会写,但是我不知道它的读音。
   a. 完全不同意　　b. 不同意　　c. 不确定　　d. 同意
   e. 完全同意

四　第四部分

1. 阅读时,我会认为同音字就是同义字。比如,我可能认为"青"和"轻"的意思是一样的。
   a. 完全不同意　　b. 不同意　　c. 不确定　　d. 同意　　e. 完全同意

2. 在我自己写汉字时,我常常不能区分同音不同义的字。比如,"进"和"近"。
   a. 完全不同意　　b. 不同意　　c. 不确定　　d. 同意
   e. 完全同意

3. 在做组词的时候,我觉得音同、形义不同的字最难。(如:用"时"和"识"分别组词)
   a. 完全不同意　　b. 不同意　　c. 不确定　　d. 同意　　e. 完全同意

4. 有些汉字我不会写,但如果我知道它的读音,我就会知道它们的意思。
   a. 完全不同意　　b. 不同意　　c. 不确定　　d. 同意　　e. 完全同意

5. 在我自己写汉字时,我常常会写出形状差不多但是意义不同的错字。(如:把"休息"写成"体息")
   a. 完全不同意　　b. 不同意　　c. 不确定　　d. 同意　　e. 完全同意

6. 阅读时,我常常遇到这样的情况:我知道这个汉字的意思,但不知道怎么念。
   a. 完全不同意　　b. 不同意　　c. 不确定　　d. 同意　　e. 完全同意

五　第五部分

1. 有些汉字虽然我不会念,但是我知道它的意思。
   a. 完全不同意　　b. 不同意　　c. 不确定　　d. 同意　　e. 完全同意

2. 阅读时,我能区分那些形状很相似的汉字的意思。(如:土和士,己和已)
   (e.g."士"和"土","己"和"已")
   a. 完全不同意　　b. 不同意　　c. 不确定　　d. 同意
   e. 完全同意

3. 对于那些我只会写但不会念的汉字,我也知道它们的意思。
   a. 完全不同意　　b. 不同意　　c. 不确定　　d. 同意　　e. 完全同意

4. 在我自己写汉字时,我常常会写出同音不同义的错字。(如:"我门(we)","见康(health)","修息(rest)"……)
   a. 完全不同意　　b. 不同意　　c. 不确定　　d. 同意　　e. 完全同意

5. 在做组词练习时,我觉得形相近音不同的字最难。(如:用"己"和"已"分别组词)
   a. 完全不同意　　b. 不同意　　c. 不确定　　d. 同意　　e. 完全同意

6. 在阅读的时候,我会认为形状差不多的字的意思也一样。比如,我会以为"才"和"寸"是一样的意思。
   a. 完全不同意　　b. 不同意　　c. 不确定　　d. 同意
   e. 完全同意

十分感谢你的配合,谢谢!

附录 2 的英文版汉语学习调查问卷略。

留学生"得"字情态补语句习得考察

邓小宁
中山大学国际交流学院

提　要　本文主要运用对比分析理论、标记理论、二语习得理论等考察留学生"得"字情态补语句的习得情况。我们把留学生平时习作中的"得"字补语句偏误按结构分为遗漏、误加、误代、错序等四类,另外还有一类是从语义搭配方面划分出来的。我们试图解释留学生偏误形成的原因,并通过实证分析手段,初步得出留学生习得"得"字情态补语句的大致顺序。

关键词　"得"字情态补语句　偏误　习得

　　本文的"情态补语"主要指动词或某些形容词后用"得"连接的表示动作的结果状态的补语(刘月华,2002)。由"个"、"得个"连接的情态补语和省略形式不在本文讨论范围内。"得"字情态补语句是汉语里的一个特殊句法现象,从语言差异度来衡量其难度的话,对于大多数二语学习者来说,"得"字情态补语句是难度等级相当大的语言项目。从认知语言学的角度衡量的话,虽然标志明显,但是因为语义与形式之间的关系不清晰,导致认知难度非常大。

　　从句法结构上看,"得"前的成分主要是动词或形容词,"得"后的成分主要有形容词或形容词短语、主谓短语、动词短语等构成,而尤以"动＋得＋形"结构为常式。刘月华(2002)曾经指出:"情态补语在汉语中是一种结构、语义指向、表达功能都十分复杂的补语。"因此,对于二语习得者来说,出现偏误是难以避免的。本文主要以中山大学国际交流学院对外汉语系的留学生平时的习作为基本语料,从中提取出带"得"字情态补语句的偏误,把偏误分为遗漏、误加、误代、错序和其他几类,并运用对比分析理论、标记理论、二语习得理论探讨偏误的来源。另外,我们还运用实证方法,初步调查了四个"得"字情态补语句的习得情况,得出几个常用句式大致的习得顺序。

一　偏误分析

1.1　遗漏

"遗漏"是指缺少了该用的成分。"得"字补语句常见的遗漏成分主要是"得"后形容词的状语,如:

(1)* 最初,我们玩儿得开心。一段时间以后,突然发现吵架了。①
(2)* 她们谈得起劲,气氛不错。
(3)* 我们为自己的生活过得美丽,努力吧!
(4)* 他把他的感情不知道表出来的办法。他想他的女儿想得多。
(5)* 真的吓了我一跳,我没想到他们英语说得流利。

这几个句子都是在做补语的形容词前缺少了完句成分——状语,汉语的光杆形容词很少能做情态补语,需要在形容词前加上状语,如例(1)—(4)可分别在"开心"、"起劲"前加上"很"、"美丽('美好'之误)"之前加上"更"、"多"之前加上"太"等。例(5)则应在"流利"前加上"这么"或"那么"。我们认为这类偏误出现的原因一般都是母语负迁移,因为在很多语言里,形容词前都没有类似汉语的完句成分。尽管老师或教材也可能曾经强调过,但是因为"得"字句认知难度大,学习者的注意力自然会放在非语言点上,也就是只注意语义的表达而忽视了语言形式了。

留学生使用"得"字句时还可能遗漏"得"前的动词。([ ]内为学习者遗漏的成分)如:

(6)* 我真不可以理解你的内心。说话[说]得有道理。
(7)* 我们比赛看谁爬山[爬]得最快。

"得"字句前边的动词带宾语时,"得"就不能直接接在动宾词组后头了,必须先重复动词再接"得"。由于这一语言形式较复杂,且形式与意义之间关系不够清晰,学习者很容易就会把这一形式遗忘了。

"得"字句除了以上两种遗漏的偏误以外,学习者还会遗漏"得"或者"动词+得"。如:

(8) *我们比赛看谁跑[得]最快。
(9) *我们比赛看谁爬[得]最快。
(10) *我一晚上都睡觉[睡得]不太好。

当汉语要对动作进行描写、评价或判断时就应该在动词后用"得"连接情态补语。

而这样的结构形式相对于大部分学习者来说,都是有标记的,根据Eills(1985,转引自黄冰,2004)所做的标记理论与母语迁移的关系解释,母语如果是无标记的,目的语为有标记时,中介语表现为无标记。

1.2 误加

"误加"跟"遗漏"相反,是指加上了不必要的语言成分(以下划线的词为误加词)。如:

(11) *从朝到晚,街上很喧闹,人和汽车<u>很</u>多得"滔滔不绝",熙熙攘攘,汽车的嗓音<u>很</u>大得从很远的地方也听得到。

(12) *通学车里挤来挤去<u>很</u>热得直冒火。

上面两例的"很"都是误加的,应去掉。因为这种"得"字情状补语都是补充说明形容词所达到的程度的,与"很"的语义重复,因而是冗余的。从上面两例的用词我们可以知道学习者的汉语水平已经相当高,但却仍会出现误加"很"的现象,我们认为这是训练迁移造成的。在学习者的初级阶段,老师及教科书常会再三强调形容词做谓语时需要加上"很",到了中高级阶段学到形容词后带"得"字情态补语句时,若不提醒学习者形容词前不能再出现"很"了,上面的偏误持续的时间就会延长。

另一种情况是误加动词。如:

(13)＊终于,她生病得厉害,因病停职了一年。②
(14)＊我还清清楚楚地记得我来广州之后有一次得病得了比较严重。
(15)＊我们没想到在中国住习惯得那么快,人们,文化,菜都很喜欢。

例(13)和(14)分别误加了动词"生"和"得"。虽然"生病"、"得病"都可以看成动词,但却不能说"生病得厉害"、"得病得了比较严重",而只能说"病得很厉害"、"病得比较严重",因为"生病"、"得病"是"发生疾病"的意思,着重说明从没病到有病的变化,所以"厉害、严重"的语义是指向"病"的。例(15)的情状补语"快"语义指向"习惯",跟"住"没有直接的关系。学习者之所以会生成这样的偏误是训练迁移的结果,教科书和教师没有把动词和情状补语之间的语义关系向学习者做详尽的说明,当然教师和教材也不可能把所有的规则都解释清楚。我们认为这是学习者中介语变异过程中的常见现象。教科书上对"病"和"生病"、"得病"的注释通常都是一样的,教师可能也没能很好地教会学习者区分这几个词的细微差别。"住习惯"在某些语境中是可以使用的,如"我在广州还没住习惯呢",这时的"习惯"可以看成是"住"的结果补语;而当动词后边要接带"得"的情状补语时,这两种补语是不能共现的。这些规则都不可能在课堂上或某一本教科书中一一列举出来,学习者只能在自然语境中习得。

有时,教师或教科书上强调动词带宾语又带"得"字情态补语时,动词必须重复,这样的规则在学习者的内化过程中得到强化,但有时学习者规则掌握不全,在输出时就会出现偏差,在不该重复时也重复了。如:

(16)＊他打篮球打得比我打得好一些/更好。
(17)＊张文跑得跑很快。
(18)＊我一晚上都睡得睡不太好。

例(16)只需要一个"打得"就可以了。而例(17)和(18)的动词都没带宾语,不需要重复动词。

当学习者刚学习了一个新的语法规则后,他们会尽量尝试使用这些规则。可是学习者不可能一学完就会用,他们有时候会扩大"得"字的使用范围。例如:

(19)＊如果中国人说起来这个内容也很容易<u>得</u>听<u>得</u>懂。

(20)＊长江比黄河长<u>得</u>九百公里。

(21)＊虽然书面话和口头话也差<u>得</u>很多。如我们不明白怎么使用语言,也有很多困难。

以上几例的"得"都属于误加的。

1.3 误代

"误代"是指用不正确的语言形式代替正确的语言形式。以下例句中加了着重号"·"的词语为错误的语言形式,"( )"内的为正确的语言形式。

我们在学生的习作中发现大量"的"、"地"、"得"混用的现象,这当然跟这几个词的读音相同有很大关系,另一个原因是中国人也常混用这几个词,甚至一些小说也常有"的"代替"地"、"得"的情况,这在一定程度上给学习者当然包括把汉语作为第二语言的学习者造成一个误解,以为这几个词是互为自由变体。"的"的用法相对于"地"、"得"来说比较容易,我们在此不做分析。我们更关注的是学习者难以区分的状语和补语的标志"地"和"得",学习者用"得"代替"地"的情况更比"地"代替"得"的误用例子多得多。如:

(22)＊刚刚起飞的时候,她就睡着了。所以我和我太太也放心得(地)睡着了。

(23)＊司机自己说,他高兴得(地)活一支烟,一边抽烟一边按开关把车卸煤,忘记了后面坐着老王。

(24)＊说话和写字有很多差别。那么没有均衡得(地)发展。

(25)＊丈夫遗憾得(地)摘下眼镜。

(26)＊不仅是我,我姐姐也害怕男孩子,所以我很惊叹得(地)看了姐姐。她眼看就要哭出来的样子,但为了我一直对男孩子劝告。

(27)＊老师说得真正啊!中大的老师们说汉语说得很标准,

对我们热心得（地）说明。首先我听不大懂老师们的说话，但现在越来越习惯了，有点儿听得懂了。

例(22)—(27)都是错用了"得"代替"地"了，因为即使学习者已经对"地"、"得"的分工搞清楚了，如果他们弄不清何谓状语、何谓补语的话，他们还是会混用"地"和"得"。以上几例"得"前成分都是说明"得"后成分的，不是补充说明"得"前边的谓词的结果或者状态的，中心语应该是后边的那部分，因而不应用"得"而应用"地"。

汉语的动词如果带时量词，那么动词后只能用"了"而不能用"得"的。"很久、好久"可以用来回答"多久"，相当于时量词，动词后也只能用"了"。可是留学生有时候常常会用"得"代替"了"。如：

(28)＊秤的主人正在旁边抽烟，等着客户。他等得好久还没有客户，正好小刘踏上他的秤，所以他一把就揪了小刘，不让小刘走。

(29)＊客人在等得很久。

因为"久"这个词较特殊，教科书注释为形容词，可是它却不像一般的形容词那样加上"很"、"好"这些程度副词就可以做情态补语了，学习者如果按照目的语规则类推，自然就会生成以上偏误了。如果学习者在别的场合见到过类似"等得太久"的表达法，更会使他们误以为"久"就跟其他形容词一样。

另一方面，也有学习者用"了"代替"得"的。如：

(30)＊她说话就是跟老年龄一样，她长了很丑，但是，她非常聪明。

(31)＊我的病就不会好了这么快。

(32)＊怎么回事？你起床了很早。

(33)＊我们打算早上八点左右到桂林，没想到到了这么早，而且换车也没有。

李大忠(1997)曾经指出这类偏误出现的原因是由于学习者母

语时态观念的干扰。我们认为这只是其中的一个因素,"时态干扰观"要解释例(30)也许就不够有力了。对此,我们的解释是:学习者知道"长"后边不能直接接"很丑",在接触到"长得很丑"这种输入时,由于中国人语速过快,加上"得"发音又太轻,于是造成学习者听觉的误差,把"得"错听成"了"了。另外,"了"替代"得"还可能是语内干扰的结果。学习者已有的目的语知识告诉他们:例(31)—(33)的"我的病就不会好了"、"你起床了"、"没想到到了"都是符合汉语句法规则的,但是当加上评价功能的补语时需要把"了"换成"得"(动词如果带宾语,或者是动宾离合词需要重复动词,如例(32)),这样的规则对学习者来说也许是完全陌生的,也许是对规则尚未熟练掌握,之前学过并且熟练掌握的规则仍然起强势作用,于是把两种句式杂糅在一起了。

1.4 错序

"错序"是指语序颠倒,没有按照汉语的语法规则排列词语的先后顺序。我们收集到的"得"字情态补语句错序的偏误并不多。请看例句:

(34) * 说得说中文很好。
(35) * 我们比赛看谁得爬最快。
(36) * 我们比赛看谁爬山得爬最快。

"得"字情态补语句的语序较复杂,特别是当动词带宾语时,须重复动词。由于形式和语义之间的关系并不清晰,学习者在编码的过程中容易丢失某些信息,或者在记忆的提取过程中找不到匹配项,于是输出错误。例(34)—(36)的偏误就是这样形成的。又如:

(37) * 他比我打篮球打得好一点儿。
(38) * 他比我篮球打得更好。

上边两例都是含"得"字情态补语的比较句。这种句式语序更复杂,当谓语动词后不出现宾语或者宾语前置时,"比+N"可以置于谓语动词前,也可以置于情态补语前;当谓语动词后出现宾语时,"比+N"只能置于重复的动词前或补语前。例(37)是错把"比

"+N"放在第一个动词前了,而例(38)则错放在前置宾语前了。这是因为汉语这类句式语序变化太多,生成错序偏误的可能性相对较大,且之前学过的比较句都是两个比较项分别放在"比"字前后,学习者自然就类推出例(37)、(38)的偏误了。

还有一些错序的偏误是由于学习者规则掌握不全造成的。如:

(39) *你要学习学得很努力。

(40) *他在外企业公司工作的时候,一定有很为难,因为他不流畅地说英语。

例(39)谓语部分错用了中补结构代替状中结构,而例(40)则相反,错用状中结构代替中补结构。说明学习者没有弄清这两种结构的功能。

1.5 其他偏误

以上我们从句法结构上分析了留学生"得"字情态补语句的偏误。其实,要学习者掌握"得"字情态补语句的结构并非最难的,难的是让他们明白这种结构所表示的语义关系。汉语的情态补语的语义指向很复杂,可以指向动词、施事(或当事)、受事等,其表达功能是对动作进行描写。由于这些说明太抽象了,学习者理解起来有相当大的困难,于是经常出现这样的偏误:

(41) *切开成的鱼头、鱼肚子,看起来在鱼头里有很少肉很多骨,吃得麻烦,在鱼肚子里有很多肉很少骨,吃得容易。

(42) *做得很忙。

(43) *现在也写汉字写得难过。只是写了六行了。

(44) *但是报纸树上倒起来了。他看报纸看得很难了。所以他在树上倒吊着看报纸。

画有波浪线的部分都是由于学习者没有弄清情态补语与动词之间的语义关系,上面这些所谓的补语都跟前面的动词没有直接的关系,而且也不是动作的结果状态,因此不该用"得"字情态补语句表达。

二 实验调查

偏误分析只能了解学习者主动生成"得"字情态补语句的情况,为了进一步考察学习者习得"得"字情态补语句的过程,我们在中山大学国际交流学院对外汉语系做了一个实验调查,目的是探究学习者对"得"字情态补语句某些句式的句法特点、语用条件的熟知程度以及使用情况等。

2.1 调查的方式、对象及内容

以完形填空的方式,课堂完成(请参看附录的实验测试题,标有号码的为本次调查的"得"字情态补语句的序号)。其他空格是为了隐藏测试者的意图而特意造出的干扰项。调查对象为对外汉语系从初级四班到高级班和本科四年级共 186 人。我们根据学生的水平,把他们分成 4 个组,其中初级组包括两个初级平行班和本科二年级共 70 人,中低级组包括中级一班两个平行班和中级二班共 69 人,中高级组包括中三班和中四班 32 人,高级组包括高级班和本科三、四年级共 15 人。我们一共调查了五个句子的使用情况,分别为:

(1) 我们比赛看谁爬得最快。
(2) 玛丽只比我爬得慢一点儿。
(3) 我已经累得饭也不想吃了。
(4) 我一晚上都睡得不太好。
(5) 我的病就不会好得这么快。

画线部分是要求被试填出的部分。第(1)和第(4)句的"得"字补语结构相同,因此实际上只调查了四个"得"字情态补语句的常用句式,分别是:

(1) V+得+adv.+adj.(第(1)和第(4)句)
(2) N_1+比+N_2+V+得+adj.(第(2)句)
(3) adj.+得+小句(第(3)句)
(4) 不会+adj.+得+这么/那么+adj.(第(5)句)

2.2 调查结果统计分析

我们把四个小组这五个"得"字句的正确率统计出来,制成图1：

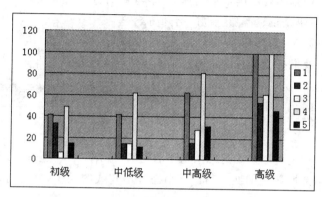

图1

从图1我们至少可以看出几点：

（1）除了第二个句子和第五个句子的正确率与受试在初中级阶段的水平不是正相关的外,其余三个句子的正确率都是呈现出稳步提高的态势。我们的解释是：因为初级四班的学生这个学期刚刚学了含"得"字补语的比较句,仍然处于兴奋期,遗忘率低,因此正确率较高。到了中低级阶段,处于低潮期,之前学过的语法有遗忘的可能。也许有的学习者根本未接触过这一复杂句式,因为中低级学习者的背景各异,很多是从别的地方插班进来的。到了中高级后,这种句式逐渐习得,于是正确率出现回升的状况。而第五句中低级组比初级组正确率低是因为中1班和中2班这一题的正确率均为零,一下子把这一组的正确率拉低了。原因未明。

（2）第四句是受试掌握得最好的一句。原因是这个句式是学习者最先接触的,也是汉语最常用的"得"字句式,出现的词语是学习者的"共核词"（王建勤,1998）,场景又是学习者最熟悉的,平时输入的机会也多,因此在四个组里都是正确率最高的一句。

（3）第一句跟第四句是同样的"得"字结构,只是这一句的动词"爬"的熟悉度肯定不如第四句的"睡",加上语料中没有提示词,因此正确率不如第四句也在预料之中。

（4）第三句各个组的正确率都较低,说明这个句子的难度较大,因为这不是"得"字情态补语句最常见的句式,学习者接触较少。但是随着汉语水平的提高,学习者知道小句可以做"得"后的补语,于是正确率随之也逐渐升高。

2.3 习得顺序

我们把受试总的正确使用率统计出来比较一下：

	句一	句二	句三	句四	句五
正确使用率	50.5	3.8	16.8	63	18.5

我们可以认为这几个句子的正确使用率大致反映出留学生习得本文所调查的四个"得"字情态补语句式的顺序,由先到后依次为：

V+得+adj. →N_1+比+N_2+V+得+adj. →不会+adj.+得+这么/那么+adj. →adj.+得+小句

三 小 结

通过考察,我们认为随着留学生汉语水平的不断提高,其"得"字情态补语句的使用率和正确率一般呈现稳步增长的态势,某些句式由于各种因素会出现一些波动。

结合留学生的习作和以上的实验调查,我们可以得出以下结论：

第一,留学生习得"得"字情态补语句时出现误代的偏误最多,其次分别为遗漏、误加、错序,不该用时误用的情况也不少。另外,该用而没用的情况我们尚未考察。

第二,学习者习得"得"字情态补语句还是有一定的顺序的,"得"前的谓词按照先动词后形容词,"得"后的补语部分则按照形容词、动词或动词短语、主谓短语的次序习得。这与教科书的编排以及学习者在自然语境中输入频率的多少有密切的关系。

附注

① 本文仅分析与"得"字情状补语句有关的偏误,而且在某一部分也只集中分析那部分的偏误,其他偏误不予讨论。

② 刘月华认为"……得很厉害"是程度补语,但我们认为它跟情态补语的句法特点更接近,如可以在"厉害"前加上程度副词、有是非问句(……得厉害吗?)、正反问句(……得厉害不厉害?)、否定句(……不厉害)等。而程度补语"……得很"、"……得慌"、"……得不得了"、"……得要命"、"……得要死"等都没有。

参考文献

陈　军,2002,试析"厉害"做补语的特点,《汉语学习》第1期。
黄　冰,2004,《第二语言习得入门》,广州:广东高等教育出版社。
黄伯荣、廖序东,2003,《现代汉语》,北京:高等教育出版社。
李大忠,1997,《外国人学汉语语法偏误分析》,北京:北京语言文化大学出版社。
李　英,1996,谈含"得"述补短语,《中山大学学报论丛》第3期。
刘月华,2002,《实用现代汉语语法》,北京:商务印书馆。
吕文华,1995,关于对外汉语教学中的补语系统,《语言教学与研究》第4期。
孙德金,2002,外国留学生汉语"得"字补语句习得情况考察,《语言教学与研究》第6期。
王建勤,1998,《汉语作为第二语言的习得研究》,北京:北京语言文化大学出版社。
吴　颖,2002,"动词+得+补语"的分类和语义特征分析,《苏州大学学报》第2期。
尹绍华,2002,试论状语与状态补语的区别,《西南民族学院学报》第2期。
张旺熹,2002,《汉语特殊句法的语义研究》,北京:北京语言大学出版社。
张豫峰,2002,"得"字句补语的语义指向,《山西师大学报》第1期。
周小兵、李海鸥,2004,《对外汉语教学入门》,广州:中山大学出版社。

附实验测试题

根据情景填空,请用上括号内的提示词:

　　星期天,我和朋友去爬山了。我们比赛看谁_____①_____最快,结果我第一个爬上山顶了，玛丽只比我爬_____②_____一点儿。回到宿舍的时候，我已经_____③_____（累）饭也不想吃了，洗了个澡就睡觉了。半夜，下了一场大雨，所以我一晚上都_____④_____（睡）不太好。

第二天早上我觉得头疼_____，不能去上课了，我_____玛丽给我请假。

中午，玛丽回来叫我一起去吃饭，可是我只想睡觉。玛丽一摸我的头，叫了起来："天啊！你怎么烧_____？肯定有39度，快去医院吧。"可是，我全身没力，走_____。于是玛丽去叫了一辆出租汽车，然后还陪我一起去医院。

现在我的病好了，我非常感激玛丽，没有她，我的病就不会好_____⑤_____（快）。

日本留学生心理词典的词汇通达
——一项关于双音节汉日同形词的研究

黎 静　高立群
清华大学 IUP　北京语言大学对外汉语研究中心

提　要　本研究的主要目的是通过考察"同形"对汉语词汇加工的影响，来讨论日本留学生的心理词典表征结构，从而建构其词汇加工模型。研究以双音节汉日同形同义词、同形异义词、非日语词为材料，采用了语音判断任务和语义判断任务，以反应时和错误率两个指标作为测量变量加以考察。实验结果表明：词形和学习者的汉语水平都影响到心理词典表征结构以及词汇通达模式。不同汉语水平的学习者有不同的词汇加工策略和不同的心理词典结构，同一汉语水平的学习者加工不同类型的词时也有不同的加工策略。

关键词　同形效应　心理词典　词汇表征　词汇通达

一　引　言

1.1　心理词典（mental lexicon）

每个学习者都具有由其背景知识构成的一套由若干"词条"组合成的认知系统，这一系统被称做"心理词典"。早期的理论建构中，认为心理词典是词条的存储场所，它是用于匹配的原型。识别一个单词的过程就是刺激材料与原型的匹配过程，也就是在心理词典中搜索、对这些词条进行提取的过程。随着研究的发展，心理词典的内涵不断被扩大，结构也不断复杂化。心理语言学家普遍认为，心理词典中包括着词的语音、字形、意义三方面的信息，它们两两之间存在着联系（Sandra,1994）：

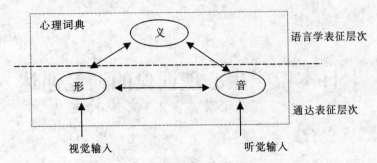

图 1　心理词典的一般结构

通达表征层次(access representation)是通达到词条的必经通道,位于"形"和"音"的模块。语言学表征层次(linguistic representation)包含的是与词条有关的语义、句法信息,位于"义"的模块。通达表征层次与语言学表征层次是如何联结起来的,无论是表音文字还是表意文字的研究结果都还存在着重大分歧。

直通论认为:词义可直接由词形信息获得,语音的提取是词义通达以后的附加过程。(Daneman, M., Reingold, E., 1993; Daneman, M., Reingold, E., Davidson, M., 1995)

语音中介论认为,词义的获得需把词形信息转换成语音,由语音激活词义,语音通路起一种重要的中介作用。(Lukatela, G., Turvey, M. T., 1994; Van Orden G C., Pennington B F., Stone G O., 1997)

双通道理论认为,由词形通达词义和由词形通达语音再通达语义两条通路同时存在,但最终由哪条通道通达取决于实验材料的频率、读者的水平等因素。(Carr T H, Pollatsek A., 1985)

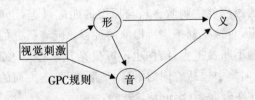

图 2　词汇加工系统的结构模型

注:GPC(Graphome-to-phonome conversion),即形音转换规则

词的频率、语言熟悉程度、词汇知识深度(DIWK,词汇深度模型:Depth of Individual Word Knowledge Model)都被认为可能影响到心理词典中词汇的组织结构(Brent Wolter,2001)。DIWK模型认为,心理词典不仅仅是记忆中所有词的总和,而且包括学习者对词与词间的关系的处理。在 DIWK 模型中,心理词典被看做是由被很好地掌握的"核心词"和处于不同掌握层次的"外围词"共同组成的整体。它强调心理词典中的词汇组织结构取决于学习者个人对某个词的理解程度如何。

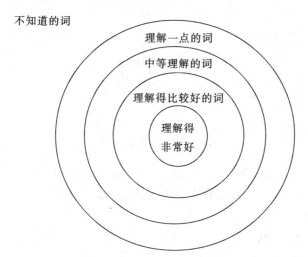

图 4 DIWK 模型

第二语言的熟练程度和两种语言的相似性会对第二语言学习者的两个心理词典的表征结果产生影响(Magiste,1984;Chen 等,1986;Keatley 等,1994)。Markus(1998)认为,低熟练程度学习者,无论母语和目的语是否相似,第二语言都要先通过第一语言的中介才能和语义形成联结,因此其心理词典表征结构是词汇联结模式(lexical association model):

图 5　词汇联结模式

高熟练度两种不相似语言的学习者,两个心理词典中的词汇是通过语义上的联结才形成联系的,表现为语义中介模式(semantic mediation model):

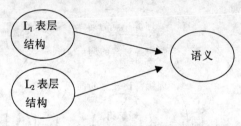

图 6　语义中介模式

而高熟练度两种相似语言的学习者,词汇联结和语义中介并存,其心理词典结构是多通路模式(multiple access model):

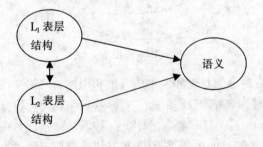

图 7　多通路模式

1.2　日本学习者的心理词典

日文的书写体系是由假名(Kana)、汉字(Kanji)和罗马字母(Romaji)三部分共同组成的。对日语母语者心理词典的研究结果表明(Joseph F. Kess, Tadao Miyamoto, 1999):这三种书写形式存在共同的语义表征,并且都是双通道的词汇通路。词的熟悉性、频率、难度、实验任务都决定了采用哪条加工通路。日文双字词的加工不存在词下水平,而是在词水平上进行的(Wydell,Butterworth,Patterson,1995)。

有研究者(孟凌,2001)利用跨语言的Stroop效应实验范式对以汉语为第二语言的日本学习者的心理词典结构进行了研究,认为日本留学生在初学汉语时,并没有接受中文汉字与日文汉字的相似性,还是将中文汉字作为一种新的外语系统来对待,中文汉字、日文汉字、假名是三个独立的系统,中文汉字和日文汉字是采取词汇联结模式联系在一起的;在汉语熟练水平逐渐提高的过程中,中文汉字与日文汉字相对应的词汇会通过多通路模式被接受;而中文汉字与日文假名相对应的词的主要通路是语义中介模式,它不随着熟练程度的提高而变化。

二 研究假设

基于日文和中文的关系,日文与中文"同文"现象比较普遍。仅在HSK甲、乙、丙三级词里,日文与中文书写形式相同的词就占55%,以下数据是刘富华(1998)做出的:

表1　HSK甲乙丙级同形词统计表

(单位:个)	HSK甲乙丙级	甲级词	乙级词	丙级词
总共	5258	1101	2017	2140
日汉同形词	2903	634	1083	1186
日汉同形同义词	1684	594	103	987

汉日同形词的大量存在给我们研究第二语言学习者心理词典结构提出了新的问题:在日本留学生的心理词典中,这些同形词跟那些只在中文中存在而在日文中不存在的词(非日语词)的储存和加工方式是否相同呢?两个心理词典中的汉日同形词是怎么联系的、语义是如何通达的?基于日文与汉语的特殊关系,有研究者认

为:"日本人即使不知道汉语发音也能从字面上猜出几分意思。日本自古以来就有不少人听不懂、说不出汉语,却能阅读理解汉语甚至成为汉学家。"(王顺洪、西川和男,1998)语音在同形词的加工中扮演什么样的角色呢?"同形"是否有利于日本留学生的词汇习得呢?我们期待通过对同形词这类特殊类型的词的加工过程的考察,来构建以汉语为第二语言的日本学习者的心理词典结构,为语言教学提供一些理论依据。

三　实验研究

3.1　实验材料的确定

首先,从《汉语词汇等级与汉字等级大纲》中选出全部甲级双音节词共519个,编制成词表,分别请北京语言大学汉语学院本科三年级5名日本学生(学习汉语3—5年)和北京语言大学速成学院5名初级水平日本学生(学习汉语两周)担任评判者,请他们判断这些词的书写形式与日文的关系,这样确定出同形词150个、非日语词120个。

然后,请3名日汉双语者对这150个同形词的语义进行评判,这样确定出同形同义词105个、同形异义词25个。

最后,经匹配音素数、笔画数、词性,选出60个刺激材料,包括同形同义词20个、同形异义词20个、非日语词20个:

表2　三种类型的词的平均数和方差(括号内)

	同形同义词	同形异义词	非日语词
笔画数	14.15　(10.77)	14.1　(20.0)	14.2　(11.22)
音素数	5.65　(1.08)	5.5　(0.58)	5.5　(0.58)
词性	名词—6具体,4抽象;动词—4;兼类—3;代词—1;副词—1;离合词—1		

3.2　实验一:语音判断实验

本实验为2×3的重复测量一个因素的两因素混合设计。两个因素分别是被试水平(初级、高级)、词的类型(同形异义词、同形同义词、非日语词)。

3.2.1 实验材料。60个刺激材料的正确拼音(一致拼音)和匹配音素数的非词拼音(不一致拼音)。为了避免反应策略的影响,一致拼音和不一致拼音的首字拼音是相同的。

表3 语音判断实验材料举例

同形同义词			同形异义词			非日语词		
	一致	不一致		一致	不一致		一致	不一致
内容	neirong	neixia	多少	duoshao	duoxia	咱们	zanmen	zandai
参加	canjia	candao	告诉	gaosu	gaobi	没有	meiyou	meipen
使用	shiyong	shikou	颜色	yanse	yanbi	迟到	chidao	chigai

3.2.2 实验被试。北京语言大学速成学院B班15名初级汉语水平日本学生和汉语学院基础系二年级本科15名高级水平日本学生参加了本实验。所有被试年龄在18—25岁之间,都出生在日本,并以日语为母语。初级水平被试学习汉语时间为半年左右,高级水平被试学习汉语时间为两年以上。所有被试均为右利手,视力或矫正视力正常。所有被试均是自愿参加实验,实验结束后获得少量报酬。

3.2.3 实验设备。刺激的呈现和数据的收集都在DELL—IV手提电脑上由DMDX软件完成。实验采取个别测试的方式进行。机器自动记录被试的反应时间及正确率。如果被试在3000毫秒之内没有反应,计算机会按照错误反应记录。

3.2.4 实验程序。被试坐在显示器前,屏幕中央先呈现实验指导语,然后是刺激词(如:大家),刺激词消失后,屏幕一左一右呈现两个双字拼音(如:dajia dafei),要求被试对拼音做出判断,如果左边的拼音与刺激词一致,则按左键头,如果右边的拼音与刺激词一致,则按右键。指导语后是10个练习项目,之后是正式实验,正式实验开始后的前两个项目是缓冲项目。练习项目和缓冲项目的反应时不做记录。

3.2.5 实验结果。所有被试的数据均有效。事先删除了所有超过平均数±3个标准差的反应时数据和错误反应的反应时数据,删除的数据不超过总数据的2%。

表 4　语音判断实验的反应时(毫秒)和错误率(括号内,%)

汉语水平	同形异义词	同形同义词	非日语词
初级	689.307(3.67%)	693.414(4.67%)	638.053(4.33%)
高级	481.332(6.00%)	485.512(3.67%)	464.754(4%)

对反应时作 GLM−Repeated Measures 分析表明,词形主效应:被试分析显著[$F(2,116)=18.996, P<0.05$];项目分析显著[$F(2,76)=8.969, P<0.05$]。汉语水平主效应:被试分析显著[$F(1,58)=912.239, P<0.05$];项目分析显著[$F(1,38)=982.462, P<0.05$]。词形与汉语水平两种因素的交互作用:被试分析显著[$F(2,116)=3.511, P<0.05$],项目分析不显著[$F(2,76)=1.821, P=0.169>0.05$]。

进一步的简单效应检验表明:初级水平上,同形异义与同形同义词形效应不显著[$F(1,58)=0.255, P=0.615>0.05$],但是两者与非日语词相比较,差异都显著[$F(1,58)=21.909, P<0.05$];[$F(1,58)=27.810, P<0.05$];高级水平上,词型效应不显著[$F(2,87)=2.612, P=0.079>0.05$]。

方差分析结果表明:初级水平被试对非日语词的语音判断最快(非日语词<同形异义词=同形同义词);而高级水平被试对三类词型的语音判断同样快(同形异义词=同形同义词=非日语词)。不论哪种词型,高级水平被试的语音判断都明显快于初级水平被试。

对错误率进行方差分析,词型主效应:被试分析不显著[$F(2,116)=0.256, P=0.774>0.05$];项目分析不显著[$F(2,76)=0.191, P=0.826>0.05$]。汉语水平主效应:被试分析不显著[$F(1,58)=0.224, P=0.638>0.05$];项目分析不显著[$F(1,38)=0.128, P=0.722>0.05$]。词形与汉语水平两种因素的交互作用,被试分析不显著[$F(2,116)=1.346, P=0.264>0.05$];项目分析不显著[$F(2,76)=1.004, P=0.371>0.05$]。

方差分析结果表明:汉语水平不同以及词的类型差别,都没有造成判断错误率出现差异。由于词形与汉语水平的交互作用不显著,所以没有进行进一步的简单效应检验。

3.2.6 实验讨论。实验发现词形和汉语水平对汉语双字词的语音加工都有影响。双字词的语音判断存在同形效应,同形词的语音判断比非日语词慢。随着汉语水平的提高,学习者通达语音的通路会发生转变。

由于同形同义词和同形异义词在两个心理词典里都存在着对应的词形和语音表征,词形的视觉输入自动激活了初级水平被试的两个字形表征,当字形表征的激活再传输到两个不同的语音表征上时,之间会发生相互抑制,致使同形词的反应时间延长。而非日语词的词形表征和语音表征只在汉语心理词典中存在,提取语音时不存在语音竞争,所以语音输出的时间较短。对高级水平被试来说,字形表征与语音表征之间的联结得到加强,字形可以直接激活第二语言心理词典中的语音表征,不需要通过母语相应词汇的中介,所以对同形词和非日语词的语音判断反应时间上没有差异。这表明初高级水平学习者对双字汉语词采用的是不同的语音加工通路:高级水平学习者可以直接通达汉语语音,而初级水平则需激活日语心理词典的相应词汇才能获得汉语语音。

由于实验要求被试尽可能正确地做出判断,所以虽然初级水平被试的语音加工时间比高级水平被试长,但错误率上两者没有显著差异。

3.3 实验二 语义判断实验

实验设计同实验一。

3.3.1 实验材料。60个刺激材料及其在汉语中的释义,释义事先经过了3名日汉双语者的一致性评定,用日文平假名标出。

表5 语义判断实验材料举例

同形同义词		同形异义词		非日语词		填充项	
	一致		一致		一致		不一致
内容	ないよう	多少	どれくらい	咱们	われわれ	她们	へや
参加	さんか	告诉	しらせる	没有	ない	决定	みんぞく
使用	しよう	颜色	いろ	迟到	ちこく	旁边	しゅと

另外从 HSK 甲级词中选择 60 个双音节词作为填充项,它们的释义也用日文平假名标出,但词与其释义不一致。

3.3.2 实验被试。另 30 名日本留学生参加了本实验,其中包括北京语言大学速成学院 B 班 15 名初级水平日本学生和汉语学院基础系二年级本科 15 名高级水平日本学生。所有被试均是日语母语者,自愿参加实验,实验结束后获得少量报酬。

3.3.3 实验设备。与实验一相同。

3.3.4 实验程序。实验时,屏幕中央先是呈现汉语刺激词(如"内容"),刺激词消失后屏幕中央呈现用日文假名标注的解释(如"ないよう"),要求被试判断该解释与刺激词是否一致,如果一致,则按"是"键,如果不一致,则按"否"键。

3.3.5 实验结果。所有被试的数据均有效。事先删除了所有超过平均数±3 个标准差的反应时数据和错误反应的反应时数据,删除的数据不超过总数据的 3%。

表 6 语义判断实验反应时(毫秒)和错误率(括号内,%)

被试水平	同形异义词	同形同义词	非日语词	填充项
初级	803.419 (14.67%)	569.416 (3.000%)	629.807 (12.67%)	637.427 (6.23%)
高级	638.572 (18.%)	536.528 (2.33%)	617.943 (8.67%)	552.377 (3.56%)

对反应时作 GLM－Repeated Measures 方差分析表明,词形主效应:被试分析显著[$F(2,116)=219.198, P<0.05$];项目分析显著[$F(2,76)=207.976, P<0.05$]。汉语水平主效应:被试分析显著[$F(1,58)=81.225, P<0.05$];项目分析显著[$F(1,38)=61.721, P<0.05$]。词形与汉语水平两种因素的交互作用:被试分析显著[$F(2,116)=52.760, P<0.05$],项目分析显著[$F(2,76)=48.402, P<0.05$]。

进一步简单效应的检验发现:初级水平上,词形效应显著

[F(2,87)=63.781,<0.05],对同形异义词的判断最慢,非日语词次之,同形同义词最快。高级水平上,词形效应显著[F(2,87)=5.606,P<0.05],但同形异义词与非日语词反应时差异不显著[F(1,58)=2.399,P=0.127>0.05],对同形同义词的语义判断比非日语词和同形异义词都快,而且非日语词和同形异义词的语义判断反应时差不多。同形异义词和同形同义词上,汉语水平差异显著[F(1,118)=185.201,P<0.05],F(1,118)=11.468,P<0.05];但在非日语词上,汉语水差异不显著[F(1,118)=0.710,P=0.403>0.05]。这表明,对同形词的语义判断,高级水平被试都明显快于初级水平被试,但初高级水平被试对非日语词的判断一样快。

对错误率的方差分析表明,词形主效应,被试分析显著[F(2,116)=29.640,P<0.05];项目分析显著[F(2,76)=16.025,P<0.05]。总的来看所有被试的判断错误率:同形异义词>非日语词>同形同义词。进一步分析,初级水平被试同形异义词与同形同义词判断错误率差异显著[F(1,58)=33.108,P<0.05];同形同义词与非日语词差异显著[F(1,58)=18.407,P<0.05];但同形异义词与非日语词差异不显著[F(1,58)=0.549,P=0.462>0.05],初级水平被试的判断错误率,同形异义词=非日语词>同形同义词。高级水平被试同形异义词与同形同义词判断错误率差异显著[F(1,58)=26.637,P<0.05];同形异义词与非日语词语义判断错误率差异显著[F(1,58)=7.873,P<0.05];同形同义词与非日语词差异显著[F(1,58)=13.005,P=<0.05],高级水平被试的判断错误率:同形异义词>非日语词>同形同义词。无论对哪个水平的被试来说,同形同义词的判断错误率都是最低的。

汉语水平主效应,被试分析不显著[F(1,58)=0.082,P=0.775>0.05];项目分析不显著[F(1,38)=0.032,P=0.859>0.05]。这表明虽然汉语水平不同,但被试的判断错误率并没有差异。

词形与汉语水平两种因素的交互作用,被试分析不显著[F(2,116)=2.119,P=0.125>0.05]项目分析不显著[F(2,76)

=1.227,P=0.299>0.05]。因为交互作用不显著,所以没有进行进一步的简单效应分析。

3.3.6 实验讨论。Markus认为,相似语言的第二语言初学者是根据词汇联结通路来学习单词的,但随着熟练度不断增加,两个心理词典中的词汇形成多通路模式。实验结果部分支持了Markus的理论。当给初级水平被试呈现同形词视觉刺激时,两个心理词典都得到激活,在心理词典中进行搜索和匹配后同形同义词最容易被匹配,所以加工时间短。而同形异义词的字形表征同时激活被试大脑中的日语和汉语两个记忆项目,为了映射到相应语义,一些转换就不可避免了,使反应时更长。所以初级水平被试对同形词的语义通达经过了母语相应词汇的中介,是通过词汇联结通路来学习单词的,但是初高级水平被试对非日语词的判断反应时并没有差异,说明他们采用的是相同的加工通路。对高级水平被试来说,这三种类型的词的语义通达都是多通路模式的,所以对同形词的判断普遍快于初级水平被试。初级水平被试对非日语词的加工同样表现为多通路模式。

四 综合讨论

4.1 词汇通达中的语音作用

实验结果没有表明语义通达的过程中有语音中介。这一结果与许多以汉语为实验材料的研究结果一致(Taft M., Huang J., Zhu X, 1994)。

实验一采用语音判断作业,发现了同形词的语音效应,初级水平学习者对同形词的判断反应时比非日语词长。一些关于日文的研究表明,日文双字词是在词水平进行储存和加工的(Wydell, Butterworth, Patterson, 1995)。如果实验一直接通达整词的语音表征,那么整词的语音表征对整词的语义提取作用大,在语义任务中就容易出现同形词的语义判断优势,如果词汇通达经过了语音中介,那么同形词的语音效应该表现在语义作业中(彭聃龄、徐世勇等,2000)。实验二采用语义判断作业,使用的是和实验一相同的材料,但没有发现同形词与非日语词的判断反应时存在系统性差异,同形词的语义判断出现了两种不同的情况:同形同义词最快,同形异义词最慢。这说明在本实验条件下,语音中介的作用不明显,支持语义可由视觉通路直接通达的观点。

但是对汉语母语者的研究中,还没有实验证明双字词的非语音任务(如语义判断任务)只激活整词的语音,在一项对汉语母语者的研究中,研究者们(Zhou X,Marslen-Wilson W.,1994)发现,语义作业中,构成双字词的两个汉字的语音是有可能被分别激活的。所以,可能实验二的语义通达中也经过了语音,只不过语音的性质与实验一不一样,语音判断中激活的是整词语音,而语义判断任务中可能激活的是词下水平两个字的读音,所以实验二中没有探测到同形词的语音效应。

本实验条件下,初级水平学习者对同形同义词和同形异义词的语音判断在反应时和正确率上都无差异,似乎表明语音表征激活前没有语义的激活。因为如果语音激活以前有语义激活的话,对同形同义词和同形异义词的语音判断应该出现差异。但也有研究者(陈宝国、彭聃龄,2001a)认为,实验任务可能导致研究结果的差别,在语音判断任务中,被试必须利用语音代码进行反应,这可能使语音的启动效应早于字义的启动效应出现。由于具体语言任务会影响学习者所关注的信息点和信息量的多少,这也可能是实验一中没有发现语音激活以前存在语义激活的原因。

4.2 词汇表征的联结模式

从国内目前所做的词汇通达的研究来看,大多数研究只关注词形和语音对词义加工的影响,对语义变量影响词汇通达这方面的研究不够。本研究只是对跨语言的同形异义词进行了初步探讨,还有一系列问题有待于进一步研究,但本实验条件下的研究结果,以及相关研究(陈宝国、彭聃龄,2001b)都表明,语义变量在一定条件下是影响词汇加工过程的。

图 8　三类词在汉语和日语中的词义关系

注:"+"表示一致
　　"-"表示不一致
　　"0"表示没有对应项

学习者一开始往往依赖日语心理词典中的信号去理解汉语的词汇,只有当意识到两种语言的信号不一致、不协调时,才转而接受汉语心理词典中的信号。因此学习汉语的过程包括了对母语心理词典信号系统的调整过程:哪些信号可以继续使用,哪些需要放弃,应该赋予这些信号什么样的强度。在学习汉语过程中,语言处理的内在机制会发生调整,非日语词被赋予新的信号强度。同形同义词的词形刺激总是能与相同的语义对应起来,它的词形信号具有较大强度和可靠性。

当第二语言学习者从初学者发展到成为高熟练程度双语者时,会转换他们获得和储存双语信息的途径:"当第一语言和第二语言相似时,他们从一种加工策略——获得第二语言是通过第一语言对应词(词汇联结),转换到一种更为复杂的加工策略——多通路联结。"(Chen 等,1986)。

本实验研究表明,高级水平学习者的词汇通达是多通路的,但初级水平学习者的词汇通达会因词的类型不同而不同:同形词的加工是词汇联结模型,词形上与日语相同的词(如"内容"、"多少"),无论语义与日语是否相同,都会激活学习者的母语心理词典的词汇表征,然后才传输到汉语心理词典的词汇表征上,而对非日语词的加工是多通路的,初级水平和高级水平学习者加工非日语词的反应时没有差异表明他们采用的是相同的加工策略。

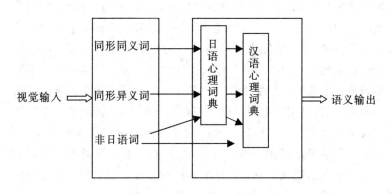

图9 初级水平词汇通达模式

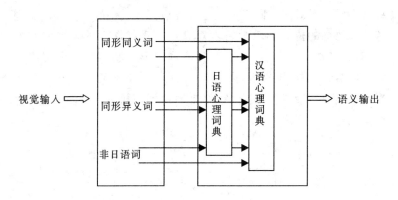

图10 高级水平词汇通达模式

4.3 日本留学生的汉语心理词典结构

词汇通达模式受词频、熟悉度、难度、实验任务的影响,而心理词典的结构跟词条频率、学习者语言水平有关系(Joseph F. Kess, Tadao Miyamoto,1999)。

本实验中使用的材料都来自 HSK 甲级词,对处于同一语言水平的日本留学生来说,这些词的频率没有差异,也很难说他们对这些词的熟悉度有系统性差异,或者说哪类词就比另一类词难。我们认为被试在作业表现上反映出的差异是词汇理解深度不同造成的。按照 DIWK 模型,心理词典的结构是按照学习者的知识理解深度组织的,随着知识理解深度的变化,学习者心理词典结构表现出一种动态的发展。这种动态的发展过程是也语言信息结构的重建过程,涉及新的知识单位与已有的知识单位的联系。信息组织的重新构建使得学习者心理词典中语言知识表征结构以及不同知识单位之间的联系发生变化。如果一个词进入了心理词典的核心圈,那么在使用这个词时就比较容易被激活,从而提高信息处理的效率。我们认为不同汉语水平的学习者心理词典结构不同,是由词汇理解深度存在差异引起的,这种差异表现为词在心理词典中处于不同的位置。形义联结的效度和强度是影响词汇理解深度的两个因素,同形同义词因为在汉日两种语言中的高度接近性,形义联结信号最强也最稳定,被放入核心圈,这使得无论初级还是高级水平学习者对同形同义词的语义提取都是最快的。同形同义词和非日语词的位置随着学习者对该词的理解深度的发展而有变化:对初级水平学习者来说,非日语词的形义联接效度和强度更强,因此与核心圈更接近,同形异义词稍远,而对高级水平学习者来说,语言信息结构经过了调整,非日语词和同形异义词位于与核心圈同样远的距离。

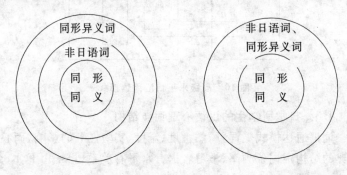

图 11　初级水平心理词典结构模型　图 12　高级水平心理词典结构模型

需要特别指出的是:第一,上面的模型并不意味着所有处在核心圈内的词的认识深度者是相同的,或者所有处在外围圈内的词的认识深度都是相同的。在这里我们只是从词的类型这个大的范围来进行了考察,但每种类型下,各具体的词因其不同特点会有不同的分布,有的离核心圈近,有的离核心圈远。第二,这一模型也并不意味着处于核心圈内的只有同形同义词,非日语词和同形异义词一定处于外围圈。不论哪种类型的具体的词在心理词典中的位置不是一成不变的,随着学习者认识程度的深入或者遗忘而随之改变。上面的模型是为了叙述的直观而仅从词的类型这样一个大的范围做粗略的划分,其核心观点是:随着学习者对具体词汇的理解深度的改变,词在心理词典中的相应位置会发生变化,距离核心圈越近,词汇的通达就越容易。具体到日本留学生而言,同形同义词比同形异义词和非日语词有更强的形义联结,处于核心圈位置,所以词汇通达更快。

综上所述,词形的相似性以及汉语水平都影响学习者心理词典词汇通达。但对"同形"的作用不能一概而论,对同形同义词的通达来说,"同形"有促进作用,对同形异义词来说,学习者受词形因素的干扰大。实验结果表明:不同汉语水平的学习者有不同的词汇加工策略和心理词典结构,对初级汉语水平的学习者来说,词汇加工还会因词的类型不同而采用不同的加工策略。

五 结 论

(1)初级水平学习者对同形词的加工是词汇联结模型,对非日语词的加工是多通路模型;高级水平学习者的词汇加工是多通路模型。

(2)不同汉语水平的学习者有不同的心理词典结构,这是由学习者对词的理解深度不同引起的。

(3)在本实验条件下,语义通达过程中语音的中介作用不明显。

参考文献

陈宝国、彭聃龄,2001a,汉字识别中形音义激活时间进程的研究,《心理学报》第1期。

陈宝国、彭聃龄,2001b,汉语双字多义词的识别优势效应,《心理学报》第4期。

孟凌,2001,硕士毕业论文《日本留学生的心理词典》,未发表。

刘富华,1998,《HSK 词汇大纲中汉日同形词的比较研究与对日本学生的汉语词汇教学》,《汉语学习》第6期。

国家对外汉语教学领导小组办公室汉语水平考试部,1992,《汉语词汇等级与汉字等级大纲》,北京:北京语言学院出版社。

彭聃龄、徐世勇、Marcus Taft、刘颖,2002,汉语双字词识别中的多音字效应,《心理学报》增刊。

王顺洪、西川和男,1995,中日汉字异同及其对日本人学习汉语之影响,《世界汉语教学》第2期。

周晓林,1997,语义激活中语音的有限作用,彭聃龄、舒华、陈烜主编《汉语认知研究》,济南:山东教育出版社。

Brent Wolter., 2001, Comparing the L_1 and L_2 mental lexicon: A depth of individual word knowledge model. SSLA, 23, 41—69. Printed in the United States of America.

Carr T H., Pollatsek A., 1985, Recognizing printed words: A look at correct models. In: D Besner, T G Waller, E MacKinnon ed. Reading Research: Advances in theory and practice. New York: Academic press. 5,1—82.

Chen H. C. & C. Ho., 1986, Development of Stroop interference in Chinese-English Bilinguals. Journal of Experimental Psychology: Learning, Memory, and Cognition, 3: 397—401.

Daneman, M., Reingold, E., 1993, What Eye Fixations Tell Us About Phonological Recording During Reading. Canadian Journal of Experimental Psychology,47(2:)153—178.

Daneman, M., Reingold, E. & Davidson, M., 1995, Time course of phonological activation during reading: Evidence from eye fixations. Journal of Experimental Psychology: Learning, Memory and Cognition, 21(4),884—898.

Joseph F. Kess & Tadao Miyamoto,1999, The Japanese Mental Lexicon: Psycholinguistic Studies of Kana and Kanji processing. John Benjamins Publishing Company.

Keatley CW., Spinks J. A., & De Gelder J. A., 1994,. Asymmetrical cross-language priming effects. Memory and Cognition, 22: 70—84.

Kess & Miyamoto. ,1996,. Psycholinguistic aspects of Hanji processing in Chines". Mon-Khmer Studies 27. 349—359.

Leck,K. J. , Weekes, B. S. , & M. J. Chen,1995, Visual and Phonological pathways to the lexicon: Evidence from Chinese readers. Memory & Cognition, 23,468—476.

Lukatela, G. , & Turvey, M. T. , 1994, Visual lexical access is initially phonological: Evidence from associative priming by works, homophones, and pseudohomophones. Journal of Experimental Psychology: General, 123,107—128.

Magiste, E. ,1984, Stroop tasks and dichotic translation: The development of interference patterns in bilinguals. Journal of Experimental Psychology: Learning Memory and Cognition,10, 304—315.

Miyamoto & Kess. ,1995,The Japanese brain:Information processing in the right vs. left hemispheres. Proceedings of the Japan studies association of Canada. Victoria,Sptember 30.

Sandra, D. , 1994, The morphology of the mental lexicon: Internal word structure viewed from a psycholinguistics perspective. Language and Cognitive Processes, 9(3),227—269.

Taft M, Huang J, Zhu X. ,1994, The influence of character frequency on word recognition responses in Chinese. In H W Chang, J T huang, C W Hue, O Tzeng ed. Advances in the study of Chinese language processing. Volume1.

Van Orden G C. ,Pennington B F, Stone G O. ,1997,Word identification in reading and the promise of sub symbolic Psycholinguistics. Psychological Review, 488—522.

Wydell T N, Butterworth B, Patterson K. , 1995, The inconsistency of consistence effects in reading: The case of Japanese Kanji. Journal of Experimental Psychology:Learning, Memory, and Cognition. 21:1155—1168

Zhou X, Marslen-Wilson W. ,1994,Words, morphemes and syllables in the Chinese mental lexicon. Language and Cognitive Processing, 9: 393—423.

外国学习者汉语写作的回避现象研究

李丹丹

中山大学中文系

提　要　本文对外国学习者汉语写作中的回避现象进行了界定、分类以及讨论。得出产生回避现象的深层原因在于"欲表意而不能"和"能表意而不欲",前者表现为语言回避,后者表现为文化回避。对学生作文中的不同回避现象必须敏感区别并小心评价,以免使学生对回避产生依赖,导致目的语水平停滞。

关键词　回避　写作

一　问题的提出

作文是反映留学生汉语程度的一个重要途径,但是通过作文来了解学生的汉语水平存在一定的难度。这是因为首先作文与说话不同,输出一句话或一个词的准备时间更多,而且可以借助查字典、询问老师或同学等方法把自己不会的字、词、句写出来,因此作文所反映的学生水平不一定真实。其次,有些学生的作文很少出现错别字和语法错误,但是使用的词汇句型简单、语法点少;而有些同学作文中的错别字和语法错误泛滥成灾,但尝试了新句式和新词汇。这两种不同类型的作文所反映的学生水平又该如何评价?第一个问题我们用这样的方法来解决,那就是在开始写作课的学习时向学生提出要求,在作文中用不同的标志标识出自己解决困难的方法(如对于知道读音和意义但是通过查汉语词典查出来写法的词,在词的下面标上○)。大部分学生坚持了这样的做法,对教师了解学生的学习方法和水平帮助很大。第二个问题涉及学生写作中的回避策略(avoidance strategy),这正是本文要探讨的问题。

二 回避的定义

学生的何种输出是回避的表现呢?先来看看前人的定义。

第二语言学习中的回避现象(avoidance phenomenon)首先是由 Schachter(1974)在研究不同母语的英语学习者对限制性关系从句的处理时提出的。通过学习者的母语和英语之间的比较,就能预示出学习者会在多大程度上回避使用关系从句。Theo van Els 等人(1983)比 Schachter 更进一步,不仅认识到语言之间的差异会导致回避现象,更认为 L_1 和 L_2 之间差异很小时,同样会促使语言学习者回避使用某些词汇和结构。因为他们怀疑两种语言之间完全平行的句法结构和完全对应的词语结构,以为这种对应是不可能存在的。该现象被称为语言的不信任(linguistic disbelief)。

后来,Seliger(1989)又提出确认学习者在某个语境中回避了某个形式的条件:(1)学习者具备与该形式有关的知识;(2)必须证明本族人在该语境中确实使用该形式。Kellerman 区别了回避的三种类型:(1)学习者粗略地懂得一些目的语的语言形式,但并没有完全掌握,对目的语的理解有难点和疑点;(2)学习者懂得目的语的使用规则,但发现在某种特定的语言环境下使用起来很困难;(3)学习者懂得说什么和怎么说,却不愿意确切地说出来,因为他们认为这种表达可能引起对母语文化中行为准则的轻视。

国内对于第二语言习得中的回避现象的研究主要集中在对中国学生学习英语方面,计有林汝昌(1995)、周榕(1997)、阮周林(2000)等。汉语作为第二语言的回避现象研究较为少见,而且主要集中在留学生对"把"字句的回避使用上,有李宁、王小珊(2001),熊文新(1996),余文青(2000),刘颂浩(2003)等。对一般的回避现象和原因进行解释的有罗青松(1999),而提到留学生作文中的回避策略的有吴平(1999)。其中刘颂浩先生对回避的定义是目前为止最为严密的:他区分了回避和回避倾向,认为严格意义上的回避是一个有意识的行为,而回避倾向则是研究人员对学习者言语行为偏移的一种推测性解释,可以是有意识的(也就是真正意义上的回避),也可以是无意识的(即不是回避,只是该形式使用不足)。确定回避倾向的标准主要是本族人的使用标准,而回避的原因有难点回避、习惯转移和文化回避。

综合各家之言,我们认为回避是指第二语言学习者学习过某种语言形式,而且知道该形式运用于什么语境和情景——根据是在这些语境和情景中本族人确实使用该形式,但学习者在这些语境和情景中极少使用该语言形式,造成了使用不足的现象。在学生回避某种语言形式、生成输出之前,存在这样的一个心理过程:

感到困难、害怕出错
尝试使用某种学习过的形式→　或　→放弃使用该形式
觉得别扭、无法接受

如果没有这样的心理过程,就不是回避。

三　回避在写作中的表现

因为必须确认学生在生成输出之前是否有这样的心理过程,方可判定学生使用某种形式不足的表现为回避,对回避的界定在操作上存在困难。因此刘颂浩先生认为前人对回避的研究都是在讨论"回避倾向"而不是"回避"。为了研究留学生写作中的回避现象,我们采用了以下的方法:

第一,在学习范文的时候强调范文中出现的某个语法项目,在布置作文题目时提出相应的语法要求,要求学生在作文中运用该语法项目。如果学生交回的习作没有出现该语法项目,则视为回避。

如《汉语写作教程》(罗青松编,华语教学出版社,1998年版)第七课的训练重点为补语的运用,范文中多次出现补语的用法,笔者在教学中也注重讲解补语的用法,课后作文题目为"我学做菜/我的周末",要求学生在作文中使用补语。大多数同学使用了一个以上的补语,但也有同学没有使用补语。我们认为这位同学回避使用补语,表现如:

(1) 我洗菜,很干净了,然后煮菜。(洗菜洗得很干净)

第二,对在应该使用某种语言形式的地方使用不足的学生进行访谈,确定其在生成输出之前是否有过"尝试→放弃"的心理过程,有则视为回避。

高级班的某位学生很少使用"把"字句,在前两次作文中该用"把"字句的地方都没有用,在第三次作文中当其输出下列句子时,我询问了她知不知道这个句子还可以用哪个句式来表达,她说:"老师是说用'把'吗?'把'很难,我用'把'写,很难。"这说明学生有运用"把"字句的意识,但是没有把握,所以放弃。因此可以确定这位学生回避使用"把"字句。表现如:

(2) 为了吸引很多人,少女改自己的原样成她向往的样子,实在莫名其妙的一件事。

第三,在写作课中有意识地开展写作前的讨论或辩论,鼓励学生就题目提出自己的看法,在学生组织语言输出的时候提供一些语言形式给他们使用,如果学生没有运用到这些语言形式则加以提示,并在课后进行询问。视其回答确定是否为回避。

在中级班学习"对比说明"的时候,笔者将范文中的一些表示比较的句型写在黑板上,如"与……相比,我更喜欢……"等。在讲授完范文后提问了学生在国内的时候更喜欢过国内的传统节日还是圣诞节,学生说出这样的句子:

(3) 我喜欢泼水节。我不喜欢圣诞节。

经过提示使用"更"来表示比较,学生仍然觉得有困难。课后询问时,学生表示用两个句子比用一个句子来表达对两样东西的看法更有把握,觉得用一个句子麻烦。我们认为这也是回避的体现。

根据这样的方法,我们在中山大学国际交流学院中级班和高级班的写作课中收集到了这样一些回避的表现,并试图将其进行分类讨论。此外,我们还对学生进行了问卷调查(2004年11月,中级班、高级班共49人)以辅助理解学生采取回避的方式及其心理。

刘颂浩先生总结回避的原因为难点回避、习惯转移和文化回避,但我们认为这还是表层的原因,更加深层的原因是:(1)学习者学习过某种语言形式但掌握得不好,对于运用该形式没有确切的把握,害怕出错,于是回避。回避的不一定是难点,学习者可能对尚未掌握或者是已经掌握但未内化的语言形式都会采取回避的做法。这种回避主要来自学习者较为低下的目的语水平,也就是"欲表意而不能"。(2)学习者学习过某种语言形式、也已经习得该用法,但是由于该形式不符合自己母语的表达习惯和母语社会的文化心理,于是采取回避的态度,避免使用该语言形式,或顺从自己的母语习惯,或维护自己在母语社会的文化。这种回避与学习者的目的语水平无关,产生回避的原因是"能表意而不欲"。前者主要是针对语言形式本身而言,属于语言回避(language avoidance);而后者指向更深层的文化心理,属于文化回避(culture avoidance)。我们的分类将依据这样的标准进行。

3.1 语言回避

学生写作中的语言回避可分为词汇回避和句型回避。

3.1.1 词汇回避

词汇的回避现象可分为两种。一种是"实词"的回避,属于纯词汇层面的回避,表现在学习者在写作时用其他词、句子代替目的词。这种回避虽然使表意不够准确,累赘、曲折,但是从语法层面来说,却没有太大的错误。另外一种是"虚词"[①]的回避,表现在学习者对于汉语特有的词和结构的难以掌握。这种回避虽然只是一两个词的缺失,却经常导致整个句子出现语法错误。

(1)"实词"的回避

根据 Blum 和 Levenston(1978)的观点,学习者在词汇方面的回避现象主要表现在以下五个方面:使用上义词(superordinate)、使用近似的表达方式、使用同义词（synonym）、母语迁移（transfer）、迂回说法（circumlocution）或改述（paraphrase）。从学生的作文输出中，我们发现这五种回避方式更多地体现在对"实词"的回避上。

① 使用上义词　一般说来，学生使用上义词的频率大于使用下义词（ordinate）的频率。在一般教科书中，就词汇出现的先后次序而言，绝大多数上义词早于下义词。因此，学习者最早掌握的当然是上义词。因此，便出现了下列句子：

*（5）我们买了一些红水果回家。（苹果）
*（6）最好的菜是饺子。（主食）

类似偏误在中国人学习英语时也经常出现，如学习者常常会使用上义词（tree）而回避使用其他下义词（pine、willow、maple）。

② 使用近似的表达方式　为了解决词汇匮乏的问题，学习者常常放弃自己想要表达的准确内容，而用自己已经掌握的意义相近的词汇来回避尚未掌握的词汇。如：

*（7）我到香烟市场，我想便宜，我同她说了一会儿。（讲了一会儿价）
*（8）我不但很喜欢他，而且看得起他。（钦佩/佩服）

③ 使用同义词　学习者在写作时，常常不能立即找到最想用的词汇。为了使思路流畅，便用想得到的同义词来代替。因为代替的词和目的词在感情色彩、语体色彩、使用场合等方面都存在着各种程度的差别，导致了偏误。如：

*（9）这本书称《叶甫尼盖·奥涅金》。（叫）
*（10）我们好久没见，我在南门接他然后一起吃饭，谈话。（聊天）
*（11）他对俄罗斯的妻子有谢谢的感情。（感激）

④ 母语迁移　外国学习者在写作中，母语词汇的迁移是一种重要的回避形式。由于学习者还没有掌握地道的汉语表达方式，只好借助于母语迁移来回避某个说法，如：

*(12) 后来,我的练很好了。(动作。韩国学生借助韩语汉字词表达)

*(13) 我妈妈是公司员。(公司职员。日本学生借助日语汉字词表达)

此外,导致母语词汇迁移还因为:不了解母语的词和目的语的词之间在意义上互有交叉以及母语和目的语对应词的搭配关系不同。如:

*(14) 猪很胖。(肥。fat:①胖,指人;②肥,指动物、肉)

*(15) 那个歌儿很漂亮。(动听。The song is very beautiful.)

⑤ 迂回说法或改述　当不能准确写出某个词时,学习者常常迂回地写出其大意或换另一种说法,以此达到成文的目的。如:

*(16) 她从她的口里拿出来一套假的牙齿,继续地算一算。(假牙)

*(17) 每时刻每时间都要珍惜我们的生活。(每时每刻)

我们在调查中问到:"如果你学过一个词,你在写作文的时候想要用到这个词,但是你又想不起来,你会怎么办?"提供了10种方法[②]给学生选择。结果显示,学生很少放弃表达整个意思(10.2%),即很少选择缩减策略而是成就策略,最常用的方法是查母语汉语的双语词典(69.3%)、查汉语词典(61%)、使用上义词或同义词(51%)、迂回说法或改述(36.7%)。说明大部分学生有查词典的好习惯,但用其他方式回避某个想不起的词的比例也是相当高的。

上述这些词汇使用上的回避现象主要可归为学习者对已经学习过的词汇掌握得不好。在需要表达比较复杂的内容时,学生直接的反应往往是采取一些简化、迂回的方式,对语言进行调整,回避难的、记不起的词汇,以达到传达意思的目的。这是第二语言学习过程中的正常现象,随着汉语水平提高,对词汇的回避就会减少。

(2)"虚词"的回避

① 回避表示时态的助词,尤其是"着"、"了"、"过"。

*(18) 爷爷被他们调皮的个性吵得没办法只好顺他们的意。（顺着他们。）
*(19) 明天吃饭以后再谈吧。（吃了饭）
*(20) 那天,火车站里人真多。我从来没有看那么多的人。（过）

② 回避构成状语的介词部分,尤其表现在对"在"、"从"的回避。

*(21) 他知道意大利的妻子好几年一直找他的事,他痛苦更厉害了。（在）
*(22) 我把电话一关床上起来了。（从）

③ 回避动补词组和动补结构中动词之后部分。

*(23) 这个露天温泉面向溪谷,春天会看^山樱花,初夏会看^新绿……（到）
*(24) 我们一起做作业,先写^作业的人可以看电视。（完）
*(25) 你为什么不把它染^深蓝色的?（成）

④ 回避结构助词等附加成分。

*(26) 爸爸跑比较快。（得）
*(27) 广州冬天下雨就变^很冷。（得）
*(28) 他们看电影非常有意思。（的）

⑤ 回避强调部分,特别是副词和连词。

*(29) 所有的公司面试的时候^重视外貌。（都）
*(30) 我爸爸心脏有病,连啤酒^不喝。（也）
*(31) 两天来,他的头^疼得厉害。（一直）

上面所列举的这些"虚词"的回避,主要源于学习者的母语中没有相对应的语法现象。如词尾"得",在英语中是没有的,在他们还没有掌握的时候,往往采取简单化的策略,省略不用。又如动补词组"看(到)"、"听(到)"的后一成分的缺失,也是母语缺乏完全的对应而致。这些回避的地方都是汉语特殊之处,也正是学习者学习的难点,学习者采取回避主要源自畏难心理,在尚未掌握这些词的情况下,与其在作文中运用这些词而导致出错,还不如不用,以避免直接面对挑战。

3.1.2 句型回避

在写作时,外国学习者由于汉语句法知识的欠缺,也常常表现出一些回避现象,方式主要有四种:

(1) 正式与非正式句型

在正式与非正式句型的选择方面,学习者在写作中总是愿意使用正式句型,回避非正式句型。Levenston(1971)也曾指出学习者使用第二语言某些句法结构上的偏爱,当正式结构和非正式结构并存时,学习者倾向于使用正式结构,这种对某些结构过度的使用而对另外一些句式的排斥,Levenston 分别称之为"过度着迷"(over indulgence)和"表现不足"(under representation)。许多学习者更愿意选择句型 A 的原因是以为越正式越正确,这必然会导致语体与语境相矛盾的语用失误(pragmatic failure)。在学生的写作中我们发现这样的句子:

(32) 我的英语太差,<u>我学英语</u>学了十年,但<u>我</u>不会说<u>英语</u>。

句子的画线部分都是可以省略的,因为前面已经出现了所指相同的词。经询问,学生表示知道可以省略前面出现的词,但是觉得把句子的主谓宾各个部分都写出来更加保险。我们在调查问卷中问到例(31)的句子中"是否有可以省略的地方? 如果有,请用横线划出来"时,有65%的同学表示有可以省略的地方,但画线部分却只有14.3%的人画对。而在问到"你对上一题中省略句子中的某些成分有没有把握"显示,40.8%的学生表示不太有把握,51.2%表示没有把握。表示学生普遍喜欢使用正式的结构,而回避非正式的结构。

(2) 简单与复杂句型

在句型选择上,学习者常常避难就易、避繁就简。如汉语中的

状语成分以及定语成分以及连动句,外国学习者常常会拆成几部分来表达。如:

(33) 那个女人<u>生气了,出去了</u>。他决定第二天惩罚那个伙计。(生气地走出了商店)

(34) (有一个老人)他<u>下楼,摔倒了</u>。(下楼时摔倒了)

(35) 我喜欢吃中国的饭(中国菜),但是我<u>不会吃,用筷子</u>。(用筷子吃)

许多语言都有状语和定语,学习者在运用母语时也能够自如地使用状语和定语来准确表意,可一旦在第二语言中碰到需要用状语和定语来表意的情景时,学习者就会回避不用,宁愿用较长的句子来表达意思,即使这种表达累赘和不连贯,也不敢尝试运用状语和定语来整合句子。这是因为学习者对汉语中的状语和定语未能熟练掌握,害怕出错,故在该用的地方不能用、不敢用,而采用保守的方法来表达。在我们的调查问卷中有一道题,要求学生按照顺序用一句话把这些动作连在一起:起床、刷牙、洗脸、吃早餐、走路、上课。提示可能会用到"了"、"然后"、"就"等副词、助词、连词。有同学造出这样的句子,我们认为画线部分是对连动句的回避:

(36) 我早上起床,刷牙、洗脸了,<u>然后吃早餐。然后我走路了,上课了。</u>(我早上起床后刷了牙、洗了脸就吃早餐,然后走路去上课)

中国人对外国学习者的这种"外国式语言"非常熟悉,以致与外国人交流时,一般都会将就他们的这种讲话方式,甚至会将句子进行不合法的语法简化,如:"你去商店,和朋友一起?"(你和朋友一起去的商店?)

(3) 相似与相异的句型

一般来说,在学习目的语的某个句型时,如果学生的母语中有相似的句型,学生则会比较容易理解和接受;如果母语的法则与目的语正好相反,则可能回避目的语中的这种句型。

在学生作文中我们看到这样的句子:

(37) 拿小孩子来说,<u>他们的心情会感到舒畅如果能和他们的父母在一起</u>。(如果能和父母在一起他们的心情会感到舒畅)

在笔者把批改完的作业发还给这位印尼学生后,他询问笔者:"老师,'如果'不是可以放在后面吗?"经了解,原来他学习过"如果……"可以放在表示假设关系复句中的前一小句,也可以放在后一小句,但将其理解成假设部分可以放在结论之前或之后。而他的母语的习惯是假设部分出现在结论之后,所以在造句时选择了与母语一致的语序,而回避与母语相异的语序。

(4) 有标记和无标记的句型

我们检索了中山大学国际交流学院留学生的 167 篇作文(初级班到高级班)约 50 万字的语料,发现 91 个"被"字句,而意义被动句则只出现 7 个,全部出现在高级阶段的学生作文。这在某种程度上似乎可以表明学生更擅长使用有标记的"被"字句,而对无标记的意义被动句有回避的倾向。经调查,学生普遍存在判断被动句的"被"需不需要出现的困难。"被"字句比意义被动句更符合学生的认知特点,因此学生喜欢使用有标记的被动句而回避使用无标记的被动句。

事实上,被动句的被动标记包括"被"、"叫"、"让"、"给"四个,而学生的作文中却鲜见除"被"外的其他标记的被动句。我们设计过一份由 20 个口语化的被动句组成的卷子让留学生(2003 年 5 月,中级 2 班 10 人;2004 年 11 月,高级班、中级 2 班共 20 人)选择"被"、"叫"、"让"、"给"其中的任意一个填空,结果显示,"被"被选择的频率是最高的,达 63.5%,"让"字的频率是 19%,"给"字是 9%,"叫"字是 8.5%。这表明学生习惯使用"被"为标记的被动句,而对"叫"、"让"、"给"这三种标记的被动句有回避的现象。

出现这种回避现象的原因有三个:一是汉语有"被"、"叫"、"让"、"给"多种被动形式标志的表被动的句子习惯上以介词"被"为代表,统称为"被"字句。对于学习者来说,记住一个形式标记比记住四个要容易得多,于是对作为代表的"被"印象深刻。二是"叫"、"让"、"给"做介词除了表被动外,还可以表使役,"给"字还可以做助词加强句子的主动、被动语势。相比之下,学习者更愿意使用只有表被动一种语法功能、不容易混淆的"被"来表被动。三是许多语言中都有被动句,学习者将母语被动句的标志完全与"被"字对应。这样,当学习者需要表达被动意义时,脑海里立刻出现"被"字。此外,可能课本中、课堂上更多地涉及"被"字的用法举例,也给学习者造成错觉,因此更喜欢用"被"。

也就是说,对于汉语被动句而言,学生选择有标记的句型而回避无标记的句型,选择有标记的句型的唯一标记而回避其他多种标记。

3.2 文化回避

文化回避主要表现在对与母语文化习惯不符的表达的回避、对与自身身份地位不符的回避上。这些回避现象的出现原因除了可以用第二语言习得的理论来解释外,还可以用社会语言学的理论来解释。

3.2.1 对与母语文化习惯不符的表达的回避

中级班学习信件的写法后,笔者布置了写一封信的作业,有一位越南学生的信是写给笔者的,询问广州有什么地方好玩儿。文中应该出现"你"的地方全部用"老师"一词来代替。比如:"老师曾说过一个地方。"如果不明白此处这位学生是在回避"您/你"的话,就会以为"老师"特指其他某个双方都认识而且上文刚刚提及的"老师",造成误解。

称呼具有鲜明的社会性。Roger Brown 和 Albert Gilman 在关于第二人称代词 T(单数)和 V(复数)的研究(1985)中,提出了"权势(power)"和"同等关系(solidarity)"两个术语。许多国家都有这样一套对应同等关系和权势的 T(普通称)/V(尊称)的称呼模式,德语有 du/ihri,法语有 tu/vous,英语有 you/thou,俄语有 TbI/BbI,汉语有你/您等等。而越南语称呼语中的 T/V 系统特别的复杂:

T:对年龄比自己大的男士称 anh,女士称 chi;对年龄比自己小的男士或女士称 em;年龄与自己相当的则称 mày/mi/câu(分属不同方言,用来称比较熟的人)和 ban/ay(称不太熟、刚认识的人)。这八个词都对应于汉语表普通体的"你"。

V：没有表尊称的第二人称代词，若要表示敬体时则根据对方的年龄、性别、辈分、地位给予不同的称呼：

	一般情况	备 注
Ông	对年老的或在外交场合上地位、身份较高男士的称呼	也可以用来称呼"爷爷"、"外公"
Bà	对年老的或在外交场合上地位、身份较高女士的称呼	也可以用来称呼"奶奶"、"姥姥"
Bác	相当于汉语的"伯父"、"伯母"	没有亲属关系也可以用此代词称呼
Chú	相当于汉语的"叔叔"	同上
Thím	相当于汉语的"婶婶"	同上
Cô	相当于汉语的"姑姑"	同上
Dì	相当于汉语的"姨妈"、"阿姨"	同上

除了用这些亲属称谓来称呼对方表示尊敬外，对某些职业的从业者如老师、医生、审判官等还用专门的职衔称谓来表示尊敬。这些职业的共同点是代表崇高、正义、忘我，因此受到越南人特别的尊敬。比如老师一定要用表尊敬的 thầy（男老师）/cô（女老师）来称，不能用别的代词代替。正因为越南社会这种对老师特别尊重的社会现象的影响，越南学生虽然很早习得汉语"你/您"这两个第二人称代词，但不习惯用其来称呼老师。

3.2.2 对与自身身份地位不符的表达

在高级班的"议论文·正反议论"教学中，我们安排了"女性结婚后应不应该继续以前的工作"的题目，让学生自由分成正方、反方进行讨论，讨论完毕后双方再派出一位同学把己方的理由、论据说出来。反方在准备的时候，一位日本同学表示她们找不到可以支持她们观点的论据，我就提示她日本的雅子妃就是一个例子，她本来是前途无限的外交官，但嫁入皇室后就放弃了自己的工作，但她的人生有了别的意义，因为她承担起代表皇室形象的工作。但这位同学表示用皇室的例子不好，表示自己没有评价皇室的权利而回避用这个例子。我们认为这是回避对与自身身份地位不符的表达。

四 对存在回避现象的作文的评价

如上所述,回避现象可以分为"欲表意而不能"和"能表意而不欲"两种,所以对作文中所体现出来的这两种回避现象也要分别对待、不同评价。我们认为前者显示了学习者成熟的思维体系和不成熟的目的语水平的矛盾,而后者显示了学习者多年养成的母语思维习惯和刚刚接触的目的语文化的矛盾。对于后者,我们要尊重他们的文化习惯,在不影响交际的情况下可以允许这种回避存在。而对前者则要敏锐地察觉并予以重视。

如果说参考工具书和教材是写作中遇到问题最理想的解决方式、放弃表达原意是最不理想的解决方式,那么,对原语言形式的回避则可视为折中的办法。它显示了学习者在较低的目的语水平的制约下,为了成功表意所做的努力。我们认为这种努力是值得肯定的。

但是从长远来看,这种做法对于学习者的目的语水平的提高是无益的,因为回避会导致学生满足于简单的词汇和句式,而一再的回避又会强化害怕出错、畏难的心理,导致学习水平的停滞。正因为如此,我们对作文中的回避现象一定要加以重视,及时发现并和学生进行交流,鼓励学生使用新词汇和新语法点,减轻学生对犯错误的担忧。也因为如此,对于使用了新词汇和新语法点的文章,不管有没有错误,都要给予表扬和适当加分。而对于有明显的回避现象的作文,即使语法错误少,也不适宜给予高分,以免鼓励学生过度使用回避策略。

附注

① 本文中的"实词"、"虚词"不完全等同于实词、虚词(黄伯荣、廖序东,1997),不以功能为主要依据,而以意义为区分标准,意义实在的为"实词",意义比较空虚的为"虚词",因此将副词归入"虚词"一类。

② 题目是:如果你学过一个词(比如"蝴蝶"),你在写作文的时候想要用到

这个词,但是你又想不起来,你会怎么办? A. 改用一个意思相近的词,如"昆虫"、"飞虫"。B. 用母语或者其他语言(如英语)表示出这个词,如"butterfly"。C. 用很长的句子表示出这个词的意思,比如"会飞的一种小虫,有很漂亮的翅膀,会采蜜的"。D. 写出这个词的拼音 húdié,让老师明白你要写什么。E. 写到这个词的时候空两个格,希望老师可以理解你的意思帮你填上去。F. 问别的同学这个词怎么写。G. 查汉语词典找出这个词。H. 查母语汉语的双语词典(如韩汉词典、日汉词典)。I. 查电子词典或者上网。J. 放弃表达这个意思。

参考文献

黄伯荣、廖序东,1997,《现代汉语》,北京:高等教育出版社。

李大忠,1996,《外国人学汉语语法偏误分析》,北京:北京语言文化大学出版社。

林汝昌,1995,母语对学习目的语的干扰,《外语教学》第 1 期。

鲁健骥,1994,外国人学汉语的语法偏误分析,《语言教学与研究》第 1 期。

罗青松,1999,外国人汉语学习过程中的回避策略分析,《北京大学学报》第 6 期。

阮周林,2000,第二语言学习中回避现象分析,《外语教学》第 1 期。

田善继,1995,非对比性偏误分析,《汉语学习》第 6 期。

吴 平,1999,从学习策略到对外汉语写作教学,《汉语学习》第 3 期。

Blum, S. and E. A. Levenston. , 1978, *Universals of lexical simplification*. Language Learning 28.

Brown, R. and Gilman, A., 1985, The Pronouns of Power and Solidarity,《社会语言学译文集》,北京大学出版社。

Ellis, R., 1985, *Understanding Second Language Acquisition*,上海外语教育出版社。

Ellis, R., 1985, *The study of Second Language Acquisition*. Oxford University Press.

Els, T., 1983, *Apllied linguistics and the learning and teaching of Foreign Languages*. Edward Arnold.

Levenston, E., 1971, *Over-indualgence and under-representation:aspects of mother tongue interference*. Nikel.

Schachter, J., 1974, *An error in error analysis*, Language Learning 24.

否定结构的熟悉度对留学生选择"不"和"没"的影响

李 英

中山大学国际交流学院

提 要 本文通过个案调查和小组调查,探讨不同层次的学习者在习得"不"和"没"的过程中,是否受到了套语或者记忆语块的影响。调查显示,记忆语块是影响学习者习得"不"和"没"的因素之一,随着学习者汉语水平的提高,这种影响会逐渐减弱。

关键词 否定结构 熟悉度 套语 语块

一 引 言

有关否定词"不"和"没"的研究是汉语本体研究的热点之一(如李瑛,1992;石毓智,1992;沈家煊,1995;郭锐,1997;卢福波,2002)。随着研究的深入发展,人们对"不"、"没(有)"的否定意义和用法的认识也日益深入。但在对外汉语教学中,"不"和"没(有)"仍然是教学难点。

那么学习者是如何学习"不"和"没"的呢?他们在学习语法规则的过程中运用了哪些策略?这些策略对我们的教学和研究会有什么启发?探讨这些问题,可以促进本体研究,并使我们的教学和研究更具有针对性,从而有助于学生更有效地习得"不"和"没"。

李英(2004)在对 2 班学习者(入校水平略高于零起点)的跟踪调查中发现,学习者在习得否定结构的过程中似乎是把否定结构当做一个个固定的语块来记忆,并不完全是按语法规则来使用。熟悉度高的否定结构,学习者使用时偏误就少;熟悉度低的否定结构,学习者在使用中就会出现较多的错误。

Ellis(1999)在探讨学习策略时,首先对两种语言产品进行了区分:套语和创造性话语。

创造性话语(creative speech)是二语规则的产物。所谓"创造",指的是学习者根据规则来建造其中介语系统。相对地,套语(formulaic speech)是不用经过规则分析而作为整体来学习、记忆的语言单位,它在二语习得中非常常见,尤其是在学习的初始阶段。套语又分为惯用语(routines),即完全作为一个记忆语块来学习的整体的语句,如"I don't know.""How do you do?"等;结构(patterns),即只是部分不可分析的、具有一个或更多开放空位的语句,如"Can I have a _____?""There is no _____."等。在二语习得研究理论中,"语块"与"套语"紧密相关。语块是一句话中意义相对独立、可以分开的几个部分,可以是一个短语,也可以是一个小句。那些使用频率高、具有交际功能的"记忆语块"(memorized chunks)就是一种"套语"。

这些研究成果为我们的调查研究提供了一种思路。"不知道"、"不认识"、"不习惯"、"还没……呢"等语言单位在汉语中的使用频率是相当高的。它们是否可以被视为一些"套语"或"语块"?学习者在习得否定词"不"和"没"的过程中,是不是的确将这些语言成分当做一个个现成的惯用语或结构来记忆的?这些记忆语块熟悉度的不同是否影响学习者对"不"和"没"的使用?

本文的调查研究就是由此出发,探讨学习者在习得"不"和"没"的过程中,是否受到了套语或者记忆语块的影响。

具体做法,个案调查和小组调查相结合。先对刚刚进入中级班学习的学习者进行调查,因为此时他们已学完汉语的基本语法点,初步掌握了有关"不"和"没"的语法知识。通过调查,发现问题,积累语料。然后在此基础上全面铺开,考察不同层次学习者使用"不"和"没"的情况。整个调查时间跨度为一年半。

二 个案调查

2.1 调查对象

共有 29 人接受了调查,他们都是刚由初级班升入中级一班学习的学生,汉语学习时间为 1 年。其中有 4 名学生精读课期中考试成绩不合格,他们的数据没有参加统计分析。另有部分测试内容有几位同学没有全部完成,在统计这些内容的数据时没有算入他们。

2.2 调查材料和设计

本次调查是通过语法测试来进行的,句中所用词汇都是《高等学校外国留学生汉语教学大纲(长期进修)》(附件)里的初等阶段最常用词汇。一共 38 句:

2.2.1 有"还"、无"还"的句子各 8 个(见附录 1)

此前,我们曾对留学生使用"不"和"没"的情况做过一次调查,发现当句子中出现"还"时,学生普遍倾向于使用"没"。因此,我们做出以下假设:在语法教学的初级阶段,"还没……呢"作为一个套语结构,影响学生对否定词的选择。

为了证实上述假设,我们设计了 8 对句子。每对句子的差异在于"还"是否出现在句子中,其他内容完全相同或几乎相同。如:

　　我想明天这个时候他一定还_____起床呢。/ 我想明天这个时候他一定_____起床。

2.2.2 能够区分语块熟悉度高低的句子各 6 个(见附录 2)

我们进一步假设,如果学生在选择"不"和"没"时的确使用了套语学习策略,那么,记忆语块使用频率的高低,即语块熟悉度的高低应该会影响他们在选择时的记忆提取,也就是说,越熟悉的语块越容易被提取出来。如果这一假设成立,那么就反过来证实了在习得"不"和"没"时,学生的确使用了套语策略。

我们根据学生在作文中运用否定结构的情况以及对学生(非中一班学生)进行的一个小型的前期口头调查,我们确定了 6 对共

12个句子来考察语块记忆是否为学习者的学习策略之一。每一对句子,或者核心动词相同,或者动词短语的结构类型相同,但其中某个句子所包含的否定结构对学习者来说,是常用的、熟悉度较高的语块,而另一个句子所包含的否定结构对学习者来说,是熟悉度较低的语块或者根本就不成为一个语块。如:

我_____想到他会来。/ 我_____认识到这个问题的重要性。

在这一组句子中,"没认识到"不如"没想到"常用,语块熟悉度较低。

2.2.3 有无过去时间词的句子各 7 个(见附录 3)

每对句子的主要差异为句中是否有表示过去时间的名词。如:

昨天我很累,_____想去李芳家。/ 现在我很累,_____想去李芳家。

这 14 个句子,只能用"不"的为 10 个,只能用"没"的为 4 个。

2.3 调查的实施

以上句子,分散在四张测试卷中,成对的句子都人为地弄散了,不出现在同一张测试卷中。

我们将测试分为两种方式实施,即时测试和分析测试:前者要求被试"凭感觉"快速作答,而后者要求被试经过认真的思考和分析慢速作答。

调查一共分 8 次进行,3 周内完成。

前 4 次测试为即时测试,要求学生对选择项"不"和"没"进行选择。测试在课堂上进行,隔天一次,一周内完成。教师将试卷发给每位学生之后,宣布开始答题,强调学生应尽快完成,不要思考。结果所有学生在 2 分钟之内完成。

后 4 次进行分析测试。我们将前四次测试题目重新组合,题目类型改为"语法填空"。测试也在课堂上进行。2—3 天一次,答题时间不限。教师在下课之前约 10 分钟时,将试卷发给学生,学生做完以后交给老师。

在测试进行过程中,教师未对"不"和"没"进行任何分析。

2.4 记忆语块对学习者选择"不"和"没"的影响

2.4.1 "还没……(呢)"的影响

在各组有"还"无"还"对应的句子中,使用的否定词都是相同的,有4组一定要用"没",两组一定要用"不",两组可用"不",也可用"没"。

一共有16位被试全部完成了此项内容的测试,他们的数据在统计中被采用。

我们统计上述8组句子在有"还"和无"还"的情况下每一位被试即时测试时选择"没"的数据,不管被试的选择是否正确。请看表1,其中X_1为在有"还"句子中,被试选择"没"的数据;X_2为无"还"句子中,被试选择"没"的数据。

表1 有"还"和无"还"时被试选择"没"的统计数据

学生	X_1	X_2	学生	X_1	X_2
1	4	1	9	7	0
2	6	4	10	6	1
3	3	1	11	4	1
4	6	2	12	5	2
5	3	1	13	5	3
6	4	1	14	5	4
7	5	1	15	7	0
8	4	1	16	8	0

我们运用T检验法来验证X_1与X_2这两个配对组的平均数是否存在显著差异。经过计算得出$T=5.76$,取$\alpha=0.01$,查自由度$(n-1)$T双侧分布表,其临界值为:$\lambda t=2.947$,$T>\lambda t$。故即时测试中被试选择"没"的次数X_1和X_2在$\alpha=0.01$的置信水平上存在显著性差异。

我们又按照以上步骤,统计被试在分析测试中选择"没"的数据,并对原始数据进行了T检验。请看表2。

表2 分析测试时被试选择"没"的情况

答题状态	X_1平均值	X_2平均值	X_d平均值	S_d	T	λt
分析测试	4.56	2.25	2.31	1.98	4.67	2.947

($\alpha=0.01$ n=16)

从表中数据我们可以看出,在 $\alpha=0.01$ 的显著性水平上,两种测试中的 X_1 和 X_2 之间都存在显著性差异,而且在即时测试中,这种显著性更加明显。

换言之,统计结果表明,在有"还……(呢)"的句子中,学习者使用"没"的频率明显高于无"还……(呢)"的句子。

"还没……(呢)"结构在初级汉语教学中,作为一个用以表达没有实现但未来一定会实现的功能的固定结构,在课堂上专门讲授、操练过,在日常生活中使用频率也很高,学习者对这一结构非常熟悉。因此,他们倾向于把"还……(呢)"和"没"结合在一起,作为一个套语结构使用,反映在测试中,就是见到"还"就倾向于选择"没"。

这一统计结果证明了我们的假设:"还……(呢)"作为一个套语结构影响学习者对"不"和"没"的选择。这实际上表明,中级阶段的留学生在习得"不"和"没"时仍然会采取套语学习策略。

2.4.2 语块熟悉度对学习者正确选择"不"和"没"的影响

对于6组包含不同熟悉度的语块的成对句子,我们统计了每一位被试在"不"和"没"之间做出正确选择的句子数,然后对这些成对的原始数据进行了t检验(表3)。

表3 语块熟悉度高低对学习者正确选择"不"和"没"的影响

答题状态	Y_1平均值	Y_2平均值	Y_d平均值	S_d	T	λt
即时测试	5.65	4	1.65	0.95	7.86	2.861
分析测试	5.6	4.3	1.55	0.71	8.12	2.861

($\alpha=0.01$ n=20)

Y_1 为在6个包含熟悉度高的语块的句子中,每一位被试的正确句子数;Y_2 为在包含相应的熟悉度低的语块的句子中,每一位被试的正确句子数。从表中数据我们可以看出,在 $\alpha=0.01$ 的显著性水平上,两种测试中的 Y_1 和 Y_2 之间都存在显著性差异。也就是说,语块熟悉度高低影响学生正确使用"不"和"没"。语块熟悉度高,使用否定词"不/没"的正确率远远高于熟悉度较低的语块。值得一提的是,在这6组句子中,"没认识到"的正确率最低,仅为30%,对留学生来说,这一结构还根本不成为一个记忆语块,这也充分说明了记忆语块是影响留学生使用"不"和"没"的一个重要因素。

  Marcus在其对儿童习得英语不规则动词过去式的研究中发现,儿童实际上通过三个方式来学习不规则动词。第一是他们通过语言缺省规则(default rule)来学习。这一规则表明,在动词后面加"ed"就形成了过去时态。第二是记忆。如果一个动词不规则,那么它的过去式就储存在儿童的记忆里。越是经常储存的不规则动词,记忆就越准确。第三种是规定的先后顺序。如果儿童成功地提取了正确储存的形式,他今后就会经常使用,反之,儿童则会回到语言缺省规则。Marcus和他的同事进一步指出,当儿童在使用不规则动词过去式时犯的错误,其起因是记忆上的限制,而不是由于学习了不准确的语法规则引起的。换言之,一个儿童听到动词的正确形式越多,应该更可能使用正确的动词过去时,这很可能就是因为儿童"记住"了它们。(John. B. Best,2000)

  "没"和"不"的使用,会因为动词类型的不同而表现出超出"规则"的例外。因此,上述对儿童习得母语的认知心理学研究结论有助于我们分析前述的统计结果。被试的正确率差异显示出语块记忆的重要性,越是经常使用的语块,他们的记忆就越准确。相应地,他们的错误很可能是因为没能记住不那么常用的语块,而不是因为没能掌握正确的语法规则。按照常理,即时测试的准确率应该低于分析测试,但从统计结果来看,两次测试的正确率并无显著差异,这从另一个方面说明了错误的根源在于语块记忆而非语法规则。

2.5 小结

  总结前面一部分的数据统计和讨论,我们可以对进入中级阶段不久的汉语学习者习得"不"和"没"的情况做出以下描述:
  (1)"还"和"没"的"密切关系"以及语块熟悉度高低与正确率

的正相关关系表明,记忆语块是影响学习者习得"不"和"没"的因素之一。也就是说,他们仍然保持了二语学习初级阶段学习者常用的套语/记忆语块策略。

(2) 总体而言,学生在分析测试中的表现只略微好于即时测试,这说明学生对相关规则的掌握还很有限,而且有可能他们还处于更依赖套语/记忆语块策略来进行学习的阶段。这需要进一步的论证。

三 小组调查

3.1 调查对象

在中山大学对外汉语系初2班、初4班、中级1、2班和中级3、4班或本科班学习的留学生,他们学习汉语的时间分别为半年、1年、1年半、2年或以上。本文将他们分为初级一、初级二、中级一、中级二这四个层次。

为了尽可能使测试科学、准确,每个层次接受调查的学习者都超过了40人,但实际上只采用了30人的数据。采用的标准是:期末考试成绩合格或取得相应的HSK考试等级,完成了全部测试内容,每个层次的被试背景限制为韩语(8人)、越南语(6人)、英语(4人)、印尼语(4人)、泰语(4人)、日语(4人)。

3.2 材料和设计

本次调查形式是语法填空,测试题分为三种类型:

3.2.1 有"还"、无"还"的句子各16个(见附录4)

其中4对句子的动词为心理类动词:想、认识、知道、懂。4对句子的动词为行为类动词:睡觉、回家、起床、结婚。4对句子的谓词:想过、认识到、看懂、学会,只能被"没"否定。还有3对句子的谓词是:会唱、熟、好、习惯。

每对句子的差异在于"还"是否在句中出现,其他内容完全相同或几乎相同。如:

我想明天这个时候他一定还_____起床呢。／我想明天这个时候他一定_____起床。

我们的目的就是想考察学习者否定不同类型的动词时,是否都受到了"还"的影响。

3.2.2 能够区分语块熟悉度高低的句子各 6 个(见附录 5)

根据前次的个案调查情况,我们确定了 6 对共 12 个句子用来考察语块记忆是学习者的学习策略之一。每一对句子的处理方法跟个案调查中的有关测试内容相同。

另外,我们还根据学习者的作文情况以及对学生的个案跟踪情况,设计了 3 个句子,这 3 个句子否定词后边的词语为"亮"、"瘦"、"能",都应该使用"没"否定,如:"他家灯没亮,他一定不在家。"但学习者从未这样使用过,对学习者来说是熟悉度很低的否定结构。我们假设学习者在否定这些词语时,正确率会很低。

为使测试更为科学合理,有据可依,我们在正式测试之前让 30 名不同地域、不同职业的说本族语者[①]完成了这 50 道测试题。根据他们使用"不"和"没"的情况,对测试题做了一定的调整,并将他们的选择作为分析判断的重要依据。

3.3 调查结果及分析

3.3.1 "还……(呢)"的影响

在 16 组有"还"无"还"对应的句子中,使用的否定词相同。其中有 7 组一定要用"没",4 组一定要用"不",5 组可用"不"也可用"没"。我们统计了各层次的被试在第一类测试题中使用"没"的数据,不管被试的选择是否正确。请看表 4。

表 4 各层次的被试在有"还"无"还"的情况下使用"没"的人数

	初级一		初级二		中级一		中级二	
	有"还"	无"还"	有"还"	无"还"	有"还"	无"还"	有"还"	无"还"
想	15	0	16	2	10	3	4	2
认识	14	2	15	2	15	1	6	1

续表

知道	7	0	2	0	2	2	0	0
懂	12	1	10	0	9	5	2	0
起床	23	16	20	13	22	12	17	13
回家	22	12	25	22	21	20	13	10
睡觉	24	18	29	15	25	18	15	7
结婚	29	25	28	28	30	30	30	30
看懂	24	20	28	20	29	25	25	22
想过	27	23	29	24	29	30	30	30
认识到	15	8	18	7	20	8	19	20
学会	30	25	26	23	26	22	28	30
习惯	18	3	16	8	16	10	11	4
好	29	19	19	17	28	20	26	22
会	11	0	8	0	1	0	3	0
熟	29	13	24	15	28	20	26	22
平均	20.6	11.6	19.6	12.3	19.4	14.1	15.9	13.3

由上表我们可以发现：各个层次在有"还"和无"还"的句子中使用"没"的数据是大不相同的。不管哪类动词，只要前面出现"还"，各层次的被试就较多地使用"没"。而没有"还"的句子，使用"没"的频率就显著减少。这说明，"还没……（呢）"作为一个套语结构影响学习者对"不"和"没"的选择，而且这种影响会因动词的不同而发生变化。

有"想过"、"看懂"、"知道"等词语的句子，各层次的被试使用"没"的频率没有因"还"的出现而增加很多。这说明学习者对这些词语的否定有较为清晰的认识，因为它们只受"没"或"不"的否定，在日常生活中也常用，信息刺激量大，学习者自然对这些否定结构非常熟悉。"没结婚"这一否定结构学习者也经常接触，因此句中有"还"无"还"对他们使用"没"影响不大。

让人感到惊讶的是，"想"、"认识"、"会"、"懂"这几个词，有的只能用"不"否定，如"会"；有的多受"不"否定，用"没"时不太自由，如"认识"、"想"、"懂"。学习者在无"还"的情况下，基本上是用"不"否定的，一旦出现"还"，"没"的使用率就大增。如"我要考大学，_____想结婚"这个句子,选"没"的人数一共只有7人,而有了"还"以后,选"没"的人数就大增,特别是初级一、初级二、中级一,选"没"的人数增加了15、14、7人。仔细分析,我们可以发现,虽然学习者最先接触到的或接触得最多的是"不想"、"不认识"、"不会"、"不懂",但在学习过程中他们也听到有人说"没想"、"没懂"、"没听懂"、"没学会"、"没认识到"等用"没"否定的结构,而他们又不清楚到底什么时候该用"没",因此,一看到"还",就对用"不"来否定发生动摇,在无法进行正确的语法分析的时候,就会将"没"作为一个简单的判断标志。而到了中级二阶段,学习者的认识不再模糊,因此即使句中出现"还",他们也不会简单地用"没"来否定。

由学习者对"习惯"的否定情况,我们也可以看出由于否定的复杂性给学习者带来的困惑。"不习惯"是学习者常用的否定结构,可以用在过去时间,如:"去年我刚来的时候,我不习惯这里的天气。"但也可以说:"这里的生活我还没习惯。"学习者分不清到底什么时候该用"不",什么时候该用"没",因此见到"还",当然就倾向于选"没"。如初级一的被试,在无"还"时只有3人选"没",而句中有了"还",选"没"的人就增加到18人。

总之,从各层次的被试使用"没"的情况来看,在否定能受"不"、"没"否定的心理类动词以及形容词时,学习者受"还没……"的影响更多。特别是初级一的被试。初级一被试在否定"想"、"认识"、"懂"、"知道"、"习惯"、"熟"、"好"时,有"还"无"还"使用"没"的人数差异为12.3,而否定"起床"、"回家"等行为类动词,有"还"没"还"时使用"没"的人数差异只有6.3。

从表4中我们还可以看出,随着留学生汉语水平的提高,"还……(呢)"对学习者使用"没"的影响也逐渐减弱。请看图1(表中纵轴是使用"没"的人数)。

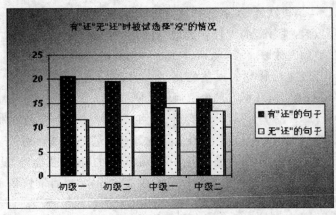

图 1

3.3.2 语块熟悉度对学习者正确选择"不"和"没"的影响

我们统计了各层次被试在"不"和"没"之间做出正确选择的句子数,并计算出正确率。请看图 2 和表 5:

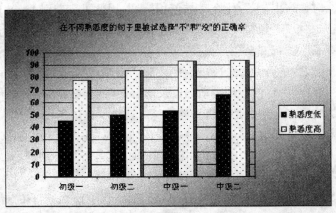

图 2

表 5

	初级一	初级二	中级一	中级二
没认识到	27%	23%	27%	67%
没想到	47%	67%	90%	93%
没记住	53%	63%	50%	77%
记不住	73%	100%	100%	100%
没弄懂	40%	27%	53%	67%
没看懂	67%	60%	83%	73%
吃不下	53%	80%	100%	100%
听不懂	93%	100%	100%	100%
没黑	40%	50%	50%	47%
不黑	100%	97%	83%	100%

　　以上表格显示出的正确率差异充分显示出了语块记忆的重要性。"没想到"从初级二开始就经常被学习者使用，这一否定结构对学习者来说是非常熟悉的，就有可能作为一个记忆语块储存在学习者的大脑中。这也正如我们前面所说的，越是经常使用的语块，学习者的记忆就越准确。而"没认识到"对学习者来说是非常陌生的，即使这一结构的类型跟"没想到"一样，否定的规则一样，但学习者还是无法正确使用"没"。可以说出现错误的根源并不是语法规则而是没能记住那些不那么常用的语块。

　　表中的数据还显示出，初级一层次的被试受语块熟悉度的影响似乎没有初级二和中级一的被试那么大。其实这也真实反映出了被试的汉语水平。对初级一的被试来说，由于汉语水平还不高，很多汉语的否定结构对他们来说都不是十分熟悉，还来不及成为一个语块储存在大脑中。反映在测试中，就是有相当一部分的否定结构，初级一的被试使用"不"和"没"的正确率都很低。而随着汉语水平的提高，有的否定结构因为经常被使用，就成为了一个记忆语块，而另一些否定结构对他们来说依然比较陌生，因此中级一的被试在包含不同熟悉度的语块的句子中使用"不"和"没"的正确率差异最为明显。而到了中级二，这种差异缩小了，表明学习者的习得水平提高了。

表6

不感兴趣		57%	57%	37%	40%
不喜欢		90%	93%	100%	100%
平均	熟悉度低	45%	50%	53%	66%
	熟悉度高	78%	86%	93%	94%

表6是学习者在作文中从未使用过的否定结构,对学习者来说是极为陌生的,因此不同层次的被试使用"不"和"没"的正确率就都很低。特别是用否定词否定"能",所有的本族语被试在这一句中都选择使用"没",但留学生却很少使用"没",因为在他们的记忆语块中,没有"没能"这一否定结构。这也进一步证实语块熟悉度高低影响学习者对"不"和"没"的使用。

3.4 小结

对不同层次的被试所做的调查也充分显示出记忆语块是影响学习者习得"不"和"没"的因素之一。随着学习者汉语水平的提高,这种影响会逐渐减弱。

四 对教学的启示

我们认为本次调查研究的结果对"不"和"没"的教学有一定的启示意义。

就目前的状况而言,在初级基础阶段前期的相关语法点出现之后,通常的教学编排就再也没有针对"不"和"没"的教学了。而进入中级阶段以后,作为主干课程的精读课教学又以课文中出现的具体词汇和语法点展开的,更无法系统地讲授类似的语法规则。我们相信这就是导致中级层次的学生仍然会犯类似"太早了,明天9点我不起床呢"这种错误的根本原因,因此进一步巩固和深化初级阶段所学的语法点,这是我们中级阶段的教学应该注意的问题。

具体到怎么教的问题,根据调查结果,我们提出以下观点:

(1) 不同层次的被试在使用"没"时会将"还"作为一个形式标记,而语言事实是"不/没"的使用跟"还"没有任何关系,可以说"还没……"结构会干扰学习者正确使用否定词"不/没"。因此在教学中,不宜突出这一结构,专门进行讲和练。

(2)否定不同类型的词语使用的否定词是不一样的。有的词语可以自由地被"不"和"没"否定,有的只能用"不"否定,有的只能用"没"否定。在具体的上下文中,"没"和"不"又往往不能自由替换。根据这一语言事实,再结合学生仍然使用套语/记忆语块来进行学习的特点,我们可以把一些特殊的否定作为记忆语块来进行强化输入。

Marcus的研究表明:"父母使用具体的不规则动词越多,他或她的孩子就越有可能使用不规则过去时的形式。"同理,我们在教学中,应尽可能多地使用"不规则的否定",使之尽快通过语块记忆的方式进入学习者的中介语系统。逐渐地,学生们也会意识到某一类动词或某一种情况下,只能使用某种否定方式。

附录1

1. 这篇文章太难,我还_____看懂。/ 这篇文章太难,我_____看懂。

	初级一	初级二	中级一	中级二
他家灯____亮,他一定不在家。	33.3	20%	23%	30%
她每天只吃一点儿东西,可是一个月以后,她还是瘦。	30%	47%	47%	57%
昨天的比赛我们打得不错,可是运气不好,最后能进前四名。	3.3%	0%	13.3%	33.3%

2. 如果明天你还_____收到他的email,你就告诉我。/ 如果你明天_____收到他的email,你就告诉我。
3. 我还_____认识到这个问题的重要性。/ 我_____认识到这个问题的重要性。
4. 我刚来,还_____认识他。/ 我刚来,_____认识他。
5. 妈妈问我:"你怎么还_____睡觉?"/ 妈妈问我:"你怎么_____睡觉?"

6. 如果明天晚上十点他还_____回家,你就给我打个电话。／如果明天晚上十点他_____回家,你就给我打个电话。
7. 我想明天这个时候他一定还_____起床呢。／我想明天这个时候他一定_____起床。
8. 我还_____知道他明天回不回来。／我_____知道他明天回不回来。

附录 2

1. 这篇文章太难,我_____弄懂。／这篇文章太难,我_____看懂。
2. 我_____认识到这个问题的严重性。／我_____想到她会来。
3. 我去海边玩儿了好几天,不过皮肤_____黑。／你的皮肤_____黑,穿这件衣服很合适。
4. 名字太长,我_____记住。／你们说的话我都听_____懂。
5. 我_____想过出国留学。／我_____去过北京。
6. 我小时候,对游泳_____感兴趣。／我小时候,_____喜欢游泳。

附录 3

1. 去年我刚来的时候,_____习惯这儿的天气。／玛丽刚来,_____习惯这儿的天气。
2. 昨天我很累,_____想去李芳家。／现在我很累,_____想去李芳家。
3. 来广州以前,我_____认识他。／我刚来,_____认识他。
4. 上个月,他常常_____来上班。／他常常_____来上班。
5. 上星期,爸爸工作很忙,天天都_____在家。／阿里_____在,他去图书馆了,你去那儿找他吧。
6. 昨天我_____收到他的 email。／如果你明天_____收到他的 email,你就告诉我。
7. 昨天讲的语法太难,我_____听懂。／这篇文章太难,我_____听懂。

附录 4

1. 我刚来,_____认识他。／我刚来,还_____认识他。
2. 我_____知道他明天回不回来。／我还_____知道他明天回不回来。
3. 老师,我_____懂,请你再讲一遍。／老师,我还_____懂,请你再讲一遍。

4. 我要考大学,还_____想找男朋友。/ 我要考大学,还_____想找男朋友。
5. 太早了,明天九点我_____起床呢。/ 太早了,明天九点我还_____起床呢。
6. 如果明天晚上十点他_____回家,你就给我打个电话。
  / 如果明天晚上十点他还_____回家,你就给我打个电话。
7. 她今年三十岁,_____结婚,你和她很合适。
  / 她今年三十岁,还_____结婚,你和她很合适。
8. 这么晚了,你怎么_____睡觉? / 这么晚了,你怎么还_____睡觉?
9. 这篇课文太难了,我_____看懂。/ 这篇课文太难了,我还_____看懂。
10. 我_____认识到这个问题的重要性。/ 我还_____认识到这个问题的重要性。
11. 我在中国住了一年,可是_____学会唱中文歌。
  /我在中国住了一年,可是还_____学会唱中文歌。
12. 你说的这件事,我还_____想过。/ 你说的这件事,我还_____想过。
13. 甲:你尝尝,牛肉熟了吗? 乙:_____熟,再煮几分钟。
  / 甲:你尝尝,牛肉熟了吗? 乙:还_____熟,再煮几分钟。
14. 孩子:妈妈,可以吃饭了吗? 妈妈:饭_____好,再等一会儿。
  / 孩子:妈妈,可以吃饭了吗? 妈妈:饭还_____好,再等一会儿。
15. 他已经十八岁了,_____会自己洗衣服。/ 他已经十八岁了,还_____会自己洗衣服。

附录 5

1. 这篇文章太难,我_____弄懂。/ 这篇文章太难,我_____看懂。
2. 我_____认识到这个问题的严重性。/ 我_____想到她会来。
3. 我去海边玩儿了好几天,不过皮肤_____黑。/ 你的皮肤_____黑,穿这件衣服很合适。
4. 名字太长,我_____记住。/ 名字太长,我记_____住。
5. 菜不好吃,我吃_____下。/ 语法太难了,我听_____懂。
6. 我小时候,对游泳_____感兴趣。/ 我小时候,_____喜欢游泳。

附注

① 这30名说本族语者包括4名报刊社记者、编辑,10名对外汉语教师,10名MBA学员,3名中学语文教师,3名公司职员。其中南方人17人、北方人13人。

参考文献

白　荃,2000,"不"、"没(有)"教学和研究上的误区,《语言教学与研究》第3期。
戴耀晶,1997,《现代汉语时体系统研究》,杭州:浙江教育出版社。
郭继懋、郑天刚,2002,《似同实异——汉语近义词表达方式的认知语用分析》,北京:中国社会科学出版社。
韩宝成,2000,《外语教学科研中的统计方法》,北京:外语教学与研究出版社。
李　瑛,1992,"不"的否定意义,《语言教学与研究》第2期。
李　英,2004,"不/没＋V"的习得情况考察,《汉语学习》第5期。
刘润清、胡壮麟,1999,《外语教学中的科研方法》,北京:外语教学与研究出版社。
沈家煊,1995,"有界"与"无界",《中国语文》第5期。
石毓智,1992,《肯定和否定的对称与不对称》,台北:学生书局。
史锡尧,1995,"不"的否定对象和"不"的位置——兼谈副词"不"、"没"的语用区别,《汉语学习》第1期。
王建勤,1997,"不"和"没"否定结构的习得过程,《世界汉语教学》第3期。
赵立江,1997,留学生"了"的习得过程考察与分析,《语言教学与研究》第2期。
周小兵、赵　新,2004,《对外汉语教学入门》,广州:中山大学出版社。
朱德熙,1997,《现代汉语语法研究》,北京:商务印书馆。
Best,John. B.,1998,《认知心理学》,Heinle and Heinle Publishers, A Division of Internstional Thomson Publishing Inc(中文版),黄希庭主译,北京:中国轻工业出版社,2000。
Ellis, Rod, 1985, *Understanding Second Language Acquisition*, Oxford Universituy(中文版),上海:上海外语教育出版社,1999。
Shou-hsin Teng,1999, *The Acquisitiong of "了·le" in the L_2 Chinese*,《世界汉语教学》第1期。

留学生汉语报刊阅读中专有名词的识别与理解

彭淑莉

中山大学中文系

提 要 本文在教学实践和调查的基础上讨论留学生汉语报刊阅读中对专有名词识别和理解的两个问题:识别和理解汉语专有名词的常用策略、识别和理解汉语专有名词的偏误类型及其原因分析。目前国内对留学生习得汉语专有名词的研究报告还很少,本文试图对此进行多方位描述,以期发现某些规律性现象并尽可能地做出解释。

关键词 专有名词 识别 理解 策略 偏误

引 言

汉语中的名词可进一步分为普通名词和专有名词两类。随着经济和社会发展,不断会有新的专有名词出现,这种不稳定性使专有名词成为一个量大且层出不穷的开放集合,其中绝大多数无法收入普通的语文词典。此外,汉语不是分词书写,且专有名词无特殊标志,不像印欧语那样可以通过大写字母明显地区别于普通词。这些都给外国人的汉语学习造成很大困难,在阅读汉语报刊时表现尤为明显。留学生在没有分词书写和无特殊标志的情况下要想识别和理解汉语专有名词,很大程度上必须依其知识水平、思想状况以及对汉语语言习惯和知识的了解。本文将具体讨论留学生在汉语报刊阅读中对人名、国名、地名、机构组织名识别和理解的情况。

一 调查对象和方式

本文的主要调查对象为中山大学国际交流学院中级3班、4班的36名留学生,具体情况如下:韩国16人、日本9人、俄罗斯5人、越南3人、印尼1人、保加利亚1人、罗马尼亚1人,他们从2004年9月首次接触汉语报刊阅读课。此外还不定期地调查了:a.高级班日本学生2名、俄罗斯学生1名;b.基础粤语班澳大利亚学生1名(以前上过汉语报刊阅读课);c.韩国研究生2名,越南研究生2名,日本研究生1名。

所用的调查材料均选自汉语报刊1以及汉语报刊教材2,其中全文10篇、节选18段。调查方式是让对象阅读汉语报刊文章,并在阅读过程中找出专有名词,指出是什么的名字以及为什么觉得那个词是专有名词。然后再通过个别访谈和问卷调查的形式,了解对象如何识别理解专有名词以及为什么会出现种种偏误。

二 留学生识别理解汉语专有名词的常用策略

阅读汉语报刊时,留学生怎么知道某个词是专有名词?他们又是如何理解那个词呢?大脑对此的处理过程是个看不见摸不着的"黑箱",我们只能通过调查来推断这个"黑箱"是怎样工作的,调查结果显示:在没有元语言知识(学习者通过向操母语者、老师请教或通过查阅教材、词典等进行识别和理解)的前提下,留学生识别理解专有名词常采用三种加工手段,即语际策略、语内策略和非语言策略。

2.1 语际策略
所谓语际策略,就是留学生通过与母语或其他外语中的专有名词进行对照来识别并理解汉语中的专有名词,最常见的是语音对照策略和汉字对照策略。

2.1.1 语音对照策略

这种策略主要适用于从外语中翻译过来的汉语专有名词。这类专名常与其来源语或其他语言中的对应词在发音上具相似性,这是阅读中语音信息被激活后对意义理解起积极作用的表现。例如"柏林(Berlin)、耶路撒冷(Jerusalem)、拿破仑(ナポレオン)",该过程的实现可如下图所示:

由此可见,相似性是该过程实现的关键。如果译后汉语专名的发音与来源语或其他语言中的对应词差异较大时,留学生的语音对照策略就很难适用。有一次笔者让学生阅读一篇关于巴西的新闻,有些日本学生看完了文章也不知道"巴西"是哪个国家,因为日语中"ブラジル"的发音与汉语相去甚远。同样的还有巴赫(ハンガリ)、埃及(Egypt)、海牙(Hague)。

2.1.2 汉字对照策略

日本学生在识别汉语专有名词时,因具有汉字背景往往会比其他母语背景的学生多用一种语际策略,即汉字对照策略。日语在表示中国人名、中外地名、中外机构名称时会用到大量当用汉字,尽管一些当用汉字在书写和读音上与汉语汉字有所不同,但从整体字形上仍能找到二者之间的相关性。例如:

江泽民(江沢民)　南极(南極)　京师大学堂(京師大学堂)

2.2 语内策略

语内策略较为复杂,是指留学生运用已有的汉语知识对专有名词进行识别和理解。这种策略反映了他们的汉语知识水平和语言习惯。

2.2.1 特证词策略

留学生利用某个词前后的特征词来识别其是否为专有名词,并进行理解。常用的特征词包括:

① 职位、头衔、称谓。它们常与姓名同时出现,或位于姓名

前,或位于姓名后,对识别理解人名有指示作用。例如:

(1) 广东省省长黄华华昨日在广州会见了到访的吉尔吉斯斯坦总理塔纳耶夫。
(2) 中国工程院院士、装甲兵工程学院教授徐滨士,在军事装备维修表面工程领域潜心研究了半个世纪。
(3) 记者顾兆农报道:6月26日,南京地铁一号线轨道实现全线贯通。

② "国"、"省"、"市"、"区"、"县"、"乡"、"镇"、"州"、"山"、"江"、"河"、"湖"、"海"、"路"等对识别理解地名有指示作用的词。例如:

(1) 泰山为申报花了十多年时间。
(2) 在北山路一带远眺西湖,西湖美景尽收眼底。
(3) 加州、新墨西哥州和德州是非英语家庭比率最高的地方。

③ "组织"、"机构"、"银行"、"大学"、"集团"、"公司"、"中心"、"法院"、"署"、"司"、"局"、"会"、"厂"等对识别理解机构名有指示作用的词。例如:

(1) 他们还见到来自美国国际开发署和国际红十字会的援助药品。
(2) 广州海事法院也查封了其全部资产。
(3) 昨日,创维集团在深圳总部召开七名董事亮相会。

2.2.2 上下文策略

留学生可运用专有名词所在句的上下文来缩小预测范围,因为句间的语义连贯性及衔接手段可能告诉学生某一句中的专有名词应当做什么样的理解。例如:

委内瑞拉新闻部长安德烈斯·伊扎拉19日证实,该国副总检察长达尼洛·安德森的汽车18日晚发生两次爆炸。

"委内瑞拉"对留学生来说是个陌生的专有名词,但是依据下一句中具有指代功能、起衔接作用的"该国"可以猜出它是国名。

特征词策略和上下文策略都是语境策略的具体表现。

2.2.3 句法策略

留学生利用句法信息对汉语专有名词进行识别和理解。这里的句法信息不同于语法研究中的句法分析,因为报刊阅读是很快的过程,学生来不及也不可能细致分析句法。我们所说的句法信息是指留学生在阅读时对汉语句法结构具有一些经验性的知识,且这种知识对他们识别理解专有名词能起到促进作用。

一些动词如"是"、"抵"、"说"、"离"、"指出"、"认为"、"表示"、"希望"、"报道"、"率领"、"会见"、"接受"、"发现"、"主持"、"呼吁"、"出席"等常紧接出现在主语位置上的姓名、机构组织名之后,例如:

(1) 库奇马表示,他支持从头开始新一轮的总统选举。
(2) 曾庆红会见了中国驻贝宁使馆人员、在贝医疗队、中资机构和华侨华人代表。
(3) 联合国呼吁交战双方和平解决当前的问题。

一些动词、介词、方位词能为留学生提供判断与处所相关的专有名词的句法信息。例如:

(4) 抵达北京/直奔巴士底/位于天河
(5) 在广州读书/从三亚至南海大沥的长跑活动
(6) 长城内外/番禺附近

由此可见,词在句中的位置以及与其他词的搭配关系也是留学生识别理解专有名词的重要手段。

2.2.4 旧词对照策略

留学生通过对照已知的汉语专有名词来识别理解新的专有名词。例如他们学过"英格兰"和"苏格兰",见到"乌克兰"、"芬兰"、"波兰"时,可大致猜出是国家名。又如他们由"西班牙"和"葡萄牙",可推出"海牙"是个地名。

2.2.5 汉语词汇常识策略

调查中笔者发现中级3、4班的部分留学生已初步具有汉语词汇常识。这种常识体现在结构和用字两方面。

现代汉语中双音节词占了相当大的比例,当一个词包含的汉字过多或在排列上与普通词的结构差异较大时,留学生可大胆地往专有名词方面去猜想。例如"尤文图斯"、"克里克"、"伊斯特赛德"这几个词,不少留学生的反应是"汉字的排法很奇怪、用字也很不同"。

该策略使外来专有名词有时比本土专有名词更易识别,因为它们在汉字使用和排列上与汉语普通词差异明显,而本土专有名词尤其是姓名和地名的用字不少又可同时以普通词或普通词的一部分参与句子活动。以汉语人名为例,"王"、"黄"、"马"、"高"、"牛"、"来"、"常"等既可单用为普通词,又可用于人名;"更"、"非"、"太"、"再"、"从"、"向"、"以"、"而"、"且"、"与"等虚词也可出现在人名中;还有的人名本身就包含一个可成词部分,如杨万里、冯胜利、孙国庆、蔡明亮、刘美丽……留学生在阅读时若处理不当,就会导致偏误。

2.2.6 符号标记策略

作为语言的有机组成部分之一,译名连接符号对留学生识别专有名词亦有帮助。例如:

（1）雅克·希拉克/乔治·华盛顿

（2）安妮·富尔达/罗伯特·巴乔

符号标记使部分汉语专有名词一目了然。

2.3 非语言策略

除上述语际、语内策略之外,留学生在阅读汉语报刊时还会使用非语言策略。

2.3.1 图片辅助策略

该策略与报刊的特性密不可分。新闻报道经常根据不同内容,插入照片和为配合文章而特别创作的插图,给读者以真切的视觉感受。例如《温家宝哈佛介绍真实中国》,文章附有一张图片可清晰看到 Harvard University 的字样,学生由此不难知道"哈佛"的意思。《〈上海公报〉奠定美中关系基础——记亨利·基辛格博士》一文附有基辛格的照片,学生很容易知道这个人名的具体所指。

2.3.2 普遍常识策略

留学生运用普遍常识和生活经验识别理解专有名词。例如：

（1）<u>开罗</u>是非洲最大的城市，也是一个沙漠绿洲。
（2）<u>渥太华市</u>位于加拿大东部，是加拿大的首都。

留学生已学过"非洲"和"加拿大"，再根据已有的地理常识，不难猜出"开罗"和"渥太华"的意思。

调查中我们发现留学生运用上述策略识别理解专有名词不可能一步到位，而是多种策略相互监控、相互调节的过程：运用策略→初步识别→识别检验→正确识别→理解反馈。例如：

（3）在埃及苏伊士运河上，一艘万吨巨型油轮抛锚，造成河道堵塞。

留学生先通过特征词策略识别出"<u>苏伊士运河</u>"，后在阅读过程中通过上下文策略改为"<u>苏伊士运河</u>"。又如：

（4）斯里兰卡东部重要港口城市亭可马里 29 日发生手榴弹袭击事件后，斯里兰卡警方随即宣布，亭可马里从当天起实施无限期宵禁。

不少留学生最初以为"<u>亭可马</u>"（地名）和"里"（方位）是两个词，后因为这两部分在文中多次共现而确认"<u>亭可马里</u>"是一个专有名词。

三　留学生识别理解汉语专有名词的偏误类型及原因分析

尽管留学生在汉语报刊阅读中可通过上述策略识别理解专有名词，但我们发现其中仍存在大量偏误。这些偏误不同于以往研究中从留学生说话和写作角度进行探讨的输出偏误，而是关系到他们是否理解、在何种程度上理解目的语的自行输入偏误。本文尝试性地将其分为两大类：切分偏误和理解偏误。

3.1 切分偏误

所谓切分偏误,即对汉语专有名词切分不当而导致错误理解的偏误。我们从形式上将其分为以下六类:

3.1.1 前缺省切分

留学生在阅读时把某个专有名词的前一部分当做普通词或普通词的一部分参与句子活动。例如:

(1) 从红海进入<u>地</u>中海。

造成这种偏误的原因主要有三种:

第一,专有名词的前一部分可表实在意,例如:

(2) 外语家庭增加最多的,还是<u>内</u>华达、佐治亚和北卡罗来纳州等西语裔移民增加最快的地区。

(3) 法国国家科学研究中心的中国问题专家<u>高敬文</u>说:"这将促使竞争。"

(4) 相比连接厦门本岛的<u>金</u>厦和平大桥的方案,大金门连接到厦门翔安区的金嶝大桥。

留学生误以为"内"是里面的意思,"高"和"金"分别用来修饰"敬文"和"厦和平大桥"。

第二,专有名词的前一部分被留学生误当做可表实在意的词,例如:

(5) 中国驻美大使<u>杨洁篪</u>也出席了演讲。

留学生把"杨"误认做"场",以为"中国驻美大使场"是一个机构。

第三,受前后并列专有名词的干扰。例如:

(6) 苏伊士运河始建于 1867 年,连接地<u>中海</u>和红海。

留学生由"和"可推知前后两个都是专有名词,又根据"红海"为双音节,类推出"中海"。

3.1.2 前羡余切分

留学生在阅读时误以为专有名词包含其前面的某个普通词或

普通词的一部分。例如：

（1）哈佛大学人文学院院长科比

造成这种偏误的原因主要有三种：

第一，受其后并列专有名词的干扰，将统领性的成分当做专有名词的一部分。例如：

（2）全长175公里，<u>扼欧</u>、亚、非三大洲交通要道，是一条具有重要战略意义的国际海运航道。

（3）有两百万人在家说汉语，比<u>操法文</u>、德文或意大利文的人还多。

"扼"、"操"统领其后的若干个并列项，正确的断句为：扼<u>欧</u>、<u>亚</u>、<u>非三大洲</u>/操<u>法文</u>、<u>德文</u>或<u>意大利文</u>。留学生受后面这些专有名词的干扰，就误以为"扼欧"和"操法文"也是与之并列的专有名词。

第二，专有名词前有一个去掉部分语素后仍可表实在意的词。例如：

（4）国家发展改革委员会主<u>任马凯</u>

（5）从今年下半年开始，再次加<u>大环湖景点</u>的绿地动迁工作。

（6）以国务院副秘书长<u>尤权</u>为组长的国务院工作组于11月28日晚到达西安机场后，连夜乘车赶往事故现场。

"主任"去掉"任"后，"主"仍可表人，如农场主、地主、救世主……"加大"去掉"大"后，"加"还是个可独立运用的动词；"秘书长"去掉"长"后，"秘书"仍是个意义完整的词。

第三，忽略了专有名词前还有表示语法关系的词。例如：

（7）在北京时间昨天凌晨主场<u>同尤文图斯</u>的比赛中，他们以2比2的结果制造了本赛季13轮意甲中的第11场平局。

留学生因特征词"主场"认为"同尤文图斯"是个专有名词，但却忽略了"同"是为了引进与事。

3.1.3 后缺省切分

留学生在阅读时把某个专有名词的后一部分看做普通词或普通词的一部分。例如:

(1) 斯里兰卡东部重要港口城市<u>亭可马</u>里 29 日发生手榴弹袭击事件。

形成后缺省切分的条件主要是专有名词的后一部分是或者含有可表实在意义的词,例如:

(2) 法国国家科学研究中心的中国问题专家<u>高敬</u>文说:"这将促使竞争。"

留学生以为"高敬"是人名,"文说"是指在文章中说过。

(3) 在<u>利比</u>里亚注册的"热带光辉"号油轮本想经过苏伊士运河,从红海进入地中海。

留学生对"在利比里亚注册"首先联想到的是汉语空间结构"在……里",于是就把"利比"当做地名,把"亚"当做"注册"的修饰语。

3.1.4 后羡余切分

留学生在阅读时误以为专有名词包含其后面的某个普通词或普通词的一部分。例如:

(1) 有人非常愿意到<u>哈佛演讲</u>。

后羡余切分主要有四个原因:

第一,不当地运用特征词策略。这是单一运用识别策略所致,若用多种策略稍加检验,这类偏误就可避免。例如:

(2) 记者<u>卡特林·本霍尔德发自巴黎</u>。
(3) 11 月 3 日,运河管理局局长<u>法德勒对媒体宣布</u>,通过苏伊士运河的船只数量大大增加,预计 2004 年运河收入将再创新高。

留学生把"记者"、"局长"后面所有的词看成一个专有名词,忽略了出现在主语位置上的人名之后还应有谓语成分。

(4) 以国务院副秘书长尤权为组长的国务院工作组于 11 月 28 日晚到达西安机场。

留学生以为"秘书长"前的汉字都是人名,但这样理解就会导致"以……为……"的结构不完整。

(5) 入世谈判"功臣"龙永图回应记者提问时坚定地说:"我个人愿意为贸易付出的代价承担任何责任。"

留学生以为一名叫"龙永图回应"的记者在提问时坚定地说出了那句话,与文章原意完全相悖。偏误原因有二:其一,不清楚说话的是中国人还是外国人,如果是中国人,不可能出现五个字的名字;其二,不理解"回应"的意思,因而无法知道"龙永图"和"记者"是被提问与提问的关系。

第二,受并列标志或假并列标志的干扰,例如:

(6) 全长 175 公里,扼欧、亚、非三大洲交通要道,是一条具有重要战略意义的国际海运航道。

留学生因为顿号而误以为"非三大洲"是与前两项并列的一个专有名词。

(7) 据悉,从明年 9 月份开始赫尔辛基将开通与广州的航线。

(8) 联邦总理施罗德将与日本首相小泉讨论双方共同关注的问题。

留学生以前学过"北京与上海"、"大卫与玛丽"这样的结构,知道"与"可连接并列项,但有时"与"只是假并列标志。"广州"是留学生已知的一个地名,但因前面出现了"与",他们便将"赫尔辛基将开通"理解为与广州并列的一个地名。"小泉"是留学生容易识别出来的人名,但因前面有"与",他们会将"施罗德将"整个看做一个与之并列的人名。

第三,对专有名词前后的普通词切分不当,例如:

(9) 以国务院副秘书长尤权为组长的国务院工作组于 11 月 28 日晚到达西安机场。

对"副秘书长"的错误切分导致留学生以为"国务院副"是一个专有名词。

(10) 一位与德国总理施罗德关系密切的官员说,柏林正"密切"关注法国扩大其在华市场份额的努力。

"密切关注法国扩大其在华市场份额的努力"本身就是一完整表达,因而留学生容易忽略其修饰语"正",视其为主语位置上的专有名词的一部分。

第四,专有名词后出现较难理解的普通词,例如:

(11) 英国前首相撒切尔夫人之子马克涉嫌资助这起未遂政变。(9例)

(12) 英国前首相撒切尔夫人之子马克涉嫌资助这起未遂政变。(8例)

(13) 英国前首相撒切尔夫人之子马克涉嫌资助这起未遂政变。(1例)

阅读这篇报道的 28 名留学生中只有 5 人知道"马克"是人名,后羡余切分的偏误率高达 64%。"涉嫌"对学生来说是一个较难的词,但该词的后一语素"嫌"和其后的词语"资助"、"助"则相对容易理解,这时他们就会把这些词前面的部分误作为一个专有名词,切分出"马克涉"、"马克涉嫌"和"马克涉嫌资"。

3.1.5 分裂式切分

留学生在阅读时误将一个专有名词切分为两个专有名词。例如:

(1) 委内瑞拉新闻部长安德烈斯·伊扎拉 19 日证实,该国副总检察长达尼洛·安德森的汽车 18 日晚发生两次爆炸。

分裂式切分主要有三个原因:

第一,留学生误认为一个专有名词内部具有领属关系,故将其切开。例如:

(2) 位于伊斯梅 利亚市附近的苏伊士运河航道上

(3) 11 月 3 日,运河管理局局长法 德勒对媒体宣布,通过苏伊士运河的船只数量大大增加,预计2004年运河收入将再创新高。

"伊斯梅利亚市"是一个城市名,留学生却将其理解为"伊斯梅的利亚市",这可能是受汉语或母语表达的影响,认为城市名应该只有两个字,如"广州市"、"大阪市"。"法德勒"是一个人名,留学生却将其理解为"法国的德勒",这是因为受已知专有名词的干扰,"法"作为法国的简称常出现在报刊中,例如"欧洲高度关注法中交往"、"中法两国建设伙伴关系"、"法新社"中的"法"都是指法国。

第二,留学生因为一个专有名词内出现表实在意义的词而将其切开。例如:

(4)*外语家庭增加最多的,还是内华达、佐治亚和北卡罗来纳州等西语裔移民增加最快的地区。

(5)*赤道几内亚检察机关指控英国前首相、"铁娘子"撒切尔夫人之子马克涉嫌资助这起未遂政变,但马拉博法庭未对其进行审判。

这两例偏误是因为他们受已知普通词的干扰。尽管很多学生无法理解切分后的两个所谓专有名词,但对普通词"来"、"内"意义的强烈感知仍会促使他们进行分裂式切分。

第三,留学生因为一个专有名词内出现连词"和"而将其切开。例如:

(6)相比连接厦门本岛的金厦和平大桥的方案,大金门连接到厦门翔安区的金嶝大桥,将更加有利于推动金门"经济特区"设想的实现。

阅读这篇报道的24名留学生中有6人将桥的专名误解为"金厦"和"平大桥",且均来自日本和韩国,而欧美及其他亚洲国家的学生却无此偏误。这是因为在日语和韩语中表达"和平"是用语素顺序和汉语相反的"平和",而不受母语干扰的其他留学生更易识别出"和平"。

3.1.6 合并式切分

合并式切分是相对分裂式切分而言,指留学生在阅读时误将两个或多个专有名词合并为一个专有名词。例如:

(1) <u>肯尼亚奈洛比市</u>的扫雷专家首次提出,应该将老鼠广泛利用于扫雷工程。

合并式切分主要有两类:
第一,专有名词之间没有连接词,例如:

(2) 此前该公司已经在<u>印尼雅加达</u>设立了连锁店。
(3) 克里克在<u>新泽西州纽瓦克</u>长大。

第二,学生忽略了专有名词之间的连接词,例如:

(4) 其中二湖位于<u>人民北水闸至蒲翠洲</u>一带,约9万多平方米。
(5) 他在<u>帕特森的伊斯特赛德</u>中学读书时,经常旷课,中学没毕业就参加了美国陆军。

"至"和"的"可以将两个专有名词分开,但留学生误以为它们是专有名词的一部分或忽略了它们的意思。

通过调查共收集到留学生的切分偏误172个,按偏误数量多少依次如下:后羡余切分(4)49个、前缺省切分(1)29个、前羡余切分(2)29个、合并式切分(6)23个、后缺省切分(3)22个、分裂式切分(5)20个。其分布情况如下图所示:

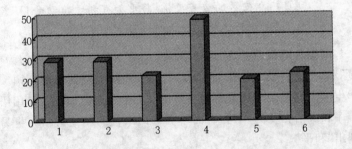

根据切分偏误的分布图,留学生在识别专有名词时更倾向于后羡余偏误,这主要有两个原因:一是简化手段所致。学生在阅读时总会对专有名词的起止范围进行假设,且努力地把假设限制在他们相对容易理解的范围内,一旦确定了起点,终点就更可能定在下一个他们容易理解但不一定是正确理解的词前。二是时限所致。限时阅读的过程不允许留学生有足够时间搜寻已有的知识并逐一检验,当他们认为已识别出某个专有名词后往往不愿在其后续部分停留过多时间。

前缺省、前羡余偏误的数量相同,均位于第二位,说明专有名词的起点亦是留学生易出现偏误的地方。分裂式和合并式是相对立的一组偏误,但合并式的数量略高于分裂式,这说明留学生在阅读时对专有名词的整合意识较强,当感知到一组汉字可能是专有名词时,他们不太倾向于对其内部做细致切分,而更愿意将其处理为一个整体,因此容易忽略专有名词之间的隐性间隔和显性间隔。

3.2 理解偏误

所谓理解偏误,是指对汉语专有名词切分正确但理解错误的偏误。

3.2.1 将普通词误做专有名词

例如:

(1)该国副总检察长达尼洛·安德森的汽车18日晚发生两次爆炸。
(2)在北京时间昨天凌晨主场同尤文图斯的比赛中
(3)在出事地点北段

诱发这类偏误的条件往往是特征词。"长"使留学生以为"国副总检察"是一机构名,"主场"使他们以为"凌晨"是主场的名字,"出事地点"使他们以为"北段"是一地名。

3.2.2 将人名误做物名

例如:

入世谈判"功臣"龙永图

大部分学生知道"功臣"表示人,后面应是人名;可一些学生不明白"功臣"的意思,又因有个"图"字,便将"龙永图"理解为图名、画名。

3.2.3 将国名误做机构名
例如:

(1) <u>委内瑞拉</u>新闻部长安德烈斯·伊扎拉19日证实……
(2) <u>赤道几内亚</u>检察机关指控英国前首相、"铁娘子"撒切尔夫人之子马克涉嫌资助这起未遂政变。

留学生以为"委内瑞拉"是新闻社或电视台的名字,"赤道几内亚"是检察机关名。

3.2.4 将地名误做人名、机构名
例如:

从明年9月份开始<u>赫尔辛基</u>将开通与广州的航线。

个别留学生可根据上下文中出现的"芬兰"判断"赫尔辛基"是该国的一个城市名称,但大部分学生都将"赫尔辛基"理解为人名或航空公司名,具体情况如下:

	地名	人名	航空公司名	识别但不能理解	未能识别或错误识别
中3	14%	28%	/	28%	28%
中4	13%	13%	6%	33%	33%

3.2.5 将机构名误做人名、地名
例如:

(1) 此次论坛上,将有包括法国<u>达能</u>、广东<u>移动</u>等在内的多家国内外知名企业老总出席并发表主题演讲。

"<u>达能、移动</u>等企业的老总"被留学生误解为"<u>达能、移动</u>等<u>企业老总</u>",因而他们以为"达能"和"移动"都是人名。

(2) 据<u>彭博</u>新闻社报道……

留学生将"彭博"理解为人名,是受"记者×××新华社报道"这种格式及汉语中姓氏用字"彭"的干扰,其实它是指美国的彭博

新闻社。

（3）大楼内有香港**汇丰**等六家金融机构。

有些学生通过"等六家金融机构"可以猜出"汇丰"是机构名；但也有学生根据"大地名＋小地名"的汉语常识认为"汇丰"是香港的一个地名。

3.2.6　缺失性理解偏误

所谓缺失性理解偏误，是指留学生可理解某一专有名词的本义但无法获取其蕴含的内涵意义、文化意义和情感意义。众所周知，专有名词并不仅仅局限于指代特定的人、国家、地点、机构等，有些还能使语言形象生动、用词经济，产生幽默、委婉、夸张的修辞效果，此时就具有了普通名词、动词、形容词的作用。

缺失性理解偏误常出现在跨文化阅读中，不同的文化背景知识往往会影响人们对特定专有名词的理解。以英语为例，Wall Street 指美国金融界，Downing Street 指英国政府，Waterloo 是比利时中部一城镇，1815 年拿破仑军队大败于此，其内涵意义为"惨祸"、"败根"。Charley 的文化意义是白人，Dear John 则指绝交信。

来看留学生阅读汉语报刊时理解这类专有名词的几个例子：

（1）学**雷锋**，从小事做起，从身边开始，上海十万青年为市民送温暖。

留学生可猜出"雷锋"是人名，但不了解为什么要学他、到底学他的什么。他们给出了如下理解：学习他做小事、学习他给市民送温暖、学习他去做志愿者、学习他做事令人佩服。

（2）真正的"**诸葛亮**"是人民群众。

东南亚国家受中国传统文化影响较深，日本、韩国、越南、印尼等国的学生大多知道诸葛亮是智者、足智多谋的人。而欧美国家的学生就不明白为什么用这个人来指人民群众，他们的理解是：人民群众跟诸葛亮一样做事很主动；人民群众跟诸葛亮一样胆大勇敢，遇到困难不放弃；人民群众像诸葛亮那样从本地的具体情况出发。

我们未统计理解偏误的分布情况,因为这类偏误的数量与不同语义类型的专有名词在报刊中的出现率有关,难以进行客观描写。

四　余　论

1. 留学生对专有名词的识别和理解也应该存在难度等级,但这种等级常内化于学生现有的知识系统中。能运用记忆中已有知识来识别理解的专有名词难度较低,因已有知识储存不足造成识别理解困难的专有名词难度较高。由于学生脑中的汉语专有名词在量和质上既不可测也不可控,还容易受个体变量影响,我们只能给出与难度有关的几组规则:

(1) 首次出现的专有名词比高频专有名词难。高频只是相对而言,例如"卡斯特罗"对古巴学生来说是高频专名,但对其他国家的学生在阅读时可能是首次出现;"皇家马德里"对喜欢足球的学生来说是高频专名,但对其他学生来说则可能很陌生。

(2) 毫无相似性的专有名词比具有语际相似性的专有名词难。

(3) 缺少特征词且句法信息不明的专有名词比具有特征词且句法信息充足的专有名词难。

(4) 具有丰富内涵意义、文化意义和情感意义的专有名词比一般专有名词难。

2. 问卷调查表明,不同留学生在策略运用的多少、识别理解正确率的高低、识别速度的快慢等方面均存在明显的差异,策略运用水平低的学生只能求助于词典,不愿意大胆推测,有的甚至因为汉语报刊中出现了大量专有名词就会觉得很难、觉得紧张。对此,教师在课堂上应积极帮助他们提高运用策略的水平和效率。

调查还表明,虽然专有名词会影响留学生对汉语报刊的理解,但不会影响他们对报刊主要内容的把握。这是因为不同专有名词在文章中的功能各异,有的提供背景知识,对理解度影响较大;有的与背景知识关系不大,对理解度影响较小。由此可见,尽管汉语报刊中会出现大量专有名词,但并非每个都需要留学生深究。这就需要教师在留学生阅读汉语报刊时除了告诉他们识别理解专有名词的策略外,还应该介绍一些如何抛开专有名词干扰、进行高效阅读的技巧,比如根据阅读的目的,跳过无关紧要的专有名词,迅速直接地提取所需信息。例如:

  前来迎接的国家副主席胡锦涛和夫人刘永清,在舷梯旁与克林顿总统和夫人希拉里亲切握手致意。克林顿总统的主要随行人员有:总统夫人希拉里·克林顿、美国驻华大使尚慕杰、国务卿马德琳·奥尔布赖特、财政部长罗伯特·鲁宾、农业部分丹尼尔·格利克曼、商务部长威廉·戴利、经济顾问委员会主席珍妮特·耶伦、贸易代表萨琳·巴尔舍夫斯基、总统办公室主任厄斯金·鲍尔斯、总统国家安全事务助理塞缪尔·伯杰和总统顾问道格·索斯尼克,以及多位资深的参议员、众议员和白宫、内阁高级官员。

留学生只要知道这些专有名词是指克林顿总统的主要随行人员即可,没有必要因为大量专有名词的出现就感到文章难懂。即使不能理解每个专名的具体所指,也不会影响对这段主要内容的把握。面对这些与背景知识关系不大的冗余专有名词,跳过它们会使阅读理解更顺畅高效。

附注

① 主要选取了《人民日报》、《广州日报》、《南方日报》、《羊城晚报》、《南方都市报》、《环球时报》、《参考消息》。

② 选取的汉语报刊教材为《新编汉语报刊阅读教程(中级本)》(吴丽君编著,北京大学出版社,2003年),《报纸上的天下——中文报纸阅读教程(下)》(王海龙编著,北京大学出版社,2004年)。

③ 调查的十篇全文:《苏伊士运河被堵住了》、《法中交易唤醒欧洲》、《希拉克微微打了中国市场大门》、《排雷老鼠前景可观》、《让洋人多吃中式快餐》、《温家宝哈佛介绍真实中国》、《西湖离世界遗产有多远》、《汉语跃居美第三流行语言》、《美国介入乌克兰的地缘政治考量》、《广深无失事型号飞机》。

④ 相对于说和写来说,阅读是一种输入过程。这里提出"自行输入"是为了与教师语言输入相区别,指学生通过阅读来获取二语相关信息。

参考文献

陈贤纯,2002,《外语阅读教学与心理学》,北京:北京语言文化大学出版社。
储诚志,1994,知识图式、篇章构造与汉语阅读教学,《世界汉语教学》第2期。
黄昌宁,1997,中文信息处理中的分词问题,《语言文字应用》第1期。
黄德根、岳广玲、杨元生,2003,基于统计的中文地名识别,《中文信息学报》第2期。
刘开瑛,2000,《中文文本自动分词和标注》,北京:商务印书馆。
阮　松,1994,专名的意义,《华东师范大学学报(哲学社会科学版)》第5期。
孙茂松、黄昌宁、高海燕、方　捷,1995,中文姓名的自动辨识,《中文信息学报》第2期。
王建勤主编,1997,《汉语作为第二语言的习得研究》,北京:北京语言文化大学出版社。
张　莉,2002,留学生汉语阅读焦虑感研究,《语言文字应用》第2期。
周小兵、李海鸥主编,2004,《对外汉语教学入门》,广州:中山大学出版社。

欧美学生汉字笔画与部件习得效应的准实验研究

王建勤
北京语言大学对外汉语研究中心

提　要　实验报告包括两部分：(1)通过"听写汉字"的作业方式考察汉字部件教学与笔画教学对欧美学生汉字笔画和部件习得的影响；(2)考察欧美学生汉字字形识别、形音、形义以及音义联系习得过程。实验结果表明，欧美学生初级阶段汉字书写的主要错误类型是笔画错误，其中主要是笔形和笔画位置的错误，部件错误类型所占比例比较少。此外，部件教学或笔画教学方式并不是影响欧美学生汉字习得过程或习得策略的决定因素，但汉字部件教学对欧美学生在汉字形义和音形关系的习得上有一定的促进作用。

关键词　笔画与部件　汉字习得　第二语言习得

本实验研究是国家社科基金项目(99BYY014)"来华欧美留学生汉字习得研究"教学实验研究的第二阶段教学实验报告。实验报告主要包括两部分：第一部分通过"听写汉字"的作业方式考察不同教学方式，即汉字部件教学与笔画教学对欧美学生汉字笔画和部件习得的影响；第二部分考察欧美学生汉字字形识别、形音、形义以及音义联系习得过程。基于上述研究，本文试图探讨不同汉字教学方式对欧美学生汉字习得过程以及汉字认知方式的影响，并试图对对外汉字教学提供一些可供参考的实验依据。

一　教学实验的基本情况

1.1　教学实验的时间

2000年2月—2000年7月(共20周)。

1.2　被试

被试为北京语言大学速成学院零起点欧美留学生。被试在实验前进行了前测,两个自然教学班的被试水平均为零起点。

A1班为实验组(部件教学班)共14人(美国学生6人,英国学生3人,加拿大学生3人,澳大利亚学生2人)。

A6班为控制组(笔画教学班)共13人(美国学生2人,英国学生1人,法国学生1人,德国学生2人,意大利学生3人,澳大利亚学生1人,秘鲁学生1人,加蓬学生1人,荷兰学生1人)。

1.3　汉字教学内容

讲解汉字形、音、义的基本知识,讲解汉字书写的基本笔画和笔顺规则。

1.4　教学原则

先教独体字,后教合体字;先教少笔画字,后教多笔画字;先教少部件字,后教多部件字。

1.5　教学安排

每学时教授10个汉字,每天1学时,每周4学时,每周教授40个汉字。每周测试一次,加上期中、期末考试共9次测试。实际统计只统计前8次测试的分数。

1.6　教学方法

实验组,即部件教学班按照事先预定的程序进行部件教学。首先展示汉字形音义,领读3遍,带写3次,学生练习汉字书写5遍。控制组,即笔画教学班的教学程序同实验组。两组不同之处是,部件教学讲解整字意义的同时,解释构成整字的部件意义,指明部件及其位置。笔画教学只示范组成汉字的笔画,不指明部件,不涉及部件的意义。

1.7 汉字测试

每周一次汉字测试。测试由 5 种题型构成,即"汉字听写"、"字形识别"、"音义联系"、"形义联系"、"音形联系"。

1.8 实验目的

(1)考察汉字笔画教学与部件教学的认知效应;(2)考察两种不同教学方式对两组被试在汉字认知方式与认知策略上的影响。

二 欧美留学生"汉字听写"错误类型统计分析

2.1 "汉字听写"作业方式的类型

"汉字听写"这种作业方式是欧美学习得汉字形音义三者联系过程的一个综合考察。学生通过听音通达心理词典,提取字形和字义,但是我们的分析是基于学生汉字听写这种作业方式的结果(product oriented)。换句话说,我们分析的是学生汉字书写的结果。通过这种结果的分析,我们只能考察学习者的汉字书写过程,而无法考察学习者是如何通过听觉信道如何通达心理词典,如何提取字形和字义。因此,在第二阶段的汉字教学实验中,我们一共设计了 5 种题形,第 1 种题形主要是通过汉字听写考察学习者的汉字书写过程,其他 4 种题形分别考察字形识别、音义、音形、形义的联系。

2.2 汉字听写测验的目的

这项研究的目的是,通过对学习者汉字书写的错误类型的统计分析,检验不同教学方式(部件教学、笔画教学)对欧美学生汉字书写过程的影响。

2.3 汉字书写错误的分类及原则

这一阶段的"汉字听写"一共进行了 8 次测验。除第一次测验外,每次测验听写 30 个汉字。实验组(部件教学班)和控制组(笔画教学班)测试的汉字是相同的。根据两组被试汉字书写的测验结果,我们将其错误类型进行了多层分类。第一层分类比较粗略,共分为 4 类:

笔画错误(a类)、部件错误(b类)、整字错误(c类)、错别字(f类)。

这个错误类型的分类原则,主要依据汉字书写错误发生的汉字层面,即笔画层面还是部件层面,或是整字层面。学习者的汉字错误类型五花八门,如果分类过细便无从发现汉字错误类型的共性。为了避免汉字错误分类过于宽泛,在第一层面分类的基础上,上述分类的每一类又分若干小类。

2.4 汉字错误类型统计的方法

为了比较清晰地描述欧美学生汉字书写的习得过程,我们对两组被试的汉字书写错误类型进行了统计分析。统计方法采用方差分析,检验两组被试在8次测验中汉字错误类型是否存在差异。如果存在差异,两组被试主要是哪种汉字错误类型上存在差异。

2.5 两组被试汉字错误类型差异显著性检验

两组被试汉字错误类型差异显著性检验显示:4种汉字错误类型的差异非常显著($F=37.085$;$p=0.00$);两组被试,即实验组和控制组在汉字错误类型上的表现差异非常显著($F=14.946$;$p=0.002$);被试变量与错误类型变量交互作用非常显著($F=19.456$;$p=0.00$)。进一步简单效应检验表明,两组被试在"笔画错误"类型上的差异非常显著($t=8.975$;双尾检验 $p=0.00$),即实验组的笔画错误远远高于控制组。简单效应检验还表明:两组被试在"部件错误"类型上差异显著($t=2.086$,$p=0.056$);两组被试在其他两种错误类型上的差异不显著($t=1.461$,$p=0.166$;$t=0.72$,$p=0.483$)。

2.6 对统计结果的初步分析

从上述统计结果可以看出:(1)不同教学方式(部件教学与笔画教学)导致欧美学生在4种汉字错误类型上的差异非常显著。通过多重比较,我们发现欧美学生的主要错误类型是"笔画错误",其次是整字错误,再次是部件错误。(2)简单效应检验表明,两组被试在汉字错误类型上的差异,主要是两种类型,即笔画错误和部件错误。(3)两组被试在整字错误类型和"张冠李戴类型"的错误上没有显出差异。

2.6.1 关于汉字笔画错误类型的分析

第一个统计结果表明了欧美学生汉字书写错误类型的一个排序。在这个排序中,笔画错误排在首位,而不是部件错误。原始数据统计显示,在2336个错例中,笔画错误1202例,占整个错误类型的51%。从我们的统计数据可以看出,欧美学生汉字书写错误中,笔画错误是大量的,而不是像有些主张部件教学的学者所声称的那样,认为部件错误是外国学生的主要错误类型。笔画作为汉字的书写单位,要一笔一笔地写,需要精确性操作。这对于初学汉字的学习者来说,是一个非常艰巨的任务。

对被试笔画错误类型的进一步统计发现,欧美学生汉字笔画错误类型主要有两类:一类是"笔形改变",共570例,占笔画错误类型的47%;另一类是"笔画位置关系"错误,共384例,占笔画类错误的32%。也就是说,这两类错误占整个笔画类错误的79%。

汉字笔形书写错误率高,说明汉字笔形的书写对初学汉字的学习者来说是最困难的。一方面要求学习者逐步地建立汉字笔形的意识,另一方面要求学习者掌握基本的书写技能。从我们收集的欧美学生汉字书写的错例中,我们发现,初级阶段的欧美学生并不是用汉字笔画书写汉字,而是用线条来描画汉字。对于汉语为母语的使用者而言,线条和笔画有本质的区别。古文字从甲古、金文经过隶变和楷化,实际上也经历了从线条描绘汉字到使用规范的笔画书写汉字的过程。欧美学生汉字笔画的书写,就笔形意识的确立而言,实际上在重演这个演变过程。这个过程反映了学习者笔形认知的过程。

笔画位置关系,实际上是汉字笔画的结构关系。这在某种程度上可以反映学习者由"识画"到"识字"的认知过程。笔画结构关系意识的确立是学习者由"识画"到"识字"这一转变的关键。因而也是学习者必须跨过的门槛。

由上述统计分析表明,汉字笔画是汉字教学特别是初级阶段的汉字教学的必经之路,不能因强调部件教学而忽视汉字笔画教学。

2.6.2 关于整字错误类型的分析

原始数据统计表明,在全部2336个汉字错例中,整字错误945例,占整个错误类型的40%,排在第二位。进一步分析表明,在这类错误类型中,排在首位的是"完全写不出或看不出汉字轮廓"这种类型,共533例,占这类汉字错误的56%。也就是说,有一半以上的汉字不会写,这说明这些汉字是比较难认、难于识记的。

第二类是"因音近相混而整字错误",共150例,占整字错误类型的16%。这种错误类型产生的原因是显而易见的。一方面,学习者学习了一定量的汉字后,同音字逐渐增加,因而造成混淆。这个结论同江新(2004)研究的结论相同。此外,我们还发现,这些学习者往往用熟悉程度比较高的同音字来代替熟悉程度比较低的同音字。另一方面,由于听写汉字这种作业方式本身的影响,在某种程度上使得"音近相混"的错误类型比例加大。

2.6.3 关于部件错误类型的分析

在整个汉字错误类型中,部件错误219例,占整个错误类型的9%。与前两种错误类型相比,部件错误类型比我们预计得要少。在这类错误类型中比例比较高的错误类型有两种:一是部件位置关系类型的错误,共93例,占部件错误类型的42%;其次是部件相混类型的错误,共76例,占部件错误类型的34%。这两类错误类型合计占部件错误类型的76%。

部件错误类型出现的比较少,并非是因为学习者对汉字部件及其结构关系的习得好于笔画。可能的解释是,由于欧美学生汉字构形意识发展比较慢,汉字习得还处于较低水平。对汉字局部结构关系,如笔画结构关系,尚未建立整体认知的框架,汉字笔画只是一些散乱的线条。学习者由于没有建立这种整合汉字笔画的认知框架,因此笔画错误就比较多。另一方面,由于学习者汉字构形意识发展缓慢,因此还不能将汉字分解为汉字构件,对汉字部件与整字的结构关系尚不清楚。部件类错误主要表现为部件拓扑结构混乱、部件相混等。

2.6.4 关于笔画错误类型与部件错误类型的简单效应检验的分析

被试变量与汉字错误类型的交互作用的简单效应检验表明,两组被试在"笔画错误"类型上的差异非常显著(t=8.975;双尾检验 p=0.00),即实验组的笔画错误比率远远高于控制组。简单效应检验还表明,两组被试在"部件错误"类型上差异显著(t=2.086,p=0.056)。实验组的部件错误比率高于控制组。

与我们的预期相反,两种不同的教学方式对实验组和控制组的汉字习得产生了相反的影响。也就是说,部件教学并没有使实验组获得更多的部件知识,实验组的部件习得水平反而低于控制组,而进行笔画教学的控制组部件习得的水平好于实验组。目前我们还不能对这种现象做出合理的解释。也许是由于教学实验研究基本上是准实验研究,有些无关因素没有得到有效的控制,比如实验组和控制组不是随机分配,被试智力水平差别比较大等因素造成的。

三 欧美留学生汉字"分项测验"统计分析

3.1 分项测验的目的

第二阶段教学实验研究试卷的第二部分是由 4 项测验构成的,即"汉字字形识别"、"汉字音义联系"、"汉字形义联系"、"汉字音形联系"。

这部分测验的目的是通过分项测验考察欧美学生汉字习得的策略。通过"汉字字形识别"测验,我们试图了解两种不同教学方式对学习者字形认知的影响,以及"汉字音义联系"、"汉字形义联系"、"汉字音形联系"习得的影响。

3.2 分项测验结果的统计方法

为了描述欧美学生汉字习得过程的轨迹及其得策略,我们通过方差分析从两个方面描述学习者的汉字习得过程:一是考察两组被试在 4 次测验中各分项测验的表现,以检验两组被试在汉字习得策略上的变化。其中,被试分组为被试间变量,4 个分项测验是被试内变量;二是单项考察两组被试在4次测验中汉字习得策略的变化。被试分组是被试间变量,4次测验为被试内变量。

3.3 两组被试4项测验成绩的差异显著性检验

3.3.1 两组被试在第二次测验中的4个分项的测验成绩显示,被试间因素的主效应非常显著($F=15.298$;$p=0.001$);被试内因素的主效应也非常显著($F=54.928$;$p=0.000$);此外被试间因素与被试内因素的交互作用非常显著($F=21.513$;$p=0.000$)。对交互作用做进一步简单效应检验,检验结果显示,两组被试在"汉字音义联系"的习得水平上差异非常显著($t=6.668$;双尾检验,$p=0.000$)。控制组在汉字音义联系的习得水平好于实验组。

3.3.2 两组被试在第四次测验中的4个分项测验成绩显示,被试间因素差异不显著($F=0.736$;$p>0.05$);被试内因素,即4个分项测验成绩之间差异显著($F=4.117$;$p=0.01$);检验还表明,两个因素之间的交互作用显著($F=3.575$;$p=0.019$)。但进一步简单效应检验表明,两组被试在4个分项测验上的成绩没有表现出显著的差异。

3.3.3 两组被试在第六次测验中4个分项测验成绩显示,被试间因素差异不显著($F=1.231$;$p=0.280$);被试内因素,即4个分项测验成绩之间差异显著($F=3.912$;$p=0.013$);两个因素之间的交互作用不显著($F=0.566$;$p=0.640$)。

3.3.4 两组被试在第八次测验中4个分项测验成绩显示,被试间因素差异不显著($F=2.827$;$p=0.108$);被试内因素,即4个分项测验成绩之间差异不显著($F=0.370$;$p=0.775$);两个因素之间的交互作用不显著($F=1.207$;$p=0.315$)。

3.3.5 综上所述,4次测验成绩的方差分析表明,两组被试在各分项测验上的表现,除第2次测验外,都没有表现出显著的差异。两个因素间的交互作用也没有表现出显著的差异。后3次测验的成绩表明,不同的教学方式对两组被试汉字习得过程及习得策略并没有产生实质性的影响。这一结果值得我们对两种不同汉字教学方式进行深刻的反思和思考。

一方面,汉字部件教学的效果并不像主张部件教学的学者们所预期的那样有效。对于零起点的欧美学生来说,部件教学是否符合初级阶段的汉字教学特点,需要重新思考。初级阶段的汉字教学不强调笔画教学,强调部件教学是否适宜,也是一个需要进一步研究和讨论的问题。从我们的统计分析结果来看,并不支持部件教学优于笔画教学的观点。

另一方面,我们从第二次测验的统计分析看到,两组被试4个单项测验成绩的差异主要反映在汉字音义的习得方面。但是这种显著的差异与我们的预期相反,即在汉字音义习得方面,控制组好于实验组。其他方面的习得没有显示出显著的差异。

很显然,单纯强调笔画教学或部件教学都不会得到良好的汉字教学效果。

3.4 两组被试在4次测验中的单项成绩的差异显著性检验

这组检验是对两组被试4次测验中的单项测验成绩的考察。目的是要考察两组被试某一单项测验的成绩在4次测验中是否存在某种差异。我们通过4次测验的纵向考察来证明不同的汉字教学方式是否会对学习者汉字习得有效的策略。

3.4.1 两组被试汉字字形识别的差异显著性检验

方差分析表明,两组被试在汉字字形识别上的差异不显著($F=0.743$;$p=0.402$);两组被试4次汉字字形识别的测验的成绩差异也不显著($F=2.144$;$p=0.104$);交互作用也不显著($F=1.633$;$p=0.191$)。

3.4.2 两组被试汉字形义关系习得的差异显著性检验

方差分析表明,两组被试在汉字形义关系习得上差异不显著($F=1.319$;$p=0.264$);两组被试4次测试成绩差异非常显著($F=4.851$;$p=0.004$);二因素的交互作用勉强达到显著水平($F=2.630$;$p=0.058$)。进一步简单效应检验表明,两组被试在第8次测验中的汉字形义关系的习得水平的差异虽未达到显著水平,但从分解图表可以看出,在第8次测验中,实验组汉字形义关系的习得好于控制组。

3.4.3 两组被试汉字音形关系习得的差异显著性检验

方差分析表明,两组被试汉字音形关系习得的差异不显著

($F=1.444$；$p=0.244$)；两组被试4次测验的成绩差异显著($F=2.984$；$p=0.040$)；二因素的交互作用非常显著($F=4.195$；$p=0.009$)。进一步简单效应检验表明,两组被试第六、第八次测验在汉字音形关系习得的差异虽未达到显著水平,但从分解图表中可以看到,实验组在后两次测验中的汉字音形关系习得要好于控制组。

3.4.4 两组被试汉字音义关系习得的差异显著性检验

方差分析表明,两组被试在汉字音义关系的习得差异不显著($F=0.143$；$p=0.709$)；两组被试4次测验的成绩差异非常显著($F=5.227$；$p=0.003$)；二者的交互作用非常显著($F=12.552$；$p=0.000$)。图示表明,控制组汉字音义关系的习得好于实验组。

3.4.5 从上述方差分析的结果看以看出

(1)两组被试汉字字形的认知没有表现出差异。换句话说,不同的教学方式对欧美学生汉字字形的识别和认知没有产生倾向性影响,部件教学、笔画教学都未使学习者的汉字认知产生某种优势；(2)两组被试汉字形义关系习得在后期测验中表现出差异,即实验组在建立汉字形义联系方面要好于控制组,也就是说汉字部件教学有助于汉字形义关系的习得；(3)两组被试第六、第八次测验在汉字音形关系习得的差异虽未达到显著水平,但从分解图表中可以看到,实验组在后两次测验中的汉字音形关系习得要好于控制组；(4)实验组被试在汉字音义关系习得方面不及控制组。

四 第二阶段汉字教学实验研究的初步结论

纵观第二阶段欧美学生汉字习得研究,大部分统计结果似乎不支持部件教学优于笔画教学的假设。这个结论提示我们,对部件教学优于笔画教学的假设应重新审视和讨论。

首先,汉字听写的统计分析结果表明,欧美学生在汉字习得初级阶段,汉字书写的主要错误类型是笔画错误,在笔画错误类型中主要是笔形和笔画位置结构类型的错误。部件错误类型所占比例比较少。也就是说,学生的主要问题发生在汉字书写单位上,而不是汉字构件上。由此可以看出,汉字笔画教学仍然是汉字教学的重要内容。

第二,汉字书写错误类型的差异显著性检验表明,两种不同教学方式对欧美学生汉字书写产生了一定的影响。这种影响表现在两组被试在汉字笔画和部件习得水平上的差异。统计结果显示,在汉字笔画和部件习得水平上,控制组的成绩要好于实验组。这与我们的实验预期相反。这个结论从反面提示我们,单纯强调笔画教学或部件教学的作用都是不符合外国学生汉字习得过程的。从认知的角度讲,汉字笔画和部件都是学习者汉字习得的重要单位,在汉字教学中,二者不可偏废。即使是采取部件教学,汉字笔画作为一个认知单位是无法跨越的。汉字笔画作为一个书写单位,是每一个汉字学习者的必经之路。如果忽略汉字笔画教学必然带来负面作用,汉字笔画的错误必然会增多。这个推论是符合我们的实验结果的,这是汉字笔画错误占51%的原因。由于实验组强调部件教学,忽略笔画教学的环节,因此,不仅汉字笔画错误高于控制组,汉字部件错误也高于控制组。

由此我们可以得出第二个结论,即汉字笔画教学和部件教学是两个不可或缺的教学环节,强调或忽略某一个环节都不利于欧美学生汉字习得。

第三,从4次测验中欧美学生在汉字形音、音义、音形及汉字字形识别四个方面成绩的统计分析结果看,两种不同的教学方式对学习者的习得过程和习得策略并没有产生实质性的影响。这一方面说明,部件教学或笔画教学方式并不是影响欧美学生汉字习得过程或习得策略的决定因素。这一点在我们抽取的第8次测验中两组被试在汉字音义关系的习得水平上可以得到佐证。尽管两组被试在汉字音义关系的习得上差异非常显著,但是实验组并没有在汉字音义关系的习得上表现出优势。

第四,我们分别对欧美学生在汉字形音、音义、音形及汉字字形识别四个方面的习得过程进行了考察。统计分析表明,两组被试在汉字字形识别上没有表现出差异,但在汉字形义和音形关系的习得上表现出某种程度的不同。也就是说,汉字部件教学对欧美学生在汉字形义和音形关系的习得上有一定的促进作用。可能的解释是,汉字部件教学强调汉字部件的形义联系和音形联系,加上汉字部件结构本身的完形性,汉字部件本身都有意义,因而便于识记。这是部件教学的优势。因此,实验组在汉字形义和音形识记方面好于控制组。但是,从统计分析的结果中,我们看不出欧美学生在汉字习得过程中采取习得策略的倾向性。

五　余　论

第二阶段欧美学生汉字习得的教学实验研究的结论给我们许多启示。一方面,我们不能简单地从文字学的角度进行的统计分析(崔永华,1997)来推论汉字部件教学的作用和可行性;另一方面,我们也不能通过枚举的方式进行简单的汉字错误类型分析就得出部件是外国学生汉字学习的难点的结论。(张旺熹,1990)从而导致汉字教学导向上的失误。至少我们的实验研究证明,对外国人的汉字教学,笔画和部件两个教学环节不可偏废。简单的文字学分析并不是汉字教学的唯一依据,我们必须从外国学生汉字习得过程的实际出发。

此外,本实验研究由于是准实验研究,无关变量控制不太严格,在某种程度上影响试验结果的可靠性。另外,本次试验研究因时间关系,有些项目还有待进一步挖掘材料,做进一步探讨。

参考文献

崔永华,1997,汉字部件和对外汉字教学,《语言文字应用》第3期。
江　新、柳燕梅,2004,拼音文字背景的外国学生汉字书写错误研究,《世界汉语教学》第1期。
张旺熹,1990,从汉字部件到汉字结构——谈对外汉字教学,《世界汉语教学》第2期。

日本学习者汉语舌尖后音的产生和发展途径

谢小丽

广州大学人文学院

提　要　汉语的舌尖后音 zh、ch、sh、r 是日本学习者在汉语语音习得过程中的难点所在。本文拟通过跟踪调查来考察日本学习者舌尖后音的习得过程。通过对感知材料和发音材料的分析发现，日本学习者的舌尖后音的发展途径大致是：(1) 与汉语舌面音完全混同，感知和发音为日语的舌叶音；(2) 感知到汉语舌尖后音和舌面音与母语舌叶音相似程度有差别，即二语舌面音与母语舌叶音更相似，开始将汉语的 zh、ch、sh 与 j、q、x 感知为两个语音范畴，但在发音上仍不能区分；(3) 感知到汉语舌尖后音和舌面音是两个不同的语音范畴，发音上开始区分，但常有偏误发生；(4) 舌尖后音系统建立并走向成熟。

关键词　日本学习者　汉语　舌尖后音　发展途径

一　问题的提出

日本学习者是汉语作为第二语言教学的主要来源，国内对日本学习者的习得研究起步也较早，因此成果颇丰。就语音习得而言，许多研究者从汉日语音对比角度研究了日本学习者在语音习得过程中所产生的偏误及其成因，如朱川(1981)、余维(1995)、何平(1997)、王志芳(1999)等，他们都曾提到日本学习者在习得汉语的舌尖后音 zh、ch、sh、r(俗称翘舌音)时的困难。有经验的汉语教师也可以证明：这一组音确实是日本学习者汉语语音习得难点所在，主要表现是习得过程较长、发音不到位。这不由得使我们产生兴趣：日本学习者习得汉语舌尖后音到底是怎样的一个过程？

成功者是怎样克服困难最终习得这一组音位的呢?

为了明确汉日相关辅音的情况,我们先来看看下表:

表1 汉日塞擦音及擦音对照表

名称	发音部位		塞擦音		擦音	
			不送气	送气	清	浊
舌尖前音	舌尖/上齿背	汉	z [στ]	c [στʰ]	s [σ]	
		日	ず[δζ]	つ [στ][στʰ]	す[σ]	
舌尖后音	舌尖/硬腭前	汉	zh [♣]	ch [♣ʰ]	sh [♣]	r [ǀ]
		日				
舌叶音	舌叶/硬腭	汉				
		日	じ[δZ]	ち[τΣ] [τΣʰ]	し[Σ]	
舌面音	舌面/硬腭前	汉	j [τJ]	q [τJʰ]	x [J]	
		日				

由上表可以看出,日语中没有与汉语舌尖后音相对应的音位,这是日本学习者产生习得困难的根本原因。

当学习者接触到二语语音项目时,第一反应就是将该项目与母语中相似的项目进行比较,这一过程包括感知与发音。感知与发音之间有一定关系,Flege(1999)认为感知与发音有一定程度的相关,但相关系数始终徘徊在 0.50 左右,王韫佳(2002)通过日本学习者感知和产生汉语鼻音韵母的实验也部分证明了 Flege 的观点,但认为"语音知觉和语音产生之间的关系是错综复杂的"。虽然我们不能说感知正确就可以发音正确,但感知是发音的基础,这一论断还是可以成立的。

根据王韫佳(2004)对 Best "感知同化模式"(perceptual assimilation model)的再解释,成人对未知语音可能存在三种同化模式:(1)把非母语的两个语音范畴感知为母语中的两个语音范畴,因此可以很好地区分非母语的两个语音范畴;(2)将非母语的两个语音范畴感知为母语中的一个范畴,因此对非母语的两个范畴的区分能力较低;(3)将非母语的两个语音范畴感知为母中的一个范畴,但是非母语中的两个范畴与母语中这个范畴的相似程度不同,因此能对这两个范畴有一定程度的区分。

那么,日本学习者对汉语舌尖后音的感知属于哪一种情况呢?这一情况在继续学习的过程中有无变化?

二 研究方法及过程

2.1 研究对象

本文的主要研究对象是三位日本家庭妇女,年龄在30—40岁之间,来中国的时间均在半年以内。她们没有参加过任何汉语进修班,但都有意识地自学过一些简单的汉语。其中两名来自东京,一名来自名古屋。

2.2 研究方法

本文采用跟踪调查法,为期四个月。在第一个月内,每周会面两次,每次两小时,内容是为她们系统讲解汉语拼音方案;从第二个月开始,每周会面一次,每次两小时,主要对汉日语音差异较大之处进行有针对性的训练,感知测试与发音测试穿插其中,三组塞擦音是训练和测试重点之一。

2.3 对语音偏误的界定

鲁健骥(1984)认为,偏误与错误不同,偏误(error)指的是中介语与目的语规律之间的差距,只在学习二语的人身上出现,它是有规律可循的;而任何人都会在语言使用时发生错误(mistake),错误的出现具有偶然性。我们认为,语音偏误就是指中介语语音系统中出现的一些与目的语有差距的发音,这些发音可能被操母语者听成母语中的另一些读音。

受研究条件与环境所限,我们没有对日本学习者的发音进行物理分析,所以本文的基础仍然是操汉语者的感觉。

三 感知实验

3.1 感知实验一
3.1.1 实验目的
根据表1的汉日语音对比，我们知道：日语中有舌尖前音ず[δζ]、っ[τσ]/[τσʰ]、す[σ]和舌叶音じ[δZ]、ち[τΣ]/[τΣʰ]、し[Σ]，没有舌尖后音zh[♣]、ch[♣ʰ]、s[♣]、r[｜]和舌面音j[τJ]、q[τJʰ]、x[J]。根据感知同化的理论，日本学习者会为汉语的舌尖后音和舌面音在母语中寻找相似的项目。在这个实验中，我们想考察日本学习者是否能正确感知到汉语的舌尖后音，如果不能的话，他们会将舌尖后音感知为舌尖前音还是舌叶音。

3.1.2 实验实施过程
该实验发生在第四次会面中。三个日本学习者对汉语的声母系统已经有了大致了解，刚接触过三组塞擦音和擦音。我们的实验方法是将汉语中的这三组辅音打乱顺序，反复发音，然后由学习者辨别发音者所发的是哪一个音。考虑到学习者接触汉语时间较短，在实验中允许以声母表作为参照，发音速度也较慢，而且为了避免出现听觉疲劳，我们将五十个考察项分成五组，每十个为一组，不保证每组内某一辅音只出现一次。每读完一组，中间有两分钟间歇。

3.1.3 实验结果及分析
从表2可以看出：

（1）舌尖后音的感知错误率比其他两类辅音高。这说明对零起点的日本学习者来说，正确感知舌尖后音有一定难度，可能与接触时间较短有关。[｜]错误率最高，因为1/2是一个比较特殊的音位，在日语中找不到可以对表2塞擦音及擦音感知错误。

表 2

声母	[ts]	[tsʰ]	[s]	[tʂ]	[tʂʰ]	[ʂ]	[ɻ]	[tɕ]	[tɕʰ]	[ɕ]
感知错误次数	2/15	2/15	0/15	5/15	6/15	5/15	8/15	3/15	2/15	4/15
感知错误率(%)	13.3	13.3	0	33.3	40	33.3	53.3	20	13.3	26.7
感知错误主要形式	[tsʰ]	[ts]	无	[ɻ][tɕ]	[tʂ][tɕʰ]	[ɻ]	[tʂ][ʂ]	[tʂ][ʂ]	[tʂʰ][ʂ]	[ʂ]

说明：表中声母各出现五次，三个日本学习者合并来计，所以每个声母共出现十五次

（2）日本学习者在开始接触汉语初期，对汉语舌尖后音的感知属于"感知同化模式"的第二种类型，将汉语的舌尖后音和舌面音感知为同一范畴，从错误率角度看，表中舌面音的感知错误率普遍比舌尖后音低，因为在日本学习者感觉上，汉语的舌面音更像日语的じ[dʑ]、ち[tɕ]/[tɕʰ]、し[ɕ]，而 zh[tʂ]、ch[tʂʰ]、s[ʂ?]则与じ[dʑ]、ち[tɕ]/[tsʰ]、し[Σ]相似度较小，我们认为这是第二种感知同化模式向第三种感知同化模式演化的一种表现。

从表 2 中，我们还可以看出一些看似没有规律的感知错误，如将[tʂ]感知为[ɻ]、把[tʂʰ]感知为[tʂ]、把[ɻ]感知为[tʂ]等，这是日本学习者对汉语送气不送气系统和清浊系统的区分困难造成，本文不做探讨。

3.2 感知实验二

3.2.1 实验目的

实验内容同3.1,不同的是这次实验安排在对日本学习者进行舌尖后音针对性训练之后。通过实验,我们希望能够发现其感知同化模式有没有发生变化。

3.2.2 实验实施过程

该实验发生在第十四次会面中。三个日本学习者已经系统学习过塞擦音和擦音,并进行了多次发音训练。实验方法与实验一大致相同,仍允许以声母表作为参照。

3.2.3 实验结果及分析

表3 塞擦音及擦音感知错误总表B

	[τσ]	[τσʰ]	[σ]	[τ♣]	[τ♣ʰ]	[♣]	[ǀ]	[τJ]	[τJʰ]	[J]
感知错误次数	0/15	1/15	0/15	2/15	3/15	2/15	3/15	0/15	1/15	1/15
感知错误率(%)	0	6.7	0	13.3	20	13.3	20	0	6.7	6.7
感知错误主要形式	无	[τσ]	无	[τJ]	[τ♣] [τJʰ]	[J]	[τ♣]	无	[τ♣]	[♣]

在这次实验中,整体感知情况比实验一好了很多,可以看出,虽然还有少量将舌尖后音听成舌面音的现象,但从感知角度而言,学习者的舌尖后音系统已经基本建立起来了,能够在一定程度上对两个范畴进行区分。也就是说,学习者的语音感知同化模式已经由区分能力较低变成了有一定程度的区分,即由开始的完全分辨不出两个范畴发展成为有区分,这说明学习者的感知也处在发展变化之中,由学习初期的感知不到差别到建立起有分别的两个语音范畴。

3.3 感知实验三

3.3.1 实验的实施

本次实验安排在语音学习全部结束后进行。虽然这时候学习者已经系统学习过汉语声韵母,但考虑到实验结果的参照性,我们仍然采用辅音声母为感知内容,但不再以声母表作为参照。主要考察日本学习者对舌尖后音的感知情况有无发展。

3.3.2 实验结果及分析

表 4 塞擦音及擦音感知错误总表 C

	[τσ]	[τσʰ]	[σ]	[τ♣]	[τ♣ʰ]	[♣]	[｜]	[τj]	[τjʰ]	[J]
感知错误次数	0/15	1/15	3/15	1/15	2/15	2/15	5/15	0/15	2/15	1/15
感知错误率(%)	0	6.7	20	6.7	13.3	13.3	33.3	0	13.3	6.7
感知错误主要形式	无	[τσ]	[J]	[τ♣ʰ]	[♣]	[J]	[τ♣]	无	[τJ]	[♣]

表面来看,学习者对这三个系统的感知错误似乎并没有减少,甚至还增多了。但如果仔细与表 3 对比,我们就会发现:情况还是有变化的。在本次实验中,日本学习者在感知上已经基本可以区分舌尖后音系统与舌面音系统,塞擦音的感知错误基本上都是本系统内的错误,但擦音的感知难度似乎相对较大,甚至舌尖前擦音也有问题。但总体来看,我们还是可以认为学习者对这三个系统的感知的确还是有发展的,已经建立起了一个舌尖后音系统。

四 发音测试

在对日本学习者进行语音训练的过程中,曾经就舌尖后音进行过多次发音测试,下面谈谈其中的几次比较正式的测试。在第四次会面、第十次会面、第十四次会面中,我们曾经分别就舌尖后音对三名日本学习者进行过较正式的发音测试,原因是第四次会面刚学完声母表,第十次会面讲解声韵配合表中塞擦及擦音声母的音节,而第十四次会面对舌尖后音进行了专门的纠错训练。另外,在语音学习过程完全结束以后,还有一次发音测试,不是针对舌尖后音,但其中包括三十三个以舌尖后音为声母的音节。下面谈谈这几次测试的情况。

4.1 实验四

4.1.1 测试目的

本次测验发生于第四次会面,学习者刚接触到汉语的三组塞擦音及擦音系列,与感知实验配套。主要考察日本学习者是否能从发音上区分舌尖后音和舌面音。

4.1.2 测试材料及方法

由于还未接触到韵母,所以只用辅音声母来进行测试。测试分两部分:一是读汉语拼音声母表;一是随机排列舌尖前、舌尖后、舌面音十个声母,让学习者发音。

4.1.3 测试结果及分析

这里我们不再列出图表,因为结果非常明确:日本学习者在发音上完全无法区分舌尖后音和舌面音。在第一部分测试中,舌尖前音基本正确,而舌尖后音的偏误率接近100%,完全与舌面音混同,发成舌叶音,其中的舌尖后浊擦音1/2发成边音l;第二部分测试情况与第一部分大致相同,由于学习者还没有建立起汉语的发音部位观念,偏误情况复杂一些,甚至出现了舌尖前音与舌尖后音混读现象,可能是由于汉语拼音的拼写方式引起的。

4.2 实验五

4.2.1 测试材料和方法

本次测试发生于第十次会面,学习者开始接触到舌尖后音音节。测试材料从普通话的声韵配合表选出,为了降低测试难度,得到有效的测试结果,我们只选取了其中以单元音为韵母的音节,共三十三个,大致如下(为了尽量避免音节读音间的相互影响,尽量避免将声母部位相同、韵母相同的音节排在一起):

```
zhu  ji  zhi  su  cha  xi  ci  qu  sa  qi  zhe
za  shi  ce  ri  zha  si  chu  she  zu  re  chi  ru
shu  ju  zi  xu  che  ca  ze  sha  cu  se
```

4.2.2 结果

在对发音偏误的统计中,只计声母的偏误,不计韵母的偏误。由于日本学习者将舌面音发成舌叶音这一现象相当普遍,两组音在操汉语者观念中发音相似且没有区别意义的作用,从音位学角度而言,我们不将其算成偏误。

表 5　塞擦音及擦音声韵配合发音统计

	[ts]	[tsʰ]	[s]	[tʂ]	[tʂʰ]	[ʂ]	[ʐ]	[tɕ]	[tɕʰ]	[ɕ]
发音偏误次数	4/12	0/12	0/12	4/12	7/12	5/12	7/9	2/6	1/6	0/6
发音偏误率(%)	33.3	0	0	33.3	58.3	41.7	77.8	33.3	16.7	0
主要偏误形式	发成浊音 dz	无	无	zha-jia zhi-ji	cha-qia chi-qi/ji	sha-xia shi-xi	re-le ru-lu ru-zhu	发成浊音 dʐ	tɕ	无

从表中可以看出,舌尖后音在发音上的偏误率比较高。从声韵配合角度来看,偏误主要发生在舌尖后音与[ɑ]及舌尖后元音[ɿ]的配合中,这种发音偏误主要由学习者母语负迁移引起:日语中有拗音音节じゃ[dʑa]、ちゃ[tɕa]、しゃ[ɕa],日本学习者将其混同于汉语音节 zha、cha、sha;日语有直音音节じ[dʑi]、ち[tɕi]/[tɕhi]、し[ɕi],学习者将其混同于汉语音节 zhi、chi、shi,所以这两类组合发音偏误最多。

与实验四相比较,日本学习者的舌尖后音发音偏误减少了一些,但偏误率仍然较高,说明学习者的舌尖后音系统在形成之中,但离目的语的距离仍然较远。

4.3　实验六

在对日本学习者的舌尖后音的发音进行了专门的纠错之后,我们在第十四次会面时,采用与实验五相同的测试材料和方法,对三位日本妇女又进行了一次发音测试,原本预计结果会与实验五形成鲜明对比,但结果令人失望,舌尖后音的偏误形式与偏误率与实验四如出一辙,改变不大。这次实验的参考价值不大,原因可能是时间太短,无法看出学习者发生比较大的飞跃。于是,我们在整个语音学习阶段结束以后,又进行了一次语音测试。具体过程如下。

4.3.1 测试材料和方法

在四十小时的学习之后,学习者对汉语普通话的声韵调系统已经有了初步的了解。我们拟订了一个测试表,尽量包括常见的声韵组合,这里我们只以舌尖后音来作为考察对象。测试表中共有三十三个舌尖后音音节,分别是:

zha she sha che zhai chou cha zhu zhi
shu chao re ran chu shi shou shei zhong
shai zheng zhan chi rong zhou chang shan
ri shen shao shang chan ru zhao

4.3.2 结果及分析

表6 舌尖后音节发音测试统计

8/15	[τ♣]	[τ♣ʰ]	[♣]	[ǀ]
发音偏误次数	8/27	18/24		6/33
发音偏误率(%)	29.6	75	18.2	53.3
主要偏误形式	[τJ]	[τJ]ʰ (6/24) [τ♣] (12/24)	[J]	[i] [I]

从表6与表5的对比中可以看出,日本学习者的舌尖后音发展比较缓慢,似乎进入了一个停滞阶段。其中,仍是送气音[τ♣ʰ]和浊音[ǀ]偏误率比较高。但与表5不同的是,造成送气音[τ♣ʰ]偏误率高的主要原因是送气与否,而不是发音部位。发音部位的偏误(即发成[τJʰ])仅占25%,说明日本学习者的舌尖后音还是在发展变化中的,不过结果仍不是很让人满意。

4.4 与高级阶段日本学习者的对照研究

为了把握日本学习者舌尖后音的发展脉络,我们决定改变研究对象,另外选取汉语水平较高的日本学习者来做参照。我们随机抽取了四名有一定汉语基础的日本进修生,其中两名来自中级班,两名来自高级班。主要还是用测试的方法,测试材料同实验五,先进行感知测试,再发音。

我们发现,相对于初级学习者来说,中高级日本学习者的舌尖后音似乎有一个很大的飞跃。从中级阶段开始,他们对舌尖后音的感知基本上很少出错,高级一般都不会出现感知错误。从发音的角度来看,中级日本学习者的舌尖后音偏误形式大致与初级阶段相同,主要是当舌尖后音与[a]或舌尖后元音[4]相配合易出现偏误,发成舌叶音。而高级水平的日本学习者,他们的舌尖后音偏误大部分都已经消失,仍然偶有出现的偏误形式有两种:一是将chi[τ♣ʰ4]音节发成[τΣʰi],原因可能是ch[τ♣ʰ]所具有的"舌尖后"和"送气"这两个标记性较强的区别特征,都是日本学习者的难点;一是将sh[♣]发成[Σ]。这两种偏误在高水平的日本学习者身上仍然存在。

五 小 结

通过以上的感知和发音测试,我们可以简单拟测日本学习者舌尖后音的产生和发展途径。我们认为,日本学习者在习得汉语舌尖后音的过程中,一般会经历以下几个阶段:

1. 完全混同于舌面音,将汉语的 zh、ch、sh 和 j、q、x 两个语音范畴感知为一个范畴,在发音中用母语的舌叶音[δΣ]、[τΣ]、[Σ]来代替。

2. 感知到汉语 zh、ch、sh 和 j、q、x 与母语舌叶音[δΣ]、[τΣ]、[Σ]相似程度有差别,即 j、q、x 与母语的[δZ]、[τZ]、[Σ]更相似,开始将汉语的 zh、ch、sh 与 j、q、x 感知为两个语音范畴,但在发音上仍不能很好地区分开。

3. 可以感知到汉语的舌尖后音和舌面音是两个不同的语音范畴,发音上也有所区分,但常有偏误发生,偏误的条件是韵母是[a]或舌尖后元音[4]。

4. 舌尖后音系统完全建立起来,但偶尔还有读成舌叶音的现象发生。

参考文献

何　平,1997,谈对日本学生的初级汉语语音教学,《语言教学与研究》第3期。
黄大勇,2004,语言测试中的真实性概念,《语言教学与研究》第2期。
李怀镛,1996,《日语语音答问》,北京:商务印书馆。
林　焘,1996,语音研究和对外汉语教学,《世界汉语教学》第3期。
林　焘、王理嘉,1992,《语音学教程》,北京:北京大学出版社。
鲁健骥,1984,中介语理论与外国人学习汉语的语音偏误分析,《语言教学与研究》第3期。
王建勤,1997,《汉语作为第二语言的习得研究》,北京:北京语言文化大学出版社。
王韫佳,2002,日本学习者感知和产生普通话鼻音韵母的实验研究,《世界汉语教学》第2期。
王韫佳,2003,第二语言语音习得研究的基本方法和思路,《汉语学习》第2期。
王韫佳,2004,日本学习者对汉语普通话不送气/送气辅音的加工,《世界汉语教学》第3期。
王志芳,1999,日本学生汉语学习中的语音问题,《汉语学习》第2期。
吴宗济,1988,普通话辅音不送气/送气区别的实验研究,《中国语言学报》第3期。
吴宗济、林茂灿,1989,《实验语音学概要》,北京:高等教育出版社。
余　维,1995,日汉语音对比分析与汉语语音教学,《语言教学与研究》第4期。
周小兵、李海鸥,2004,《对外汉语教学入门》,广州:中山大学出版社。
朱　川,1981,汉日语音对比实验研究(一),《语言教学与研究》第2期。
朱　川,1981,汉日语音对比实验研究(二),《语言教学与研究》第4期。
Ellis,R. ,1985,*The study of Second Language Acquisition*. Oxford:Oxford University Press. 上海:上海外语教育出版社,1999年。
Ellis,R. ,1994,*Understanding Second Language Acquisition*,Oxford:Oxford University Press. 上海:上海外语教育出版社,1999年。

初级阶段留学生话语特征分析

张 舸

华南师范大学中文系

提 要 本文通过观察初级阶段留学生在自然语境中运用目的语真实交际的情况,将留学生在汉语使用上的外显行为加以记录、积累、整理和分析,研究这一阶段留学生的主要话语特征并将其概括为六点:意义大于形式、简化、明显的话语监控与修正痕迹、使用套语、句法混乱、语码混合。并探讨相关的一些问题。

关键词 话语 特征 初级阶段

一 引 言

语言交际是语言最本质的功能,语言交际中最基本最活跃的形式是口头话语(spoken discourse),儿童习得母语从口头话语开始,二语学习者习得目的语最理想的目标就是拥有正确自如地与目的语区成员进行交际的能力。对二语教学研究者来说,研究二语学习者的口头话语,可以检验教学效果、可以发现教学问题;更重要的是可以了解学习者目的语水平的发展程度,进而进一步探讨习得与教学和学习策略、交际策略等的关系。从本质上讲,检验二语学习者的学习效果、考察二语学习者的语言水平,不能只凭借学生在课堂上和考试中的表现,更有说服力的指标在于学生用目的语进行日常交际的成功度。因为语言学习最终是为了应用,学习的效果最终反映在语言的运用上。

目前国内针对二语学习者口头话语的研究比较少,并且关于这方面的研究主要集中于两种情况:一是介绍国外学者研究目的语为英语的二语学习者的话语的相关成果，二是国内学者对目的语为英语的中国学习者的话语研究。另外有部分学者的研究涉及目的语为汉语的二语学习者和母语为汉语者之间的话语情况。而对于目的语为汉语的二语学习者之间的话语交际及他们的话语发展情况的研究则非常少。就笔者在期刊网和中国数字图书馆中的搜索结果来看，未见相关的单篇论文和论著。

我们主要观察留学生在自然语境中运用目的语真实交际的情况，将留学生在汉语使用上的外显行为加以记录、积累、整理和分析，希望能够有效地了解留学生的话语特征，寻找留学生话语中隐含的语言发展规律，并从中探讨留学生的学习策略、交际策略以及相关的教学问题、教材问题等等。

二　语料来源

本研究观察的学生是初级阶段的留学生，观察的语境为自然语境，教师不参与谈话，只是在旁边观察、录音和记录，而教师的观察和记录活动并不为学生所知。观察的对象是初级阶段的留学生，具体来说，是学习汉语15周之内的留学生，重点观察的是一个班的24个留学生，他们分别来自秘鲁、俄罗斯、韩国、荷兰、美国、蒙古、日本、斯里兰卡、也门、印尼、越南等11个国家。录音转写或记录作为研究的材料是学生在一定语境下有跟同学交流的意愿时，用汉语进行实际交际的话语。我们感兴趣的是学生在仅学了几周到十几周汉语、语言材料储备相当有限的情况下，是怎样达到交际目的的。有意思的是，收集到的绝大部分语料都是国别不同的学生之间进行的对话，也有少量相同国别学生使用汉语交际的语料，但此类语料几乎都是在有别国学生参与的对话中出现。而相同国别的学生在相互交际时，几乎都使用母语。

三 初级阶段留学生主要话语特征及分析

3.1 意义大于形式

从发生学的角度看,言语交际的产生是一个从意义到形式的过程。有了表达的意愿,即会产生相应的"内部语言",或者称为"心理语言",这种"心理语言"是模糊的、无序的,"心理语言"外化为"外部语言"的过程是一个从模糊到清晰、从无序到有序的过程,这个过程相当复杂,至今仍是科学研究难以解决的一个问题。对一般人来说,从意念到母语表达,也并不能说是一件轻而易举、脱口而出的事情,常有"辞难达意"、"只可意会,不可言传"之感。对于初学外语者来说,要用有限的目的语材料表达意念,就更是一件十分艰难的事情了。在这个过程中,他们所关注的主要是意义,他们努力的目标是调动跟目的语有关的一切手段,将意念化为能表达相应意念的目的语,以达到交际功能。在这样的前提下,在交际时间的压力下,形式的选择与判断正确与否,就放到了次要的位置。

有学者曾经做过针对学习汉语的欧美留学生的问卷调查,其中有一项是"与对方交流时你的表达取向",90%的外国学生选择了"交流时不管对错只要能表达自己的意思就行"(徐子亮,2003)。正如我们的观察记录所显示,初级阶段留学生的话语交际呈现出明显的意义大于形式的特征,既有一些学以致用、规范恰当的句子,也出现了大量能让听话者大致明白、但从语言规范的角度却错漏百出的话语片段。例如:

(1)甲:你病?
　　乙:我没病,我很累,有很多的学习。
(2)他脑子有问题,他每天晚来,现在早来。

这些句子总体看在表意上没有问题,可以分析起来却有很多错误。

如何看待与分析初级阶段留学生话语的这个特征?我们认

为,其一,外语教学的目的是培养学生用有限的外语材料处理交际问题的能力,教学是为表达意义服务的。因此,提供一切可能鼓励留学生用汉语进行交际,是明智的做法。其二,外语学习的过程是一个外语交际能力不断提高的过程,在这个过程中,错误的产生是正常的,同时也是必须正视的。教师和学生都必须认识到这些输出性错误,教师能够在不同的阶段进行相应的分析,学生能在教师帮助下了解错误原因,逐步学习正确地表达意念。其三,留学生用汉语交际的过程,是一个利用真实环境重新激活、识别所学习的语言知识,利用新的语境刺激、强化目的语编码能力和接受能力的过程。这个过程可以巩固输入知识,可以提高语言的感受能力,对汉语学习者来说,是非常可贵的。

3.2 简化

对于初级阶段的留学生来说,其成人思维水平与目的语材料储备明显不协调。当交际压力出现,思想意念已到,而当前所掌握的目的语语音、词汇和语法知识不足以支撑完整的表达,或者生成过程不允许留学生有足够的时间激活已有的目的语资源时,坚持用目的语交际的留学生就会尽其所能,哪怕利用单词句、不完整句和简单句也要表达。例如:

*(3) 甲:(走到窗前,准备开窗,转头问乙)开? 关?
　　　 乙:很冷。
　　　 甲:冷? 你想开空调? 开?
　　　 乙:不。

*(4) 我们两个女。

*(5) 我要照片,××(学生名字)照我。

由于受词汇和语法的限制,学生的交际意愿无法使用完整的语句表达,但从此类语料中可以看到学生克服语言困难进行交际的努力。

简化的类型大致可以分为三类,一是语义简化,二是语法简化,三是衔接简化。语义简化是指学习者用来编码的语言意义成分少于与命题成分相对应的语言意义成分,所造成的空缺留待听话者根据语境等非语言线索去补足。如果单独看生成的话语片段,有的没有严格意义上的语法问题,如(3);有的有明显的语法错误,如(4)。语法简化是学习者在编码过程中由于储备或者激活时间不足而遗漏了必须有的语法成分。如果单独看生成的话语片段,有明显的语法问题。在以英语为目的语的习得研究中,研究者发现,英语学习者的语法简化包括虚词与词缀的遗漏(周小兵、李海鸥,2004)。根据我们的观察,初级阶段汉语学习者的语法简化,呈现复杂的情况。从语法单位的角度看,有语素和动词、名词、助词等的简化,例如:

*(6) 越南的天气有很多变。
*(7) 我不好学生。
*(8) 黄老师有四口人。
*(9) 我们坐看电视。

从语法成分的角度看,主语、谓语、宾语、定语、状语都有简化的现象。如:

*(10) 现在很冷,要睡觉,不要起床。
*(11) (一个女孩被一个男孩追打)老师,他,我。
*(12) (指空调)开?不开?
*(13) 他们唱他的国的歌。
*(14) 课以后我要回家。

衔接简化指的是由于学生在初级阶段所学习的多是单句,较少接触话语衔接的知识,当要表达较为复杂的意思必须用几个小句时,这些小句之间就缺乏相应的连接。如例子(10),再如:

*(15) 暖和(huo),和(huo),没有声调,一样的,和(hé)。

说话者的意思是:"暖和(nuǎnhuo)的'和'(huo)没有声调,汉字和'和'(hé)是一样的。"他想告诉听话者把"暖和"读成"nuǎnhé"是不对的,尽管两个"和"写法一样。用单句解释这么复杂的意思有困难,因此他使用了几个小句,但几个小句之间缺乏连接。

3.3 明显的话语监控与修正痕迹

因为所使用的是一种新的正在学习的语言，学生不能完全自如地运用词句，往往对一些词句使用不太肯定，而自发地进行检查、补充和纠正。这是学习的一个自然的过程。我们所观察到的话语监控指的是发音后的监控，即学习者在一定的发音程序中或完成一定的发音程序后，由于时间的延续，进一步激活了相应的新的语言储备知识，新旧碰撞，使学习者对先前的发音程序产生怀疑，进而以新的话语形式来修正。例如：

*(16) 甲：你忙吗？

乙：太忙……很忙……太忙了。

此时学生已学过形容词谓语句形容词前通常要加别的成分，最常用的是"很"，另外表示程度高的可以用"太……了"格式，从学生的运用中可以清楚地看到他在几种规则和格式中选择、检查和纠正的过程。

*(17) 甲：这个懂不懂？

乙：懂。我聪明学生……我很聪明学生。

此时学生尚未学习结构助词"的"的用法，所接触到的形容词多数要加程度副词"很"，因此学生在自我检查之后加上了"很"。

(18) 吃很多药……吃了很多药。

学生开始还没有想到要用"了"，说了以后回忆起说过去的事情要用"了"，于是加了上去。

3.4 使用套语

套语是学习者不做分析而作为整体来感知并用于特定语境的一些语言单位。套语与特定的交际目标相关，可以发展留学生的交际能力。例如初级阶段留学生经常使用的"你好"、"再见"、"谢谢"、"对不起"、"没关系"、"你身体好吗"、"好久不见"、"我不知道怎么说"等等。学习者在使用套语的过程和一般句子生成的过程不同。一般句子的生成过程是由部分到整体，是一个词语的组装过程；组合的每一个部分的意义是学生所了解的。而套语对学生而言是一个整体,意义是整体的意义,部分的意义反而不知道或知道得不完全。例如学习者知道道别的时候应该说"再见",却不一定知道"再"和"见"分别是什么意义。

留学生所掌握的套语首先是课本语言。把课本语言背下来直接使用,相对于记忆词语意义和组合规则、之后再组词成句的一般句子生成过程而言,可以说难度降低了,学习负担和交际压力都有不同程度的减少,所以这是初级阶段留学生开始尝试用汉语交际时最常用的方式,尤其是刚开始学习汉语的前五周内。例如同学之间打招呼时常用:

(19) 甲:你好!

乙:你好!

(20) 甲:你好吗?

乙:我很好。谢谢!你呢?

(21) 甲:我也很好。谢谢!

(22) 甲:你身体好吗?

乙:很好。谢谢!

甲:你爸爸妈妈身体好吗?

乙:他们很好。谢谢!

(23) 甲:见到你很高兴!

乙:见到你我也很高兴!

到了第十周以后,后面三种使用得越来越少,大家都较为集中地使用第一种。这是因为在日常生活中,学生们逐渐观察到中国人之间打招呼常常使用的是第一种。

还没有在学过的课文中出现的、形式上又是完整句子的套语,往往是学生学习和生活中常常需要用到的。例如:

(24) 我不知道怎么说。

套语的另一种形式是整个被记下来的单词串,学习者可以在这种单词串的前后变换具体的内容,表达不同的意思。在我们的记录中,有这样几个使用频率较高的单词串:"不知道"、"不可以"、"有问题"等。例如:

*(25) 我不知道为什么我不可以睡觉早一点。

*(26) 可能他不可以来了。

*(27) 我不可以唱,唱中国歌。

(28) 下星期我不可以来上课。

(29) 他脑子有问题。

(30) 这个有问题,我不知道,但是有问题。

*(31) 他想东西有问题。

套语的使用可以促进初级阶段学习者的学习,可以提高学习者的口语能力,可以增强学习者的交际成就感,可以为进一步的创造性话语发展在一定程度上奠定基础。可以作为旁证的是,在所观察的班级中,套语运用频率高的几个学生都是学习比较主动、学习成绩属于中上到优秀的学生。

3.5 句法混乱

初级阶段的留学生用汉语进行交际,自由的表达意愿和有限的语言储备使他们不可避免地会出现许多句法偏误,这是二语学习过程中的正常现象。初级阶段的留学生在句法方面出现的偏误主要有:

遗漏。例如:

*(32) 我们两个女。

*(34) 我早起床。

*(35) 他笨蛋。

误加。例如:

*(35) 你是不好。

*(36) 我是最喜欢夏天。

*(37) 我最很喜欢游泳。

错序。例如:

*(38) 我起床六点。

*(39) 我不知道为什么我不可以睡觉早一点。

*(40) 黄老师住,跟爸爸、妈妈、姐姐。

搭配错误。例如

*(41)我有很多的学习。

*(42)多不下雨。

*(43)他们可以后来。

综合性偏误。例如:

*(44)我们的说,怎么样,我们的学习,我们的住在中国。

*(45)你可以写这里你的名字。

3.6 语码混合

当学习者的目的语知识以及语境的补充都无法帮助其完成交际任务时,学习者会力图向母语或媒介语求助。反映在纪录中就是不同的语码混合在一次交际过程中。这种语码的混合主要表现在下面几种情况中:

求助母语。例如:

(46)甲:他说他是帅哥。

乙:(疑问的眼神、表情)

甲:(越南语)……

乙:啊!

求助媒介语,主要是英语。例如:

(47)甲:下星期你做了没有?

乙:下星期?上星期?Last week?

甲:Last week.

乙:上星期。

(48)甲:(越南学生,拿着调查问卷问上面的一项)这是什么?

乙:(日本学生)紧张。

甲:紧张?

乙:Nervous。

甲:(摇头,疑惑,查课本,没有这个词。再查词典)啊!明白了。

(49) 甲：我喜欢 diving。Diving,知道吗？

乙：（摇头）

甲：（对老师）老师，"diving"怎么说？

老师：潜水。（在白板上写拼音和汉字）

甲：（对乙）我喜欢潜水。

乙：啊！

四 结 语

本文只是初步考察初级阶段留学生话语的主要特征，只做了一些简单的分析。这只是第一步的研究。从上述话语特征出发，我们可以进一步探索在中国学习的汉语二语学习者的学习策略、交际策略、语言发展规律和模式。希望这些研究能对相应的教学研究和教材研究有一点启发。

参考文献

程雨民,1997,《语言系统及其运作》,上海：上海外语教育出版社。

黄　冰,2004,《第二语言习得入门》,广州：广东高等教育出版社。

李悦娥、范宏雅,2002,《话语分析》,上海：上海外语教育出版社。

刘颂浩、钱旭菁、汪　燕,2002,交际策略与口语测试,《世界汉语教学》第2期。

罗青松,1996,谈对外汉语初级口语课堂教学的交际性,《中国人民大学学报》第5期。

熊　文,1997,论第二语言教学中的简化原则,《世界汉语教学》第3期。

徐子亮,1999,外国学生汉语学习策略的认知心理分析,《世界汉语教学》第4期。

徐子亮,2003,中外学生二语学习策略的相异性研究,《暨南大学华文学院学报》第3期。

周小兵、李海鸥,2004,《对外汉语教学入门》,广州：中山大学出版社。

Gee, J. P., 2000, *An Introduction to Discourse Analysis：Theory and Method*, Routledge Press. 北京：外语教学与研究出版社,2000年。

从留学生偏误
看协同副词的语义句法特征

蔡 晓

广东教育学院中文系

提 要 协同副词内部各成员语义上存在以下差异：施事与受事、语义双指的自由度、个体与整体、长时与短时；句法上存在以下差异：对动词的选择限制、与动态助词的共现、与时量动量词的共现。留学生在这些方面辨识不清，就会产生偏误。

关键词 协同副词 语义 句法 偏误

一 前 言

协同副词指的是"一起"、"一齐"、"一道"、"一块儿"、"一同"、"一并"几个表示协同意义的副词。我们在调查留学生对这几个词的使用情况时发现[①]，对这几个协同副词的使用，除"一起"、"一同"基本正确外，其他几个都存在不同程度的偏误，下面略举几例：

a. ×我昨天跟朋友一齐去了人间的天堂杭州。（韩国学生）
b. ×他们决定一并过周末。（意大利学生）
c. ×这次他一并把上个月和本月的电费付到管理处。（印尼学生）
d. ×大家一块儿反对新制定出的法律。（韩国学生）

这些句子都存在偏误，造成偏误的原因是多方面的。我们认为最根本的还是没有明确的区分标准，留学生对它们之间的区别不甚明了。

本文将从语义、句法两方面对这几个词的区别进行探讨。

二 语义差异

2.1 施事与受事

"一起"、"一同"、"一道"、"一块儿"、"一齐"所指向的 NP 一般都是动作或行为的发出者,即句中谓语动词的施事,很少指向动作行为的承受者。"一并"所指向的 NP 一般是动作或行为的承受者,即句中谓语动词的受事,很少指向动作行为的发出者。

(1) 辛楣和苏文纨自小一起玩。(钱钟书《围城》)
(2) 来自 10 多个省份的 85 万农民群众与数千名科技界、金融界人士一同参加了科技交流大会。(《市场报》2003 年 11 月 26 日 第十一版)
(3) 10 月初,毛泽连离开北京时,毛泽东把自己用过多年的一口皮箱,装上蚊帐、棉衣、棉裤和衬衣,一并送给堂弟。(《人民日报》1993 年 12 月 9 日第 5 版)

(1)、(2)中 NP 是动作行为的发出者,(3)中 NP 是动作行为的支配对象。根据我们对《人民日报》2000 全年语料库 2300 万字的语料进行统计的结果:做副词的"一起"有效例句(去掉了做名词和数量词的"一起")1508 例,所指 NP 为施事的 1328 例,占总数的 88.1%;所指 NP 为受事的 180 例,只占总数的 11.9%。做副词的"一块儿"13 例,所指 NP 全部为施事。"一同"139 例,所指 NP 为施事的 135 例,占总数的 97.1%,只有 4 例 NP 为受事,占总数的 2.9%。"一道"428 例,所指 NP 为施事的 417 例,占总数的 97.4%;NP 为受事的仅为 11 例,占总数的 2.6%。"一齐"44 例,所指 NP 为施事的 39 例,占总数的 88.6%;NP 为受事的 5 例,占总数的 11.4%。而"一并"出现 45 次,所指 NP 为施事的仅 5 例,占总数的 11.1%;表受事的有 40 例,所占比率高达 88.9%。

2.2 语义双指的自由度

"一并"语义前指和双指[②]较少受到限制,比较自由。"一起"、"一道"、"一块儿"、"一同"、"一齐"一般前指,用于双指时要受到条件限制。

(4) 和我一起在公园里聊过天的女孩子含笑看着我:"他怕你是个老流氓。"(王朔《一半是火焰,一半是海水》)

(5) 正和哥们儿一块儿畅饮的大学生小王对记者说:"我觉得'麻蟹儿'比'麻小儿'还香,自从有了'麻蟹儿',我们每次来就没落过,可就是贵了一点儿。"(《北京晨报》2001年10月25日)

(6) 在21日与阎庚华一道冲击顶峰的尼泊尔高山协作人员拉巴次仁昨夜回到登山大本营。(《人民日报》2000年)

(7) 申办奥运会是一场高水平的国际竞争,在与北京一起进入第二阶段的候选城市中不乏世界一流城市,它们都具有很强的竞争力。(《人民日报》2000年)

(8) 10件武器的尾部都有一个小孔。据专家介绍,这是留给固定武器的木头柄用的。此次一并出土的还有一个圆形凸体。(《成都日报》)

(9) 尤其当小院最后解除了隔离,也一并解除了小院里种种心灵的戒备和脸上的面具后,观众真的要为他们畅快地欢呼。(《光明日报》)

(4)中的"女孩子"、(5)中的"大学生小王"、(6)中的"拉巴次仁"、(7)中的"(其他)候选城市"都是协同副词的所指对象,这些词都在协同副词之后,这几个协同副词这时都无一例外地和它们所修饰的成分一起做定语。也就是说只有这几个协同副词和其所修饰的动词做定语时,它们才能后指。不仅如此,这几个协同副词在后指中心语的同时,一般都必须有前指成分(例(4)、(5)、(6)、(7)中的"我"、"哥儿们"、"阎庚华"、"北京"就是它们对应的前指成分),因此,在这种条件下它们属于"双指副词"。例(8)中的"一并"分别前指"10件武器"和后指"一个圆形凸体","一并"所在的动词性结构做主语。例(9)中"一并"分别前指"解除隔离"和后指"解除种种心灵的戒备和脸上的面具","一并"所在短语是小句谓语,"一并"也属"双指副词"。需要说明的是:陈亚军(2002,301页)认为

"一并""常用于后指"。而我们对《人民日报》2000年2300万字语料进行检索,共得到含"一并"的例句45个,其中只有6例语义双指,没有语义后指的,其他的都语义前指。我们又从其他著作、报刊中检索到含"一并"的例句232个,其中前指205例,双指23例,后指的仅为4例。综合《人民日报》中的45个例句,语义后指的例子仅占全部实例的1.4%,这么低的百分比却说"一并""常用于后指"是没有任何说服力的。因此我们认为"一并"同样常用于前指,但也可以双指和后指,双指时相对于"一起"、"一道"、"一块儿"、"一同"较为自由。

2.3 个体与整体

"一齐"所指向的NP具有个体离散性的特征,也就是说"一齐"所指的NP所包含的个体具有"可分性"的特点。

(10) 孙先生和他所代表的苦难的中国人民,一齐被"西方的影响"所激怒,下决心"联俄联共",和帝国主义及其走狗奋斗和拼命,当然不是偶然的。(《毛泽东选集》)

从形式上来说,"孙先生和他所代表的苦难的中国人民,一齐被'西方的影响'所激怒"="孙先生被'西方的影响'所激怒+他(孙中山)所代表的苦难的中国人民被'西方的影响'所激怒"。也就是说NP所包含的不同个体都是彼此独立的,它们分别和"一齐"所修饰的谓语发生陈述和被陈述的关系,这些不同的个体之间一般没有必然联系。再如:

(11) 信八字望走好运,信风水望坟山贯气。今年几个月光景,土豪劣绅贪官污吏一齐倒台了。难道这几个月以前土豪劣绅贪官污吏还大家走好运,大家坟山都贯气,这几个月忽然大家走坏运,坟山也一齐不贯气了吗?(《毛泽东选集》)

(12) 谁知那些老婆子们见林黛玉大哭大吐,宝玉又砸玉,不知道要闹到什么田地,倘或连累了他们,便一齐往前头回贾母王夫人知道,好不干连了他们。(曹雪芹《红楼梦》)

例(11)中的强调的是"土豪劣绅贪官污吏"倒台的"同时性",而这些"土豪劣绅贪官污吏"彼此之间并无必然联系。同样,例(12)中的"老婆子们"同时去"回贾母王夫人知道"也并非是事先商量好而后一块儿去的。这些句子中的"一齐"大致都可以用"都"替换,当"一齐"前有"和"、"跟"、"同"、"与"时,"和"、"跟"、"同"、"与"一般都是连词。

而"一起"、"一道"、"一块儿"、"一同"所指向的NP具有"合指性",NP是一个不可分割的整体,也就是说NP所包含的各个成员组成一个比较紧的整体共同和谓语构成陈述和被陈述的关系,NP内部成员之间一般有这样或那样的联系。如:

（13）朱熹抵达岳麓书院后就与张栻一起进行了中国文化史上极为著名的"朱、张会讲"。（余秋雨《千年庭院》）

（14）走进文化局编剧队伍之后,他还多次来到井队,同钻井工人一同上钻台,一同住列车房,一同用大碗喝酒讲笑话,跟石油工人结下了深厚的感情,工人们亲切地喊他"铁哥们儿"。（《人民日报》2000年）

（15）在旧社会,旧家庭里他是一位暮气十足的少爷。在他同我们一块儿谈话的时候,他又是一个新青年了,这种生活方式是我和三哥所不能够了解的,我们因此常常责备他。（巴金《忆》）

（16）我们愿与南非的朋友们一道,继续努力,把中南两国、两军的友好合作关系推向更高的水平。（《人民日报》2000年）

例(13)和(16)中的"朱熹和张栻"、"我们和南非的朋友们"分别是一种合作关系,例(14)中的"他和钻井工人"是一种同甘共苦的干群关系,例(15)中"他同我们"是谈话双方的关系。需要说明的是这几个协同副词出现的句子,比如例(14)把NP所包含的成员分开说也成立:"他同钻井工人一同上钻台,一同住列车房,一同用大碗喝酒讲笑话"内在地包括着"他上钻台、住列车房、用大碗喝酒讲笑话"和"工人上钻台、住列车房、用大碗喝酒讲笑话",但前后两者在表意上是不同的,前者反映的是一种有福同享、有难同当的亲密干群关系,后者只是说明所发出的动作行为相同。这些句子中的协同副词一般都不能换成"都",前面有"和"、"跟"、"同"、"与"时,"和"、"跟"、"同"、"与"一般都是介词。

"一并"所指向的 NP 内部成员之间是一种加合关系,成员之间的关系比"一齐"紧密,但比"一起"、"一同"、"一道"、"一块儿"松散。如:

(17) 尚有几点拟加入此决定:甲、为了稳定中农之目的,老区新富农照富裕中农待遇,即不得本人同意不能平分;乙、给教堂、祠堂、庙宇留少数园地;丙、保护和平通商、传教的外国人;丁、货债及农民内部债务之处理;戊、新区执行土地法应与老区不同,在新区应分两阶段,第一阶段没收分配地主土地,中立富农,第二阶段平分土地。第一阶段只组织农会,第二阶段再组织贫农团。以上各点请一并考虑。(《毛泽东文集》)

需"一并考虑"的甲、乙、丙、丁、戊几点,即相互关联,又要区别对待。

2.4 短时与长时

"一齐"修饰动词时,表示动作行为的一个瞬间点,和持续性动词连用时,强调动作行为瞬间发生或结束的时间,表示的是一种非常短的时间概念,而"一起"、"一道"、"一同"、"一块儿"则既可以表示短时也可以表示长时。

(18) 红军各部向敌军一齐发起猛攻。这是红四军主力下山后的关键一仗。《毛泽东传》

(19) 随后他们登上天台,这时制作降落伞的指导老师喊道:"一、二、三,放!"所有的小朋友一齐将手中的小降落伞向天空抛去。《北京晨报》

(20) "我正给你联系音乐会的事呢,你得跟我一起跑几个地方。"(王朔《无人喝彩》)

(21) 教育部部长周济,团中央书记处书记杨岳……等与 1500

余名大学生一同观看了演出。《北京日报》

例(18)、(19)都意在表明动作发出的起始点相同,表示一个瞬间的时间概念。这两句话中的"一齐"换成"一起"、"一道"、"一同"、"一块儿"后,句子同样成立,但侧重点儿发生变化。例(20)、(21)中"跑几个地方"、"观看演出"表示动作发生的过程,都需耗费比较长的时间,都不能用"一齐"替换。有时说话人主观上认为时间短时也可以用"一齐"。如:

(22) 春节期间,民工潮、探亲潮、学生潮一齐涌动。据有关部门预测,今年春运期间,全国出行人数约达16亿多人次。(《人民日报》2000年)

根据上文时间词我们知道"一齐涌动"是在"春节期间"这一时段发生的,"春节期间"是一个"绝对长时"(十几天),但相对于"一年"来说,在作者和读者心目中它又是一个比较短的时间概念,是一个"绝对短时"。

2.5 语体区别

"一并"带有一定的文言色彩,一般用在书面语中,在口语中罕见;"一道"一般用在比较庄重、严肃、正式的场合,尤其是外交辞令中;"一起"、"一齐"、"一同"口语和书面语的使用都比较普遍;"一块儿"则多用于口语。

三 句法差异

3.1 对动词的选择限制

3.1.1 "一并"只能修饰限制自主动词,不能修饰限制非自主动词。如:

(23) ① 一并讨论/一并调查/一并驱逐/一并安排/一并利用

② ×一并陷落/×一并耽误/×一并崩塌/×一并败露/×一并涌现(施事、受事)

"一齐"、"一起"、"一道"、"一块儿"、"一同"既可以修饰限制自主动词,又可以修饰限制非自主动词。如:

(24) ① 一齐喊/一起研究/一道休息/一块儿商量/一同处理

② 一齐脱落/一起倒闭/一道衰亡/一块儿失踪/一同进化

3.1.2 "一并"只能修饰双音节动词,不能修饰单音节动词。如:

(25) ① 一并归还/一并打击/一并出台/一并办理
② ×一并还/×一并退/×一并装/×一并抬

"一齐"、"一起"、"一道"、"一块儿"、"一同"没有此种限制,既可以和双音节动词搭配,也可以和单音节动词搭配。如:

(26) ① 一齐失败/一起观看/一同训练/一块儿参观
② 一齐喊/一起叫/一同去/一块儿玩儿

3.1.3 "一并"一般要求动词有处置性意义,"一齐"、"一起"、"一道"、"一块儿"、"一同"没有此种限制。如:

(27) 确实无力支付的,可与建设单位协商由其按月垫支工资,在工程完工结算工程款时一并扣除。(人民网)

(28)《承诺卡》随入伍通知书一并发放到义务兵家属手中,作为领取优待金的凭证。(《人民日报》2000年)

"扣除"、"发放"都有处置义,"一并"要求动词有处置性的原因是:"一并"语义上一般都指向动作行为的受事,受事一般都是"处置"的对象。请比较:

(29) ① 一并处理/一并转让/一并开除/一并淘汰
② ×一并出发/×一并呐喊/×一并学习/×一并工作

3.1.4 "一齐"和非持续性动词和弱持续性动词搭配比较自由,一般不和强持续性动词搭配,和弱持续性动词搭配时指动作发生的起点,"一起"、"一道"、"一块儿"、"一同"没有此种限制。

(30) 剧场内千百盏顶灯一齐黯灭,所有人脸都隐于黑暗中,只有两边环廊休息室有光芒,从不同高度的太平门外泻。(王朔《无人喝彩》)

(31) 不知抓着胖服务员的民警怎么鼓捣了一下,她哇地一声哭了,鼻涕眼泪一齐往下流,服服帖帖站着不再闹了。(王朔《人莫予毒》)

(32) ① ×我们一齐等他来。
② ×他们一齐睡在地板上。
③ ×他们几个一齐玩儿。

"黯灭"是非持续动词,"一齐"与它搭配表示"灭"的同时性,非持续动词还有"出现"、"完"、"丢"、"来"、"去"、"到"、"坍塌"、"离开"等。"流"是弱持续动词,"一齐"和它们搭配时表示不同主体同时开始发出这一动作,弱持续动词还有"看"、"听"、"说"、"叫"、"骂"、"做"等。"等、睡、玩儿"为强持续动词,"一齐"不能与之搭配,但"一起"、"一道"、"一块儿"、"一同"可以,强持续动词还有"盼"、"躺"、"睡"、"养"、"抬"、"照顾"、"培养"等。

3.1.5 "一齐"一般只能和表示具体行为动作的动词搭配,不能和表抽象动作的动词搭配。

(33) 一阵欢声笑语,丁、冯、马、刘诸人捧着鲜花、水果拥进病房,一齐围上来问寒嘘暖。(王朔《你不是一个俗人》)

(34) 一双双翘首张望的眼睛,一齐投向那绿色车厢的窗口。(《人民日报》1980年5月11日)

(35) ① × 一齐学习
② × 一齐研究

"围"和"投"都是具体动作,"学习"和"研究"是抽象行为。不能和抽象动词搭配的原因是抽象动词一般都是强持续性动词,表示较长的时间概念,起点和终点不明确,如果要和这些动词搭配,则必须使它们的起点或终点明确。如:

(36) ① 我们八点钟一齐开始工作。
② 咱们是一齐开始研究的,但你显然落后了。

"一齐"并非绝对不能直接限制表抽象动作动词,当说话人或作者有意弱化表"同时"的义项,强化表"范围"的义项时,"一齐"就可以直接限制抽象动词。如:

(37) 只要四亿五千万同胞一齐努力,最后的胜利是属于中华民族的!(《毛泽东选集》)

这句话中的"一齐"虽都有"同时"的意思,但"同时"的意义很弱,文中要彰显的是范围义,"一齐"前面的数字就是它所指的范围。

"一起"、"一道"、"一块儿"、"一同"修饰抽象动作动词则相对自由。

3.2 和动态助词的共现

"一齐"和"一并"只能和动态助词"了"共现,不能和动态助词"着"和"过"共现,"一起"、"一道"、"一同"、"一块儿"没有这方面的限制。

(38) 与此同时,马青、杨重咔地一个立正,胸脯挺得像个孕妇,一齐扎了自己一个有力标准的礼。(王朔《你不是一个俗人》)

(39) 2000年至2001年期间,刘伟受单位指派创意设计了一本宣传计划生育工作的画册。同时,他也一并承担了该画册的印制和销售工作。(《人民日报》2000年)

(40) 中共中央政治局候补委员、书记处书记曾庆红以及有关部门负责人于永波、王刚、滕文生、孙家正等一同观看了演出。(《人民日报》2000年)

(41) 眼下,乐华集团同全国人民一道热切期待着中国奥运代表团凯旋,那将是一个更高意义上的"乐满中华"。(《人民日报》2000年)

(42) 他抚摸着石头,嘴里喃喃说道:"老伙计哟,你还这么硬实,可俺不中用喽,拣块小的扛吧!当年,咱们一块儿挨过枪子儿,一块儿炸过小鬼子,一块儿打过还乡团,一块儿受过穷。(《人民日报》2000年)

上例中的"着"、"过"都不能和"一齐"、"一并"共现,原因是"着"表示动作或状态的持续,"过"表示经历,都和"一齐"的短时冲突,而"一并"的语义也是内在地要求一个较短的时间。

3.3 和时量动量词的共现

"一起"、"一同"、"一道"、"一块儿"可以和时量动量词共现,"一齐"和"一并"不能。

(43) ① 我们一起当了三年兵。
② 我们一道研究了三天才想到解决办法。
③ 我和他一块儿去过两次北京。

这几个句子中的"一起"、"一道"、"一块儿"都不能换成"一齐"或"一并",原因是"三年"、"三天"表示较长的时间概念,"两次"是重复行为,都和"一齐"要求动作的短时性相冲突。而"一并"后面不能出现时量动量补语。

四 结 语

通过以上对协同副词的语义、句法分析,我们就可以对本文"前言"里留学生使用这几个词时所出现的偏误给予比较合理的解释:"a"句要表达的是"位置协同",留学生误用了表"时间协同"的"一齐",因此应把"一齐"换成"一起"、"一块儿"或"一同"。"b"句的偏误在于没有理解"一并"的意义和搭配,"一并"前指的体词一般都是受事,不能是施事。另外,"一并"后一般要求有"处置"义的动词与之共现,而"过周末"不具有"处置"义,且"过"是单音节动词,也和"一并"的要求不符,把"一并"换成"一起"或"一块儿"就可以了。"c"句的偏误在于"一并"具有"前指"性,所以应放在自己语义所指成分的后面,即"上个月和本月的电费"的后面。"d"句的偏误在于语体,"一块儿"常用于口语中,显得轻松、随便,而本句表达的事件是非常严肃的政治事件,因此应该用表达庄重、严肃语体的"一道"。

附注

① 调查对象为高级班学生,他们已经学过一年半或两年时间的汉语,基本可以利用汉语进行日常交流。

② 副词的"指",即副词语义联系所指的方向。按照句法结构的线性排列,副词只能跟位于它前边或后边同一方向的成分发生语义联系的叫"单指副词";如有可能跟前后两个方向的成分都发生语义联系的叫"双指副词"。按照语义联系的方向,"单指副词"又可以分为"前指副词"和"后指副词"。(见邵敬敏《汉语语法的立体研究》2000,262、263 页)。

参考文献

北京大学中文系 1955、1957 语言班,1993,《现代汉语虚词例释》,北京:商务印书馆。

陈　朴,1989,《新简明汉英词典》,上海:上海译文出版社。

陈小荷,1994,主观量问题初探,《世界汉语教学》第 4 期。

范开泰、张亚军,2000,《现代汉语语法分析》,上海:华东师范大学出版社。

范　晓,1996,《三个平面的语法观》,北京:北京语言学院出版社。

李　泉,2002,从分布看副词的再分类,《语言研究》第 2 期。

刘月华,2001,《实用现代汉语语法》,北京:商务印书馆。

刘宁生,1984,句首介词结构"在……"的语义指向,《汉语学习》第 2 期。

卢英顺,1995,语义指向研究漫谈,《世界汉语教学》第 3 期。

陆俭明,1983,副词独用考察,《语言研究》第 2 期。

陆俭明,1999,《现代汉语虚词散论》,北京:语文出版社。

陆俭明,1999,《面临新世纪挑战的现代汉语语法研究》,合肥:山东教育出版社。

吕叔湘,1999,《汉语语法论文集》,北京:商务印书馆。

吕叔湘,1999,《现代汉语八百词》,北京:商务印书馆。

马庆株,2000,《语法研究入门》,北京:商务印书馆。

马庆株,1992,《汉语动词和动词性结构》,北京:北京语言学院出版社。

齐沪扬等,2002,《现代汉语虚词研究综述》,安徽:安徽教育出版社。

邵敬敏,2000,《汉语语法的立体研究》,北京:商务印书馆。

邵敬敏,1994,《语法研究与语法应用》,北京语言学院出版社。

沈开木,1983,表示"异中有同"的"也"字独用的探索,《中国语文》第 1 期。

沈开木,1996,论"语义指向",《华南师范大学学报》第 1 期。

史金生,2003,情状副词的类别和共现顺序,《语言研究》第 4 期。

文　炼,1995,关于分类的依据和标准,《中国语文》第4期。
肖奚强,2001,协同副词的语义指向,《南京师大学报》第6期。
杨德峰,1999,副词修饰动词性成分形成的结构的功能,《汉语学习》第1期。
杨荣祥,1999,现代汉语副词次类及其特征描写,《湛江师范学院学报》第1期。
张　斌,2001,现代汉语虚词词典》,北京:商务印书馆。
张谊生,2000,《现代汉语副词研究》,北京:学林出版社。
张谊生,2000,《现代汉语虚词》,上海:华东师范大学出版社。
张亚军,2002,《副词与限定描状功能》,合肥:安徽教育出版社。
赵　新,2002,"连、连连、一连"的语义和句法分析,《广东教育学院学报》第3期。
赵元任,2001,《汉语口语语法》,北京:商务印书馆。
赵金铭,1997,《新视角汉语语法研究》,北京:北京语言文化大学出版社。
周　刚,1998,语义指向分析刍议,《语文研究》第3期。
周小兵,1996,《句法·语义·篇章》,广州:广东高等教育出版社。
周小兵,2002,《对外汉语教学中的副词研究》,北京:中国社会科学出版社。
朱德熙,2000,《语法讲义》,北京:商务印书馆。
朱德熙,2000,《语法答问》,北京:商务印书馆。

韩国人汉语二语习得的语音个案分析及纠正方案

陈凡凡

中山大学中文系

提　要　本文通过对一韩国学生学习汉语的个案调查,全面记录了其声、韵、调的语音面貌,在描写的基础上根据实验统计出的数据对偏误进行了分类并做了详细的分析和解释。最后,文章还针对这些偏误提出了有效的纠正方案。本个案调查在一定程度上反映了韩国人学习汉语时的语音特点。

关键词　声母　韵母　声调

一　引　论

"洋腔洋调"在二语习得者中似乎是普遍存在的现象。在我们的教学中发现,同一国家的语言习得者往往产生相似的语音偏误。这种语音偏误如不用行之有效的方法进行及时的纠正,那么将会出现"化石化"现象(fossilization),直到高级阶段仍然很难改正。因此,我们有必要针对不同母语背景的留学生进行语音调查,掌握其语音规律,并在教学中对症下药。

韩国留学生学习汉语同样存在很多问题,以前也有文章对韩国学生的普通话发音进行研究,如王秀珍(1996)、宋春阳(1998)、王宇(2000)、李吉子(2001)、马洪海(2004)。这些文章都是从自己的教学经验出发,描写总结出韩国留学生学习普通话常见的语音偏误,并将母语和目的语的语音系统进行对比,对偏误做出一定的解释。这些研究成果无疑对我们的教学起到了一定的借鉴作用。但是,同时我们也注意到,这些文章对偏误的描写常被描写为汉语语音系统的内部错误,有些甚至用汉语拼音去标示这些偏误,而且,单凭经验进行描写使得研究结果的可信度大打折扣。因此,本文尝试对韩国学生普通话语貌进行全面的调查,通过对其声、韵、调的记录、统计和分析,以期在描写的基础上用实验统计数据来说明问题,并针对这些偏误提出有效的纠正方案。

二 研究过程

2.1 实验材料

由于考虑到双音节词中的变调现象、语流音变问题以及受韩语长短音影响,双音节词中第二个字常被发得极为短促(韩语双音节中第一个音长,第二个音短促)从而影响听辨结果这些因素,调查字表全部以单字出现。

根据《现代汉语(上册)》(黄伯荣、廖序东,1996)的《普通话声韵配合表》和被试者的汉语水平,我们制定了一张囊括了几乎所有声韵配合规律的字表共 395 个字(《普通话声韵配合表》中"欵"、"诶"、"欸"等字因在日常生活中极为少见而未收入其中),并将四个声调平均分配于声母和韵母中,以避免由于语音内部的影响而造成统计时不必要的误差。

字表中的字尽量使用被试学过的字,某些字由于未被被试习得或已遗忘,我们对其进行注音,但不对被试发音,以避免外界因素对其语音系统的干扰。

2.2 调查方法

让被试读设计好的字表,并进行现场录音。之后由笔者对声母、韵母、声调分别进行听音记录,最后对听音结果进行分类、统计和分析。

2.3 调查对象

本实验调查的对象为中山大学国际交流学院对外汉语系中级 1 班的一名韩国学生,女;18 岁,学习汉语时间约 1 年,无任何语音障碍。

三　实验的初步结果

3.1 声母偏误

表1　被试声母的偏误

		唇音		尖前音	舌尖中音	舌尖后音	舌面音	舌根音
		双唇音	唇齿音					
塞音	清音 不送气	b[p]→[p'] 6.25%			d[t]			g[k]
	清音 送气音	p[p']→[p] 14.3%			t[t']			k[k']→[k] 5.3%
塞擦音	清音 不送气			z[ts]→[tʃ] 53%		zh[tʂ]→[tʃ] 47%	j[tɕ]→[tʃ] 46%	
	清音 送气音			c[']→[tʃ'] 62%		ch[']→[tʃ'] 33%	q[tɕ']→[tʃ'] 33%	
擦音	清音		f[f]→[p'] 22.2% →[p] 11.1%	s[s]→[ʃ] 80%		sh[ʂ][ɕ]→[ʃ] 27.6%	x[ɕ]→[ts] 7%	h[x]→[k] 10.5%
	浊音					r[ʐ]→[ʃ] 76.9%		

续表

鼻音	浊音	m[m]			n		
边音	浊音				l[ɫ]→[ʃ] 50%		

3.2 韵母偏误表

表2 被试整体的韵母偏误

		开口呼	齐齿呼	合口呼	撮口呼
单元音韵母		-i[ɿ]→[ɤ]% [ɿ]33.3%[ʅ]→[ɤ]33.3% [ʅ]→[ɿ] 33.3%	i[i]	u[u]	ü [y] [iu] 16.7%
		a[A]	ia[iA]	ua [uA]→[A]33%	
		— o[uo]→[o] 75%→[u]25%		uo[uo]→[o] 52.9%→[u+o] 17.6%	
		e[ə]→[uei]			
		ê[ɛ]	ie[iɛ]→[yɛ] 16.7%		üe[yɛ]
		er[ə']			

续表

复元音韵母	ai[ai]		uai[uai]→[ai]14%	
	ei[ei]→[uei] 8.3%		ui[uei]→[ui] 20%	
	ao [au]→[ao] 5.6%		iao [iau→[gau] 30%	
	ou[ou]→[o] 52.9%→[o+u]17.6%	iou[iou]		
带鼻音韵母	an[an]→[a(n)]50%	ian[iɛn]→[in] 10%	uan[uan]→[ua~n] 38.5%	üan[yɛn]→[iɛn]50%
	en[ən]→[ə] 43.8%→[əŋ] 6.25%→[ə]	in[in]→[i~n] 25%	un[uən]→[un]%→[ue~n]%	ün[yn]→[y~n]25%
	ang[aŋ]→[a~ŋ] 31.6%	iang[iaŋ]→[i~a~ŋ]16.7%	uang[uaŋ]→[i~a~ŋ] 57.1%	
	eng[əŋ]→[ə~ŋ]63.2%→[ə~ŋ] 5.3%	ing[iŋ]→[i~ŋ] 10%→[i] 20%→[in] 10%	ueng[əŋ]	
			ong[uŋ]→[u~ŋ] 72.7%	iong[yŋ]→[i~ŋ]75%

3.3 声调偏程表

表 3

偏误	阴平 109个	阳平:94	上声 90	去声:88	轻声:4
	55:7 6.4%	35:4 4.2%	214:15 16.7%	51:30 34.1%	52:2
	44:61 56%	34:59 62.8%	34:24 26.7%	52:33 37.5%	轻声:1
	51:14 12.8%	51:4 4.2%	324:25 27.8%	44:6 6.8%	44:1
	52:6 5.5%	52:5 5.3%	314:1	42:1	
	34:16 14.7%	44:10 10.6%	44:6 6.7%	34:11 12.5%	
	324:3	55:1	33:1	324:2	
	42:2	33:1	24:f1	214:1	
		24:2	52:6 6.7%	234:1	
		23:5 5.3%	51:6 6.7%	23:2	
		324:2	234:4		
平均值	6.4%	4.3%	16.7%	34.1%	15.4%

四 主要偏误分析

4.1 声母

从总体上看,被试的普通话声母系统呈现了一定的倾向性。偏误主要表现在双唇音[p]、[p']对唇齿音[f]的补缺,[l]、[ɹ]的闪音化,舌尖前、舌尖后和舌面前三组塞擦音及清擦音的混用,以及塞音中送气与不送气的混用。

4.1.1 [p]、[p']对[f]的补缺

普通话的唇齿清擦音声母[f]在韩语中没有与之相对应的音,甚至连同一发音部位的辅音也没有。因此,绝大部分的韩国人都不会发[f]这个音,而是用发音部位相近的韩语中有的[p]或[p']代替。在韩语里,[p]和[p']这两个音音值非常相近,只是发[p']时气流强一些,发[p]时气流弱一些。据统计,约有三分之一的[f]

被发成了[p]或[p']。可见,被试并未很好地掌握唇齿清擦音的发音。

音韵学上已有"古无清唇音"的实证,在《切韵》中,轻重唇音不分,可以互切,也即直到那时,重唇音仍未分化出清唇音。而据朝鲜历史上记载,朝鲜自古使用汉字,且用汉字标记语音。现在,韩语仍保留了许多古音,这也就不难解释为什么韩国学生总是[p]、[p']、[f]不分了。

4.1.2 [l][ʐ]的闪音化

在被试的语音中,将边音[l]发成闪音[ɾ]的偏误有50%,将浊擦音[ʐ]发成闪音[ɾ]的竟高达76.9%。

闪音是韩国学生母语中便有的一个音,舌尖在口腔里只弹动一次,轻轻一闪而发出。汉语中没有这个音,但却有与之接近的舌尖后擦音[ʐ]。当韩国学生遇到[ʐ]这个音时,便会不自觉地发成[ɾ],听起来有点儿像大舌头,既像[ʐ]又像[l]。由于[ʐ]和[l]在汉语中是对立的,有区别意义,因而韩国学生的发音常令交际对方产生误解。

边音[l]也是韩语中所没有的,与之发音相近的就只有这个同部位的闪音[ɾ]。韩语的[ɾ]发音时先将舌尖和上齿龈接近,然后使气流通过口腔,这时舌头轻轻弹一下;汉语的[l]是舌尖抵住上齿龈,然后使气流通过舌头两边出来,舌头不动。两者发音过程有些相似。韩国学生拿[ɾ]顶替[l]也是自然而然的事情。

将[l]和[ʐ]发成[ɾ]都是属于母语的负迁移。

4.1.3 [tʃ]、[tʃ']、[ʃ]对[ts]、[ts']、[s]、[tʂ]、[tʂ']、[ʂ]、[tɕ]、[tɕ']、[ɕ]的替换

在被试的语音中,这是偏误率最高的一组。普通话中舌尖前、舌尖后以及舌面前三组塞擦音及清擦音几乎无一例外地被被试用同样发音方法但不同部位的舌叶音顶替了,只有"搜"和"森"这两个字"幸免于难"。韩语中有擦音[s],但其变体很多,只有在[o]之前才读[s],这就不难解释为什么只有"搜"[sou]这个字读准了。

[tʃ]、[tʃ']、[ʃ]的发音部位位于舌尖音和舌面前音的中间,因而发出来的声音既有点像舌尖后音,又有点儿像舌面前音。因为

普通话中这三组是对立的,具有区别意义,因而韩国学生发这组音时颇让人费解,不知说的[saŋ⁵³ mien]是"上面"还是"下面",[siA²¹⁴]是"少"还是"小"。

4.1.4 送气与不送气塞音的混用

韩语中的塞音也有送气与不送气的对立,同样有和普通话一样的[p]和[p']、[k]和[k']。韩语塞音有松紧之分,松音和紧音都是不送气音,但松音[p]、[t]、[k]在音节的首音位置时却会变成较弱的送气音。韩语的塞音可出现在韵尾的位置,也即[p']、[k']。当韵尾时,却会变成不爆破的松音。[p]、[p']和[k]、[k']在不同位置不稳定的变体,给学习者学习普通话带来了混乱,要么[p]发成[p'],要么[p']发成[p],或者[k]发成[k'],或者[k']发成[k]。

4.2 韵母

4.2.1 省略韵腹或介音

在省略韵腹的偏误中偏误率最高的是把 un[uən]发成[un],高达76.9%;位居第二位的是把 ui[uei]发成[ui],偏误率是20%。这么高的偏误率说明对这两个韵母韵腹的省略并非只是一种偶然,而是一种已固化的系统偏误。究其原因,应是属于"望文生音"。这两个韵母在拼音中写成"un"和"ui",学生简单地将字面上的两个字母进行拼合。而实际上,这两个音的实际音值与拼音符号是不符的,中间还多一个元音。此外,还有 iɑo[iau]、ɑo[au]两个也常被按拼音符号直接发成[iao]、[ao]。

偏误中还有两个值得注意的韵母[uo]和[ou]。韩语复元音韵母中的两个元音发音并重;而汉语复元音韵母只有一个主要元音——韵腹,是发音的重点,其他元音只是作为韵腹的过渡音。[uo]和[ou]中[o]是主要元音,重读,[u]不重读。但被试常把[u]也作为主要元音和[o]并重发音,本文暂记为[u+o]和[o+u],故也将它们列为"望文生音"类。这是韩国人易犯的偏误,有可能跟教学中没有明确强调有关。

4.2.2 鼻化

几乎所有以[n]结尾的韵母,被试的发音都是介于[n]和[ŋ]

之间的,本文暂记为[n~]。韩语中也有普通话中的三个鼻音[m]、[n]、[ŋ],但其分布有所不同。韩语鼻音的发音部位有双唇、齿龈和舌根三个部位,鼻音可出现在声母和韵尾的位置上,但[ŋ]只能出现在韵尾的位置。也就是说,韩语中只有[-ŋ]而没有[-n]。因而他们在学习汉语时,虽然知道[-n]并非[-ŋ],但却不自觉地以[ŋ]为基准,将发音部位稍稍往前挪,但却远不及普通话中[-n]的位置,因而出现了大量的不前不后的[-n~]。

[-n]类韵母和[-ŋ]类韵母在普通话中是对立并且成对出现的两类韵母,被试已习得这类韵母的不同之处——[-n]前[-ŋ]后。受[-n]类韵母被试发音靠后的影响,在发[-ŋ]类时,被试有意识地将位置相应往后挪,从而发出了比[-ŋ]更靠后的音,本文暂记为[-ŋ~]。

这是被试普通话系统内部的自动调节。将[-n]发成[-n~]和将[-ŋ]发成[-ŋ~]的平均偏误率分别是37.71%和46.6%。这样超过三分之一甚至接近一半的偏误率,似乎表明了这种偏误已在被试的普通话语音中系统化和规律化,如不及时纠正,则有固化的趋势,导致"化石化"现象。

4.2.3 [ɤ]、[ɿ]、[ʅ]的混用

在[ts]、[ts']、[s]和[tʂ]、[tʂ']、[ʂ]、[ʐ]之后的[ɤ]、[ɿ]、[ʅ],被试的运用是混乱的,但这种混乱却只存在于这三个音之间的混用。在普通话中[ɤ]和[ɿ]、[ɿ]和[ʅ]是对立的,[ɿ]和[ʅ]则是互补的,韩语中则没有这三个音。因而对于韩国学生来说,这三个音被习得的机会是相等的,我们对这三个音的偏误率进行了比较,如下表:

表4 [ɤ]、[ɿ]、[ʅ]类偏误率(%)

			[ɤ]	[ɿ]	[ʅ]
被试的发音	[ɤ]	→[ʅ]	71.4	0	28.6
	[ɿ]	→[ɤ]	50	0	50
	[ʅ]	→[ɤ]	33.3	33.3	0
		→[ɿ]	0	0	33.3
		平均值	38.7	8.3	28

统计结果显示,[ɤ]的平均使用率为38.7%,[ʅ]的平均使用率为28%,而[ɿ]的只有8.3%。由此可以看出,在[ts]、[ts']、[s]、[tʂ]、[tʂ']、[ʂ]、[ʐ]后面,被试更倾向于读[ɤ]和[ʅ],并且[ɤ]是被试在[ts]、[ts']、[s]、[tʂ]、[tʂ']、[ʂ]、[ʐ]后的首选,接近四成的可能性被试会读成[ɤ]。

从其他角度看这个现象也可以得到解释。[ɤ]是一个后半高不圆唇舌面元音,韩语中虽没有与之相对应的音位,但却有一个与[ʐ]发音相似的[ə]。孟柱亿(1997)指出,[ə]虽是个典型的央元音,但却常被后退到后元音的位置上去,同时下降到半高的位置上,因此与[ɤ]极为相似。被试对[ɤ]的"情有独钟"也便不足为奇了。

曾有实验测试[ʅ]的听觉倾向。结果显示,选择[ɤ]的比率是选择[i]的近3倍。这个结果同样证明了在韩国学生中,舌尖后高元音[ʅ]的音值与舌面后半高元音[ɤ]的音值更加接近。由于感知与发音是紧密联系在一起的,所以感知的偏差势必影响到发音的错误。Best的知觉同化模型(Perceptual Assimilation Model,简称为PAM)认为,人们在感知L_2音位时可能会出现4种类型的模式,其中的三种与语音学习有关。混淆[ɤ]、[ɿ]、[ʅ]应属于PAM的第二种:将L_2中对立的两个范畴同化到母语中的一个范畴中,并且认为它们与母语中的这个范畴相似度一样大,因而对这两个范畴不能很好地区分。

4.2.4 [i]和[y]的混用

韩国学生常会混淆[i]和[y]的读音。[i]和[y]都属于高元音,[i]是韩语和汉语都有的,而对于/y/,有人认为它有两种社会变体,变体[y]是老年汉城人和媒体播音的发音,变体[wi]则是中青年汉城人的发音(权英实,1999)。而更多的人普遍认为它是一个跟普通话的[y]不同的新音位。

人们假设[y]是韩语中音位/y/的底层形式,那么韩语中就存在与普通话相似的三个范畴/i/、/u/、/y/。根据PAM的(1)——将L_2中对立的两个范畴同化到母语中也相互对立的两个范畴中,因此能够很好地区分 L_2 中的两个范畴——韩国学生在感知普通话这三个元音时,正确率应该比较高,且正确率不应该有差别。但知觉实验结果却显示[y]的平均错误率远高于其他两者。根据生成音系学的观点,语音素材外的证据(corpus external evidence)在分析音系格局时,往往比素材内部的证据(corpus internal evidence)来得更重要(王韫佳,2001)。韩国学生在试验中[y]的错误率可以作为韩语中已经不存在底层形式为[y]的音位的佐证。

从声学语音学的角度看,元音感知最重要的声学关联物是前两个共振峰(F_1 和 F_2)的频率(吴宗济,1989)。其中 F_1 与开口度相关,F_2 与元音舌位前后相关。因此,从共振峰模式来看,[y]和[i]的更加接近。

从韩语中新音位[y]的本身性质看,孟柱亿先生指出,韩语的[y]发成单元音的情况极少,在大部分情况下会发成[yi]或[u:],即使发成单元音也不是纯粹的[y],唇形没有[y]那么圆,舌位也比[y]低一些。可见,不管是单元音和发音部位,还是复元音的[wi]都与[i]有着一定的相似性。

同时,我们也注意到,在中国人的语音感知中,[y]也比较接近于[i]。这可从古代的押韵系统中找到依据。如"十三辙",其中的"一七"辙,既有[i]又有[y]。可见,[y]与[i]通押也在一定程度上表明了韵母的音值在说话者心理上的相似性。

由此可见,不管是母语的语音情况,还是目的语的语音情况,不管是从知觉的角度,还是从声学、发音等角度,韩国学生都存在一定的把[i]和[y]混淆的可能性。

4.2.5　错音

在发音测试中,被试有一些偏误特别奇怪,没有任何规律可循。如将"特"的[ə]发成[uei],将"剋"的[ei]发成[uei]。这些发音是极个别的,有可能是认错字或只是一种偶然的错误,故不做详细分析。

4.3　声调

从被试声调偏误表中杂乱无章的偏误可以看出,被试的声调系统是完全紊乱的。平均为 84.6% 的高偏误率同样显示了被试对普通话的声调尚未形成正确的四声概念,在发音过程中是极其随意的。与声母、韵母相比,声调似乎要难得多。从偏误率可以看出,对被试来说,四声的难度依次为:阳平＞阴平＞上升＞去声。

"二声上不去"是一个比较严重的问题,94个字中只有4个读对。奇怪的是在平常人们以为最容易发的一声的109个字中,读对的也只有7个。而在人们预测较难的上声、四声,偏误率却反而低些。但从整体上看,被试基本倾向于平调(33和44,共计22.3%)和微升调(34和23,共计30.7%)。

这是由于韩语中无声调音位,也即韩语中声调无区别意义,声调对他们而言是陌生而困难的。他们习惯语母语中声调的随意性,遇到具有声调音位的普通话,他们常常显得无所适从。由此可见,对于韩国学生,声调应成为他们学习,也是教师教学的重点。

五 纠正方案

5.1 声母纠正方案

5.1.1 练习唇齿音

唇齿音[f]和双唇音的主要区别在发音部位上。教师应指出双唇音和唇齿音的发音区别,重点强调唇齿音的发音。教师演示时,可用夸张法放慢发音过程,夸大唇齿发音动作。可先要求学生用上齿咬住下唇然后慢慢放开发音。经过反复几次的强化训练,学生基本能找到感觉,将[f]发准。

5.1.2 [l][ɻ]发音纠正

韩语中的闪音[ɾ]是先要将舌尖和上齿龈接近,然后轻弹。当发边音时,舌头只是一次释放,不反弹。教师可用手势展示这两个音的发音过程,给学生以直观的视觉教学。这时可伴以[ɾA]、[lA]两音的不同听觉效果,让学生从知觉上熟悉其区别。

[ɻ]较[l]难发,其发音的起始部位与[ɾ]不同,较[ɾ]靠后,教师可用图示法在黑板上画出口腔的大致形状,指出[ɻ]的发音应是舌尖顶住或接近硬腭前部,确定了发音部位后再用手势如演示[l]发音时一样,告诉学生发[ɻ]时舌头也只是一次释放,不能再反弹

回来。通过几次的"固定（发音部位）——释放（舌头）——发音"的过程，让学生自己慢慢找到感觉。

5.1.3 舌尖音和舌面前音的修改

这是一组韩语中没有的音，发音部位又较接近，因而教授起来难度较大。学舌尖音时应先学舌尖前音。因为韩语中有接近汉语舌尖前的[s]，因而学起来较容易。可先从熟悉的[s]入手，按[s]→[ts]→[ts']的顺序教授。掌握舌尖前音以后，就可用比较的方法引入舌尖后音的学习阶段。先结合舌位图比较[tʂ]和[tʂ']不同的舌位，然后强调[tʂ]组一定要将舌头翘起，讲[tʂ]和[tʂ']时，可用手势演示发音部位及过程：两只手掌手心相对，上边的手掌表示上齿、齿背、硬腭、软腭等部位，下边的表示舌头，将下边手指间上卷至上手掌中部，同时再夸张地张大嘴巴将舌头上翘示范发音。此时应着重强调舌头保持不动，以免学生发生闪音化。

对于舌面前音[tɕ]、[tɕ']、[ɕ]，教师首先应给学生指出发这组音时，舌头的起始状态是不仅舌面要碰到上齿龈，而且舌头还要在[tʃ]、[tʃ']、[ʃ]的基础上往前，使舌尖由上齿背挪到下齿背，抵住下齿背。这时应配以放大舌位图图示这两种区别。展示了发音部位后，发音过程可辅以手势，即下手掌指尖向下，指关节部位拱起贴于上掌手指中前部。[tɕ]是和[tɕ']相对的送气音，掌握了[tɕ]和[tɕ']后再学习[ɕ]，以旧带新，循序渐进。

5.1.4 区分送气与不送气

普通话中塞音不管送气不送气，都只位于音节首位，何时送气何时为不送气，学生应强制性记忆或靠偏旁记忆法。而对于送气与不送气的区分，一般用的方法是拿一张纸置于嘴前，发送气音时纸会动，让学生自己用此法检验自己的发音。韩语中就有送气与不送气的对立，因此，这两个音的掌握对韩国学生来说并不难。

5.2 韵母纠正方案

5.2.1 复合韵母练习

韩语复合元音的结合是不自由的，前面的因素只做过渡音因素，在音感上较弱。汉语的复合元音中元音和元音的结合是自由的，音节是由一个元音向另一个音的发音状态过渡。另外，普通话音节中有介音,而韩语汉字没有。教师讲解时应告诉学生发音时每个音都要发,而且应连贯,中间不能有停顿,是由一个音滑向另一个音的。教师可用夸张的口型变化示范这种音与音的过渡。

对于类似-ui、-iu、-un、o,这种"形""神"不合的音,教师应指出他们的实际读音为[uei]、[iou]、[uən]、[uo],以避免学生"望文生音"。

5.2.2 前移鼻化音

韩语中有一个与汉语的[ŋ]相同的鼻韵尾,因此在教学中可先教后鼻韵。学生掌握这系列音是比较容易的,然后让学生把发[ŋ]时往后缩的舌头平放,发音部位迁移。为让学生确定最后舌面位置,可让他们持续一组舌尖中音[n-],找到位置后先发元音,然后气流从鼻腔冲出,舌尖往上齿龈移动,最后抵住上齿龈即刚才发[n-]的位置,完成发音。

5.2.3 [ɤ]与[ɿ]、[ʅ]

[ɿ]是舌尖前高不圆唇元音,[ʅ]是舌尖后高不圆唇元音,而[ɤ]是舌面后半高不圆唇元音,开口度要较前两个大,因而可告诉学生在发[ɿ]、[ʅ]时,嘴唇和舌头保持不变,而发[ɤ]时,舌头轻碰上齿背或硬腭前部后马上离开,并且嘴唇略微张开,声音听起来较清脆。

5.2.4 分清[i]和[y]

韩语中有舌面前高不圆唇元音[i],但没有舌面前高圆唇元音[y]。教授[y]时可先让学生发与[y]同一发音部位的[i],然后让学生随教师夸张的嘴形演示将嘴唇慢慢圆起来,中间留一小孔,固定口型然后发音。整个发音过程圆唇口型保持不变。此时应强调的是双唇不能接触,以免产生摩擦的半元音。用[i]带出[y]的发音方法既有利于学生区别这两者的音响效果及发音方法,同时又是学习[y]的一条捷径。

5.3 声调

声调一直是韩国学生学习的一大难点。通常的教学也是采用手势法,实践中也证明这是一种形象具体的行之有效的方法。

作为55调的一声,应该是四声中较易掌握的。在黑板上画一横线并标以"一声"。在以往的研究和教学中,都将三声定为一个曲折调214,但在本族人的实际发音中,不管是单音还是在语流中,三声都被发成一个半上声21调。这是一个很低的调,与55调形成了强烈的对比。因而可以和一声做对比,紧接其后教。这时可在黑板上刚才的横线下间隔一段再画一横线,标为21。

在学习声调时韩国学生比较突出的毛病是"二声上不去,四声下不来"。四声是51调,在学习四声时,学生已掌握了一声的55调和三声的21调,教师用手势示意学生从55调开始滑落到21调止。虽然学生可能一时半会掌握不了,但这样的顺序和图示可以加强学生的印象,给学生以后的学习一个具象化的指导。二声是较难的一个音调,因为其起始调较难把握,只能靠教师边示音边用手势引导学生将声调往高处走。

六 结 语

韩语中某些语音和普通话相同或相似,确实为韩国学生学习汉语提供了很多便利条件,但同时也带来了很多较为顽固化的问题。概括来讲,用母语相似的音位来顶替是其主要的毛病和偏误,其次是用一些形似或音似的音位替换,造成张冠李戴的现象。

从调查中发现,母语中没有而目的语中有的语音范畴是学习的难点。他们要么将目的语的语音范畴同化到母语中的某一范畴中,要么将目的语相似的音位统一到某一语音范畴中,从而养成了这种"洋腔洋调"。

由此可见,留学生学习目的语的发音还是和母语有很大关系。这启示了我们在以后的教学中应尽量做到因材施教,摸清规律,熟悉情况,有的放矢,才能有效地提高教学效果。

附注

感谢李丹丹、李晓雪同学对声母、声调偏误表的整理,特此致谢!

参考文献

黄伯荣、廖序东,1996,《现代汉语》,北京:高等教育出版社。
李吉子,2001,汉语与韩国语语音对比,《东疆学刊》第 4 期。
马洪海,2004,摸清规律 有的放矢——韩国学生学习汉语普通话语音的几个问题,《天津外国语学院学报》第 2 期。
孟柱亿,1997,韩国语和上海话的语音对比,《双语双方言(五)》,汉学出版社。
任少英,2003,韩国汉字音和普通话声调的对应关系,《汉语学习》第 3 期。
宋春阳,1998,谈对韩国学生的语音教学——难音及对策,《南开学报》第 3 期。
王秀珍,1996,韩国人学汉语的语音难点和偏误分析,《世界汉语教学》第 4 期。
王韫佳,2001,韩国、日本学生感知汉语普通话高元音的初步考察,《语言教学与研究》第 6 期。
王韫佳,2002,日本学习者感知和产生普通话鼻音韵母的实验研究,《世界汉语教学》第 2 期。
王 宇,2000,韩国学生在汉语学习中常出现的语音问题与中韩语音的差异,《首都师范大学学报》增刊。

留学生汉语学习中的理解偏差

陈淑梅
中山大学国际交流学院

提　要　本文将留学生汉语学习中的理解偏差分为三类：误解性偏差、可容忍性偏差及积极偏差，并对造成偏差的认知策略进行了分析，认为在输入的过程中，因偏离语料意义框架、混淆不同的意位而导致的偏差，是错误，错误的形成跟缺乏区别策略有关；而在符合上下文意义关系的前提下，因联想、替换等认知活动而导致的同一意位内的偏差则是可容忍性偏差；运用概括策略把握基本意义关系而形成的偏差则是积极偏差。在教学中，对积极偏差应予鼓励，对可容忍性偏差可适当肯定或忽略。在判断学生的理解情况及纠正理解错误时，区别策略的运用则至关重要。

关键词　理解偏差　误解性偏差　可容忍性偏差　积极偏差

相对于说、写来说，听、读是一种输入过程，重在理解而不是表达。何为理解？在我看来，理解不是原封不动的记忆，而是把所听、读的材料以某种改变了的形式纳入个人的"心理词典"（陈贤纯，1998）之中，使它成为"自己的"东西。

在对外汉语教学中，情况稍复杂一些。其复杂性在于，学生的"心理词典"既包含汉语，也包含母语。其所听、读的材料既会以汉语的形式加以转换，也会以母语的形式加以转换。不管怎样，有一点都必须承认，心理词典中的理解内容和原有的材料之间存在一定的偏差。问题是理解偏差有哪些表现形式？偏差的形式和认知策略有何关系？如何看待这些偏差？本文拟对这些问题进行探讨。

一 偏差的类别

先从一次实验谈起。实验内容:给学生一篇题为《北京烤鸭的风波》(310字)的文章。时间两分钟,然后不看材料,复写所读内容。绝大多数同学都能写出一开始烤鸭被认为不卫生,经过检查,证明是卫生的,酒楼又可以卖烤鸭这一基本意思。但出现一些偏差,偏差的出现跟认知策略的运用有关。陈贤纯将认知策略概括为联想、归类、概括、区别、增添五种(陈贤纯,1998)。本文将学生在复写时出现的偏差分为三类,在对这些偏差进行分析时参考了陈贤纯的看法。

1.1 误解性偏差

此类偏差中,复写内容和原文在意思上有本质区别,是错误。如(前为原文内容,括号内为学生复写内容):

(1) 美国加利福尼亚州有一条法律,规定公众饮食场所必须将食物冷藏或热藏保护,以防止细菌污染。根据这条法律,食品检察官到唐人街的酒楼去,将烤熟了的鸭子扔进垃圾桶。

(食品官去唐街酒楼,他看到了在垃圾桶鸭子,他觉得烤鸭卫生不好,他决定一条法律,不做烤鸭。)

很显然这里存在着细节理解的错误,如:"将烤熟了的鸭子扔进垃圾桶"误为"看到了在垃圾桶鸭子"。更根本性的错误是:句中原文意思是根据法律,检察官认为烤鸭不卫生,所以将它扔到垃圾桶。但在学生的复写中却变成了检察官看到烤鸭在垃圾桶,因而认为其不卫生,并因此决定不做烤鸭的法律,完全颠倒了原文的因果关系。

在限时阅读而又存在生词的情况下,很多内容可能被忽略掉,但学生辨认出了两件相关之事——"有法律"和"认为烤鸭不卫生",根据常识,这两件事孰为因孰为果都有可能,所以撇开原文不谈,单看学生的句子,这种因果关系也说得通。也就是说学生写出这样的句子,并不是胡编乱造,而是一种理解。只不过是错误的理解,他把自己的推理当做原文的意思,混淆了原文的因果。

在阅读中,常常有这样的情况:根据常识,两个意义单位之间的关系有多种可能,而文中出现的只是一种。在这种情况下,阅读能力较高的学生会自觉运用区别策略对自己的理解进行检验,从而达到正确的理解,而缺少这种区别的敏感性的学生则很容易犯想当然的错误。

(2) 有些华人酒楼被罚款后,差点儿要关闭。
    (有的商店闭门了)

(2)句涉及对"差点儿"这一语法的掌握,"差点儿关闭"和"关闭"看起来是程度的不同,实际上是肯定与否定的对立,是不同的"意位",必须区分开来,学生未能区分,说明阅读时粗心大意或语法点未能掌握。

(3) 加州南部唐人街酒楼协会将一小批三天的烤鸭送交加利
    福尼亚大学,要求大学的科学家鉴定这些烤鸭是否沾染
    了细菌。
    (烤鸭饭店的老板请有一个检察官化验烤鸭)

(3)句的复写把科学家误为检察官,检察官已在前文出现,作用是检查食品卫生,认为烤鸭不卫生将它扔进垃圾桶,引起事情的一系列发展;科学家的作用则是对烤鸭进行化验,证明它是卫生的。在语境中,二者有区别意义的作用,也是不同的意位,不能互相代替,互相混淆。

从上述分析可以看到,理解错误的原因跟语法或生词有关,也跟阅读能力有关,这里的阅读能力是指能否自觉运用区别策略对自己的理解进行检验。错误就是未能建立正确的区别策略,或未使用区别策略,因此造成对上下文意义关系的错误理解和不同意位的混淆。

1.2 可容忍性偏差
此类偏差按照阅读策略的不同又可分为两类。

① 因归类替换而产生的偏差

如：

(4) 加州南部唐人街酒楼协会将一小批三天的烤鸭送交加利福尼亚大学，要求大学的科学家鉴定这些烤鸭是否沾染了细菌。

（在唐人街的酒楼上工作的人们把烤鸭在大学化学检查）

(4)句"加州南部唐人街酒楼协会"是一个很复杂的机构名称，在语境中作为一个施事者，它只出现了一次，而且不存在与另一机构进行区分的必要（如果是一篇介绍机构职能的文章，那么可能就有必要区别这一机构和其他机构的名称）。所以可以说是否准确写出这一机构名称与理解无关，只是与记忆有关。即使是中国学生也很难在读过一遍之后就一字不差地记住。但没记住并不意味着不理解。对于外国留学生来说，把"加州南部唐人街酒楼协会"归入"施事者"这一范畴就已经达到了理解的最低要求。

再进一步，就是"什么样的施事者"的问题。在复写时所有的学生都未能写出这一机构名称，有一些学生回避了，没有写出谁送烤鸭去化验；但有一些则将其替换成了"在唐人街的酒楼上工作的人们"，或者"烤鸭饭店的老板"（见第3句），或者"华人们"，这些施事者和"加州南部唐人街酒楼协会"都是在烤鸭事件中自身利益受到影响的一方，因为受影响，所以要送烤鸭去化验。从这一意义上讲，这些施事者都是属于同一类。以这样的施事者对原有的复杂机构名称进行替换，符合上下文的意义关系，表明学生对上下文有较好的理解。在这一过程中学生采取的是先归类、然后替换的策略。

另外，此句中还以"检查"替换了"鉴定"，这涉及阅读过程中对词汇的理解。刘颂浩认为阅读课上积累的词汇应该是接受性的，而不是使用性的（刘颂浩，1999），对使用性的词汇的掌握要求区分近义词，而接受性词汇只要求能归类即可，也就是说在阅读过程中能够把近义词归为一类就已经是理解。这里的"鉴定"和"检查"这两个动词在意义上比较相近，都有判断好坏、确定有无问题的意思。在这个语境中有可替换性,也是归类替换策略。归类替换策略根据上下文的意义关系将概念归于某一类别之中,并用自己组织的较容易的说法替换原文中较难的说法。虽然与原文不同,但符合上下文意义关系,因此这些偏差都是可容忍性偏差。

② 因联想而产生的偏差

如:

(5) 食品检察官到唐人街去。

(卫生部到唐人街去)

学生在复写时把食品检察官误为卫生部。为什么会出现这样的偏差?卫生部不曾在文中出现,只是学生头脑中已有词汇,之所以用卫生部替换了食品检察官,是因为"卫生"一词和"食品"一词都是文中的关键词,和"食品检察官"有意上的相关性,因为相关而产生联想。由这种联想而产生的偏差在原文中二者不存在区别意义的关系,是同一意位内的偏差,也就是说,"食品检察官到唐人街去"和"卫生部到唐人街去"并不对上下文的意义关系造成影响。因此属可容忍性偏差。再如:

(6) 规定公众场所必须将食物冷藏或热藏保护。

(必须将食物放在冰箱里)

(6)句反映出学生在"冷藏"与冰箱之间所进行的自然联想,遗漏了所不熟悉的"热藏"的意思,原文意义范围被缩减,但并不属于理解错误。

从上述分析可以看出理解过程中各种认知活动的参与,如相关联想、同类替换,因此所造成的同一意位内的偏差不影响上下文意义关系,因而属于可容忍性偏差。

1.3 积极偏差

请看例句:

(7) 鸭皮干、脆,形成了绝对不适宜细菌生长的环境。

(它一点儿也没有问题)

(8) 1982 年 6 月 29 日,加州议会众议院以 54 票对 0 票,通过了有关食品卫生的修改法案。

(1982年,这个法律改正了。)

(7)句中学生回避了描写性的"干、脆,无细菌",用自己的话进行了概括。(8)句的原文中有日期、有票数,但显然这些并非关键之处,只是用以进一步说明的具体数字,而被说明的则是某一年的某一天修改法案以某一形式(全票)通过了。学生忽略了或忘记了日期票数,但抓住了主要意思"法律改了",应该说概括得非常正确。"概括",这是典型的理解思维,是阅读过程中的积极策略,它不同于原文,但又是以自己的语言理解原文的最好方式。

综上所述,可以给理解下这样一个定义:

理解就是能够区分不同的意位,并能够建立起特定语境内准确的意义关系。

意义关系是框架,意位则是框架中的各个点,是区别上下文意义关系的最小意义单位。意义关系除了上文讨论过的因果关系外,还包括空间关系、时间关系(相比之下,在留学生的阅读过程中时间关系比较好理解,但空间关系往往容易模糊不清,在涉及具体情景时尤其如此,这一点下面还要谈到)等。在特定的语境中,意义关系是固定的,而每一意位之内则存在着一定的弹性空间。据此可以认为:在输入的过程中,因偏离语料意义框架、混淆不同的意位而导致的偏差,是错误;而在符合上下文意义关系的前提下,因联想、替换等认知活动而导致的同一意位内的偏差则是可容忍性偏差。错误是学生未理解原文的表现,可容忍性偏差则是学生理解原文的一种表现;而积极偏差则是以概括方式准确把握基本意义关系,是理解原文的更好表现。

二 教学策略

在听读的输入过程中,有些信息是要准确把握的,要纠正错误,有些则允许存在可容忍性偏差,有些情况下概括理解就够了。(当然这一看法的前提是:听读的目的是理解,不是学习生词,也非精确地记忆)提出这一划分无论对于课堂教学还是对于试题或者练习设计都有意义。

2.1 对积极偏差的态度

对于因概括而导致的积极偏差,教师应予以肯定和鼓励。如听力材料中的井底之蛙的故事,学生听了之后说:井底是个很小的地方,但是青蛙觉得井底很大,有一天海龟告诉他大海才真的大。原材料中有很多描述青蛙觉得井底很大以及描写大海多么大、多么深的句子,都省略了,但主要意思都已经包含在概括性的叙述中,因此应该说理解得很好。但另一方面应注意"过度概括"之下掩盖的理解含混或错误。如周小兵、张世涛主编《中级汉语阅读教程(Ⅰ)》第二十三课中的《两岁女孩飞上天》一文,一个德国学生在读完后说:我知道这篇文章是说一个小女孩飞上天了,后来掉到海里了。但是怎么飞上天的,怎么掉到海里的,却不知道。这就需要教师在教学的过程中有针对性提问以判断其理解情况,从而可以发现问题,引导理解。

2.2 对可容忍性偏差的态度

对于学生在理解中出现的可容忍性偏差,我们可以予以适当肯定或忽略,避免浪费精力,纠缠于无关紧要的问题。还是以《北京烤鸭的风波》为例。在课后的练习中,针对原文"为了证明烤鸭是卫生的,加州南部唐人街酒楼协会将一小批三天前的烤鸭送交加利福尼亚大学,要求大学的科学家鉴定这些烤鸭是否沾染了细菌",出现了这样一题:

(9) 酒楼协会送烤鸭去化验(　)
　　a. 是怕烤鸭有细菌
　　b. 是想知道烤鸭是不是卫生
　　c. 是为了证明烤鸭是卫生的

我想出题者所设想的正确答案是c,因为这是文中原封不动的说法。但根据上下文,b亦未尝不对,在这个语境中,b和c不具备区别意义的关系,这样的理解属可容忍性偏差,我们不能说这是错误,所以没必要在这样两种相似的符合原意的理解间进行选择。这样的题目对于理解没有多大帮助,相反还会在学生头脑中制造混乱。所以,当把理解当做阅读课的主要目的的时候,练习的设计应该从上下文的意义关系出发,从区分不同的意位出发,以达到检验学生的理解情况以及帮助学生理解的目的。

2.3 区别策略的使用

在第二语言学习中,理解错误的情况普遍存在,区别策略的使用有助于纠正错误、解决问题、帮助理解。如关联词"不是 A 就是 B",在阅读理解中很容易出现只选择 B 不选择 A 的情况,应提醒学生与"不是 A 而是 B"区分开来。但理解错误并不总是这样简单明了地表现出来,尤其在听力学习中,语料转瞬即逝,难以准确把握,涉及具体情景的细节问题,很容易含糊不清。在需要呈现明晰的空间情景的地方,第二语言的隔膜感往往体现得最明显,这时教师帮助学生建立区别策略就显得非常重要。

再举听力教学的一个例子。先看语料:

(10) A. 你的羽绒服怎么成了蓝颜色的了?
　　 B. 在火车上,我正在喝汽水,忽然上边掉下来一个书包,里边有一瓶墨水掉在我的羽绒服上了。

在只听一遍录音,不少同学未听清楚时,有经验的老师会提出一系列问题让学生回答。第一个问题和回答如:

老师:什么掉在羽绒服上了?
学生甲:汽水。
学生乙:书包。
学生丙:墨水。

再听一遍,明确是墨水以后,又问:

老师:墨水在哪儿?
学生甲:在书包上边。
学生乙:在书包里。

再听,明确了墨水在书包里,又问:

老师:墨水怎么掉到羽绒服上的? 是书包没掉,墨水掉下来了? 还是书包掉下来墨水也掉下来了?

在一步一步的提问与回答中,学生在听力理解上的问题也一步一步暴露。教师问题的设计不仅使学生认识到不同的理解在意义上的差别,而且激发了他们准确把握细节的愿望。在看似没有问题的地方发现问题,通过有针对性的问题,区分不同的意位,使模糊的错误的理解变成清晰的正确的理解,在学生的头脑中呈现具体鲜明的空间感和时间先后的概念,教师的引导作用得到了充分的体现。

在这一过程中,意义是否具有区别性是所提问题的出发点。要区别的有不同的物品:汽水、书包、墨水;有不同物品之间的位置关系;还有时间:书包和墨水掉下来是否同一时间。学生能否在不同的意位之间进行区分,意味着是否真正理解;教师能否抓住关键,引导学生进行区分,则直接关系到所提问题的有效性。

参考文献

陈贤纯,1998,《外语阅读教学与心理学》,北京:北京语言文化大学出版社。
李德津、李更新,1988,《现代汉语教程(听力课本)》第二册,北京:北京语言文化大学出版社。
刘颂浩,1999,阅读课的词汇训练,《世界汉语教学》第4期。
郑国雄等,1994,《序列短文阅读》(4),北京:华语教学出版社。
周小兵、张世涛,1999,《中级汉语阅读教程(Ⅰ)》,北京:北京大学出版社。

越南学生汉语声韵母偏误分析

〔越〕何黎金英
中山大学中文系

提 要 本文主要根据汉语和越南语的声母和韵母在发音部位、发音方法和记音法的异同,对越南学生汉语声韵母偏误进行分析和解释。本文发现越南学生汉语声母偏误主要表现为:(1)送气和不送气音分不清;(2)以浊代清;(3)以[ʧ]代[ts]、[tʂ],以[s]代[s]、[ʂ];(4)以[dʒ]或颤音[r]代替[ʐ];(5)以[ʧ]代[tɕ],[ʃ]代[ɕ]或舌面音太靠前;(6)以[h]代[x];以[x]代[k'];(7)半元音[j]脱落。越南学生的汉语韵母偏误主要表现为:(1)以[ɤ]代[ə];(2)以 uy[wi]代 ü[y];(3)以 uo[uo]代 o[o];(4)齐齿呼的韵头 i[i]脱落;(5)以[e]代[ɛ]。另外,《汉语拼音方案》的省写有时也会引起学生的偏误。

关键词 声母 韵母 母语干扰 语音偏误

越南学生的汉语语音偏误一直是个难克服的问题。出现偏误的原因有两种:一是来自语际的干扰,主要是母语负迁移,个别学生是受第一外语的负迁移;二是来自语内干扰,即汉语本身的一些因素对学生产生负面影响。其中,第一种原因比较突出,也更为严重,甚至导致学生的普遍性、系统性的偏误。某些偏误到了中高级阶段依然存在,甚至形成"僵化"现象。

本文主要根据汉语和越南语的声母和韵母在发音部位、发音方法和记音法的异同,对越南学生汉语声韵母偏误进行分析和解释。

一 声母对比和偏误分析

1.1 声母对比

越南语和汉语声母的相同点主要表现在:两者都有较丰富的唇音、舌尖中音和舌面后音。汉语的[p]、[m]、[f]、[t]、[t']、[n]、[l]、[k]、[x]等音在越南语中都有相应的音。

越南语和汉语声母的相异点主要表现在:

越南语除了舌尖中音[t]、[t']有送气与不送气的对立以外,其他音都没有送气与否的对立;而汉语的唇音、舌尖音、舌面音都存在送气与不送气的对立。

越南语的塞音、塞擦音和擦音都有清浊的对立;而汉语只有舌尖后擦音 sh[ʂ]和 r[ʐ]有清浊对立,塞音和塞擦音只有清音。

汉语有较丰富的塞擦音和擦音,而越南语相对来说,塞擦音和擦音要少很多。因此,汉语的 z[ts]、c[ts']、s[s]、zh[tʂ]、ch[tʂ']、sh[ʂ]、j[ɕ]、q[ɕ]、x[ɕ]、r[ʐ]在越南语中没有相应的音。

越南语有舌叶音 ch/tr[tʃ]、d/gi/r[dʒ]和后壁音 h[h],而汉语没有。

越南语的鼻音声母比汉语更为丰富。

汉越声母表

方法		音\语\部位	唇音		舌尖音			舌叶音	舌面前			喉壁音
			双唇	唇齿	前	中	后		前	中	后	
塞音	清	不送气 汉	b[p]			d[t]					g[k]	
		不送气 越	p[p]			t[t]					c,k / q[k]	
		送气 汉	p [p']			t [t']					k [k']	
		送气 越				th [t']						
	浊	不送气 汉										
		不送气 越	b [b]			đ [d]					g/gh [g]	
		送气 汉										
		送气 越										
塞擦音	清	不送气 汉			z [ts]		zh [tʂ]		j [ɕ]			
		不送气 越						ch/tr [tʃ]				
		送气 汉			c [ts']		ch [tʂ']		q [tɕ]			
		送气 越										
	浊	不送气 汉										
		不送气 越						d/r/gi [dʒ]				
		送气 汉										
		送气 越										

续表

擦音	清	汉	f [f]	s [s]	sh [ʂ]		x [ɕ]	h [x]
		越	ph [f]			s/x [ʃ]		kh [x]	h [h]
	浊	汉				r [ʐ]		
		越	v [v]					
鼻音		汉	m [m]	n [n]				
		越	m [m]	n [n]			nh [ɲ]	ng/ng h[ŋ]
边音		汉		l[l]				
		越		l[l]				
音元音		汉	[w]				[j]	
		越					[j]	

1.2 声母偏误分析

汉越声母发音的差异使越南学生经常产生如下的偏误：

1.2.1 送气和不送气音分不清

比如：

汉语词	学生的偏误
pái duì→	bái duì
mǎi cài→	mǎi zài
yǒu qián→	yǒu jián
kàn diànshì→	gàn diànshì
gōngchǎng→	gōngzhǎng

越南语几乎没有送气音，所以汉语的送气音对越南学生来说是非常难掌握的。语音阶段和初级阶段的学生经常发不好送气音。到中高级阶段，有些学生虽然能发送气音，但是往往由于分不清该不该送气而导致混乱，即把送气音发成不送气，把不送气音发成送气。其中最突出的是[ts]与[ts']、[ʂ]与[ʂ']和[ɕ]与[ɕ']

各组内部的混淆。有的学生对送气音掌握得很好,也能分辨该不该送气,读词或词组表几乎没有问题,但是语流中却出现以不送气代替送气的现象。这说明送气与否一直是越南学生学习汉语语音的难点。

克服这个难点的方法主要有:① 对于语音阶段和初级阶段的学生,可采用传统的夸张法,还可以叫学生自己练习时用一张薄纸放在唇前,发音时纸张颤动即可确认已发好了送气音。同时要注意每个学生掌握好送气音的词,以其为标准来纠正学生的发音。比如,学生发准了 chī fàn 的 chī,但是碰到 chū fā 的 chū 就发不好。这时可以让学生先发 chī,然后把口型变圆再发出 chū。② 对中高级阶段的学生,除了课堂上给予及时的适当纠正以外,对个别学生还可以在课后通过模仿、发音方法解释等方法来单独教导。还可以告诉学生课后应该多朗读生词和课文,对常用词一定要掌握好送气与否,碰到自己不能分辨是否要送气的词则该查词典而不能乱猜。

1.2.2 以浊代清

主要表现为:把[p]、[ts]、[k]分别念成[b]、[z]、[g]。这个偏误主要存在于初级前阶段,到了后阶段和中级阶段基本上都没有了。出现此类偏误的原因除了母语迁移以外,更多的是因为汉越注音的字母有别。汉语用 b 注[p]、用 g 注[k]而越南语用 b 注[b]、用 g 注[g];汉语用 z 注[ts],英语用 z 注[z],而很多学生的第一外语是英语,因此很容易受到这种同形异音现象的干扰。

克服这个难点除了通过大量的发音模仿和高重现率刺激外,还可以告诉学生汉语没有跟越语相应的浊音,发音时声带不要颤动。同时,还可以采用上述的学生自己的标准音这个方法。比如我们所观察的一个初级阶段的学生总把 zìjǐ、zìyóu 的 z[ts]念成[z],而出现于 zǎoshàng、zài nǎr 的[ts]他都能发好。于是每次纠正时我们都要他先发这两个词,然后叫他保持舌尖位置,只要变口型,同时还给他做示范。这样学生很快就领会到该如何发这个音,并可以自己纠正。

以[tʃ]代[tʂ]、[tʂ],以[ʃ]代[s]、[s]。我们不难发现越南学生的舌尖前音总是不够前,而舌尖后音又总是不够后。原因就是他们以母语的舌叶音代替汉语的这两组音。虽然这两组音都是学习难点,但通过观察我们发现,学生对舌尖后音掌握得快一些,而舌尖前音的难度更高一些。对于舌尖后音,一般只要告诉学生发音时舌头要卷起来,舌尖顶住硬腭,同时用夸张法让学生模仿,就能克服。对于舌尖前音,有时尽管用夸张法或描写发音方法,告诉学生发音时舌尖要位于两排齿中间或者上排齿后边,也起不到任何作用,学生还是发不好。尤其是[ts]和[ts'],学生往往把[ts]发成[s]或[z],把[ts']发成[s]。我们曾在使用以上方法的同时,还告诉学生发音时舌尖先顶住上齿,然后一定要弹回来。通过这个方法,学生练这组音的效果比较好一些。

1.2.3 以[dʒ]或颤音[r]代替[ʐ]

汉语的[ʐ]是个舌尖后浊音,越南语没有相应的音。而且卷舌音对越南学生来说是比较难的,所以发这个音时舌头卷得总不到位。当然,也不排除汉语r[ʐ]和越南语r[dʒ]同形异音现象给学生带来干扰。有的学生虽然掌握好了发音部位,但是发音方法错误,把[ʐ]发成颤音[r]。

克服这个难点首先要让学生发好[s],保持舌尖位置再发出[ʐ]。

1.2.4 以[tʃ]代[tɕ],[ʃ]代[ɕ]或舌面音太靠前

越南语没有舌面音,而舌面音和舌叶音的发音部位相差不远,所以学生往往以母语的舌叶音代替汉语的舌面音。有时学生尽管发的是舌面音但是位置太靠前。

要克服这个难点,可以先让学生发元音[i],告诉学生舌尖要顶住下齿龈而不要动,然后再发[tɕ]、[tɕ']和[ɕ]。

1.2.5 以[h]代[x],以[x]代[k']

越南语用h注[h]而汉语用h注[x],所以尽管越南语中有相应于汉语[x]的音,但是学生有时还因受同形异音现象的干扰而把[x]读成[h]。

另外,有些学生因总是发不好送气音[k'],就以发音部位相同的[x]来代替,因为努力送气,所以发出的[x]比较强。

1.2.6 半元音[j]脱落

汉语以[i]和[y]开头的音节前边都有个半元音即零声母[j]。越南语没有相应于[j]的音,而且多数元音开头的音节不管是书写还是发音都没有零声母的出现。因此越南学生往往把汉语的半元音脱落掉,尤其是[j],比如:

汉语词	学生偏误
yán[jian³⁵]→	[ian³⁵]
yào[jiao⁵¹]→	[iao⁵¹]
yuán[juan³⁵]→	[yan³⁵]

要练习好以零声母[j]开头的音,可利用越南语的舌面中鼻音[ɲ]。比如练习[jian]时,若学生老发成[ian],可让他们先发[ɲian],并强调发[jian]和[ɲian]时舌位基本相同,只是前者舌面接触硬腭而后者不用即可。

二 韵母对比和偏误分析

2.1 韵母对比

汉语有 39 个韵母,而越南语的韵母非常复杂,数量也极多。《越南语基础教程》中所列的现代越语韵母表一共有 178 个韵母,其中包括读音相同书写不同的韵母。

汉越韵母的共同点主要表现在:

都有单元音韵母、复元音韵母和鼻韵母。

单元音韵母都有 [o]、[i]、[u]、[ɛ]、[ɤ]。

复元音韵母都有[iɛ]、[uo]、[ai]、[ei]、[au]、[ou]、[uai]、[uei]。

鼻音韵母都有[an]、[ŋn]、[aŋ]、[əŋ]、[in]、[uan]、[uan]、[uaŋ]、[uəŋ]、[uŋ]。

汉越韵母的差异点主要表现在:

汉语有[ɿ]、[ʅ]、[y]、[ɚ]等单元音韵母,而越南语没有;越南语有[ɯ]、[ɔ]、[e]等单元音韵母,而汉语没有。

汉语的ɑ[A]是中元音，越南语的a[a]是后元音。

个别的越南语韵母有长短音之分，表现在[a]和[ɤ]，汉语韵母没有长短音的区分。

越南语有塞尾韵和鼻尾韵，汉语只有鼻尾韵。越南语的鼻尾韵共有四个：[m]、[n]、[ɔ]、[e]；汉语的鼻尾韵只有两个：[n]和[ŋ]。

汉语的齐齿呼韵母比较丰富，越南语只有三个齐齿呼韵母：[i]、[ie]、[in]。

2.2 韵母偏误分析

越南学生汉语韵母偏误主要表现为：

2.2.1 以[ɤ]代[ə]

因为越南语没有卷舌单元音韵母[ə]，所以学生往往用母语发音部位相近的[ɤ]来代替。

练习时可以让学生先发[ɤ]，然后再把舌头卷起来，舌尖顶住硬腭即可发出[ə]。

2.2.2 以uy[wi]代ü[y]

越南语的uy是由介音u[-w-]加元音[i]组成的音节，发音时前短后长，重点落在y[i]上，听觉上跟汉语的ü[y]有些相似。越南学生往往因发不好ü[y]而以母语的复元音韵母uy[wi]代替。

i[i]和ü[y]都是发音部位相同的前元音，所以练习ü[y]时可以让学生先发[i]，然后把口型由扁变圆即可发出[y]。还应向学生强调发[y]时口型要保持不变。

2.2.3 以uo[uo]代o[o]

汉语和越南语都有单元音韵母[o]，汉语用o做标记，越南语用ô作标记。尽管两个元音的国际音标相同，但是越南语的ô[o]比汉语的o[o]稍微前一些，开口度也小一些。因此，汉语的mō[mo55]和越南语的mō[mo44]听觉上的差别反倒比mō[mo55]和mua[muo44]更大一些。因此，越南学生经常以[uo]代替[o]。

克服这个难点可以告诉学生类似mo[mo]这个音都是单元音韵母，发音时口型要保持不变。同时还可以告诉学生汉语o[o]和越南语ô[o]的细微差别，让学生先发越南语的ô[o]，然后根据差别对开口度、发音部位稍微变一变,以发好汉语的 o[o]。

2.2.4 齐齿呼的韵头 i[i]脱落

越南语的齐齿呼韵母比较薄弱,所以汉语齐齿呼韵母对初学汉语的越南生来说是较难掌握的。最常见的偏误是齐齿呼韵母的韵头[i]脱落现象。比如:

汉语词	学生的发音
jiā[tɕiA55]→	[tɕA55]
liǎng[liaŋ214]→	[laŋ214]
tiān[t'iɛn55]→	[t'ɛn55]

练习齐齿呼韵母的音节时应夸张[i]的存在,发到[i]就稍微拉长,然后再把后边的音连上来。

2.2.5 以[e]代[ɛ]

发[iɛn]时越南学生往往以[e]代[ɛ],原因是母语迁移。虽然越南语都有 ê[e]和 e[ɛ]两个元音,但是只有[e]跟[i]组合,因此,越南语有[ien]而没有[iɛn]。这个偏误也比较普遍,有些学生到了中高级阶段还会存在。

克服这个难点可以告诉学生汉语只有[iɛn],没有[ien],让学生注意发这个音时口型要扁。

2.2.6 其他

《汉语拼音方案》对一些韵母的省写有时会引起学生的韵母偏误。比如 ü 跟 n、l 以外的声母相拼时都省去两点,所以学生发 yu、yuan、ju 等音时会出现以[u]代[y]现象。iou、uei、uen 等韵母前面加声母的时候,写成 iu、ui、un,所以发 liu、dui、cun 等音时会出现[o]、[e]脱落现象。

据我们对越南学生的观察,这些偏误主要存在于初级阶段。只有脱落[o]这个偏误,即把 iou 读成 iu,在个别中高级学生,甚至汉语言本科学生还依然存在。为什么会有这种现象呢?我们认为原因应该跟这些韵母的读音与其省写式的读音的近似度有关。相比之下,从听觉上来讲,iou 与 iu 读音的近似度要比 uei 与 ui、uen 与 un 的近似度大很多。因此,学生不容易意识到 iou 与 iu 的差别,于是到了中高级阶段还无意中产生了这个偏误。

三 结 语

在汉语作为二语教学的课堂实践中,语音教学只占教学过程的很小一部分,任何一个学生都不可能在语音教学阶段结束之后就能完全掌握好汉语语音。因此,语音教学阶段之后的整个教学过程中,教师要尽可能地帮助学生克服语音方面的偏误。因为语音偏误若不能及时发现并得以纠正就很容易形成僵化,影响学习者的二语质量。

本文主要描写越南学生汉语声韵母的常见偏误并从汉越声韵母对比分析中寻找偏误原因,希望对对越语音教学有所帮助。

参考文献

傅成劼、利 国,1989,《越南语基础教程》,北京:北京大学出版社。
傅氏梅、张维佳,2004,越南留学生的汉语声母偏误分析,《世界汉语教学》第2期。
李 艾,1994,汉柬语音对比与汉语语音教学,《世界汉语教学》第2期。
李红印,1995,泰国学生汉语学习的语音偏误,《世界汉语教学》第5期。
王秀珍,1996,韩国人学汉语的语音难点和偏误分析,《世界汉语教学》第4期。
王 宇,2000,韩国学生在汉语学习中常出现的语音问题与中韩语音的差异,《首都师范大学学报》(社会科学版)增刊。
吴门吉、胡明光,2004,越南学生汉语声调偏误溯因,《世界汉语教学》第2期。

新闻汉译中的偏误

叶 蓉

西南交通大学外语学院

提 要 本文针对汉语翻译的两篇新闻译稿,从语言要素及篇章语用两个方面对其偏误进行分析归类,笔者发现译文的偏误类型与常见的初级阶段中介语有很大区别:在词语方面,全文几乎没有使用初学者常用的偏误合成词,其偏误主要表现在对词语的理解和运用上;在语法方面,也出现了一些为使译文显得文绉绉而刻意设计出来的偏误。此外,本文还根据语言交际原则,分析了译文在篇章语用上的不足。

关键词 新闻翻译 篇章 语用

一 导 言

笔者在海外任教期间,曾兼任《中欧华报》文字编辑,有幸积累了一批当地汉语翻译的新闻译稿。这批稿件不仅报道了当地政治经济、社会生活等方方面面的情况,更有意义的是其充分展示了海外汉语译员在文本翻译中的词语、语法、篇章及语用偏误,对对外汉语教学,尤其是高级汉语教学、报刊语言教学有比较高的借鉴价值。本文针对其中两篇新闻译稿,从语言要素及篇章语用两个方面对其偏误进行分析归类,试图为广大同行在中高级汉语教学及报刊语言教学方面提供一点参考。译稿的句子编号是笔者为分析方便所加。

译稿 1

欧盟议会:我们想要你们

J1:4月10日欧盟议会批准了扩大欧盟的条约,欧盟扩大为10候选国。J2:批准之后欧盟议会的主席Pat Cox记者招待会时说:批注条约成为了欧盟扩大的象征,20世纪的欧盟15国家想构成21世纪的25国家。J3:波罗的海诸国,匈牙利和斯洛伐克得到了欧盟国家最大的支持。J4:最少欧盟议会员从候选国之间投票为捷克,由于德国CSU党成员提出对捷克的反对。J5:CSU党的欧盟议会员Bemd Posselt说明:我们既不反对欧盟扩大,也不反对捷克国民,我们只想提欧洲人的注意,由于捷克到目前为止尚未解决第二世界大战的后果。

J6:最少欧盟议会员反对候选国之间的斯洛伐克。J7:驻斯洛伐克的欧盟代表Jan Marinus Wiersma对此成就说:我只能祝贺斯洛伐克公民以及政府。J8:谈判欧盟扩大的初步欧盟不愿意与当时斯洛伐克代表谈判,有几理由,如政治状况,尊重民主原则等。J9:因此斯洛伐克比其他候选国耽误时间和信心。J10:但是由1998年至今新政府以努力姿势赶上了其他国家,而且与别的国家同时结束谈判。J11:这是瞩目的成功。

J12:大多数反对斯洛伐克的加入是社会主义党和基督教民主党的成员。J13:基督教民主党成员Jean Louis Bourlanges说明:我们也不反对欧盟扩大,但是你们还没有实际地实行与有关的欧盟机构的改革。

J14:此周所有国家的代表签订该条约,然后每国(包括欧盟国家,候选国)将在议会内批准这条约。

译稿 2

议会已决定了。

S1:斯洛伐克加入19国家的北约做了最后步伐,斯洛伐克大多数议员4月10日通过了与北约的条约。S2:但值得注意是斯洛伐克没有等待北约的国家议会同意该条约,由于到目前为止只有加拿大已同意了。S3:出席10日的投票有136议员,124同意,反对的是斯洛伐克共产党员,SMER党的Bohumil Hanzel放弃投票说:我放弃投票不是由于我错了,而是有理由。

S4:于议会内讨论北约的问题时,几反对派的议员承认当权的议员希望颇快通过此条约是由于目前进行为公民投票的签字收集。S5:此公民投票的议题是否加入北约。S6:最近调查民意肯定斯洛伐克一半以上百姓不愿意斯洛伐克加入北约。

S7:外交部长Eduard Kukan投票之后宣布:关于斯洛伐克的安全,我们没有更好的选择。S8:用此机会斯洛伐克总理也说明:斯洛伐克加入19尊重民主原则的国家,而且我们还获得最高度的保护以及信任。

S9:SMER党的主席Robert Fico,但主要是共产党成员Karol Ondrias讨论时提注意说:伊拉克战争出现美国利用北约获得自己的利益。S10:Robert Fico责备政府迄今没有公开地对伊拉克战争的人员伤亡感到遗憾。S11:他也说如果SMER党和HZDS党不支持加入北约,目前更少公民支持加入北约。S12:KDH党的Pavol Minarik认为斯洛伐克加入北约不会丢失国家主权,正相反签订条约肯定主权。

S13:政府3月已赞成了于布鲁塞尔19外交部长签名的协议。S14:斯洛伐克现在必须等成员国在自己议会通过该条约才能2004年加入北约。

二 词语、语法偏误

一直以来,我们对外汉语报刊语言课程设置的指导思想主要是使外国学生了解新闻用语,提高阅读中国报刊的能力,对学生是否能正确使用新闻用语并掌握新闻文体的篇章规范几乎未做要求。报刊课在课程类别上被定位为阅读技能训练课(国家对外汉语教学领导小组办公室编《高等学校外国留学生汉语专业教学大纲》附件二:210—213)。事实上,当外国人在运用汉语作为其工作语言时,尤其是在进行较为高级的汉语翻译时,却往往需要尽可能准确地使用新闻用语并掌握新闻文体的篇章规范。本文所选择的这两篇汉语新闻译稿就比较突出地展示了译者在这两个方面的缺陷。译文中的偏误也比较典型地反映了中、高级水平的中介语特征。

首先,让我们来看看这两篇译稿在语言要素方面的主要偏误。

2.1 词语偏误

据统计,初学汉语的留学生容易产生大量的偏误合成词,这种偏误合成词大致可以分为新造词(如"兵人"、"破丑")、语素替代(如"鸡羽"、"小买部")、增减语素(如"气败坏"、"大多部分")、语素顺序错误(如"乡家"、"非懂似懂")及其他错误(如"文术"、"安静静")等5类(邢红兵,2003:68)。为方便分析,本文将各类偏误合成词界定为"假词"。以此为据来考察前文所引的两篇译文,我们发现其中假词很少见,新造词几乎没有,属于语素增减的偏误仅有一例:(欧盟)"议会员"(译稿1:J4)。然而,其目标词语"议员"在被用于报道译者本国议会情况时却非常准确(译稿2:S1)。由此可见,译者对目标词语的把握是片面的,以为"议员"一词仅用于各国政府议会,对于欧盟议会这样的联盟组织,则不敢妄加使用。

尽管译文中使用假词的频率很低,可其中出现的词语偏误仍然不少。比较典型的主要有两类:一是由于偏误词语与目标词语有一定的语义、语法或其他联系而导致的错用或混用。如:

> J2:批准之后欧盟议会的主席Pat Cox记者招待会时说:批注条约成为了欧盟扩大的象征,20世纪的欧盟15国家想构成21世纪的25国家。

"批注"与目标词语"批准"有共同语素,且拼音音节近似。该词在译文中其他地方并未出错,这里不能排除译者在电脑打字时使用简化汉语拼音输入而造成手误的可能性。

"想"与目标词语"将"用做状语都表示事件的未然状态,但"想"代表的是主观愿望,而"将"表现的是客观必然。既然扩盟条约已经获得批准,欧盟扩大到25个成员国就已成为客观必然了。

J7:驻斯洛伐克的欧盟代表 Jan Marinus Wiersma 对此成就说:我只能祝贺斯洛伐克公民以及政府。

"只能"的目标词语是"应该",二者都是表示行为态度的副词,但"只能"表达的是一种不得已的选择,与文章要表现的喜悦与庆贺意义相违背;"应该"表示情理上必然或必须如此,更加符合文义。

J8:谈判欧盟扩大的初步欧盟不愿意与当时斯洛伐克代表谈判,有几理由,如政治状况,尊重民主原则等。

"初步"与目标词语"初期"都可以表示事件开始后不久的一段时间,但"初步"一般被用做其他动词的限定词,如"初步统计"、"初步计划"等,"初期"则可以独立成为一个时间名词。

J9:但是由1998年至今新政府以努力姿势赶上了其他国家,而且与别的国家同时结束谈判。

"姿势"指人摆出来的身姿架势,这里要表示的是政府的态度,所以目标词语应该是其近义词"姿态"。

以上句子中的偏误词语与其目标词语在意义、作用或其他方面都有或多或少的联系,而下文的两个句子代表的则是另外一类偏误,其偏误词语与目标词语之间没有明显的联系:

S10:Robert Fico 责备政府迄今没有公开地对伊拉克战争的人员伤亡感到遗憾。(目标词语是"表示哀悼")

S11:政府3月已赞成了于布鲁塞尔19外交部长签名的协议。(目标词语是"通过")

通过对译者的直接调查,笔者发现,上述偏误来自其母语知识对目的语的负面影响,鲁健骥教授将这种影响称为母语的负迁移(鲁健骥,1999:23)。译者的母语是斯洛伐克语,属拉丁语系斯拉夫语族西支，它的词汇系统与汉语区别很大，同一个词根可以通过不同的格派生出大量新词。比如，S13句的"协议"（hlasujeme）在斯洛伐克语中就是由动词"Hlasuje"（赞成）变格构成的。另外，有些词语的意义要依靠词语所在语境来确认，如S10句的"感到遗憾"在斯洛伐克语中与"表示哀悼"同形，都可以说成"Je mi luto"或"Je mi tak（velmi）luto"，两者的语义区别仅取决于具体语言环境。

从译者在词语使用上产生的偏误来看，他与初级阶段的学生已经有了质的区别：初学者由于词汇量比较小，还不具备分辨假词的能力，已学词语的重复使用率也相对较低，因而常常出现生造词、语素替代、语素错误词等；而译者已基本能识别假词，其偏误主要表现在对词语的理解和运用上，尤其是对意义和用法相近的词语，还不能完全分辨其间的区别。

2.2 语法偏误

2.2.1 缺少量词

这两篇译文中有非常明显的缺少量词现象，共出现了8个句子10处偏误：

J1：欧盟扩大为10候选国。

J2：20世纪的欧盟15国家想构成21世纪的25国家。

J8：有几理由，如政治状况，尊重民主原则等。

S1：斯洛伐克加入19国家的北约做了最后步伐

S3：出席10日的投票有136议员，124同意

S4：于议会内讨论北约的问题时，几反对派的议员承认……

S8：斯洛伐克加入19尊重民主原则的国家

S13：政府3月已赞成了于布鲁塞尔19外交部长签名的协议。

不难发现，以上各句所缺少的量词，几乎都是汉语中用得最为普遍的"个"或"位"，稍有对外汉语教学经验的教师都知道，一个以汉语为工作语言的外国汉语教师不可能还没有掌握这两个量词。笔者在修改译文时曾询问过译者为何不使用量词，他回答说，汉语

新闻常常需要通过省略量词或者用一些紧缩形式来体现用语的正式。这当然是一种误解,是其不完全的目的语知识"过度泛化"(鲁健骥,1999:25)所造成的偏误,其推导方式就是:既然汉语书面表达中常常用"五省市"、"五百强",那么推而广之又有何不可呢。

2.2.2 句子成分遗漏

下面 3 个句子中,应该用"的"字结构来将处于主语位置的词组名词化,但译者却遗漏了最为关键的"的"字:

J12:大多数反对斯洛伐克的加入是社会主义党和基督教民主党的成员。

S2:但值得注意是斯洛伐克没有等待北约的国家议会同意该条约。

S3:出席 10 日的投票有 136 议员,124 同意。

鲁健骥教授认为,在遗漏偏误上,附加成分如词尾、结构助词等,容易被遗漏。主要是这些附加成分都是学生母语中没有的,他们常常采取的策略就是简单化。另外,某些意义上比较"虚"的成分也比较容易被遗漏。这包括某些副词、连词,特别是复句或结构中某些起关联或呼应作用的副词、连词。而同是关联词语,处于句首的那些地位突出,说话人要说这些话时,首先想到的就是这些词,一般不会漏掉(鲁健骥,1999:44—47)。译文中就有这么一个仅有句首关联词的典型句子:

S11:他也说如果 SMER 党和 HZDS 党不支持加入北约,目前更少公民支持加入北约。

此外,漏用偏误中也有的是受前后词语抑制造成的,还有粗心带来的偏误,如:

S5:此公民投票的议题是否加入北约。(在"是否"前漏掉了谓语"是")

S14:斯洛伐克现在必须等成员国在自己议会通过该条约才能 2004 年加入北约。

2.2.3 句子成分糅合,表意含混不清

比较典型的句子有以下几例:

J4:最少欧盟议会员从候选国之间投票为捷克
J6:最少欧盟议会员反对候选国之间的斯洛伐克。
J9:因此斯洛伐克比其他候选国耽误时间和信心。
J13:你们还没有实际地实行与有关的欧盟机构的改革。
S4:几反对派的议员承认当权的议员希望颇快通过此条约是由于目前进行为公民投票的签字收集。

J4 和 J6 句杂糅的内容基本相同,译者想要表达的是"在各候选国之间得到欧盟议员赞成票最少的国家为捷克"和"在各候选国之间得到欧盟议员反对票最少的国家为斯洛伐克"。J13 句出现的是一个多重定语,译者想表达的是"实行与欧盟体制相适应的改革"。S4 句末宾语前的多重定语表达得也很不清晰,可见面对这些复杂的多重定语或状语和定语并列的句子,译者显得束手无策、不能驾驭。这在很大程度上是受其母语习惯干扰的结果。斯洛伐克语在表达比较长的定语或状语时,需要使用特定连词带领的定语从句或状语从句,比如汉语说:

我并不是大家印象中的那种人。(宾语前有比较复杂的定语)

在斯洛伐克语中是这样表达的:

Nie som taky? lovek, aky sa zdám。(定语是由 aky 带领的从句来表达的)(朱伟华、周美如,2001:293)。

不过,多重定语和多重状语一直就是对外汉语教学的难点,对所有学汉语的外国学生都不例外,在教学中应该给予特别重视。

2.2.4 搭配不当

J14:此周所有国家的代表签订该条约,然后每国(包括欧盟国家,候选国)将在议会内批准这条约。(定语中心语搭配不当)
S4:于议会内讨论北约的问题时,(介词搭配不当)
S8:用此机会斯洛伐克总理也说明:(介宾搭配不当)

这几个偏误都是译者对一些意义比较"虚"的、有特定语法作用的词语把握不准造成的。

以上几类语法偏误中既有遗漏、杂糅等初级和中高级阶段中介语中均可见到的偏误(但所用词汇的难易程度有一定区别),也有一些初级阶段中介语中没有的偏误。比如,量词的缺少是译者为了使译文显得文绉绉而刻意设计出来的,与初学者容易犯的缺少量词、错用量词或多用量词不同;另外,有些搭配偏误也源自译者故意回避常用的"这"、"在",而选用有文言色彩的"此"、"于"等,也是初级阶段中介语中少见的现象。

三 篇章、语用偏误

一般来说,上文提到的所有偏误都可以简单地以修改病句的方法来改正它,但是由于该文是新闻译文,最终需要出现在汉语新闻媒体上,新闻文体的特殊性使笔者不能简单化处理,而是还要从篇章语用的角度来进一步审视它、调整它。

鲁健骥先生早在 1992 年就提出:对外国人学汉语的偏误分析"大多停留在语言要素(语音、语法、词汇)的层面上,而忽视篇章和语用层面"。其实,"只要一出现连贯的话语,就会出现篇章和语用上的偏误。而这正是我们教学所忽视的,一般也是病句分析没有做到,也做不到的。可见,对于偏误的分析,应该扩大到篇章和语用层面上"。(鲁健骥,1999:12—13)本文所引用的这两篇译文在篇章和语用上与规范的新闻文章存在着明显的差异,让我们运用语用学的方法(文本结构分析、会话原则分析、指称词语分析等)来看看译文在标题、段落和行文方面存在的偏误。

3.1 标题的语用偏误

新闻报道的文本通常可以通过标题直接抓住受众,并影响他们,至少也应该通过标题让读者一目了然地知道该报道的主题。这两篇译稿的题目却完全没有达到这样的效果。译者是根据原文的题目和格式直接翻译过来的,不仅没有区别两种语言表达方式上的差别,甚至没有区别新闻受众的变化。

比如,译稿 1 的原文是针对斯洛伐克公民的报道,标题所用的指称词是"我们"和"你们",分别代表欧盟和斯洛伐克公民。题目告诉斯洛伐克公民:欧盟议会表示想要他们(加入欧盟),而译文的受众则已经改变为侨居当地的华人华侨,他们大部分并没有加入该国国籍,即使有的已经加入了他们的国籍,可意识上还把自己当做中国人。因此,报道的标题应该是把受众摆在中性的旁观者位置上,而不能放在主人公的位置上。

再如译稿 2 的题目为"议会已决定了",让人感到云里雾里,不知所云。而在当地报纸上这样的标题却是可以的,因为每天各种媒体都在报道即时新闻,当地人只要看到这一句,就已经明白议会决定了什么。可是,当地华人受到语言水平的限制,不可能像本地人一样了解即时新闻,要明白这样的标题就不可能了。

可见,尽管新闻报道只是从说话人到受话人的单向活动,它仍然需要符合交际原则。美国语言学家 H. P. Grice 曾经提出了会话合作的四项原则:量、质、关联和方式(胡文仲,1994:449)。认为交际只能在双方配合的情况下才能完成。而这两篇译文从标题开始就不能配合受众的变化调整信息,要与受众进行交际是很困难的。

此外,译者还画蛇添足地给题目加上了句号,其实汉语和斯洛伐克语的新闻题目都是不必在句尾加标点符号的。

3.2 段落和行文安排上的语用偏误

新闻的文本结构常常体现在段落划分和行文安排上,新闻报道也常常通过段落结构和行文安排来左右读者的判断力,同样的内容放在不同的位置,突出的重点就会不一样。

一般说来,首段常常是全文的中心,后面的段落则要分别从不同的角度来展开中心信息。原稿在段落的划分上比较随意,在首段里把中心信息与扩展信息糅合在一起。如译稿 1,J1 和 J2 句代表了全文的中心信息,J3 到 J5 是平行于 J6 到 J11 的扩展信息,是在对比捷克和其他国家的情况,说明斯洛伐克后来居上,赶上了其他的国家。译稿把 J1 到 J5 作为第一段,中心信息就显得不突出了。译稿 2 的中心信息仅有 S1 一个句子,首段里却挤进去 6 个句子,许多扩展信息一拥而上,显得重点模糊、条理不清。

段落和行文的整体安排还可以传达报道人的潜在立场。比如,译稿2报道了斯洛伐克加入北约前的政府行为及民间情绪。原稿在第一段的第二句S2即写出"值得注意"的是政府没等北约其他国家做出反应就"批准"了加入北约的条约。又在全文结束前最后一段的S13句再次提到:政府早在3月就已经通过了布鲁塞尔19国外交部长签署的协议。这样的安排透露出作者对政府急不可待行为的潜在批评。原稿作者为当地记者,关心自己国家的前途和命运,在文中表达一定的褒贬是可以的。而译文要用在华人的报纸上,受众发生了变化。为了表达华人在当地政治生活中的中性立场,笔者对译文的行文结构进行了调整。首先将S2句调到全文最后一段,处于不太醒目的位置,同时删去了S13句,相应减少一点同类信息的量。控制新闻的信息量也是新闻报道为了达到影响受众的目的而常用的一种手段。

此外,在行文中还需要根据实际情况对一些当地受众清楚而华人读者群模糊的信息做增添和补充工作。比如译稿1的J5句提到的捷克"尚未解决第二世界大战的后果",就让人迷惑不已。实际上,是指捷克在二战后实行过一些偏激的民族政策,给周边一些国家和民族造成了伤害。当地读者一点即通,而对于不是十分了解当地历史的华人读者,则必须多写几个字才行。Grice的理论认为,交际中必须提供对方所需要的信息量,否则就会影响交际质量。新闻报道要与受众相沟通,也同样需要符合这个准则。

附

修改稿1

欧盟议会正式批准欧盟扩大条约

4月10日,欧盟议会正式批准了欧盟扩大条约,欧盟同意吸纳10个新的成员国。欧盟议会主席Pat Cox在记者招待会上说:扩盟条约的正式批准已经成为欧盟扩大的具体象征,20世纪由15个国家组成的欧盟在21世纪即将扩大到25个成员国。

在对各个候选国进行评估及投票时,欧盟对波罗的海诸国、匈牙利及斯洛伐克的评价最高。获得赞成票最少的国家是捷克,因为德国的CSU党成员对捷克提出了尖锐的批评意见,CSU 党驻欧盟议员 Bemd Posselt 说:德国并不反对欧盟扩大,也不反对捷克国民,但是我们应该注意到,捷克迄今为止还没有妥善解决其第二次世界大战后的某些偏激民族政策所造成的一些后果。获得赞成票最高的国家是斯洛伐克,斯洛伐克驻欧盟代表 Jan Marinus Wiersma 评论说:我应该祝贺斯洛伐克全体公民和政府。据悉,在扩盟谈判的初期,欧盟并不愿意与斯洛伐克代表谈判,这主要是对斯洛伐克在政治状况、民主程度等几个方面的情况还不尽满意,斯洛伐克因此而耽误了一些时间,也曾失去信心。不过,1998 年至今的两届政府用实际的努力赶上了其他国家,与他们同时结束了入盟谈判,取得了令人瞩目的成功。

目前,斯洛伐克反对加入欧盟的人多数是社会主义党及基督教民主党的成员。基督教民主党代表人 Jean Louis Bourlanges 解释说:我们并不反对欧盟扩大,只是政府还没有在斯洛伐克实施与欧盟体制相适应的改革,入盟将给整个社会带来冲击。

欧盟各国代表及各候选国代表本周将在扩盟条约上签字,然后呈交各新老成员国议会会议通过。

修改稿 2

斯议会正式批准加入北约条约

斯洛伐克议会 4 月 10 日以绝大多数赞成票通过了加入北约条约,迈出了成为北约成员国的最后步伐。

参加投票的共有 136 名议员,124 名投了赞成票,几名共产党员投了反对票。另外,SMER 党议员 Bohumil Hanzel 弃权,他说:我弃权有我自己的理由。

在讨论加入北约的会议上,几名反对派议员评论说:当权的议员希望尽快通过这项条约,因为他们担心政府最终会迫于民意对加入北约进行全民公决。最近的民意调查显示,半数以上的斯洛伐克公民不支持加入北约。

外交部长 Eduard Kukan 称:鉴于国家的安全,我们没有更好的选择。祖林达总理也说:加入由 19 个尊重民主的国家组成的军事联盟,斯洛伐克在其中能获得高度的保护及信任。SMER 党主席 Robert Fico 及几位共产党议员在议会讨论时说:伊拉克战争的爆发使美国利用北约获得了自己的利益。Robert Fico 责备斯洛伐克政府迄今为止都没有对伊拉克战争中伤亡的人员表示公开的哀悼。他说,如果 SMER 党和 HZDS 党都不支持加入北约,将会影响更多公民投反对票。可是,KDH 党议员 Pavol Minarik 认为,斯洛伐克加入北约不仅不会丧失国家的主权,反而还能通过与北约签订条约而肯定自己的主权。

目前,北约大部分国家还没有在条约上签字,现仅有加拿大正式表示同意。斯洛伐克必须等待所有的成员国代表在条约上签字之后,才能在2004年正式加入北约。

参考文献

国家对外汉语教学领导小组办公室,2002,《高等学校外国留学生汉语专业教学大纲》附件二,北京:北京语言文化大学出版社。
胡文仲,1994,《文化与交际》,北京:外语教学与研究出版社。
鲁健骥,1999,《对外汉语教学思考集》,北京:北京语言文化大学出版社。
邢红兵,2003,留学生偏误合成词的统计分析,《世界汉语教学》第4期。
朱伟华、周美如,2001,《斯洛伐克语读本》,北京:外语教学与研究出版社。

母语为英语者汉语语篇衔接偏误的语内因素考察

赵成新
河南大学国际教育学院

提 要 本文在实证材料的基础上,从母语为英语的留学生汉语中介语语篇偏误入手,从语篇衔接的角度深入探讨了目的语对中介语的影响程度和影响方式。

关键词 语篇衔接 中介语 语内偏误

一 引 言

中介语(interlanguage)是第二语言学习者在其有限的目的语知识基础上,在第二语言习得过程中构建的,是既不同于母语又不同于目的语的一种语言知识系统,它是逐步接近目的语的一个发展阶段,具有相对稳定性。(Susan M. G.、Larry, S., 2001) 对中介语系统影响的因素较多,既有目的语因素,也有母语因素,还有中介语自身的因素。探讨对中介语的影响因素,挖掘影响中介语形成的深层次原因,总结中介语构建的规律,可以直接促进二语教学实践,同时也能为二语习得的理论研究提供依据。

到目前为止,已有不少探讨目的语因素对中介语影响的研究,但大多数都是从语音、词汇、句法角度进行探讨的,如王建勤(1997)、鲁健骥(1999)、任长慧(2001)等。本文拟从语篇的角度探讨目的语对中介语的影响情况:在实证语料的基础上,从中介语语篇衔接偏误入手,研究目的语在何种程度上、以何种方式影响着中介语的构建,从而为对外汉语教学提供参考。

二 语料的搜集及分类原则

"语篇是指任何长度的、在语义上完整的口语和书面语的段落。"(Halliday, M. A. k.、R. Hasan, 1976)中介语语篇是L_2学习者的自发性输出材料,能够比较真实地反映学习者的中介语状况。

2.1 语料的搜集、分类、统计原则

由于初级水平的学习者中介语语篇能力和语篇稳定性较差,其语篇研究价值不大,所以本研究采用的语料是中高级水平二语习得者的汉语语篇。本研究搜集了近几年在中山大学国际交流学院学习过的一些英语为母语的留学生的汉语书面作文60篇,其中中级班学生的30篇,高级班学生的30篇。

确定研究目的是对语料进行统计和分类的前提。该项研究目的是要通过探讨母语为英语者的汉语中介语语篇衔接偏误情况,研究目的语对中介语的影响程度和方式。为实现这个目的,本文采取的是静态、共时的研究方法,为此确定对上述调查语料中出现的语篇衔接方面的偏误采取平面统计分类的原则。

2.2 对L_1为英语者汉语中介语语篇衔接偏误的具体分类方法

Carl James给"偏误"下的定义是"语言中不成功的部分"。(James, C., 2001)他认为偏误可能出现在三个层次上:本体(拼写、书写、发音)、文本(词汇、语法)、语篇。根据Carl James的偏误定义,本文将语篇衔接偏误定义为:中介语语篇中不成功的衔接方式。

Carl James(2001)还根据偏误产生的原因将偏误分为以下五种类型:mother-tongue influence: interlingual errors(母语影响:语际偏误);target language causes: intralingual errors(目的语原因:语内偏误);communication strategy-based errors(交际策略偏误,主要指回避);induced errors(诱导偏误);compound and ambiguous errors(杂糅与不明原因偏误)。除以上5种偏误原因之外,周小兵(2004)先生还提出了发展难度因素(指要学习的语言

项目难度超出了学习者当时的中介语发展水平而产生偏误的因素),可以视为语内偏误的一种特殊形式。

借鉴以上两位学者的研究成果,本研究将语篇衔接偏误按偏误产生原因分成以下6种类型:

2.2.1 语际偏误:就是由母语负迁移而引起的语篇偏误,又称干扰性偏误或对比性偏误。例如:

(1)＊老师是一个中国人,他从澳大利亚来到广州为了访问我们俩。

这个句子里的"为了访问我们俩"在英语中是用动词不定式(表示目的)表达的,受母语影响,留学生把英语的表达式迁移到了汉语中。判断一种偏误是不是语际偏误时,主要根据是把该偏误与其母语中相对应的表达方式进行对比,若二者在分布、搭配、功能等特点上具有相似性,则可判断为语际偏误。否则,应考虑其他偏误类型。

2.2.2 语内偏误:指受已经习得的目的语知识影响而出现的语篇偏误,又称发展性偏误,如过渡概括、忽略规则限制等。请看例句:

(2)＊幸亏那个小姑娘,我才认识了我最好的朋友。

由于受目的语知识影响,该用"多亏"的地方用成了"幸亏"。"多亏"与"幸亏"用法接近,但二者之间仍有差别(详见 4.2.1)。语内偏误是学过的内容对正在学习的内容的影响,在判断一种偏误是否属于语内偏误时,主要根据是分析该偏误是否是由学习者以前学过的目的语的相似或相关的表达方式引起的,若是则可判断为语内偏误,否则应考虑其他偏误类型。

2.2.3 发展难度偏误:指的是要学习的语言项目难度超出了学习者当时的中介语发展水平而产生的习得偏误。尽管这类偏误也可归入语内偏误,但因为这类偏误为数不少,且有特殊性,这里把它作为一个独立的偏误类别对待。例如:

(3)＊我充满好奇的眼睛还在瞪着那个交通灯的秒表边想:

这就是新东西呀!

这里用"一边……一边……"这个连接词语较好,可能是因为写作者当时还没有掌握这个连接词的用法,所以出现了偏误。判断发展难度偏误时要考虑两种情况:一是学习者没有学过这种表达方式,所以不会用;二是学习者虽然学过,但没有完全掌握,所以用不好。

2.2.4 回避偏误:指通过近似的或间接的表达方式而绕过应该用的语言项的交际策略所产生的语篇偏误。例如:

(4)＊其实有可能<u>要是</u>我真的想忘记他也不能了,这是因为我的弟弟和他的女儿成了朋友。

这里应该用"即使"代替画线的部分。该例句出自于中级一班的一个留学生的作文中。虽然《高等学校外国留学生汉语教学大纲》(长期进修)把"即使"归入初等阶段词汇(次常用)中,但由于"即使"在初级阶段的教材中出现得较晚,且频率较低(以中山大学国际交流学院初级班采用的李德津等主编的《对外汉语教程读写课本》为例,"即使……又……"出现在第 90 课,并且只出现一次,其中也提到了"即使……也……"的用法),这个刚升入中级班的留学生在语言输出时还不会使用"即使……也……"这个连接词,所以她采用了近似的表达方式,从而回避使用这个词。回避偏误与发展难度偏误较难区分,二者的区别在于:一是回避偏误中回避的语言项目肯定是学过的,发展难度偏误则不一定;二是回避偏误使用另一种类似的表达方式,这种方式可能不是错误的,但不十分得体,而发展难度偏误是直接的、错误的表达方式。

2.2.5 诱导偏误:指由于教材编写或教师施教不当而造成的语篇偏误。例如:

(5)＊我国家的人用金钱来判断谁是个幸福的人,什么是快乐。

人称代词做定语时(这里具有指称作用)其后面有时用"的",有时不用。如果教材中或老师讲授时没有讲清楚什么时候用

"的"、什么时候不用"的",留学生在使用时就可能出现偏误。例如《实用现代汉语语法》(增订本)说:"人称代词做定语表示领属关系,后面要用'的'。"(刘月华等,2001)实际上并不这么简单,例如上例中"我"既可改为"我的",也可改为"我们"。

2.2.6 杂糅与不明原因偏误:指不是由单一的原因引起的或者判断不出明显原因的偏误。请看下面的例句:

(6)* 他叫他心爱的那只狗在人行道等着他。不料,过马路的时候,他被公共汽车撞死了。为了美国的路很宽,那只狗不知道他的主人死了,它一直等好久好久。

该例的偏误原因有母语因素的影响,因为"For the road in America is very wide"中的"for"的一个义项是表示目的,可以直译为汉语的"为了";又有目的语因素的影响,因为留学生把"因为"和"为了"的用法搞混了。因此,该例为杂糅偏误。

(7)* 美国有一户人家,父母外出时发生了雪崩。在家里留下两个孩子,在家里三天为了营救人员才打开房门。

该例中的"为了"的使用是不正确的,但造成该偏误的因素是不易判断的。我们权且称其为不明原因偏误。

在为一种偏误归类时依照的顺序是:首先判断它是否是语际偏误,然后判断它是否是语内偏误或发展难度偏误,接着再考虑它是否是回避偏误,随后考虑它是否是诱导偏误,若不能把它归入以上5种偏误类型,那就把它归入杂糅与不明原因偏误。

三 从统计结果看目的语对中介语的影响

本研究统计分析了60篇母语为英语的留学生汉语作文中的衔接偏误。为避免主观判断和分类的错误,本文作者邀请另一位语言学及应用语言学专业的博士研究生参加了偏误的识别和分类工作。二人首先分别独立地对语料进行了分析,找出了其中的衔接偏误,并以2.2中的分类标准为依据对偏误进行了初步分类;然后二人将各自的判断分类结果进行了对比,对于不同之处进行了进一步的论证,对仍有争议的问题,则征求了一些对外汉语教学经验丰富的老师们的意见,直至对所发现偏误的判断和归类有了较为一致的认识为止。结果共发现语篇衔接偏误 201 个,平均每篇 3.33 个。我们在此基础上统计了 201 个偏误在 6 种偏误原因类型中的分布情况,按偏误数量多少依次如下:语际偏误、语内偏误、杂糅及不明原因偏误、发展难度偏误、回避偏误和诱导偏误(详见图 1 和图 2)。

偏误原因类型	数量	比率
语际偏误	73	36.3%
语内偏误	55	27.4%
发展难度偏误	11	5.5%
回避偏误	10	5.0%
诱导偏误	2	1.0%
杂糅与不明原因	50	24.9%

图 1　偏误原因统计图

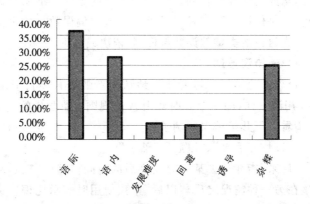

图 2　偏误原因状图

从偏误原因来看,语内偏误数量为 55 个,比率为 27.4%。如前所述,发展难度偏误可以视为语内偏误的一个特殊类型,两者相加,偏误数量达到了 66 个,偏误比率达到了 32.9%,排在第二位

（仅次于语际偏误）。可见语内因素是造成母语为英语的留学生汉语语篇衔接偏误的主要原因之一，应该引起对外汉语教学工作者的重视。

四 目的语因素影响中介语的方式

那么，目的语是如何影响中介语的呢？这不是一个容易回答的问题。Carl James（2001）在探讨对中介语影响的语内偏误原因时，认为二语学习过程是一个解码的过程，学习者的学习策略是中介语偏误产生的一个源泉。他把基于学习者的学习策略而产生的语内偏误分做以下 7 个类型：(a) 错误推理；(b) 错误分析；(c) 规则应用不完全；(d) 利用羡余；(e) 忽略共现规则限制；(f) 过度监控；(g) 过度概括，或系统规则简化。本研究拟以上述 Carl James 的 7 个类型作为语内偏误的分类标准，从留学生的实际语篇衔接偏误入手，对所搜集到的留学生的汉语语篇衔接偏误进行研究，分析留学生在学习过程中所采用的学习策略和产生偏误的原因，籍此尝试探讨目的语影响中介语的方式。下面对偏误原因的讨论，是依据该研究发现的每个类型中偏误数量的多少为顺序的，即先讨论的类型偏误数量最多，依次减之。

4.1 错误推理

错误推理是指学习者错误地认为新的语言项目 B 和语言项目 A 用法一样，即学习 B 时套用 A 的规则。留学生的这类偏误最多，请看以下几组偏误的例子：

4.1.1 "后来"、"以后"、"然后"

"后来"指在过去某一时间之后的时间；"然后"表示动作行为承接在另一种情况之后；"以后"单独使用时表示比现在或者某一时间晚的时间，"以后"单独使用的机会较少，要么是在现场说话的时候，要么有明确的时间参照点。所以"以后"多用在别的词语后边，如名词性词语后面（如：元旦以后）、数量短语后边（如：两周以后）、动词性词语后边（如：入学以后）、"从此"、"很久"、"不久"等词的后边。留学生在运用这些衔接词语时常常采用类推的方法，套

用一个他(她)熟悉的词语,因此常常出现偏误。例如(所举例子的偏误部分下面画了线,后面括号是改正的部分):

(8) *一次,我的电脑软件出了问题,我打通了服务热线。接电话的是个小伙子,他说能听懂英语,我就用英语告诉他我的电脑的问题。但他不明白我说的问题。<u>以后</u>我用汉语告诉他我的软件的问题,他听懂了,告诉了我解决办法。(然后)

这里需要表示的是一件事之后接着发生了另一件事,应将"以后"改为"然后",因为"以后"单独使用时表示比现在或者某一时刻晚的时间,不表示两个事件的先后性。

(9) *两个小时以后,手术完了,但是我还不能动我的腿。<u>然后</u>医生给我说我差一点丢了这条腿,他说一共缝了五十一针。(后来)

这里,"然后"改为"后来"较好,因为前后两个事件并不一定是紧密相连的,"医生给我说……"可能是手术结束之后很长时间以后的事件,甚至是患者康复以后的事件。

(10) *<u>以后</u>老张和他太太永远无忧无虑地住在一起。(从此以后)

如前所述,"以后"一般不单独使用,单独使用时是有条件的。这里留学生错误地认为它可以和其他几个词一样能够单独使用。

4.1.2 "虽然"、"尽管"、"无论"

"虽然"用于复合句中前边的小句开头,暗示后边小句不是顺着前面的内容说,而是表示转折;"尽管"经常用在复合句中前面的小句开头,表示让步关系。在使用这两个词时需要分清是转折还是让步语义关系。"无论"用于表示任指的疑问代词或有选择关系的并列成分的句子里,表示在任何条件下结果或结论都不会改变,后边有"都"或"也"呼应。留学生在使用这些衔接词时常常采用类推的方式,把一个词的用法套用到另一个词上,极易出现偏误。请看偏误的例子:

(11)* 说了这几句话,风便用力对着老人吹,希望把老人的大衣吹下来。虽然它吹来了很大风,但是它越吹,老人把大衣裹得越紧。(尽管)

(12)* 虽然澳洲离中国很远,我希望我还能跟她联系。(尽管)

以上两例中的"虽然"应改为"尽管",因为这里表示的主要是让步关系。

(13) A:去意大利南部可能夏天不是最好的季节,天气很热,也很潮湿,人特别多。

B:无论人很多,天气不太好,我也要去。从来没有去过意大利南部,我对南部的习惯和传统很感兴趣。(尽管)

(14)* 司机对王先生很抱歉,所以他建议把王先生送到城市。无论王先生恨司机,但他接受了司机的建议。(尽管)

以上两例中的"无论"也应该为"尽管",因为两例中表达的都是让步关系。

4.1.3 "还"、"也"

"也"一般表"类同","还"表示范围的扩大。在这两个衔接词的使用上,留学生也常有类推的偏误。

(15)* 北方的冬天不但很冷,而且也常常刮风。(还)

因为"冷"是北方冬天的特征,"常常刮风"是北方冬天的另一个特征。这里不是表示"类同",而是表示范围的扩大,所以这里要改"也"为"还"。

(16)* 我死了以后有儿子,儿子死了也有孙子。(还)

尽管"儿子"、"孙子"都是家里的成员,但由于辈分不同,不具有同一性,不能用"也"。儿子、孙子是增加的人口,是表示范围的扩大和数量的增加,所以要用"还"。

(17) *我个人认为这样的快乐是假的,在最有利的情况下<u>还</u>只能算是短期的快乐而已。(也)

这里实际上含有假设兼让步的成分,可以把它看做"即使在最有利的情况下也……"的省略形式,因此,应该将"还"改为"也"。

4.1.4 "怎么"、"这么"

"这么"可表示性质、状态、方式、程度等,"怎么"表示方式和疑问。二者的差别是:前者不表示疑问,后者不表示性质、状态、程度。留学生在使用这两个词时常常搞混。请看例句:

(18) *这样的情况越来越多,很多老板和经理不高兴,但是不知道<u>这么</u>来解决这个问题。(怎么)

这里做"不知道"宾语的是个转述的疑问句,"这么"不表示疑问,所以应该用"怎么"代替"这么"。

(19) Q:你觉得你可以还在中国学习五年?
　　　*A:五年?<u>怎么</u>长时间?(这么)

该句中"长"的修饰语要求是一个表示程度的副词,"怎么"不表示程度,因此应把"怎么"改为"这么"。

4.1.5 把表示甲语义范畴的词用于表示乙语义范畴,也是错误类推的一个类型。请看例句:

(20) *首先蒸大米和糯米,半熟,然后拿出来放在一个锅里。<u>其次</u>把椰浆、姜黄水煮开。(接着)

"其次"是一个表示次序的衔接词语,指示次序较后的、次要的人或事物;"接着"是一个表示程序的衔接词语,表示一件事之后立即发生另一件事。这里应把"其次"改为"接着"。

(21) *这个故事<u>一边</u>有意思<u>一边</u>可怜。(既……又……)

"一边……一边……"表示两种以上的动作同时进行,是对事物动作状态的描述;"既……又……"表示同时具有两个方面的性质或情况,是对事物的定性描述。这里讲的是故事的特点,所以需要的是后者。

4.2 规则应用不完全

规则应用不完全是指运用了应该运用的规则的一部分,而忽略了另一部分。请看以下两类偏误的例句:

4.2.1 幸亏

(22)* <u>幸亏</u>那个小姑娘,我才认识了我最好的朋友。(多亏)

由于受目的语知识影响,该用"多亏"的地方用成了"幸亏"。"多亏"与"幸亏"都可以表示由于前面的有利条件,而避免了后面不如意的事,但二者还是有差别的:"多亏"除表示上面的意义之外,更多地含有感激的语气;"幸亏"没有这种语气,更多的是一种如释重负的庆幸语气。(张斌,2001)

4.2.2 好像

(23)* 对我来说,<u>好像其他的西方人</u>,汉字非常难:他们很多看起来一个样,很难记得清楚。(像其他的西方人一样)

"好像"用于叙事,表示估计如此,并无把握,或并不确定。也可用做比喻,比方是如此,并不真是。(侯学超,1998)"像……一样",除了表示与上述"好像"相同的意义之外,还可以表示实际的确切的情况。例如:"他靠做生意养家,像许多小生意人一样,他不愿意做有风险的生意。"这里表示实际情况,因为作者既是一个西方人,又感到汉字非常难,所以应该将"好像"改为"像……一样"。

4.3 忽略共现词的限制

忽略共现词的限制是指语境中的一些词对于与它共现的词有语义、句法或语用上的特殊要求,而二语学习者却常常忽略这种限制。请看以下的衔接偏误例子:

4.3.1 主谓不搭配

有时候谓语动词对主语有特殊的要求,若主语满足不了这种要求,就会产生忽略共现词限制的偏误。例如:

(24) Q:我听说阳朔也有很多西式餐馆,这个是真的吗?

　　*A:是真的,<u>它们做菜</u>做得不错。(它们的菜)

这里选用"它们"来指称"餐馆"是正确的,但是这个留学生忽略了"它们"和"做菜"在语义上无法匹配的问题,因为"做菜"在语义上要求一个有生命的东西做其主语。把主语改为"它们的菜",使句式变为"S+V得+C"就可以避免这个问题了。

4.3.2 修饰语与中心成分不搭配

有时候中心成分对修饰语有特殊的要求,若修饰语满足不了这种要求,就会产生忽略共现词限制的偏误。请看例句:

(25) * 老王说:"对不起,我把你的车坐翻了。"听到那句话,司机先生更想不出来该说<u>怎么</u>好了。(什么)

(26) * 在机场,大卫跟玛丽说:"我不想去美国,因为我爱你。"玛丽说:"最后你说出来了,我等了好久听这句话,我想你永远不能说出来。我跟我们的经理说了这个情况,两个月后我也去美国工作,我想到了美国再告诉你:我爱你。"大卫吃惊地看玛丽,对她说:"你真是聪明,你<u>什么多已经想到了</u>。"(已经想到这么多了)

例(25)中"怎么"是副词,不能做动词"说"的宾语,应改为"什么"。与之相反,例(26)中的形容词"多"需要一个副词性修饰语,应该将"什么多"改为"这么多"。

4.4 利用羡余

利用羡余是指在不能精确地表达一种意义时,采用大致的、较长的解释性表达方式。请看例句:

(27) * 真想不到这个世界是这么小的。可是<u>在同一时</u>,我也会想:这个世界又是那么大。(同时)

这里应该用"同时"代替"在同一时",因为写作者没有掌握好"同时"这个词,所以她采用了近似的表达方法。

(28) * 我要加油看报纸、看课本,就<u>这样子</u>提高我的汉语水平。(这样)

(29) * 第三天<u>别的人</u>告诉我们那儿的附近有一座又古老又很有名的桥。(别人)

可以看出,以上例子中"这样子"等词语也都是利用羡余的表达方式。

4.5 系统规则简化

系统规则简化是指一种语义系统中有可供选择的两个或两个以上的语言项目,而二语学习者偏向于用其中的一个,不用或很少用其他的。这里仅举一个例子:

汉语中连接两个并列的成分时常用的衔接词语有"和"、"并"、"并且"、"及"、"与"、"同"以及顿号、逗号等等,但留学生们最喜欢使用的是"和",且不顾"和"的用法限制,几乎在所有的连接并列成分的场合都用"和"。这样就易于造成系统规则简化的偏误。请看例句:

(30)*<u>办公室的环境比较有意思和年轻人在他们的工作上比较出色。</u>(办公室的环境比较有意思,年轻人在他们的工作上比较出色。)

(31)*<u>回到家以后,他的克隆决定了去看一下世界和顺便想一想一个问题</u>:克隆到底是不是真正的人。(他的克隆决定了去看一下世界并顺便想一想一个问题。)

(32)*<u>他们想让爸爸妈妈原谅他们的错误和给他们钱。</u>(他们想让爸爸妈妈原谅他们的错误并给他们钱。)

(33)*<u>我们的教室很大和很干净。</u>(我们的教室很大、很干净。)

汉语中的"和"一般用于连接两个名词,连接动词和形容词时有一定的限制(必须是双音节的,动词前后必须有共同的状语或宾语,形容词前后必须有共同的状语或中心语),不用于连接两个句子。例(30)中连接的是两个小句,所以不能用"和";例(31)、(32)中连接的是两个宾语不同的动词词组,不能用"和";例(33)中连接的两个成分并非都是双音节形容词,也不能用"和"。

4.6 错误分析

错误分析是指二语学习者对目的语的某种语言现象进行了错误的分析,从而得出了一种错误结论。如英语中的"they"错用

"its"表示(it＋表复数的 s)。请看下边的一个指称偏误的例子：

（34）一个小镇有这么好的便利条件吗？有时我自己也难以相信，但是事实就是这样。现在他们不仅在交通方面发展着，也在别的方面发展着。（它）

该例中的"他们"应改为"它"或拟人化的"她"，用以指称前面的"小镇"。该语篇作者的分析可能是这样的：小镇之所以成为小镇，是因为人的存在，小镇的发展是小镇中人的努力的结果。所以，这个留学生使用了"他们"来指称前面所提到的事物。显然，这里用"他们"是不合适的。

（35）我认为政府应该保护少数民族，帮助它们维持自己的生活方式和民族特色。（他们）

该语篇中的"它们"应该改为"他们"，因为这里"少数民族"表示的实际意义是"少数民族人民"。显然，这个偏误也是留学生错误分析的结果。

五 结 语

一般认为，中介语的发展过程是个看不见也摸不着的黑箱。但偏误分析可以使我们获得一些这个黑箱的有关信息。本研究在实证语料的基础上，从中介语语篇衔接偏误入手，从语篇衔接的角度探讨了目的语对中介语的影响情况，得出了比较可靠的结论：大约三分之一的语篇衔接偏误是由于目的语因素造成的，从而证明目的语因素是造成中介语语篇衔接偏误的重要因素之一。在此基础上，又根据 James Corder 的研究方法，借助于典型的偏误实例，进一步分析了目的语对中介语的影响形式：错误推理、错误分析、规则应用不完全、利用羡余、忽略共现规则限制、过度监控、系统规则简化等。对外汉语教学领域目的语对中介语影响的研究还有很多工作要做，本研究只是一个小小的尝试，但愿能为该领域研究的开展起到抛砖引玉的作用。

参考文献

侯学超,1998,现代汉语虚词词典,北京:北京大学出版社。

刘月华等,2001,《实用汉语语法》(增订本),北京:商务印书馆。

鲁健骥,1999,《对外汉语教学思考集》,北京:北京语言文化大学出版社。

任长惠,2001,《汉语教学中的偏误分析》,武汉:武汉大学出版社。

王建勤,1997,《汉语作为第二语言的习得研究》,北京:北京语言文化大学出版社。

张　斌,2001,《现代汉语虚词词典》,北京:商务印书馆。

赵建华、祝秉耀,2003,《现代汉语写作教程》,北京:北京语言大学出版社。

周小兵,2004,学习难度的测定和考察,《世界汉语教学》第1期。

Gass, Susan M. & Selinker, Larry. , 2001, *Second Language Acquisition: an introductory course* (2nd ed). Mahwah: Lawrence Erlbaum Associates.

Halliday, M. A. k. & R. Hasan. , 1976, *Cohesion in English*. London: Longman.

James, C. ,2001,《语言学习和语言使用中的错误:错误分析探讨》,北京:外语教学与研究出版社。

谈零起点混合班的课程设置

郝红艳

广东外语外贸大学外国留学生部

提　要　由于招生人数或学校办学条件等方面的限制,一些学校在对零起点的外国留学生的汉语教学中进行混合编班。如何提高零起点混合班对外汉语教学的效果,课程设置十分关键。本文对零起点混合班的课程设置进行了探讨,提出了按照"语言在使用中掌握"的原则,以"听说领先、读写跟上"的思路进行设置的观点。

关键词　零起点混合班　课程设置

国家汉办2002年颁布的《高等学校外国留学生汉语教学大纲》要求,组织对外国留学生汉语教学时,分班宜细,即不仅按学生汉语水平分班,还应按学生来源分班。实际上,由于招生人数或学校办学条件等限制,许多学校在对零起点外国留学生的汉语教学中很难按留学生来源单独编班,零起点的留学生常常不分国家、不考虑文化语言差异而混合编班。提高零起点混合班对外汉语教学的效果,课程设置十分关键。

一　目前零起点混合班课程设置的现状和存在问题

经过多年的教学实践,各院校虽然对零起点混合班的教学积累了一定的经验,课程设置呈现出百花齐放的局面,但总的来看,对零起点混合班的课程设置多采取了以精读课(读写课)为主,说话、听力等其他课程作为与精读课配套的专项语言技能课这样一种模式。在这种以精读课为主的课程设置模式中,对留学生的汉字水平要求较高。有的学校甚至还专门为零起点混合班的留学生开设了汉字课,以加强学生的汉字书写能力。

由于零起点混合班没有专门的教材,从目前零起点混合班普遍使用的几套教材来看,对零起点留学生的汉字水平要求也比较高。例如,北京语言学院出版社 1988 年出版的《现代汉语教程·读写课本》第一册中,1—15 课为拼音教学,16 课之后转入汉字教学,拼音教学大约需要 3 周时间。也就是说,对于从未接触过汉字的零起点混合班留学生来说,仅用 3 周时间就转入了汉字学习。即便是零起点混合班使用的一些口语课的教材,对零起点混合班留学生汉字能力的要求也较高。虽然大部分口语教材的课文部分有拼音和英文翻译,但教材练习题仍多使用汉字。

这种以精读为主、对汉字水平要求高的课程设置模式不适应零起点混合班因"混合"的原因而出现的教学对象的复杂性。

零起点的留学生,按其母语和汉语的关系可划分为"汉字文化圈"学生(主要来自亚洲东方地区)和"非汉字文化圈"学生(主要来自欧美及中东地区)两类。两类学生在汉语学习上的差异性,尤其是在汉字学习上的差异十分明显。汉字对零起点"非汉字文化圈"学生来说是个大难题,无论从思维方式上还是心理感情上,他们对汉字学习都有畏难情绪,对汉字需要有一个较长的接受过程。笔者对 1987 年至 2004 年来我校进修汉语的留学生的统计表明:零起点混合班中的"非汉字文化圈"学生能进入中级阶段学习的仅占 5%。大多数在初级阶段学习之后,"知难而退"或失去兴趣。由于零起点混合班"非汉字文化圈"学生不能快速识记汉字,学生无法看懂练习题,更无法开展练习,教师常常需要花费相当时间让学生理解练习题,影响了课堂操练的顺利进行。

另一方面,"汉字文化圈"的留学生却不希望教师在课堂上专门花费时间教授学生如何识汉字。因此,这两类学生进入汉字学习阶段的进度有着很大的差别。对教师而言,要想以同样的要求和教学进度组织教学,会有一些困难。

二 零起点混合班课程设置的理论依据

"课程设计是在教育目的和具体教学目的的指导下,从学习者的特点和需要出发,根据专业对知识结构和能力结构的要求,**最优化地选择教学内容、组织教学进程,形成合理的、相互配合的课程体系**。"(刘珣,2000)在以教学方式为中心的语言教学规划中,"强调教学安排不仅要根据语言规律和难易程度,更要注意到学习者对语言的认识能力和接受能力,要注意语言学习在自然环境中的交流和使用。"(James Dean Brown,2001)从20世纪90年代起,人们对语言教学的认识开始进入更加全面和理性的阶段。语言学和课程设置的研究开始越来越重视认知能力、心理因素、自主意识、社会影响和个人动机等不同因素对学习者在语言学习过程中的影响。人们越来越清楚地认识到现代的语言教学已经不再仅仅是各种语言学和应用语言学理论在课堂教学活动中的再现,语言课堂教学实际上是教师和学生、学生和学生之间在多学科和跨文化领域中的交流活动在教室中的综合反映。有效的语言学习也不再只是满足学习者对语言结构和语法知识的了解和掌握以及对语言技巧的综合运用上,而是学生对语言的认识、认知能力、语言技巧的掌握和对目的语文化的深入了解等多方面的综合发展。

基于以上认识以及多年对零起点混合班教学的体验,笔者认为,零起点混合班的课程设置应打破目前以精读课为主、对汉字水平要求高的模式,要按照"语言在使用中掌握"(Janice Yalden,2000)的原则,以"听说领先,读写跟上"的思路进行设计。这种设计主要基于以下因素:

2.1 留学生在华的语言环境

对来华进修的留学生而言,在中国学习汉语,处在听说汉语的环境中,无论是日常生活还是在教室里的学习,对目的语——汉语的接触主要通过听说的形式。从这一点来讲,按照"听说领先、读写跟上"的思路进行课程设置与自然教学法的运用不谋而合。自然教学法以发展学生的基本交际能力为目的,它认为第二语言(或外语)的习得与自然状态下的母语习得一样,所以学生都经历从接受输入到产生输出的阶段,教师向学生输入略微超过学生现有水平的语言材料,学生借助语境与认知经验理解输入,最后达到目的语的习得。大家普遍认为自然法在非目的语环境中进行教学有一定的缺点,但对外汉语教学是在目的语的环境中进行的,因此避免了其缺点,而且能创造轻松愉快的学习气氛,优化学习情绪。自然教学法在对外汉语教学有广泛的语言环境基础,再加上目前教学手段丰富、教学设备先进等有利条件,足以弥补了零起点混合班留学生初级阶段学习枯燥的不足。

2.2 零起点混合班教学对象的复杂性,尤其是汉字水平的差异

零起点混合班不仅学生的来源、学习目的、原有的汉语水平和期望在华学习时间不完全一样,而且学生的年龄、生活经历也有很大的差别。在教学中,充分注意到零起点混合班留学生汉字水平的差异对提高对外汉语教学效果十分重要。零起点混合班的留学生来自世界各地,"汉字文化圈"学生接受汉字快,但是听力、口语是弱项;对"非汉字文化圈"的留学生来说汉字难,主要是字形难、认读难。在课程设置中把汉字抛开,从"听说"起步,使"非汉字文化圈"学生同"汉字文化圈"的学生站在同一起跑线上,降低了留学生学习汉语的彼此差异,既不影响"非汉字文化圈"学生学习的积极性,也不耽误"汉字文化圈"学生的学习进度,降低了教师组织教学的难度。

同时,采用"听说领先、读写跟上"的思路,从"音义"的结合开始,过渡到"形义"的结合,最后再到"形音义"结合的课程设置模式,使学生在短期内快速掌握一部分汉语的对话,让学生从心理上接受汉语,弱化留学生尤其是"非汉字文化圈"留学生对汉字的畏难情绪和排斥情绪,逐步培养学生对汉语的感情,更好地接受汉字书写的习惯。采用"听说领先、读写跟上"的方法,从"音义"开始,到"形义",最后再到"形音义"方式,也有利于解除零起点混合班的留学生从接触汉语开始就要面对"形音义"三重任务的压力,使学生在读、说的过程中接受汉字,将初学者对汉字的接触放在一段较长的时期内,逐渐完成从读、说到认、写汉字的过渡转化,使汉语学习化"难"为"易"。

2.3 留学生的学习动机

零起点混合班学生学习动机十分复杂。但总的来看,混合班留学生,尤其是来华进修的非学历留学生,学习更注重实用性。有的学生直接表明他们来华学汉语,只要求会说、会听汉语,会读、会写并不十分急迫。零起点混合班的留学生对"说"的要求往往大于对"写"的要求。在这种"急功近利"的指导思想下,一些学生不积极学习汉字,甚至会放弃汉字。因此,学生学习听说的热情比学习读写的热情要高。按照"听说领先、读写跟上"的思路进行课程设置,既可以满足"功利汉语"学生的要求,同时也不影响长期进修汉语的学生习写汉字的愿望。

另外,"听说领先,读写跟上"的课程设置思路,也是对母语的识字教学成功做法的借鉴。在我国,目前小学语文教学中广泛采用的"注音识字、提前读写"的教改措施,就是以拼音代汉字,到拼音、汉字并用,再到完全用汉字,实现渐进转化。"注音识字、提前读写"的教改措施从注重语言出发,承认语言是基础,文字是它的符号,并且认为小学语文教学的基本任务是发展儿童的语言能力。基于这种指导思想编写的教材上有拼音、下有汉字,在口语和汉字之间用拼音联系起来,并且提倡"先读书,再识字"、"边读书,边识字"。通过实验证明,选用这种方式教学的学生的识字能力普遍高于常规教学的学生。很多汉字都是学生无师自通的,而不是老师教一个就只会一个。(陈章太,1999)

三 零起点混合班课程设置的设想

具体来讲,零起点混合班第一个学期的课程可设计为两个阶段:

第一阶段先安排听力课和说话课,以每周 20 个课时为例,每门课 10 课时/周,可持续一个月至多不超过半学期。这一阶段主要以拼音教学为主,采用听力输入的教学方式,可选用北京语言文化大学出版社出版的《现代汉语教程》系列教材中配套的《说话课本》和《听力课本》,或其他听说配套的教材。本阶段主要训练学生的听说能力,对汉字的读写不做要求。待学生有了初步的交谈能力之后,再开始习写汉字。

第二阶段开设精读课、视听说课、汉字课和社会实践课四门课,以每周8/6/4/2的课时进行分配。这样做的目的是既有综合训练与专项技能训练的结合,又有语言知识和社会实践的互相印证,还为各校提供了自由发展的空间。

这一阶段由于学生已经有了初步的语感和交谈能力,对汉字也有了一定的感性认识,因此精读课将主要解决识字和语法问题,课堂进度会顺利许多。以往精读课的"形、音、义"三重任务齐头并进,而汉字课的开设主要解决汉字的书写问题。变为"音、义"和"形、义"任务的合理搭配,不仅解决了精读课堂上任务过重的负担,也降低了留学生学习汉语的难度。同时也使留学生的听说读写四种能力个个突破,达到最终的均衡发展。视听说课是把前一阶段的听力课、说话课合二为一,既可以充分利用现代多媒体教学手段,又为学生提供较真实的情景环境,让学生在情景中学习,改变传统的"一本教材、一支粉笔"的教学形象,适应当前信息化社会的发展。社会实践课是对课内环境的延伸和补充,充分利用目的语环境,使学生在教师有目的、有计划的指导下,接触汉语、感受中国文化,同时也为各校提供了一个展示地方特色、开创办学特色的舞台。视听说课和社会实践课的设置还可以突破教材的局限性,使学生学到最新实用的汉语,增加学生学习的兴趣。

参考文献

陈章太,1999,《世纪之交的中国应用语言学研究》,北京:华语教学出版社。

刘 珣,2000,《对外汉语教育学引论》,北京:北京语言文化大学出版社。

Brown, James D. 2001, *The Elements of Language Curriculum: A Systematic Approach to Program Development*,北京:外语教学与研究出版社,2001年。

Yalden, J. 2000, *Principles of Course Design for Language Teaching*,北京:外语教学与研究出版社。

高级综合课教学探讨

李宇凤

四川大学海外教育学院

提　要　高级汉语综合课教学是对外汉语教学的一个亟待提高的环节，其系统性欠缺、内容庞杂、难度跨度大，学生学习效果不够理想。语言是系统性与变动性结合的统一体，高级教学应区别于初中级教学的系统语言知识讲解和技能训练，重视语言的变动性及其与系统性的联系的教学。基于此，本文提出一种宏观微观双向结合的教学法，以期发展学生用目的语、学习目的语的认知学习能力，改善高级综合课的教学效果。

关键词　高级综合　认知法　双向结合　宏观微观

与初中级阶段相比，高级阶段教学在系统性、规范性、标准化等方面存在明显不足，以致教学目标难以做到具体明确，加之教学内容难度大、跨度大，可实践性不强，学生学习动机薄弱等问题，教学效果受到严重影响。高级阶段的教学正引起教学界的普遍重视（罗青松，1995；张捷鸿，1996；胡明扬，1997；胡秀春，1998；张若莹，2000；吴成年，2004）。研究表明，高级教学的困境在于：由教学内容的繁难带来的教学双方的巨大付出与学习者收获小之间的矛盾，究其原因即是教学双方已习用的教学系统性要求与当前研究结果（高级阶段教学内容，如语篇语法、语用语法等）的尚未系统化之间的矛盾。现有的解决办法可分两类：一是扩展法，将高级教学从词句段延伸到语篇、文化、语用等方面（杨翼，1995；王魁京、张秀婷，2001；张黎，2002；金春花，2003；陈宏，2004；王珍，2004）；一是互动法，致力于丰富课堂教学，提高趣味性，激发学生的学习动机（李建国、顾颖，2003；刘晓海、徐娟，2004）。方法一从内容入手，方法二从方式入手,其目的都在于化难为易。我们认为,高级阶段的语言学习是一个漫长艰苦的过程,困难始终是存在的。那么根本的解决办法是不是等待学习内容系统化,再循序渐进、举一反三?我们的观点是否定的。首先,目前对外汉语高级教学尚未形成公认的目标,从最高的以汉语作为思维工具,到具体的熟悉文体、掌握修辞,到微观的词语对比、应用,以及实际的交际能力培养,众说纷纭。其次,即使是最小、最具体的丰富词语的目标都很难系统化(想象一下差别细微的高级专用词语)。最后,我们认为完全的系统化知识不仅不符合语言的本质,对高级汉语学习来说也不是必要的[①]。语言本是系统性与变动性结合的统一体,初中级阶段教学把语言最基本的系统性部分作为教学重点,高级阶段则应重视语言变动性的一面以及其与系统性之间的联系。初中级教学的思路不必完全延续到高级教学中来。本文以此为基础,拟从发展学生认知学习能力的角度入手,针对高级综合课教学,提出一种微观宏观双向结合的教学法,以就教于前辈与时贤。

一 基于认知语言观的高级综合教学目标

认知语言观将语言能力与人类普遍的认知能力联系起来,用普遍的认知特点、认知方式、认知内容作为语言理解和解释的基点,使语言不再是一种不可琢磨的抽象能力,而是和人类知识发展相联系并具有特殊理据的一种能力。典型理论揭示了语言符号、人脑与世界相互作用的关系,语言单位因而只是典型范畴而非绝对概念,范畴之间没有绝对界线。语言于是具有其核心的基础部分,也有发展变动的边缘区域;语言单位的意义在基本含义基础上能够合理地发展创新,语言规则也可以适当地调整更新。隐喻、转喻、象似、常规关系、图式等认知方式提供了阐释语言发展的外在理据。以普通语言中最常见的表达方式隐喻为例,我们知道世界(表达对象)是无限的,而语言材料是有限的。为了解决有限与无限之间的矛盾,当表达遇到困难时,人们常常采用的方法是将旧的材料重新利用,这就是隐喻。这种再创造、再利用伴随语言的整个使用、发展、演变过程,体现在语音、文字、语汇、句子等各个方面。例如,空间是具体的,人们很容易形成一套空间表达的语言体系,包括"上、下、高、低、前、后"等,时间则看不到,但在世界众多民族的语言中,时间都能从空间领域到时间领域的映射中得以清楚表达。社会等级更为抽象,我们同样可以基于其与空间概念认知的相似性,发展空间概念到等级概念,故而"上、下、高、低、前、后"的意义扩展为"好、坏、优、劣"。再如转喻②,转喻实现同一认知域中的突显替代,如部分代整体,容器代功能等等。比如"吃喜糖"、"喝喜酒"代替"结婚";隆重而有一定程式的大型活动,用其中的一个细节表示,如"开幕"、"奠基"、"剪彩"等等。总之,认知语言观为我们提供了一个易于理解和运用的语言发展图景,这是我们确立高级综合教学的目标、原则、方法的基础。

进入高级阶段的第二语言学习者,已经掌握了第二语言基本的语法规则和常用词语,完全可以利用第二语言进行日常交流和学习。既然语言是从常用的核心部分沿着一定的认知轨迹发展而来的,高级阶段二语学习者又已经具备这一语言发展基础和普遍认知能力,那么利用已有的人类共通的认知手段和认知经验是发展语言能力的有效手段。因此,本文提出宏观微观双向结合的教学法,旨在从微观上强化学生的基础知识,帮助他们领悟汉语认知发展原则,从而在宏观上提高其语言自我发展的综合能力——即用目的语学习目的语的能力。因为强调综合能力培养,高级综合教学的具体目标具有一定的相对性,考察评价的标准也要结合能力测试和成绩测试,主要考虑学生的进步程度。

二 宏观微观双向结合的教学法

本节主要阐述教学法原则和做一些相关示例,分词语、语法和语用三部分进行说明。其实,高级教学中,词语、语法、语用(包括段落篇章、文体特征)等往往交织在一起,难以离析,分别说明是为了便于阐述。

2.1 词语教学

词语教学在高级综合课中的重要性是显而易见的:"如果掌握了词语的具体读音和具体用法,即使不学语音和语法也可以,母语的获得经历就是这样一个过程。"(胡明扬,1997)但高级阶段的词语学习,迫切需要一种适用的教学方法,因为高级阶段词语无论是在词汇量上还是在词汇难度上都与初中级阶段的情况明显不同。

首先,词语间的细微差别显著增大,翻译词典甚至汉语词典的解释不能满足高级词语学习的需要。其二,高级词语词汇量大,且使用严重受限(以非常用的书面语体词语、专用领域词语、文学修饰词语为主),强化练习与机械记忆都实属不易。如何使学习者顺利掌握这些具有细微差别同时又不太常用的词语呢?中高级语法等级大纲提出增加语素教学,英语二语教学界提出通过阅读(也就是语境)学习词语(陶文好,2001;罗长田,2004)。但单一语素教学和语境因素的应用都存在一定的问题。语素是个词汇学界尚在争论的概念,而且语素众多,掌握也不是易事。语境词语教学带有一定的不确定性会造成理解的偏差(这也是语境教学在高级英语教学中受到质疑的原因)。

其实,高级阶段书面词语是时常使用字的常用意义,有时使用古汉语意义。这一阶段的词语教学应活用这一特点,以字为基础,以构词法为辅助,以联想为手段,结合宏观语境理解运用高级词语。这样,不仅可以克服语素抽象性带来的学习困境,还可以提高学生阅读能力。此外,高级词语具有其内部特点,值得研究利用。我们发现的特点包括专用书面词语的形象转喻隐喻、常用搭配特征、单一句式特征、意义延展性等等。当然,这些特点都只是原则性的,其范围适用性无法严格定义,有待实践检验。基于此,我们主张在高级综合课词语教学中应用感悟的方法(即利用语言与世界的联系),将微观的字、构词法、词语特征与宏观的语境验证结合起来。高级综合课的词语学习任务应该是使学习者掌握一定的汉语词汇基础知识(基本字义、构词法),领悟词语认知发展的大致方向,以此达到提高其词语习得效果的目的。

2.1.1 从字义理解到词语义联想

一般认为,语素是汉语中最活跃的因素,学生在掌握一定数量的语素的基础上,结合汉语基本的构词法,就意味着可以理解甚至产生数倍数十倍的新词语。不少高级综合课教学教材把语素的讲解归纳作为词语教学的重点。我们提出以"字"为单位代替语素,主要是考虑到"字"的具体性。对于学习者而言,"字"是汉语里可供使用的单位,至于"字"与语素的纠结关系并不重要。

高级阶段的学习者基本掌握了 3000 以上的汉语常用字,但多数学习者并未把字作为独立的单位看待,大都是通过词认识字,故而在字变换了组合时常常会认不出来。我们的任务首先是树立学习者的汉字意识:字基本是独立的,字有相对固定的意义。具体教学操作是与学生讨论词语中每个字的意思,提醒他们注意字形结构(尤其是偏旁)。在此基础上进入构词法与字词关系的教学,启发学生在字义基础上想象词语的意义。这个阶段要注意汉语词语内部结构复杂,抽象理性的概括总结意义不大,常用字的意思也不少,我们也不要求学生全面记忆。对于某个字,只要提示学生联想其常用组词即可,对于词语构词法要容许学生根据字义、词义形成模糊认知,而非准确概念。

下面举几个例子。"场"字,学生容易想到"操场"、"运动场"、"机场",那么他们就能理解"官场"、"名利场",即使不能解释"场"、"官场"、"名利场"的具体含义。成语熟语在高级词语中占重要地位。像"如鱼得水"、"如数家珍"等成语,学生能够大致根据字义明白,如有具体情景帮助,完全可以脱离词典准确理解。像"穿小鞋"、"碰钉子"等俗语根据字面理解再加上联想(利用隐喻、常规关系等)也能举一反三。这种方法在减轻词语学习压力方面具有极大作用,记忆时任务减轻,只需领悟组合方式,提取时也能有明显的线索。

从上面的例子我们可以看出,字(语素)和构词法不是万能的,也有其发挥作用的合适条件。首先,有时高级词语中会出现学生不熟悉的汉字或常用字的非常用法,学生利用认知技巧的联想就会出错。此外,高级语法词的意义(其实是用法)无法从字词关系中得到,比如"至于"、"从而"、"所谓"、"限于"、"大凡"等等。还有的书面词语如"独步"、"笼罩"、"衡量"、"结晶"等,即使知道意义也不等于完全理解能够应用。我们需要语境作为必要补充。

2.1.2 词语在语境中的领悟与应用

基于字义进行认知联想的词语教学法,只是高级综合课词语教学的准备,更重要的工作是让学生于语境中真正掌握高级词语。因为我们必须考虑前面提到的高级词语的内部特点。大多数高级词语充分体现出语言与知识系统的关系,一个高级词语会和很多情境因素交织,不在具体语境中就很难准确理解。词语的形象性特征、常用搭配特征、句式特征要求、意义延展性(即修辞运用),都需要在语境中充分展示。所以在词语提示之后,应进行词语的语境理解教学,这样对词语的各方面信息才能有一个较为全面的体会。

同样,我们的教学目标不是准确解释词语的能力,而是领悟力。让学生用所学词语说一句正确的话,用在适当的场合,这是我们的评价方法。

2.2 语法教学

与初中级阶段不同,高级综合课的语法教学内容"散",因此总结在高级综合课本中的比例极大。另一方面,对应该补充的新内容,还有待形成共识[3]。我们认为无论是修辞还是篇章,能够为人所认知、所理解是它们产生的最终根据和最终目标。最后,词语与语法交织更为紧密,很多高级词语的理解就包括对它的特殊语法要求(无法根据词语意义和常识来推论)。

我们认为高级综合课的语法教学首先应该树立学生正确的语法观:规则是相对的,语言是发展的,应用具有最高权威。比如修辞,简单地讲就是有目的、有意识的"搭配不当":比如文学原著,词语常会用得不那么"规范";比如语段,关联词语的选择往往不是唯一的。而理解掌握这些内容正是高级语法教学的重要目标。学习者沿袭于初中级阶段的追求确定单一规则的思路必须改变,否则将会严重阻碍其高级学习效果。

其次,高级综合课的语法教学的目标应该是语感融入。汉语是意合的语言、意会的语言(古诗、散文最为突出),其丰富博大不是僵硬的条条可以概括的。对学习者来说,其实也无须概括。教学只要使学生在接触语法现象中发展感性,通过体会语法规则及其变化,就能达到提高语感能力的目的。具体操作主要包括两个方面:从例子中发现掌握书面语语法,从语境中认识体会语法规则的条件变化。

下面以特殊词语为例说明新的高级语法内容的教学。高级汉语中存在大量句式词语,词语的意义用法都依附于特定句式。比如"意味(V.)"、"不失(热情)"、"结晶"等,前面的词语教学或许能使学生对词语有大致了解,但正确地掌握还需要结合句式教学。我们先提醒学生注意文段中的自然用例,让学生体会;在学生不能理解的情况下,再给出大量自然语例,方便其掌握。这样词语及其句式("迟到就 意味着 不及格"、"他为人 温和却不失热情"、"冠军奖牌是汗水和泪水的结晶")可以作为一个模块,方便学生记忆和提取。此外,语段篇章连接副词也是高级汉语的一个重要特点,其意义不便说明,但却适合于从例证中领会。比如"至于",我们当然可以解释为"关于"等,但显然两者不同,而它们的不同点正是学生常提问的地方。条分缕析的对比说明,且不说其正确性的问题,就算完全无误,对学生来说,恐怕增加的负担多于所提供的方便。我们先从字词意义的微观角度联想"至于"的意义,"到+介词",再选择宏观的如句(句段)解释,例如:

(1) a. 我希望我的话不至于打击您的积极性,你还是应该继续下去。

b. 一道题没做也不至于不及格吧,这么着急?

(2) 我二十几年以前的学生,我十几年前的学生,以至于我最后毕业班的学生,至今跟我联系的不是一个两个十个一百个,所以我今天真正体会到桃李满天下的滋味。

保护一个什么东西,不管是自然遗产还是人文遗产,确实有一个评价的问题,就是说它值,值到什么程度,以至于我们要花多大的代价来保护它。

(3) a. 但是在他心灵的深处,隐含的,毕竟影响他相当长的时间,至于多长时间不好说。
   b. 你把人家炸了,你就赔。至于你通过什么赔,加入保险,转移风险,即使你没有过错,你也应该给人家一定的补偿,这是公平。

这里为节约篇幅对例子有所俭省。教学当中要求学生在理解AB两类中的基础上理解C类。他们很容易体会AB类"至于"明显有"达到"的意义,应提醒他们注意其后的搭配对象。然后再提示AB与C类的关系以及C类的前后句子的语义关系,这就是表示连接的"至于"的语义。

再以修辞中"拟人、比喻"为例说明针对语法规则变化的教学。初中级综合教学中有专门的搭配练习,强调搭配适当,但学生有时会理解为搭配完全固定。等到高级综合课当中遇到修辞,倒不是不能理解,学生往往会认为修辞是了不起的语言能力,是他们没有力量掌握的。我们的做法是指出语法规则的相对变动,比如搭配的灵活变化。当然变化是有条件的,如何让学生在示例中体悟变化的根据,是我们的教学重点所在。例如:

(4) a. 只有雨还在如丝如缕地飘洒,只有门前的小花在风中悄悄细语。
   b. 牵牛花从木格窗探出了头,向着街市张望。
(5) a. 他是我家的摇钱树。
   b. 跟你说话等于对牛弹琴。(例子有所减省)

在学生阅读示例材料之后,我们可以提问"细语"、"探头"、"张望"一般搭配什么主语?B例中"是"、"等于"连接的常用成分是什么关系?例子中为什么要这样说?教学实践证明,利用微观成分关系分析,结合宏观语料的感性接触,可以使修辞教学与传统语法规则教学结合,使学生克服畏惧心理,学会应用。

此外,心理认知机制的互通性,能够使学生把联想推理的认知方式广泛应用于词语的引申、句式变化、修辞运用及语篇规则等各个方面。例如,学了比喻后,一个学生问,"透明"可以说"美国政治很透明"吗？在问清了他的本意以后，我觉得他用得很好。

2.3 语用教学

从根本上说，任何语言项目的教学中都离不开语用教学。而在高级综合教学中语用和语法、词语的关系更为密切。高级词句的很大一个特点就是语用特殊化，一定的句式词语具有一定的使用情境，而由语用特殊的句子构成的语用单位就是语体。高级综合课的语用教学内容是特殊语言形式的特定语用情境，其目的是使学习者逐步具备从语用高度掌握高级语言形式的能力。

这个看似复杂的任务可以通过具体可感的宏观语境教学变得简单有趣。我们同样不要求学生说明某词某句某段落结构的语用要求，但相信他们通过大量接触同类材料之后能够形成自己的感性认识。教师则根据学生的认知特点、教学内容的特点选择要不要给予提示或总结。在此基础上，再通过适当练习判断学生的掌握情况。2.1、2.2 节的例证中已经涉及语用教学，此处再举一例。比如对像"生于"、"死于"、"限于"、"处于"等"……于"结构的书面性，学生很容易在其出现的环境中体会。对这一结构小至句式要求，大至文体，学生的概括可以是模糊的，但并不影响其准确应用。

三 关于教材的一点设想

本文所述教学法其实是一个原则系统，其关键是大量典型性语料的输入与认知能力相互作用的依靠感性的教学方法。实施过程中需要大量配套材料，理想的情况是为此编定专门的教材。我们关于配套教材的设想是听说读写综合，每单元分词语部分（字义与词语理解训练）——阅读部分（词语语用、语法规则等的输入）——语法部分（词语用法与语法语用训练）——综合部分（讨论与自由写作）四部分。应该指出的是，每一部分都不以传授知识为中心，讨论与练习贯穿每个部分。以词语部分为例，教师不必讲解每个难词的意义用法，而是提醒学生注意或说出组成词语的汉字的可能意义，然后启发学生猜测词语意义，但正确答案需学生从阅读部分自己体会（包括其常规用法），教师在第二部分结束时根据情况选择是否做简要说明。阅读材料应该短小且篇目较多、主题一致、词语复现率高、覆盖面广,且较有意义,便于组织讨论。语法部分以任务型练习为主,并设计语法总结表,学生可根据兴趣在完成练习之后选择填写。综合部分接近于口语话题讨论,为了扩大学生书面语言的练习机会,要求总结性或发表观点性的写作。当然这是一种理想状态,在操作上存在一些困难,像材料选择编排、练习设计等问题还有待进一步研究。

附注

① 我们当然不反对高层次的语言系统研究(实际上已有的研究成果对语言教学具有巨大的指导作用),只是认为系统规律不应该是高级阶段二语习得的最终目标,系统性研究成果的匮乏也不能构成高级阶段语言能力提高的不可逾越的障碍。

② 有研究把隐喻作为总称,概括隐喻、转喻和提喻,这里我们把它们当做不同的概念。

③ 比如修辞、语段、篇章、文化、思维习惯等的比例、重要程度等各个教材不尽相同。

参考文献

陈　宏,2004,留学生高级汉语综合课语段教学探析,《经济与社会发展》第2卷第9期。

杜金榜,1999,语篇结构与高级阅读理解,《广州师院学报(社会科学版)》第6期。

胡明扬,1997,对外汉语教学中语汇教学的若干问题,《语言文字应用》第1期。

胡秀春,1998,对外汉语词语教学方法的初步探索,《浙江师大学报(社会科学版)》第6期。

金春花,2003,对汉语精读课教学的思考,《云南师范大学学报》第5期。

李宇明,1999,空间在世界认知中的地位——语言与认知关系的考察,《湖北大学学报(哲学社会科学版)》第3期。

刘晓海、徐　娟,2004,建构主义在对外汉语高级阶段教学设计中的体现,《云南师范大学学报》第2期。

罗长田,2004,论高级英语课程目标及教学原则,《四川外语学院学报》第3期。

罗青松,1995,谈高级汉语课程设置与教材使用——兼评英国杜伦大学东亚系的高级汉语课程,《汉语学习》第3期。

陶文好,2001,语篇语法与高级英语教学模式,《山东外语教学》第1期。

王　瑶,2003,从认知机制谈高级阶段的快速阅读训练,《桂林师范高等专科学校学报》第1期。

王　珍,2004,浅谈汉语中高级阶段的语段、语篇教学,《语言与翻译(汉文)》第2期。

韦兰芝,2001,认知心理学在英语教学中的应用研究,《大连教育学院学报》第3期。

文　旭、江晓红,2001,范畴化:语言中的认知,《外语教学》第4期。

吴成年,2004,对文学作品作为中高级对外汉语教材的思考,《新疆师范大学学报》(哲社版)第2期。

徐盛桓,2002,常规关系与认知化,《外国语》第1期。

徐子亮,1998,对外汉语教学理论研究的新思路——对外汉语教学认知规律的探索,《世界汉语教学》第2期。

杨　翼,1995,语用分析在高级汉语教学中的运用,《世界汉语教学》第3期。

张捷鸿,1996,对外汉语高级阶段的词汇教学,《山东师大学报(社会科学版)》第5期。

张若莹,2000,从中高级阶段学生词汇习得的偏误看中高级阶段词汇教学的基本问题,《首都师范大学学报(社会科学版)》增刊。

周国鹃,2004,建构主义学习理论与课堂讨论,《暨南大学华文学院学报》第1期。

浅谈中级写作课中的语法教学

林 欢
北京大学对外汉语教育学院

提 要 用汉语写作,需要综合运用汉字、词汇、语法、语篇等多方面的知识,写作教学也要涉及以上诸方面。语法教学贯穿对外汉语教学的全过程,也是中级写作教学的重要组成部分,本文结合作者的教学实践,重点讨论中级写作课上语法教学(本文中主要指句法教学的方法)以及如何结合语义并与语段教学或文体教学相联系。本文可分为以下三部分:(1) 写作课语法练习形式探索;(2) 课堂组织形式;(3) 语法术语的使用。

关键词 中级写作 语法教学 语段 语义 语法术语

汉语作为第二语言教学的目的是培养学习者运用汉语进行交际的能力,写作课的任务是培养学生的语篇表达能力。近几年来,写作教学越来越受到人们的重视,无论是教材还是教学法的研究都取得了一些成果。罗青松的专著《对外汉语写作教学研究》(中国社会科学出版社,2002 年)"填补了对外汉语教学研究领域的一个空白"(胡明扬为该书所写序言)。此外,一些研究写作教学和教材的学术论文也相继发表,比较有代表性的有杨俐(2004)、马燕华(2004)、罗青松(2002)、辛平(2001)。但是,与其他课程相比,写作教学的研究还相对滞后,涉及写作课上教师行动研究的文章也不多见。

用汉语写作,需要综合运用汉字、词汇、语法、语篇等多方面的知识,写作教学也要涉及以上诸方面。语法教学贯穿对外汉语教学的全过程,也是中级写作教学的重要组成部分,但在目前,探讨写作课上语法讲练形式和方法的文章很少。本文想结合作者的教学实践,重点讨论中级写作课上语法教学(本文中主要指句法教学)的方法以及如何结合语义并与语段教学或文体教学相联系。

写作课是一门技能课,应以练为主,更要精讲多练,因此在教学上就要讲求效率,找到恰当有效的训练方法。此外,教学要有针对性,针对学生的具体问题确定教学重点和教学方法。本文所说的中级写作,是指为具有中级汉语水平(相当于汉语水平考试3级—5级(初级C—A))的学生开设的写作课。这一阶段的学生,对很多汉语语法项目缺乏全面的掌握。之所以会产生这种现象,同目前中级汉语教学的目的和内容有关。张明莹(2004)曾指出:"目前在中级阶段的汉语教学中,语法教学不再作为重点……是查漏补缺式的,缺乏系统的语法教学。"本人也长期从事中级阶段的汉语精读教学,对她的这一看法也表示赞同。

一 现在常见的语法练习形式

《对外汉语教学中高级课程习题集》的句法练习有联词成句、用所给词语(既有实词,也有虚词)完成句子、辨别对错(找出词序正确的句子)、修改病句、选择填空(既有实词,也有虚词)、选择词语位置(主要是虚词)、填空完成句子(以虚词和补语为主)、找出句子的主要成分等。《实用现代汉语语法》(以下简称《实用》)还有选择适当的句式填空、用适当的连词把每组中的两句话改成一句话、改写句子等。《汉语写作教程》(笔者所在学院的中级写作课近年一直使用该教材,以下简称《教程》)采用的练习形式是上面提到的联词成句、用所给词语(比如时间词语)造句、修改病句、选择填空(比如适当的程度补语)、把每组中的两句话改成一句话等。总的说来,上面提到的三本书,语法练习的形式多是句子(单句,两重复句)层面的,结合语段练习某一语法项目的练习不多①。下面就谈谈笔者在写作教学中结合语段和文体讲练语法项目的一些尝试。

二 写作课语法练习形式探索

2.1 语言点的描述

"了"的运用是《教程》第五课的训练重点之一。对汉语作为第二语言的学习者来说,也是很难掌握的一个语法项目。学生的偏误主要体现在"了"的过度使用上,最常见的是"了"用在形容词后表示过去。例如:

* 到西安以后……因为我<u>毕业</u>大学以来没有见到他。所以<u>非常高兴了</u>。

与此相类似的跟"了"有关的偏误在学生中具有普遍性,究其原因,是学习者母语的负迁移及对汉语知识掌握得不全面造成的。所以在写作课上需要进行集中讲练。

首先需要简明扼要地给学生展示"了"的基本用法。邓守信(2003)指出:"教学语法点的描述应包括功能、结构和语法三个方面。这里的功能包括语法功能、语义功能……用法包括何时使用、何时不用及与其他语言点的比较。"在课上,我们首先给学生列出"了"用法,针对学生的具体情况,我们首先列出的是不能使用"了"的情况。请看句子层面的例子:

2.1.1 不用"了"的情况

形容词一般不用,例如:昨天很暖和。

(1)……动词+的时候

例如:

我上中学的时候,经常打网球。

(2)句子中有"很少"、"有时候"、"常常"、"老"等表示频度的词

例如:

在日本的时候,我常常去图书馆。

2.1.2 需要用"了"的时候

(1) 形容词表示变化时

例如：

甲：香山的红叶红了吗？

乙：红了。／没红。

(2) 表示一个动作完成后做另一个动作

例如：

甲：你准备什么时候去银行？

乙：吃了饭就去。

讲"了"还要涉及"了"在句中的位置。为了说清楚这个问题，笔者认为采用长对话的形式效果比较好。

(3) 表示过去一个时间已完成的动作

例如：

甲：周末你去哪儿了？

乙：我去王府井了。

甲：你买东西了吗？

乙：买了。

甲：你们买什么东西了？

乙：我买了一块手表。

上课时，上面所列的这些使用规则，可以事先打印好，课前发给大家，也可利用板书或投影仪等。应该特别注意的是讲解要少，例子要典型。接下来就要让学生进行大量的练习。比如，为了让学生掌握形容词加"了"可以表示变化，我们给出了下面的练习：

① 甲：奶奶头发白_____吗？

　乙：_____。

② 以前那个地方的马路很窄，现在_____。

2.2 结合语段和文体

上面谈了单句层面的讲练方法，下面谈谈复句和语段层面。

请看例子：

(1) 夏天我去青岛出差了。
(2) a. 夏天我去青岛出差
　　 b. 见到了我多年不见的老朋友。

第(1)句中，句尾用了"了"，这是单句的使用原则。但第(2)句是复句，小句 a 起到说明情况的作用，不是整个复句的语义重心，小句 b 才是说话人要表示的主要意思。这个时候，小句 a 不用"了"，"了"应该放在小句 b 中。

关于"了"的这个使用规则，在《教程》第 35 页，作者给出了一些用法提示：

只有说话者表达的重点在动作（已实现或完成）时，才在相应的动作后用"了"。如果表达的重点不在动作，而在于介绍情况、叙述事件，一般不用词尾"了"。《教程》第五课范文一第二段是个比较典型的例子：

> 在巴黎戴高乐机场转机等候时，看到办理登机卡的台前，一位年轻的母亲怀里抱着婴儿，面前放着四五个大包行李等候托运。这位母亲用机票换完登机卡后，就在一旁逗着怀里的孩子，而办理登机的是位小伙子，很快从台后走上来，把这位女士的行李一件件放在运输带上。另外一个工作台的中年同事看见，也过来帮忙，两个人又一起把婴儿车折叠好，也放在运输带上托运了。母亲临走时只是说了句道谢的话，一切都那么自然、平常。登机者心安理得地接受服务，服务者不讲二话，令我这旁观者见了觉得十分亲切。

上面是这段话，叙述的虽然都是过去的事，但是只用了三个"了"。
另外，在某些文体，比如便条或启事中，"了"往往可以不用。

> 因本人不慎，昨天下午在操场丢失红色运动一件。[②]

这个句子中"丢失"后面没有用"了"。

像这样的例子我们使用的教材《汉语写作教程》（罗青松，华语教学出版社，1998）中还有一些，通过让学生看这些例子，再加上适当的讲解与练习,可以起到事半功倍的作用,教学效果良好,而且能够体现写作课的特点。

在分析范文中的段落后,可以让学生做课堂练习。例如:

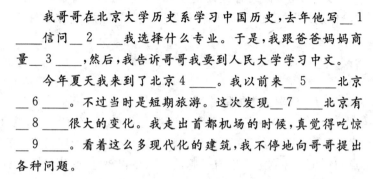

需要说明的是,本人在上课时多采用填空或完成句子的方法,少用改病句,因为错误的输入会给学生带来负面影响。所以上面这一段③,笔者在教学中把它改成了填空练习。

"了"的用法很复杂,不可能通过写作课完全解决。另外,我们采用的方法也不是满堂灌,上面说的这些内容是分散到4到6学时中讲练,而且是边讲边练,并结合范文和练习逐步补充一些重要的规则。比如上面的填空练习,补充了间接引语里"说"、"告诉"这些动词后面不加"了"。"计划"、"打算"等词后面如果跟的是计划和打算的内容也不要"了"。此外,每次讲练的内容都会在下一次课进行复习,并在后面的第六、七、八三课中不断复习巩固。

2.3 结合语义

汉语中状语和补语的区别对外国留学生来说是很难区分和掌握。学生的不少偏误同这个问题有关。例如:

(1)* 昨天考试结束了,我们到凌晨三点玩儿。

(2)* 到王府井坐公共汽车。

外国留学生(特别是日韩学生)经常会写出这类的句子。结合语义,告诉学生上面的句子中"到"后面的时间或地点表示的是动作的起点,而不是终点,因此不符合学生的本意。应改为:

(3) 昨天考试结束了,我们玩儿到凌晨三点。
(4) 坐公共汽车(坐)到王府井。

另外,还可以结合词语的意思,说明区别。例如"送给你"和"给你送来"的区别可以结合"送"这个字本身的意思来讲练。

三 课堂组织形式

3.1 课堂上集体做练习

上面说的句法练习,大多在课堂上完成,或让学生一起说出答案,或让学生独立写在本上,教师在教室中走动,及时给学生以指点和纠正。课堂上学生与教师的互动做得较好,受到了学生的欢迎。

3.2 学生分小组互评互改

把学生分成小组(两到三人一组)让他们交换作文,然后修改,最后向同组的同学解释为什么要这样改。每次互评互改只针对一个问题,比如上面提到的"了"。

四 关于教学中语法术语的使用

因为我们的教学对象是成年人,课上适当使用语法术语,有助于让学生形成概念、找到规律,起到举一反三的作用。同时,由于学生是中级程度(前面已经说过,相当于 HSK 3 到 5 级的水平),所以术语应简明实用,不能分得过细。比如在教"了"时,不分出"了$_1$"、"了$_2$"这两个术语。另外,根据《教程》的提法,把"写得很好"、"打个落花流水"、"累得上气不接下气"、"高兴极了"统称为程度补语,不再像有些语法书那样再分成"情态补语"和"程度补语"两类(见刘月华 596—612)。另外,选择"程度"这个词是因为这样学生更容易理解和记忆的说法。

由于教材的语法练习编排得比较好用,再加上教师的方法比较得当,学生的进步较大。但是学生在作文中,"老毛病"又会再度出现。特别是过了一段时间,讲练新的语法现象以后,前面学习过的语法会被遗忘,学生的水平出现倒退。如何巩固教学成果,让学生自觉地把掌握的语法知识运用到写作实践中,还是一个有待进一步探讨的问题。

附注

① 《实用》有选择合适的句式,用所给的词语组成一段话(见该书752页练习三),《教程》有改正语段中的"着"、"了"、"过"错误(见该书36页),给一段话填上趋向补语(见该书49页)。但这样的语段层面的练习数量不是很多。
② 见《教程》第25页。
③ 原题见《教程》第36页练习一。

参考文献

陈田顺主编,1999,《对外汉语教学中高级阶段课程规范》,北京:北京语言文化大学出版社。
崔永华,2004,教师行动研究和对外汉语教学,《世界汉语教学》第3期。
柯彼德,2004,以话题为纲——提高汉语语法教学效率的新尝试,《第七届国际汉语教学讨论会论文集》,北京:北京大学出版社。
黄锦章、刘焱主编,2004,《对外汉语教学中的理论和方法》,北京:北京大学出版社。
李晓琪,2004,关于建立词汇—语法教学模式的思考,《语言教学与研究》第1期。
李玉敬、王晓澎主编,1994,《对外汉语教学中高级课程习题集》,北京:北京大学出版社。
林 欢,1996,对外汉语基础写作教学探索,北京大学硕士毕业论文。
刘颂浩,2005,阅读课上的词汇学习,《对外汉语教学研究》,北京:教育科学出版社。
刘 珣,2002,《汉语作为第二语言教学简论》,北京:北京语言文化大学出版社。
刘月华,2001,《实用现代汉语语法》,北京:商务印书馆。
罗青松,1998,《汉语写作教程》,北京:华语教学出版社。
罗青松,2002,《对外汉语写作教学研究》,北京:中国社会科学出版社。
马燕华,2004,初级汉语水平日本留学生汉语语篇衔接手段分析,《第七届国际汉语教学讨论会论文集》,北京:北京大学出版社。

辛　平,2001,对 11 篇留学生作文中偏误的统计分析及对汉语写作教学课的思考,《汉语学习》第 4 期。

杨　俐,2004,过程写作的实践与理论,《世界汉语教学》第 1 期。

周小兵、李海鸥主编,2004,《对外汉语教学入门》,广州:中山大学出版社。

Ann Raimes,1992,*Exploring Through Writing*, St. Martin's Press.

Rodney D. Kelly,1995,*Aims and Options: A Thematic Approach to Writing*, Houghton Mifflin Company.

Shouhsin Teng,1999,*The acquisition of "了 le" in L_2 Chinese*,《世界汉语教学》第 1 期。

Shouhsin Teng, 2003, *Guidelines for grammatical description in L_2 Chinese*,《世界汉语教学》第 1 期。

对外汉语教学高级阶段同义词的范围与辨析

刘晓梅

暨大大学华文学院

提　要　从高级留学生的实际需要出发,对外汉语教学中的同义词的性质和范围要比本体研究中的宽泛得多。释义要求小语境清晰、有对比性,但又不强生区别,力求用形式化的而不完全是内省的方法表示差异。注重特征性区别,不求面面俱到。要充分利用自然语料库,以避免模糊和主观臆断。

关键词　对外汉语教学　同义词　范围　辨析

一　导致同义词误用混用的原因

导致留学生误用混用同义词的原因是多方面的。

词义本身的同义程度高,用法相同,程度也高。如:讨厌—厌恶,后者的程度比前者强烈。前者可以是形容词,独立做定语、谓语,如:可以说"讨厌的家伙"、"这个家伙很讨厌",不能说"厌恶的家伙"、"这个家伙很厌恶"。除此之外可互换。再如:熏陶—熏染,前者是长期受好的影响,后者是指不好的影响,留学生很可能因混淆了限定条件而误用。

1.1　词义同义程度较高,用法的差异较明显

如:观赏、欣赏。前者只用于视觉,后者还可以用于听觉,也可以用于对人的好的评价。再如:大概—可能、充分—充足,都有交叉和分工的用法,留学生很可能分不清具体的差异而误用混用。比如学生会说"充分的阳光"。

1.2 词义同义程度低,但形体近似或同时语音相同

如:抱歉—道歉。由于相同语素的影响,误认为用法相同,比如学生会说:"我很道歉。"又兼语音相同的如:必须—必需。学生会说:"我必需要好好学习了。"

1.3 方言影响

东南方言区的人们会把表示"可能"义与"有某种用途"义的"可以"的否定用法说成"不可以",留学生受此影响,也会说:"我明天有事,不可以来。"同样,留学生还会把"不想"说成"不要":"我情愿自己受罪也不要向他道歉。"

二 从留学生实际需要出发,界定对外汉语教学中同义词的标准和范围

2.1 确定标准

汉语本体研究中同义词的定性虽然角度不同[①],但均属严格的定义。对外汉语词汇教学中的同义词不完全同于本体研究中的同义词,它要宽泛得多,实践性更强。

2.1.1 以相同意义成分为单位,而不只是以义项为单位

本体研究中的同义词是以义项/义位为单位的,是就某一个义项而言的,强调对比项在基本相同或相近,而对外汉语的同义词要比义项的范围大,只要包含了相同的意义成分就可以算同义词。它的意义要宽泛得多,在我们看来意义差得相当远的,在留学生看来也是容混淆的。比如:错过—错开。

2.1.2 部分语素相同的词

本体研究中的同义词不包括仅仅出于某种形式的关联所产生的相近,如"富丽"与"美丽",有人认为它们仅仅是因含有共同的语素"丽"而造成的误解。但对外汉语的同义词面向的是留学生容易混淆的词语,所以只要有相同的语素、相同的意义成分就可以算同义词。像"表扬"、"发扬",宽泛地讲,我们认为也是同义词,尽管其意义差别很大。

2.1.3 不限音节数

本体研究中的同义词往往是指音节数相同的。从留学生的实际出发,应该把诸如"苗条—瘦"之类的词包含进来。

2.1.4 不限词性

一般而言,本体研究中的同义词限定在同词性的范围内,比如刘叔新先生就明确地提到"词类范畴""规定了(词)从什么角度或以何种方式来反映对象",而这对"词的整个含义来说,显然成为一种有重大影响作用的因素";其次,"词的句法功能和搭配特点等词类范畴借以体现的现象,成为词的含义所反映的一个重要方面"。结论是:"两词的含义反映的对象表现不同,彼此间的差别就当然是不小的,它使得两个词之间不能有同义关系。"但实际情况是,诸如"突然"与"忽然"、"偶然"与"偶尔"、"可惜"与"惋惜"等词语,在"所指的事物对象"、"意义的外延"、"主要理性义素或理性意义成分"上的区别显然是微乎其微的。对于留学生来讲,我们有必要把这些意义差别小或比较小但又有词性差异的词算做同义词。

2.2 范围

高级对外汉语教学中同义词的确定要注重词语的常用性,尽量避免生僻词的干扰。以《汉语水平词汇与汉字等级大纲》中的词语为基础,但是,首先要补充超纲的但属于次常用的词语。我们不主张严格限制在《大纲》的范围内,不越雷池半步,而是以此为主要的对象,补充高级留学生语言实践当中出现的其他同义混用现象,如:理智—理性。其次是要补充超纲的常用新词语。比如:写字楼—办公楼、手机—电话、酷—帅。在广州学了三年汉语而不知道"写字楼"是什么意思,这不能不让人质疑《大纲》的收词量是否偏窄的问题。我比较赞同张凯、李清华的观点,他们认为"把词汇量定为8821看来是有些保守的"。

此外,部分言语同义词也要包括进来。比如一个韩国学生造句说:"他说搞笑也搞笑,可是往往逗得我很生气。""逗"应改成"弄"。从普遍的语感的角度来讲,这两个词很难理解成同义词,但是留学生却会混淆各自的限制范围。

三 辨 析

3.1 辨析内容

主要有三个方面:核心意义的差异、搭配与功能的差异、色彩的差异。有学者已经做过具体的说明②,此不赘述。这里要强调的是:

3.1.1 搭配义与搭配义都是词义辨析的重要内容

落实到教学中,二者是结合在一起来表述,还是各自独立地去表述?先看对"充分—充足"的两种说解方式:

(1)【充分】(理由、准备等抽象事物)多到能满足需要。
　　【充足】(光线、经费、理由等)多到能满足需要。
(2)【充分】多到能满足需要。指抽象的事物,如:理由不~｜准备得很~｜有~的自由｜得到了~的体现｜我的设计得到了~的肯定。
　　【充足】多到能满足需要。可指抽象的事物,也可指具体的事物,如:有~的时间｜房间里光线很~｜活动经费~｜这里阳光~｜中国有~的资源｜苹果水分~｜电力供应~。

第(1)种方式是把搭配义溶到释义的表述中,并以括注的形式出现,搭配项是少量的。第(2)种是把搭配义从括注中独立出来表述,搭配项数量较多,但不是穷尽的。前者更多的是靠意会、靠内省,后者更依赖外显的搭配来充分展示异同。在利于学生掌握意义的同时常握用法,显然是应提倡的做法。至于搭配项的数量问题,我们认为,应以常用性为前提,越是常用的越要提及。

3.1.2 色彩的差异方面

不主张让留学生去辨析语体色彩,因为整体而言,对外汉语从语体方面来说属于既非口语又非书面语的通用语体,即使到了高级阶段,留学生辨识语体的能力还是很差,语体的差异不应是强调的重要内容。

3.1.3 对比的重点不只是落在某个义项本身

还要考虑对比其他比较常用但又不同的义项。比如：盘旋—回旋，除了告诉学生前者可以用在高处和低处，后者只用在高处，还要说一下前者还有"思考"的意思，后者还有"灵活处理可进可退"意思。这样做的目的是增加对比度，并适时地扩展、积累词义。

3.2 辨析语言

辨析的语言要求浅显易懂，精当。比如用"改而使之变好"来解释"改进、改善"，用"蒸蒸日上"来强调"繁华"，这类的表述是不应该出现在留学生用的近义词辨析词典中。这方面有较多论述，此不多言。需要强调的是：

3.2.1
多采用描述式的语言尽量不用同义词语来释义，因为这种方式容易误导学生。如果把"充分"解释为"足够"，学生很容易将释词的用法类推到被释词身上，会说"这些食物充分吃一个星期"；如果把"一律"解释为"全部"，学生会说"一律同学都要参加运动会"，如果解释为"一般指抽象的事物足够多"、"所有的（人或事物）没有一个不"，这样的描述式方式可以比较有效地避免无效类推。

3.2.2
释义词语可以扩展到部分丙级词，不为迁就词语的常用度而扭曲语言的表述，以保证释义语言的自然状态。

3.3 用例

对外汉语同义词教学中要注意举例精当，此外还要注意：

3.3.1
小语境清晰、丰富。有的词典给出了大量短小的搭配用例，如：

（1）反驳：～我｜～领导｜～说法｜～观点……
（2）驳斥：～言论｜～谬论｜～论调

这样举例虽然简短，但是对留学生来说，一是语境信息太少，二是过于枯燥，不利于掌握用法。"～说法"如果改成"～了他的说法"、"～言论"改成"～了对方错误的言论"等等，也较简短，但语境信息相对丰富了，也更符合语言的自然状态。适当加长用例但不失简短，保证小语境信息量的最大化，无论是对词典编纂，还是教材、教学来说,都是可取的。

3.3.2 对比句要有明显的对比度,强化对比点。辨析词典也好,教材也好,释义时往往能抓住要害,但例句的对比度却不明晰,往往是把两个对比词放到不同语境下的各自独立的句子当中,句子之间没有任何联系。彭小川的例子很有启发意义,她把"就"和"才"放到如下例句中对比:

(1) 他昨晚 11 点才睡。(说话人认为动作发生得晚)
(2) 他昨晚 11 点就睡了。(说话人认为动作发生得早)
(3) 他花了 3 个月才学会。(说话人认为时间长)
(4) 他花了 3 个月就学会了。(说话人认为时间不长)

这是把对比词设置在相同的语境当中,其对比效果很明显,学生很容易掌握。

再比如,笔者在上课时会写出学生误用的句子,并用正确的句子来对比:

(5) 如果人民币终于上升的话,很多由(以)出口为主的企业就会受到影响。(错)
(6) 如果人民币最终上升的话,很多以出口为主的企业就会受到影响。(可用于不希望发生的事情或将要发生的事情)
(7) 人民币终于没有上升,很多以出口为主的企业没有受到影响。(用于已经发生了的事情,而且是希望发生的事情)
(8) 人民币最终没有上升,很多以出口为主的企业没有受到影响。(用于已经发生了的事情,而且是希望发生的事情)

这是把对比词放到非常相近的语境当中,对比度也很强,学生很容易掌握其异同。

3.3.3 句子的难度要有梯度,利于程度不同的学生深入学习。普遍的看法是无论从释义的角度还是从留学生理解的角度,都强调例句一定要简单易懂。但是,掌握程度很好的留学生会有这样抱怨:"我想学到更难的句子,可是老师给的例子太简单了。"这就提醒我们,举例可以不限于简单易懂的,难一点儿的句子也是应该出现在课堂上、词典中的。

3.3.4 提供错误用例。彭小川等主编的《对外汉语教学语法释疑201例》、刘乃叔等的《近义词使用区别》等均提供了此信息。我们要让学生知道什么样的句子是对的,也要让他们知道句子错在什么地方,这有利于学生深刻地理解和记忆。

3.4 辨析原则

3.4.1 充分挖掘外显化的差异

内省式的说解方式更适于母语学生,针对留学生的说解要注重挖掘具体的外在的差异,最明显的就是组合搭配的不同,很多同义词语各自有着不同的固定搭配,比如,在讲"偶尔"与"偶然"、"慷慨"与"大方"、"带头"与"带动"的差别时,可补充其固定的搭配:"偶尔……一两次,也是……","慷慨解囊"、"慷慨无私"、"慷……之慨","美丽大方"、"优雅大方"、"带头人"、"带个好头"。这些外显化的不同点更易为留学生把握。

3.4.2 注重形式化表达,力求简洁明了

描述式的释义方式相对于同义词释义来说,更利于留学生的理解。此外,我们还强调尽量在描述的释义方式之外补充形式化的表达,包括在句子中的位置、搭配特征、语义特征。比如:"我不想出门,因为我嫌广州的天气。"这里混淆了"嫌"与"嫌弃",对比二者可用如下的形式化的表达:

嫌(+对象)+评价

嫌弃+对象(+评价)

这样,学生就可以很容易地记住:"嫌"一定要与"评价"搭配,"嫌弃"则不一定;"嫌弃"一定要与"对象"搭配,"嫌"则不一定。

再比如,留学生总是分不清"必需"和"必须",与其告诉他们:"必需"是动词,表示一定要有、不可缺少某种事物,多指物品、原料等不可缺少,不能带宾语。一般用于"是……的"结构中。可做定语……"必须"是副词,着重表示事理上和情理上的必要,一定要……

还不如以结构形式表达：

必需＋的(＋事物)，必需＋事物，必需品

必须＋动作

也可以矩阵的形式列表突出对比点，如：

	来回绕着转	在高处	在低处	灵活处理可进可退	考虑
回旋	√	√	√	√	×
盘旋	√	√	×	×	√

形式化表达一定要以对比性的例句为前提，否则就成了没有血肉的空骨架，也大大降低了语言表述的自然真实性。形式化处理本身就存在一定的缺陷，它是一种人工表达形式，它不能保证语言的自然状态，这实际上有碍非母语的留学生顺利理解，那么如何能够让表述本身既不失自然语言的面貌，又能尽量简洁易记、相对形式化？我们强调一定要以对比性强的例句或描述性释义为基础。

3.4.3　差异点简单化处理，注重区别性特征

对比中不必追求面面俱到，应注重那些重要的、常用性强的、明显的区别点，不关乎特征性区别的、很少使用的，就不去涉及，以避免繁琐导致的信息干扰。比如《高级汉语教程》(第一册)在对比"欣赏"与"观赏"时，指出前者又可以指"味觉的和嗅觉的享受"，而这一用法在普通话中几乎不用。在对比"打量"与"端详"时，说前者还有"以为"、"估计"的意思，此义项属方言义项，不应列出。

3.4.4　准确

要以对自然语料的调查为据，而不只是从个人的经验出发。比如表示选择关系的"或者—要么"，有学者认为二者的区别之一是："'要么'一般只连接句子；'或者'除了连接句子外，还可以连接名词性词语。"赵新、李英的两篇文章当中也都采用此说。但此说忽略了多个"要么"并用时可加体词性成分的情况，即：要么＋体词性成分……要么＋体词性成分。比如《人民日报》的例子：

(9) 一部几十集的电视剧，要么几百万要么数千万，从编剧到外景摆设到角色造型，往往造价高出现代戏几十倍甚至

上百倍……(1994年10月12日)

这样的用法在口语中很常见,再比如:

(10) 要么他,要么我,你选择吧。

(11) ——你要什么?——要么苹果,要么香蕉。

另外,力求准确不等于不能说"多为"、"多用于"、"大多数的情况下是"、"一般不用于"等含混的说法。比如"'大约'多用于对数量或时间的估计",这一概括的确反映了语言的实际。

3.4.5 求异存同

对比的目的虽是求异,但也要注重相同点,切忌为了区别而强生区别。比如高级教材中对"犹豫—踌躇"的区别如下:

"踌躇"常指本来已经有了办法,但事到临头又有所顾虑。着重指在具体行动上拿不定主意,也可以指人的内心活动。多用于书面语。

"犹豫"泛指拿不定主意,着重指内心活动,也可以指具体行动。可以重叠。书面语和口语都常用。

对这两个词以语义差别的概括,如果用自然语料来印证的话,就成了无效的,因为后者也可指事到临头又有所顾虑。而二者的差别只在于可否重叠和语体方面。再比如:"忘记—忘却",该教材对比道:"'忘记'还可以表示应该做或准备做的,因为疏忽而没有做。"可是参照语用规范相当强的《人民日报》,结果显示了另外一种情形:

(12) 人,可以忘却许多,却绝不能忘却母亲。(1992年3月20日)

(13) 这些沉痛教训,无论如何是不应该被忘却的。(1992年5月4日)

显然,二者的差异仅仅是语体的差异,而非理性义的。

3.4.6 两个或多个对比词不应同时都是生词,应旧词和旧词对比或旧词和新词对比

3.5 方法

注重引导学生自己发现差异点并总结出来,同时还让学生多说多练。常用方法如下:

先列对比句,让学生依靠例句来体会差异,如:

(14) 放假的时候,我往往(常常)去朋友家玩儿。

(15) 我常常去朋友家玩儿。

(16) 以后我会常常去朋友家玩儿。

学生可以据此体会出"往往"要用在具体的条件中,不能用在未来的事情上。然后给出语境让学生造句练习:周末,打乒乓球。

有的时候也可先写出学生的错误句子,让全班同学在老师的暗示或提醒下进行改正。比如:

(17) 在发达国家有一些父母用正宗(应改为"传统")的方法来教养(应改为"教育")他们的孩子。这个是(应删掉"个是")标志着(应改为"意味着")他们的眼光还没有发展。③

提醒学生注意"正宗"、"标志着",根据学生的实际情况,或者让学生说出修改的结果,或者老师说出来。然后提示学生"正宗"指的事物都是好的,"标志着"代表事物的特征也是好的。之后让学出归纳出每组对比词之间的异同:

	同	不同
正宗	以前留下来的	好
传统		好的、不好的
标志着	表示某种意义	好的
意味着		好的、不好的

接着给出一定的语境让学生造句:

……的企业经营方式……经济利益(正宗)

……的企业经营方式……巨大的经济损失(传统)

美国总统访问中国……中国和美国外交关系进一步改善(标志着、意味着)

美国总统拒绝访问中国……(意味着)

这种方法注重学生能动性的发挥,重视语境的提示作用,强调词的对比度的最大化,利于学生发现差异、总结差异,同时又结合了讲与练。实践证明这种方法收到的理解和记忆效果,要比单纯的老师讲、学生记好得多。

现有的高级精读教材比较注重寻求差异点,但其表现方式往往不尽如人意。突出的问题是:靠意会的成分多;例句的差异点有时并不突出;差异点有的过于杂乱,有的甚至是不必要的;缺少形式化的表述方式的配合,也使得对比点不突出;另外有些地方还存在着错漏。如果能具体运用上述各种要点,可有效地增强记忆效果,尽可能地避免错误类推。

四 余 论

强调释义(含例句)语言的浅显易懂,这是原则性的要求。有学者指出"释义时一般使用《大纲》中的甲、乙级词或由甲、乙级词构成的简单句,尽量避免使用丙、丁级词和超纲词"。这一点有较强的理论基础,但它也会带来不可避免的问题,有的学者就怀疑:"最糟糕的就是它限制了编者使用语言的自由和创造性,以致有些释文的语言很不自然。而读者是外族人,无法判断语言是否地道,常会因迷信印刷物的权威性而亦步亦趋,造出不自然的语句来。"这样,所使用词语的有限性和自然真实性之间产生了不小的矛盾。同样,我们强调形式化表达,很大程度上也是对语言的自然性进行了人工处理,扭曲了它的自然状态。我们认为针对高级的学生来说,释义词语的范围应放宽到丙级词,但要选用那些可凭字面义拆开分析的或凭语境进行猜析的词语,可以在一定程度上弥补缺陷。形式化表达不是一种单纯的自足方式,它是在描述性释义方式、对比性配例的基础上发挥作用的,也可在很大程度上扬长避短。如何使用释义既简洁易懂又保持语言的自然状态?是对外汉语同义词语解析中须深入探讨的问题之一。

附注

① 或指意义相同、相近,或指概念相同、相近,或指所指称的对象的相同,或指义位相同。可参考池昌海《五十年汉语同义词研究焦点概述》,《杭州大学学报》(哲社版),1998,(2):59~64。
② 见参考文献赵新、李英的文章。
③ 本文的病句来自两届高级班(共 40 名学生)的书面作业。

参考文献

刘叔新,1983,同义词词典怎样处理词性,《辞书研究》,(3)。
张　凯,1997,汉语构词基本字的统计分析,《语言教学与研究》,(1):42—51。
李清华,1999,《汉语水平词汇与汉字等级大纲》的词汇量问题,《语言教学与研究》,(1):50—59。
刘乃叔、敖桂华,2003,《近义词使用区别》,北京:北京语言大学出版社。
彭小川,2003,论"精讲活练",《语言教学与研究》,(1):44—51。
彭小川等,2004,《对外汉语教学语法释疑201例》,北京:商务印书馆。
马树德,2002,《现代汉语高级教材》(上),北京:语言文化大学出版社。
姜德梧,2002,《高级汉语教程》(第一册),北京:经济科学出版社。
吕叔湘,1999,《现代汉语八百词》,北京:商务印书馆。
赵　新、李　英,2001,对外汉语教学中的同义词辨析,《暨南大学华文学院学报》,(2):16—21。
赵　新、李　英,2002,关于编写适合对外汉语教学的近义词词典,《华侨大学学报(哲社版)》,(3):85—90。
G. Liu. 1999,单语外向型汉语学习词典的理论与实践,《辞书研究》,(5):34—45。

在韩实用汉语课堂教学
——重点难点有的放矢

王秀珍
韩国白石大学中文系

提　要　本文着重描述了韩国学生在汉语习得过程中易发生的常见偏误,并提出了相应的解决办法,重点探讨了如何在有限的课堂授课时间里着重解决韩国学生汉语习得和应用过程中易发生的偏误和难点。

关键词　韩国　课堂　实用　汉语　教学

韩中历史文化渊远流长,又同属汉字文化圈,韩国人学汉语有一定的有利条件。但韩语和汉语又属两种完全不同的语言类型(黏着语和孤立语),思维方式和文化的差异在汉语习得和应用过程中不自觉地发生一些偏误,给学习、工作、生活带来不便。

本文主要是侧重描述韩国学生在汉语习得过程中常见偏误以及相应的解决办法,探讨如何在有限的课堂授课时间里有重点地解决韩国学生汉语习得和应用过程中易发生的偏误和难点。

笔者也只就自己在韩国汉语教和学过程中摸索整理出的点滴经验以及有待解决的问题提出来,希望得到各位前辈和专家学者的指教,以利于对今后的对韩汉语教学工作有所帮助。笔者在教学过程中摸索出自己认为比较行之有效的教学方法即:实用汉语课堂教学。

本文所讨论的实用汉语课堂教学的背景和范围:

1. 在韩国4年制大学每学期15周,每周150分钟授课时间条件下;

2. 在语文学部中国语专攻汉语会话课的金字塔形背景下;

3. 每学年只能选择一次的初级中级高级汉语会话课目的情况下。

在以上背景下老师和学生互动的题目是:如何教授和习得一门外语,如何提高教与学的效率。我想这是每位外语教师的共同愿望。

一 现　状

中国的"韩流",韩国的"汉风"相互推波助澜,持续不断地推动着韩国的汉语热潮一浪高过一浪。中国驻韩大使李滨在一次采访中说:"在华留学生中韩国学生最多,有4万名,而在韩国学习的中国学生也有1万名,也排在第一位。"[①] 这说明两国之间彼此都热切地希望沟通。在韩国4700万人口的国家,平均每1200个人当中就有一个人在中国学习汉语,这是一个多么可观的数字。换个角度来看,也暴露出了韩国的汉语教学还远远赶不上社会的需求和习得者的需要。因为在韩国,人们也越来越认识到只有了解中国、了解中国市场,才能生存下去。因此"汉语热"越烧越旺,最近据韩国方面统计,目前在韩国学习中文的在校学生已经有13万之多。但就业难的问题也十分严重,毕业生常常抱怨说在学校学习的东西找工作的时候大部分都用不上,中文系学了4年、毕业以后还不能直接用汉语和中国人沟通的还大有人在。后来各学校相应做出了一些规定:大学毕业时HSK考试一定要达到5—6级,或者汉字能力考试一定达到3级才能毕业。但是一般大学一个学期只有15周,汉语会话课每周只有3—4课时(每课时50分钟),每学期总共只有40—60个课时,会话课、语学课所占比重10%—30%左右,比重占50%的极少。

让我们看一看国立汉城大学和私立成均馆大学近50年的课程表[②]。(原文为韩文)

表1　1955—2003年两所大学课程表

年度	专攻	国立汉城大学中语中文学科	科目数	比率	成均馆大学中语中文学科	科目数	比率
1995	中国语言学	中国语文法/中国语学概论/中国字学概论/中国语学特讲/中国音韵论	5	10(20)	中国语学概论/声韵学/文字学论/中国语文法/说文研究	5	15
1995	中国语	初级中国语/中级中国语/高级中国语/中国语会话作文	4	15	初级中国语/中国语会话/中级中国语/高级中国语/白话作文	5	15
1995	中国文学	古文选读/中国文学史/中国诗选读/中国小说选读/中国现代文学论/中国现代文学选读/中国文学批评史/中国诗词/诗经讲读/楚辞讲读/中国诗学特讲/词曲选读/中国戏曲史/中国小说史/韩国近代汉文选/传书讲读/中国文学特讲	17	65	小说史/现代文学选读/戏曲选/诗经楚词讲读/中国文学批评史/历代诗选/朝鲜汉文讲读/中国文学史/中国文学概论/古文选读/戏曲史/中国诗词/中国学术论文选读/词曲选/先秦文学选/古文作文/小说选读/中国现代文学论/古诗选/作诗法/文献学/文学批评史/南曲选	24	70
1982	中国语言学	中国语文法/中国语学概论/中国语学研究	3	10	中文法/中语学概论/中语学练习/文字学	4	15
1982	中国语	中国语练习1,2/高级中国语1,2/中国语会话1,2	6	19	中国语实习1,2/中语会话实习1,2/中语作文实习1,2/中级中语/高级中语/实用中语/时事中语	10	38

续表

	中国文学	汉文讲读1,2/中国文学概论1,2/中国文学史1,2/唐诗/中国戏曲选读/中国词文学/现代中国小说/历代中国散文/诸子百家/现代中国文学练习/诗经/楚词/历代中国诗歌/中国文言小说/历代中国白话小说/中国戏曲/中国诗论/中国文学特讲	22	71	中国现代小说/中文学概论/中国诗歌/中国现代文学史/中国小说特讲/中国古文/中国词曲/中国古前小说/中国戏曲/中文学练习/诗经楚词/中文学批评	12	46
	中国语言学	中国语学概论1,2/中国语文法/中国语言和文字	4	13	中国语的理解/中国语发音的理解/中国文字的理解/中文法作文1,2	5	15
2003	中国语	中级中国语1,2/中国语会话作文1,2/高级中国语(教养:中国语入门/中国语作文/中国语会话/时事中国语)	5(9)	16(24)	基础广东语会话1,2/影像中国语/时事中国语讲读1,2/高级中国语讲读1,2/中韩翻译练习1,2/中级中国语讲读1,2/中级中会话1,2,3/初级中会话1,2/实用中语/贸易中语(基础中国语1,2)	16(18)	47(50)

续表

| 中国文学 | 中国文学史1,2/汉文讲读1,2/中国文学概说1,2/中国历代诗歌讲读/中国现代文学讲读1,2/中国现代文学论/中国历代小说讲读1,2/中国词曲讲读/中国戏曲讲读/中国文学理论特讲/诗经讲读/词赋讲读/中国历代散文讲读/诗经楚辞/中国的大众文学/中国现代名作的世界/中国古典文学探索/((教养:汉文1,2/东洋的古典) | 22(25) | 71(66) | 现代文化论/基础中国古文1,2/中文学史1,2/中国现代文学史/中国词曲概论/中国小说概论/中国诗歌理解/中国历代散文讲读/中国现代文学讲读1,2/中国名诗鉴赏 | 13 | 38 |

从表1中可以看出汉语会话课在中语中文系课程里所占比例相当小,学生们会话练习的时间严重不足。加之,为了赶进度,老师讲得多,学生练得少,学生实际会话练习少之又少。因此很多学生在大二以后休学半年至一年到中国去进修,家庭经济条件好一点的采用这种办法;家庭经济条件不好的学生也到一些餐厅、咖啡馆、网吧打工,挣了钱以后才能去中国留学。从时间上和经济上都给学生和家长带来了精神上的压力。有的学生为了筹集下个学期的学费则在学期中一边上学一边打工,白天上课时打瞌睡,这些都给汉语的习得造成不利的影响,同时也给老师提出了新的要求,即如何在现有的条件下让学生学好汉语。

二 树立以学生为中心的教学理念

韩国的汉语教学属于外语教学。对外汉语教学许多前辈、专家学者经过多年的探求摸索,总结整理出各种各样行之有效的教学法,在此不加评论。中国的按部就班的施教法,或分技能设课教学等虽然都是很系统很科学的教学方法,但是在对韩国大学汉语教学实践中,比较难于操作。一般大学每学期15周约40课时的会话时间里,如果老师用目的语讲解,讲得越仔细、越深奥,学生越听不懂,学生反而觉得太难、枯燥无味,会失去自信。因此,精细深奥对大部分学生的心理是一种精神压力,适得其反。精细深奥固然体现出教师的深厚功底,但不对他们的胃口,他们就不会选你的课。要了解习得者的心态,他们学汉语的目的是尽快进入实际交际会话,而不是对汉语言知识的接受和语言深层的研究。这种形态好像是一座金字塔形状,初级、中级、高级。在金字塔顶尖的高级阶段,对汉语较高层次本体研究的习得者毕竟是很小的部分,两者应有所区别有所侧重。前者侧重于实用会话,后者侧重本体研究。实用会话课的对象和重点应放在前者,因此对初级中级学生,老师讲得越多,学生不仅听不懂,且大部分练习的时间也被占用了。何况一个班30—60个学生,一个人说一两句话,一节课就过去了。我们认为树立以学生为中心的教学理念,老师有重点地略讲,学生有重点地多练,也许是行之有效的教学方法。

基于以上种种情况,我们认为不要把韩国的汉语教学讥为"小儿科"教学,有必要更新"无古不敬"的观念。

学校的教育目标是以学生为中心、教师为主导,学生需要什么,老师就教什么,逐渐改变老师教什么学生就得学什么的旧观念,把握利国、利校、利家的教学原则。

三 努力做好实用汉语课堂教学

对韩汉语教学是第二外语教学,外语教学的内容和目的,决定了对外汉语教学的性质,它要求在语言教学中应注重学生的实际交际能力,而不是只注重语言结构。语言的主要功能是交际,学习语言的目的都是为了交际。在教和学的过程中我们常常会遇到这样的情况,母语为汉语的或母语为韩语的人群在用母语交流的过程中一般都不会出现语言结构上的错误,但你问他为什么这样说,为什么不那样说,是怎么样的语言结构?他们一般都回答不出来,但那并没有影响他们的正常交际交流。同样,对韩汉语教学的最终目的也应该是让学生能够运用汉语自如地进行交际交流。

外语教学过程中课堂教学是基本的教学方式,是方法与内容有机地结合在一起的教学方法,教师在课堂教学这一中心环节中是指导者、组织者,应以学生为主体、以学生需求的内容为重点组织好实用汉语课堂教学。所谓实用汉语就是在课堂学了、练习了,到社会上就用上了,把握学以致用的原则,把课堂教学与社会需求有机地连接起来。改变学生常常抱怨的那种"在学校学的到社会上大部分用不上"的现状。那么,在很有限的课堂教学时间里,讲究教学方法和选择内容就显得尤为重要了。

课堂教学是一个覆盖面十分广大而又复杂的大课题,本文也只能就针对韩国学生学汉语中的发音、词汇、难点以及语句运用中由于文化差异所发生的错误,有重点地加以描述,但愿这点经验能在对韩汉语教学工作中起抛砖引玉的作用。

王力先生说过:"对外汉语教学,我认为最有效的方法是中外语言的比较教学,要突出难点。所谓难点,就是中国人看来容易、外国人学起来困难的地方。"

在韩汉语教学的对象是母语非汉语的韩国人,教学内容必须从发音、最基本的词汇、最基本语法教起,并举一反三。语言的主要功能是交际,学习语言的目的都是为了使用,为了更好地荷载文化。因此,对韩实用汉语课堂教学中采用比较法(韩汉对比)教与学,效果还是比较好的。

3.1 语音差异难点对比练习

汉语语音教学至关重要,语音教学是语言教学的第一步,教师的正确发音非常关键。因此对汉语水平零起点和基础水平的学生,首先抓住韩国人学汉语的语音特点和难点,比如:这—车—设(zhe/che/she),住—出—书(zhu/chu/shu)[③]。这是因为这类汉字词在韩语里有类似的发音所造成的,并不完全是习得者开口度小的问题,而是韩语里有一些汉字词的发音相类似、舌位不准确造成的。例如:

汽车：地下铁-지하철，铁钢-철강，浙江-철강，哲学-철학
建设(这)：建设-건설，施设-시설 小说-소설 降雪量-강설량
住：出发-출발 出入-출입 出国-출국
这是书：学术-학술 手术-학술艺术-수술 述语文-예술

  韩语里虽然没有汉语里 zh/ch/sh 的翘舌音，但大部分学生都会把以上字词发成翘舌音，而且纠正起来还相当困难。因为学生模仿老师发音的时候看不见、摸不着，越使劲越错，施教者和习得者都很辛苦。大部分从中国来的老师不懂韩语，有的韩国老师对汉语里细微的发音、舌位变化、声调变化等又不是那么太敏感。上面所列韩语相关字词的发音里，拼音文字下面的奠音(终声)都是"술어문"，近似于汉语拼音里的 l。所以，大部分学生都会把以上字词发成翘舌音。韩语里没有汉语里的舌尖前音 z、c，所以在"生词"、"杂志"、"尺子"的发音时不是发成顺同化就是发成逆同化，而且相当顽固。解决的方法并不复杂，并不需要采用昂贵的教学辅助手段，如现代化的语音实验室、多媒体等等，也不用多讲什么翘舌音、舌尖音什么的，老师用一只手摆成下齿状，另一只手当做舌头，一边带领学生发音一边上下移动舌位(手指)，练习几次，学生很快就掌握了，学生好像找到什么窍门似的高兴极了。又如唇齿音 f，韩语里没有 f 的发音，凡是有 f 的发音都是 bp 来担当或混用，例如：夫妇 fufu(부부-bubu)、部分 bufen(부분 buben)、饭 fan(밥 pab)、皮肤 pifu(피부 pibu)。让学生记住，凡是有 f 的发音都不要用 bp 来替代。ü 的发音主要是口型中途变成了韩语里的"위-wei微"问题，韩国学生不需要用 i 带出 ü，而是发 ü 的时候中途口型不要向两边拉开就行了。还有就是 l、n、r 的混用，这是韩语里的"ㄹ"惹的祸，韩语里的"ㄹ"出现在韩字里不同位置时发不同的音。如"老人 laoren(노인-naoyin)"、"新罗 xinluo(신라-xinla)"、"阅览室(열람실)"、"日本"(일본)、"热(열)"、"越来越"等都是韩国学生学习汉语时语音上的难点和重点，教学时不用去讲什么舌边音、闪音等术语和语音符号。只用简单的有立体感形象的手势和简单的画图可以取得事半功倍的效果。

3.1.1 动态手势模拟造型发音练习

老人(lǎorén)→(naonin)　星期日(rì)→(li)　日本(rì)→(li)

容易(róng)→(long)　　　很热(rè)→(lè)　热闹(rènao)→(lèlao)

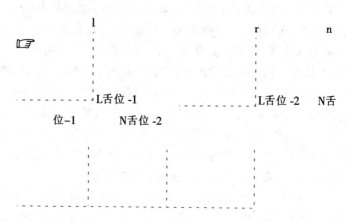

发 L 音舌位第一步、第二步,发 r 音舌位,发 n 音舌位第一步、第二步舌位

3.1.2 舌位画图 zh-ch-sh,z-c-s,j-q-x 3 组声母的练习

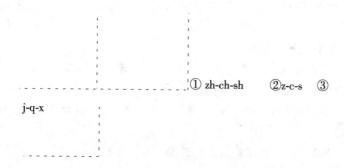

3.1.3 发音、声调重点词语强化练习

例如:

a. zh ch sh 和 u 的拼合,外出(chū)、这是书(shū)、教主

(zhǔ)、支柱(zhù)等。

b. zh ch sh 和 e 的拼合,汽车(chē)、口舌(shé)、作者(zhě)、建设(shè)等。

c. 其他:生词、杂志、宿舍、老人、日本、夫妇、下雨、很好、再见、汉语、韩语等。

老师根据以上语音上的难点,事先分门别类准备好几组字词,先让学生查字典标注汉语拼音和声调记号,自己用录音机录好这些字词的发音,然后让学生说明某个生词发音时舌位的移动变化位置,并用画图的方式表示出来,然后老师再用画图和动态手势的变化来纠正,变无形为有形地展现出来,再带领学生按着老师手势的位置移动变化来变化移动舌位。学生一看就懂,一练就成,变难为易,增强了学生的自信心,提高了学生学习的兴趣。这样有重点地反复练习后,在第一周的第一二节课内,全班学生对这些容易混淆的生字、词的发音和声调基本上可以把握了。

这类字词里面虽然都有一定的规律,比如顺同化、逆同化、翘舌音、卷舌音、唇齿音等与韩语发音的近似音以及韩语里完全没有的发音等,这里面的发音原理以及语言学方面的术语等可以不讲,因为初步习得者的目的是习得一种外语而不是研究一种外语,还因为如果用韩语讲解,虽然理论知识一听就懂,但和实际操练还有相当大的距离,如果用汉语讲解问题就会更大。所以尽快进入实用练习,在比较短的时间里把字形、字音、字义一次性完成,见效快,学生就有成就感。

需要注意的几个问题:外语教学中,学生模仿老师,老师怎么教学生就怎么学。教学时教师的语音清晰度很重要,教师本身不能 zh/ch/z/c、n/l、en/eng 不分,咬字要清楚,不能太快,让学生容易模仿。

3.2 词汇差异重点对比练习

韩语里有 60%—70% 的汉字和汉字词,一方面给学生学习汉字汉语带来便利,另一方面,由于这些字词和中国本土的字词在形、音、义上多多少少有些差异,也给学生学汉语带来一些困扰与不便。不少学生常常把汉字词直接翻译过来说汉语或写汉字。尤其是汉语和韩语中的同形异序词、同形异义词、异形同义词等,例如"绍介"、"平和"、"运命"、"化妆室"、"爱人"、"文法"、"凉快"、"修交"、"大学院生"等,是对韩国学生教与学的词汇难点。

表2　同形异序词

汉语	韩语	汉语	韩语
介绍	绍介	限制	制限
和平	平和	语言	言语
命运	运命	蔬菜	菜蔬
安慰	慰安	司机	机司
肃静	静肃	评论	论评
限制	制限	争论	论争

对表2的同形异序词,学生还比较容易学,因为虽然词序是颠倒的,但意思是一样的,只要让学生记住,把词序颠倒过来就行了。

表3　同形异义词语

同形词	汉语	韩语
学院	大专院校	补习班
化妆室	演员化装的场所	厕所
馒头	实心面食	包子饺子
爱人	丈夫或妻子	未婚对象或情人
经理	公司第一把手	会计
秘书	领导的得力助手	端茶倒水的接待员
我爱你	恋人、夫妻之间	尊重、友情、仁爱

对表3的同形异义词,学生们看得懂,但理解方式却是按照韩国人对汉字的思维方式去理解的。例如20世纪90年代初中期,有不少学生和家长来咨询要去中国去留学学习汉语到什么大学去最好? 我们介绍了北京语言学院、第二外国语学院等,可是他们说不要去"学院",一定要去正规的大学,因为他们理解的"学院"是韩国的"补习班"。又有的学生到中国旅游时,问不到"化妆室"而痛受肚腹之苦。又如:"大家好!"在汉语里这是一句问候话,可是有的韩国学生认识这三个汉字,便把这三个字的字面意思用韩语解释说:"큰집이 좋다。"(意思是大伯父的家很好),这是因为韩国"大

家"是指大伯父的家,还有一个意思是"宽大的家很好"。中国老师听起来觉得学生是所答非所问。懂点儿韩语的老师会被弄的啼笑皆非。还有一个女同学去北京进修汉语时,正好碰上教师节,这个同学给老师送了一束花和一张卡片,卡片上写着:"祝老师节快乐!我爱你!"从那以后,那位男老师总是躲避着这个学生。其实这个同学是按照韩国学生的习惯,对老师表达一种非常崇高的敬爱之情,由于两人彼此都不了解对方国度的思维习惯和文化背景的差异,造成误会。因此,老师在讲解这类常用、实用的汉字词语时,能用汉、韩同形异义词对照法并结合两国的文化背景来讲解练习,有的放矢、生动活泼,比那种泛泛地按部就班的讲解,可以少走许多弯路。学生会觉得新鲜、实际、不枯燥,听得津津有味:"哦,怪不得我找不到'化妆室'。"/"怪不得从那以后,那位男老师总是躲避我。"/"真是一举几得啊!"

表4 异形同义词

汉语	韩语	汉语	韩语
语法	文法	研究生	大学院生
词性	品词	专业	专攻
介词	接头词	宾语	目的语
谓语	述语	陈述句	述语文
建交	修交	照片	写真
火车	机车	舒服、痛快、过瘾	凉快

表4异形同义词,上课时是常常遇到的问题,课本上的韩文注释一般都把"语法"翻译成"文法"等,学生们跟韩国老师、华侨老师上课时听习惯了说"文法"、"目的语"、"述语文"等,跟中国老师上课时突然听说"语法"、"谓语"、"宾语"就愣神听不懂。又如"凉快"一词,汉韩对"凉快-시원하다"这个词的理解和表达是不同的。汉语词典义项是指天气、身体清凉爽快,一般与风、凉联系在一起。但韩国人则相反,例如在大热天吃辣汤,满头大汗时常常会说:"啊!凉快!"在桑拿蒸得上气不接下气时:"啊!凉快。"一位二年级金姓同学利用暑假去中国旅游,到医院去推拿,他觉得很舒服,脱口而出:"啊!凉快。"医生以为他觉得"凉",赶忙抱了一床被子

给他盖上,金同学以为自己"凉快"说错了,应该说"冷",所以赶紧补充说:"冷。"医生听了马上又抱了一床被子给他盖上,当即金同学被捂得满头大汗,他想了半天,想到了"夏天天气热",终于蹦出了一个"热"字,这才为自己解了围。他深有感触地说:"说汉语一定要按汉语的思维和表达方法去表达。"由此可见,教师需要了解一些韩语里的这类常用的汉字词语,这样教与学都能做到有的放矢,时间短、见效快。

操作方法:始终贯彻字、音、义同时操练的原则,把这些常用汉字词语分门别类加以整理,教授给学生,让学生用这类汉字词造简单的句子,然后把学生分成2—3人一组,再让学生用这类汉字词自己编成3—5分钟的对话,当众演示。2—3次就可以习得且会念、会写、会用上百个韩中有差异的汉字词,学生觉得很实用,容易记住,很有意思,同时提高了学习汉语的热情。

3.3 文化差异实用对比练习

语言是传播思想文化的工具,汉语教学与文化传播是不可分割的。因为学习任何一种语言不仅在于交流使用,还在于通过语言这种载体,了解不同的文化传统、时代背景和思维习惯。对于中国人司空见惯、韩国人却难以理解的语言现象不能以"习惯用法"来搪塞,在这种情况下可以用恰当的韩语来翻译。比如说:汉语里"说曹操曹操到",韩国也有类似的可以对应的俗语"说老虎老虎到";汉语里"秋高气爽",韩语里"天高马肥"。这样的对比教与学不仅使学生学到了汉字词的形音义,又可以帮助学生加深对中韩两种语言及其文化背景的了解。又比如用韩中饮食习惯来对比教与学,韩国人一来到中国,首先碰到的就是饮食问题,韩中虽然是隔海相望的近邻,但韩中饮食习惯差异却相当大,韩国人常常因此而感到苦恼:韩国人喜欢吃豆腐,中国人介绍了中国人喜欢的麻辣豆腐,韩国人尝了一口便不再问津;中国有不少菜里都喜欢放香菜,韩国人尝了一口便出现作呕状态。韩国人迫切需要了解的是到中国如何生活下去,如何和中国人交流,中国人喜好什么,忌讳什么,到中国观光旅游什么景点最好,到中国留学选择什么大学最好;中国地大物博,人工、土地、原材料丰富,如何到中国经商、洽谈贸易、投资经营等等。

这一节包罗万象,但这些都是韩国人迫切需要了解的,对毕业后能尽快找到可以发挥自己汉语专业特长的工作岗位非常有用。习得者的需要就是我们教学工作的重点,因此,我们高级汉语会话课的授课方法和授课内容都必须适应习得者的需求。

3.3.1 对教科书不做硬性选定,而是按需选择授课内容

首先要了解学生的所思所想所愿,尽可能满足学生的愿望。中国国内出版的一些教科书中有的内容是按着中国人的思维模式安排的,不太适合韩国的国情,韩国学生不容易理解,学以致用的效果不大。韩国的教科书大部分也都是引进、翻译中国国内出版的,大同小异。具体做法:

① 让每个学生自己寻找或在网上下载一些喜欢的文章,从中选择1—2篇大多数学生喜欢的文章。有新的内容也可以随时补充,因文章是他们自己选的内容,所以也是他们所关心的,学起来就有积极性。

② 用汉语介绍韩中两国的风俗习惯,引导学生自己运用对比法找出韩中风俗习惯中的共同点和差异点。

③ 用汉语介绍韩中两国的饮食习惯及差异。

④ 用汉语介绍韩中两国的观光胜地。

⑤ 用汉语介绍韩中两国的节假日相同的和不同。

⑥ 用汉语讲述自己在中国时所见所闻,找出和韩国的异同,介绍自己的学习经验。

这些内容都是学生们共同关心的问题,因此讲述的学生津津乐道,听的学生也津津有味。这些内容是书本上找不到、词典里查不到的,但现实社会生活中处处都可能碰到这样的实际问题。因此,学生们的学习积极性很高,学习效果也比较好。

3.3.2 结合实际,即学即用

① 有的同学参加地区性韩国小姐选拔赛考试时;

② 参加空中小姐考试时;

③ 参加导游员考试时;

④ 全国大学生汉语演讲比赛时;

⑤ 放寒暑假去中国留学,考研究生前;
⑥ 准备就业考试前。

以上内容一般都是突发性的,都是随着时代社会脉搏的跳动而浮现,因此所需内容必须临时查找和编写(省略)。

四　师生互动,加强听说练习

每次在正式上课之前约 10—30 分钟,用汉语简单讲述近几天内的新闻,例如伊拉克问题、总统大选问题和学校开展的各种活动,并以此作为听说练习的内容。虽然开始时大部分学生听不懂,老师重复一两遍后,一些同学会脱口冒出韩语来,从老师的表情中得到肯定后,再转换成汉语表达出来,他们为自己听懂了汉语又能用汉语表达出来而兴奋。因为这些国际、国内的新闻,在电视上报纸上都是看到过听到过的事情,有的就是发生在自己身边的事,所以感到亲切,听老师讲述的时候容易产生联想,再把平时已经习得积累的词语串联起来,听懂了、会说了,就有一种成就感,也就进一步增强了学习汉语的兴趣和信心。

这样的优点是内容广泛、省时,学到了课本上学不到的词语和新鲜的内容。

五　学生互动,个个开口说话

韩国学生长期受儒家思想的影响,大部分学生性格内向,加之先后辈等级严格,个人的看法意见一般不太愿意外露,积极主动回答老师提问的同学极少,会话课时学生都不怎么说话。比较好的办法是:

5.1　找朋友自己编对话小品

初级班的学生,因学习和掌握的词汇比较少,老师提问和几十个学生回答都脱离不了那十几句千篇一律的对话,枯燥乏味。如果多给学生一些自由,让学生自己找朋友编对话小品,他们会表现出出奇的积极性。因此,在上课时留作业,让学生找一个朋友用学过的内容编一段 3—5 分钟的对话,下一次上课时在课堂上表演。课后他们会积极主动地准备,下一次上课时学生的表演出乎意料地生动活泼。

5.2　提问法

第一节课时,老师用事先选好的内容讲课,然后提出 1—2 个讨论题让学生准备,第二三次上课时,按点名簿的顺序让每个学生都发言,并告知学生记为平时分数。学生为了高学分一般会努力地准备。

5.3　抢答法

四年制大学大部分都是学部制(不分专业和年级,学生可以自由选听自己喜欢的科目),会话班的学生班级、年龄、层次都比较复杂。年龄小的、低年级的、非汉语专业的学生在课堂上就不敢积极发言,以避免不懂礼貌之嫌。

操作方法,老师提出一个问题,让三个同学抢答,没抢答上的同学补充,从中选出 ABC 次位。

5.4　抽签答题法

同样一个问题,先答题的总是没有后面答题的圆满,学生觉得不公平,一般不愿意第一个发言。为此,老师事先准备 3—5 个题目,把这几个题目都告诉学生,让他们做好准备,回答问题时用抽签答题法,自己抽到哪个题就回答哪个题。这样学生比较容易接受,而且会努力准备积极参与。

以上几种方法比较实用,从学生被动答题法转变为积极参与法,人人都参与,个个都开口说话,变被动为主动,生动活泼,而且有效地打破了先后辈的精神束缚,学习效果还是比较好的。

六　结束语

经验之谈常常被人忽视,但经验在实际教学当中确确实实是起到了很不错的作用。经和验有机地结合,使教和学得到较好的统一。如何教授和习得一门外语,如何提高教与学的效率,我想这是每位外语教师的共同愿望。

附注

① 《朝鲜日报》2004 年 12 月 15 日。
② 朴정구:韩国中国语文学会论文集,2003 年 5 月 17 日第 20 页。
③ 王秀珍:《世界汉语教学》1996 第 4 期 105 页。

参考文献

崔　健,1999,《双语双文化论丛》,延边:延边大学出版社。
崔永华、杨寄洲,1997,《对外汉语课堂教学技巧》,北京:北京语言文化大学出版社。
王福祥编,1992,《对比语言学论文集》,北京:外语教学与研究出版社。
王建勤,1998,《汉语作为第二语言的习得研究》,北京:北京语言文化大学出版社。
许毅译,1987,《外语教学新方法》。
许余龙,1997,《对比语言学概论》,上海:上海外语教育出版社。
徐　珍,1996,《中外教学法演进》,北京:群言出版社。
周小兵、李海鸥,2004,《对外汉语教学入门 》,广州:中山大学出版社。

对外汉语教学中的敬语问题

张高翔 张艳萍
云南大学国际学术教育交流中心

提 要 敬语是在交际过程中为了获得良好人际关系而使用的一种语言手段。它可以用来处理某一社会的等级关系、个体之间的"权势"关系、亲疏关系、利益关系和公私场面关系。社会变迁会使敬语的性质、功能发生相应的变化,可以使我们窥探到当代社会人情关系的基本面貌。教外国留学生学习敬语可以使他们把话说得更得体、更优雅,使其能够改善或保持良好的人际关系。

关键词 敬语 功能 社会变迁 敬体

中国是一个文明古国,历来有"礼仪之邦"的美誉。早在上古时期就有了敬语。据刘超班先生统计,仅《尚书》中28篇文章出现的敬语就有389个。对汉语敬语的研究也很早,20世纪60年代就发表了论著和词典60多种。在日常的人际交往中,中国人对敬语的使用十分讲究,而且特别敏感,直接影响到交际的质量。可以说,敬语从一个独特的角度反映了中国人深层的文化心理,折射出中国社会在人情交往层面的面貌。在对外汉语教学领域,虽然早有学者提出过这个问题,可时至今日,仍是一个被忽视的问题。在教学实践中,我们却无法回避这个问题。交际语言的得体性,在很大程度上取决于敬语使用的恰当与否。对于外国留学生来说,在使用汉语进行交际的过程中,敬语使用不当,虽然可以得到一定程度的容忍和谅解,但作为从事对外汉语教学的教师,不能因此忽视这个问题。故有此文,就教于大方。

一　什么是敬语

《现代汉语词典》定义为"含有恭敬口吻的用语"。王力先生在"谈谈敬语"的短文中将其定义为"就是指对说话人表示尊敬的语言手段"。(http://kulturo.ulango.net)刘超班先生认为,"敬语"在学术上有广狭之分:狭义的仅指带有恭敬礼貌色彩的语素、词、短语、句子;广义的还应包括其他语言的或非语言的敬语表达形式,比如点头、握手、拥抱、作揖、鞠躬等等。温云水先生则提出:"敬体语"概念,并强调了敬体语与礼貌语言并不是同一概念,指出"敬体语所表示的尊敬不是对等的而是倾斜的。它倾向于辈分大的一方、年龄长的一方、地位高的一方。"因此"敬体语是尊重家长、尊重官长的语言,而文明礼貌用语则是尊重人格的语言"。英语中专有一词 honorific,形容词义为"尊敬的,表示敬意的",名词义特指用于日语和其他某些东方语言中的敬语。日语则称为"待遇表现",其含义包括三方面:① 上:把话题人物作为上位人物予以"褒举"、"抬高";② 下:把自己和己方作为下位人物予以"贬低";③ 礼貌:面对听话人的彬彬有礼的表达方式。

凡此种种,我们不难看出,敬语概念的核心语义就是表示敬意和礼貌。但日本学者菊地康人注意到,有时"敬意"并不一定是发自内心的,敬语的使用是分场合的。这一点使笔者关注到敬语的功能问题:即人们在社会的不同场合使用敬语是有目的的,是为了处理各种人际关系的。在私下里,当我们不需要处理各种场面关系时,则往往使用较为平等的称谓和较为真实地反映主观评价的语言。因此,从功能的角度来分析敬语的本质似乎更容易使我们把握敬语的使用情况并分析其所包含的社会含义。据此,我们把敬语定义为"在交际过程中为了获得良好人际关系而使用的一种语言手段"。

关于敬语的名称和分类,学术界也有不同的说法。就前者而言,除了敬语之称外,还有敬辞、尊词、客套词、客套语、客气语、礼貌词、礼貌式、敬称式等五六十个名称。就后者来说,常见的有尊敬语、自谦语、恭谨语、美化语和敬语、谦语、雅语；敬语、谦语等。无论敬语以何种名称被称，也不管其分类如何，敬语都随时发挥着它的基本功能——处理处于社会网络中的各种人际关系。

二 敬语的功能

具体而言，人们在交际过程中使用敬语是为了有效地处理社会等级关系、个体之间的"权势"关系、亲疏关系、利益关系、公私场面关系等。

2.1 社会等级关系

等级关系是业已存在的社会现实。最早的等级关系，来源于人类对神的信仰。在人神关系中，人处下位，神处上位，在对神的祈祷和仪式中，往往伴随着对神灵的礼敬之词。如在殷墟甲骨文中就用"上"、"帝"、"上帝"等敬辞来称呼至上神，《尚书》则有昊天、皇天、神天、天德、天威、天爷、天显、天牧等敬神之词。据统计，《诗经》中，用以敬称"上帝"的词语有百余处，其中的"昊天"一词，出现了 26 次。刘金才先生在其《现代日语敬语用法》中说："对'神'或所谓'灵物'使用颂扬词语，恐怕也是敬语起源的重要因素。"人际之间的等级关系是伴随着氏族和国家的产生而产生的，酋长和君王处于人际关系的上位，一般民众则处于下位，故有"神农氏"、"黄帝"、"炎帝"、"大禹"、"天子"、"天王"、"皇帝"、"万岁"等敬称，敬颂之词也逐渐繁复起来。如帝王之言称"昌言"、帝王之命称"宝命"、帝王之功业称"大烈"等等。某些表敬词语在封建社会中逐渐成为定规或形成了禁忌，深刻影响着中国家国一体的社会政治结构。使用不当，轻则声名扫地，重则身首异处，此例不胜枚举。

在现代社会中，等级关系已不像封建社会那样森严，但仍无处不在，体现在职务、学衔、职称的高低和辈分年龄的大小等方面，并直接反映在敬语的使用上。一般而言，对于职务比自己高的人，我们习惯于以"姓＋职务"或直接以职务称之，如吴校长、李主任、王书记、何经理等。如果直呼其名就会被认为有失恭敬。对于学衔，除博士外，学士和硕士不做敬称。有些职称也被用来表示尊敬，如教授、总工程师、教练等。目前,在用职务表敬时,人们常常只选择某些职务的一个字,以简化形式来使用,如"张队"、"王局"、"李副"、"赵总"等。在职称中称"杜工"、"杨总(工程师)"的形式也比较普遍。辈分和年龄在中国这个"以老为尊"的国度里更受到人们的重视,人们常常以亲属称谓来称呼辈高年长的一方:方式或为直接称"爷爷"、"叔叔"、"阿姨"、"哥哥"等,或"姓+亲属称谓"以示尊重,如"张爷爷"、"李叔叔"等。除了称谓外,在用词上,也体现出浓厚的等级观念。如对上性动词,常用拥护、请求、上交、上访、申请、遵循、拜会、请示、敬献等表示恭敬的词;对下则常用关怀、鞭策、下发、指示、指导、批准、分配、接见、召见、培育等,同样是表示对上恭敬的词。

外国留学生特别是欧美学生,对此常常感到困窘,如一般不知对自己老师的父母如何称呼,或造出"今天下午我要在家接见我的老师"这样的句子来。

2.2 个体之间的"权势"关系

个体之间的"权势"关系,不是由社会等级造成的,而是由个体之间在智力、学识、经验、性格、能力等方面的差异造成的,而且常发生在同辈同级之间,是在交往的过程中自然形成的上下关系。一般而言,素质较差的一方对素质较高的一方表敬程度要高一些,在说话时用的恭谨语和美化语以及表敬语气也多一些。以表敬语气为例,设 A 为上者,B 为下者,两者在语气词的使用上往往有明显的不同。

	A	B
场景一:打电话		是×××吗?
		是×××吧?
场景二:看书	你看过这本书吗?	您看过这本书吧?
场景三:吃饭	怎么样?开吃吧!	开吃吧?怎么样?

细细品味,不难发现语气上的细微差别。再如称呼。一般 A 直呼 B 名字的几率比较高,而 B 则往往加上"老"字在 A 姓前以示尊敬,有时对同辈中年龄小于自己的人也是如此,很少直呼其名。

当然,上述情况不是绝对的,个体之间"权势"关系的形成十分复杂,而且跟个人的内在修养息息相关,但它的存在却是肯定的,影响也是消极的。在对外汉语汉语教学中提醒学生注意这一点,有利于提高其交际质量。

2.3 亲疏关系

亲疏关系是一种特殊的熟人关系,敬语的使用可以有效地调整这种关系。人们对自己的熟人并不都是"一视同仁"的,混杂着复杂的情感因素,也不严格遵循等级造成的上下关系。通常人们对关系比较亲密的人采取"熟不讲理"或"熟不讲礼"的原则,在交际时选择"不拘小节"的等位关系,而对那些关系疏远或有意保持疏远关系的人则采取"敬而远之"的原则。对前者而言,人们使用敬语较少,言谈举止较为随便轻松;而对后者,则敬语使用较多。如果有意拉开与他人的距离,则会有意选择那些表敬色彩较浓的词语来达到目的。比如,在笔者近期参加的一个交际晚宴中,这种亲疏关系表现得就十分明显。到席者有学校的书记,政府的处长、副处长主任(女),公司的经理,大学教授等。笔者与处长是同学,见面自然就"老张"、"老王"相称,并互拍肩膀以示亲密,其他人则以"张教授"相称,笔者也跟着称其头衔,握手,并互以"久仰"、"荣幸之至"示敬。当请客方(主任)说明今天是"家宴","随便一点"时,大家开始以"张兄"、"王哥"、"老弟"、"小妹"等相称,气氛由此轻松热闹一些。宴毕,大家又开始以头衔相称,以拉开适度距离表示敬意,并向"李主任"以"非常感谢"、"破费了"等郑重语表示感谢和歉意。这是一个典型的日常交际场景,笔者从中切身体会到了敬语在处理亲疏关系上的作用。至于在教学中是否应加入此类敬语、使用技巧以提高学生的交际能力,还是一个需慎重考虑的问题。

2.4 利益关系

利益关系是除经济利益关系外还包括提携、寻机、办事甚至感情慰藉等等的关系。人们处理这种关系时往往会不自觉地根据自己所处的位置来选择适当的表敬方式,包括行为的和语言的。往往是求助的一方向被求助的一方表敬较多,姿态也较低,而且往往不顾等级地位的不同自愿从上位向等位靠拢,给人一种"平易近人"、"礼贤下士"之感。敬语的使用在这种关系中尤为重要,过誉之词和过谦之词都会给人一种虚假的印象,从而影响交际目的的实现。笔者曾为一些小事接受过这样的赞誉:"您的大恩大德,我真是没齿难忘!"/"您真是高风亮节,大公无私!"也听到过这样的贬抑之言:"您丢一根骨头就够我们啃半年的。"/"我是个大老粗,说话不会拐弯,你别介意!事情嘛,你看着办吧!"/"您大人有大量,别跟我们这种小人一般见识。"之后,从心理感觉上你很难再与说话者以等位关系相处,而他们也会在事过境迁后对你避而远之。可见,敬语使用不当不仅不能帮助取得良好的人际关系,反而会起到相反的效果。这同样跟一个人对敬语的掌握和内在的修养有关,也同一个人的处世经验密不可分。在我们教过的外国留学生中,很多想在中国这个大市场中谋求发展,但却困惑于中国复杂的人情氛围,总有"老外"之感,无法真正地融入到这个社会之中。这跟他们不能正确地使用敬语和不了解敬语背后的深刻文化内涵有一定的关系。

2.5 公私场面关系

在交往中,公私场合是有区别的。一般而言,在公众场合,人们都会受到"文饰作用"的影响,特别重视自己的交际形象,也特别注意自己的言谈举止,同时对别人的言语和态度也十分敏感。在称谓上,每个人都希望别人看重自己业已取得的地位,一般喜欢别人称呼他的头衔。即便你与他私下里关系密切,在公众场合还是称呼他的头衔比较得体。即使对方没有什么头衔,他也喜欢你以社会通用的表敬称呼来称呼他,如"先生"、"女士"、"老师"之类。直呼其名或用使别人处下位的称呼,会引起对方心理上的不适。有一个典型的例子可以用来说明这种情况。一个法国的汉学家来北京参加会议,在会场碰到他的相交多年的中国老朋友,一开口来了一句:"嘿!老不死的,你也来了!"使对方十分尴尬。事后当别人私下问他的时候,他说从书上看了这句他原以为可用来表达亲密关系的话。此外,在公众场合的交谈中,人们也习惯于多用恭谨语、美化语和谦语来向对方表示尊敬,如:"拜读了大作,受益非浅。"/"您在哪儿高就?"/"夫人、孩子还好吧?"邀请对方会说:"请一定光临。"/"到时我在家恭候。"私下交往,如果关系密切,一般比较随便,称呼上可直呼其名、昵称甚至外号,交谈中也不必用过多的敬语。笔者以为在对外汉语教学中,有意地教一些公众场合使用的敬语是很必要的。

三 社会变迁与敬语的变化

敬语会随着社会的变迁而发生相应的变化。在中国古代社会,由于存在着森严的等级制度,敬语的使用是比较广泛而严格的。一般来说,对皇亲国戚的敬语用的要多一些,表敬色彩也要浓烈一些。除上文列举的之外,还有:皇后、皇父、皇祖、皇考、皇妣、皇辟、皇祖妣、皇租考、文王、武王、太宗、高宗、公主、太子、太妃、贵妃、公、侯、伯、君、大夫、诰、诏、敕、册命、御膳、御驾、龙子、龙孙、驾崩等,其中"皇"、"太"、"高"、"贵"、"大"、"御"、"龙"的表敬色彩之浓烈,可以说是无出其右了。民间敬语的使用也很普遍,如高见、高寿、高论、大驾、大人、尊姓、尊府、尊意、贵姓、贵客、贵地、钧座、钧安、钧旨、台鉴、台安、台驾、雅意、雅正、雅量、贤弟、贤婿、贤契、佳偶、佳话、佳妇、玉体、玉言、玉容、令郎、令爱、令堂、芳名、芳龄、芳年、宝号、宝店、宝座、惠言、惠示、惠教、仁兄、仁公、恭请、恭候、敬启、敬呈、谨拜、谨祝、奉劝、奉陪、拜托、拜谒、仰慕、仰仗、光临、光顾、赐教、垂怜、俯就、承奉,以及相应的谦称如卑职、拙荆、贱妾、鄙人、愚兄、小女、下官、寒舍等等。上列敬语在长期的等级制环境中形成了尊人卑己的特质,是上下尊卑意识长期熏陶出来的敬上意识。随着社会的变迁,等级意识被逐渐淡化,民主、平等、自由思想成为了人们交际意识的主流,虽然社会等级依然存在,但至少在法律上、制度上丧失了其存在的根据。这导致了人们的敬语意识由敬上意识向礼节意识转变,也就是说人们使用敬语更侧重于它的礼貌功能,而不再以崇敬和尊敬为主了。因此,当提到敬语时,总会使人联想到文明礼貌用语。目前,各行各业都在大力提倡的文明敬语建设就是在这一层面上进行的。如很多服务性行业都把"您好"、"请进"、"请坐"、"请讲"、"请用茶"、"请稍候"、"请原谅"、"请谅解"、"很抱歉"、"没关系"、"对不起"、"别客气"、"谢谢"、"欢迎下次再来"、"欢迎您提出宝贵意见"、"再见"、"慢走"等作为文明敬语的基本内容。这对营造社会的文明礼貌氛围无疑是有益的。可是,潜藏于中国语言文字中的敬语,其功能就目前情况看还并非这么简单。在社会现实中,平等意识也没有达到理想的程度,封建等级意识虽然有所淡化,但并没有消除,在公文用语中,在现代社会结构中,在日常的人际交往中,处处还留有上下尊卑意识的痕迹,有时表现得还十分严重。如最近几年来,"官本位"意识大有回升之势,已引起了社会学家和媒体的广泛关注,而"关系就是生产力"的处世箴言也为许多人所信奉。中国人传统的、反映在"合情合理"这一四字格中的"情大于理"、"情大于法"思想仍在一定程度上支配着人们思想和行为。在这种情况下,敬语的使用远远超出了文明礼貌的范围,可以用来有效地协调各种人际关系。当然,敬语在现代社会中的简化也是不争的事实,而且这种情况并非仅限于中国,在敬语十分发达的日本也出现了同样的现象,许多老人在悲叹"人心不古"。笔者认为,随着社会的变迁,敬语的内涵和功能的确会发生相应的变化,但它也确有其存在的价值,除了能保持良好的人际关系之外,它也反映着一个人的品位和修养。作为汉语教学者,我们要做的工作就是去芜存真,促使敬语由等级敬语向社交敬语的转化。

四 现代汉语语法体系中的敬体问题

到目前为止,汉语的语法体系中还没有敬体这个概念。那么汉语里到底有没有敬体呢?早在1996年,温云水先生(1996)就在《现代汉语的敬体问题》一文中讨论了这个问题,肯定现代汉语是有敬体的,并提出了敬体、敬体语、敬位及敬位关系、敬体词、敬体语气、敬体句等几个概念。他认为：

敬体是一个语法范畴。其涵义是一系列的语法规则，或描写人们运用哪些语法手段生成敬体语句，或规定人们怎样运用这些敬体语句表达敬体的尊敬。因此，敬体不是个别的、零散的词语问题，而是一个系统性的语法问题。

文明礼貌语和敬体语不是一个概念：前者是在人格尊重原则基础上形成的言语类型，其实质是一种尊重人格的语言，换句话说，它要求的是平等关系；后者所表示的尊敬不是对等的而是倾斜的，它倾向于辈分大、年龄长、地位高的一方。其实质是尊重家长、尊敬官长的语言。

敬位及敬位关系。敬位就是体现不同尊敬关系的层次位置。汉语有三个敬位：上位、下位和等位。上位是接受敬体尊敬的位置，下位是表达敬体尊敬的位置，等位则是不必表达和接受敬体尊敬的位置。确定交际双方的敬体位置主要取决于三个规定性因素：辈分、职位、年龄。此外，还有三个选择性因素可用来确定敬位关系：生熟程度、亲疏关系、性别差异。在一个交际过程中，交际双方根据其所居敬位的不同，可以形成下位对上位的对上敬位关系、上位对下位的对下敬位关系和等位对等位的对等敬位关系。

敬体词。如果一个词用在对上或论上敬位关系的句子中，既符合语法又符合礼法，而用在对等或对下敬位关系句中，则既不合语法又不合礼法，那么这个词就具备了特定的敬体功能，应被视为敬体词。如"拥护"和"爱戴"，用在对上敬位关系句"我们都拥护和爱戴他老人家"中，符合语法和礼法，若换成对下敬位关系，"他老人家拥护和爱戴我们"，则不合语法和礼法。因此，这两个词具有下对上的敬体功能，当属敬体词。

敬体语气。在陈述语气、疑问语气、祈使语气和感叹语气之外，汉语中还存在一种敬体语气。但它不是独立的，可融于上述四种语气，形成敬体陈述、敬体疑问、敬体祈使、敬体感叹语气。

敬体句。用敬体词与敬体语气构成的句子就是敬体句。

从以上的陈述中，我们可以看到，温先生试图建立现代汉语的敬语体系，而且已搭建了基本的框架。问题在于：

随着社会民主化进程的推进,有些敬语的敬语意义会被逐渐淡化,人们在交际过程中使用的语言越来越简化和直接,把敬语纳入语法体系的固定模式中是否有意义?如"您"这个词,在北方特别是在京津地区,其表敬程度要高得多;而在南方,在笔者居住的昆明地区,则很少有人使用。再如,温文中说,"聪明"这个词,只能用于论下的句子中,可以说"这个孩子很聪明",而不能说"我爷爷很聪明"、"老师您真聪明"。但在实际生活中,似乎这种区分并不明显,也感觉不到什么不敬的意味。就日语的情况看,虽然有一套完整复杂的敬语体系,但近些年来,年轻人却越来越不喜欢使用敬语,总以为那是日本等级社会的产物,现在已不合时宜了。因此在称谓上,多喜欢简单地使用"先生"、"女士"称呼上级,不再动辄称呼头衔了,并且认为这样做使距离缩小了,人际关系也得到了改善。

基于以上考虑,笔者认为,提倡使用敬语以改善人际关系是可取的,但将其纳入语法体系中还需要再斟酌。

五　如何教敬语

在对外汉语教学中教敬语,其实就是教学生如何把话说得更为得体,不要让人觉得"没大没小,没老没少"、"不会说话"。以便改善和保持良好的人际关系。请看下面的实例:

(1)＊老师,我们都饿了,请您住口吧。
(2)＊今天下午我要在家接见我的老师。
(3)＊老师,你叫什么名字?
(4)＊喂,这个菜是什么?(把"喂"当"hello"用了。)
(5)＊老王,请喝酒。(第一次见笔者的同学。)
(6)＊老师,你女儿长得像你老婆,不像你。
(7)＊这是云大的张老师,这是电视台的刘什么……
(8)＊昨天,我们光临了王老师家,包饺子可好玩儿了。

以上实例说明外国留学生在学习汉语的过程中的确存在表敬

失当的问题。如何解决呢?

1. 教师首先应当树立敬语意识,在备课、讲解和练习中有意提醒学生注意。

2. 平时注意收集敬语材料,研究敬语的构成方式和社会内涵,及时以辅助材料的形式提供给学生。如表敬语素,就有高、大、尊、贵、皇、华、雅、贤、佳、玉、令、芳、宝、惠、仁、恭、敬、谨、请、奉、拜、仰、光、赐、乞、祁等。表敬动词有拥护、请求、敬爱、请教、汇报、拜访、歌颂、推崇、恭候、缅怀、仰仗等等。诸如此类。

3. 举办专题讲座,介绍汉语敬语的构成、内涵、演变、功能等。

4. 设计各种交际场景,让学生分角色演练,教师从旁指点,让学生熟悉敬语在实际场景中的使用。

5. 在日常交往中,对学生使用敬语的情况进行监督,对错误及时纠正,使学生养成使用敬语的习惯。

总之,教法是不拘一格的,教师尽可能发挥自己的创造能力,使学生学会说优雅、得体的话。

参考文献

纪长永,1998,谈日语敬语变化的现状和前景,《解放军外语学院学报》第5期。

刘超班,1999,敬语起源的猜想,《武汉教育学院学报》第1期。

刘超班,1999,中国上古敬语的形成因素,《北京联合大学学报》第4期。

刘超班,1998,《尚书》敬语论,《武汉教育学院学报》第2期。

刘超班,1999,古代汉语表敬语素的特点及其类型,《湖北师范学院学报》第3期。

温云水,1996,现代汉语的敬体问题,打印稿。

杨松波,1998,中日敬语比较,《日语知识》第2期。

"字本位"和"词本位"以外的思考

——汉字与词语关系及词汇教学顺序的考察

张世涛

中山大学国际交流学院

提　要　本文从分析留学生汉语词汇学习的实际情况入手,分析以往词汇教学的不足:忽视汉字作用,忽视"缀字成词"规律的教学,缺乏对词语难度等级与习得顺序间差距的考察,缺乏对口语词语与书面语词语出现顺序差异的分析,也缺乏汉字与词语出现顺序的分析。提出了词汇教学要重视汉字作用、重视构词法、重视习得过程、掌握汉语词语学习策略。

关键词　字本位　词本位　构词法　教学顺序

一　缘　起

现代汉语重要特征之一就是双音节词为主的复音词远远超过单音节词语,对外汉语词汇教学顺应了这一趋势,然而几十年的词汇教学却存在几个比较严重的失误。

1. 过分强烈的"词本位"。这一倾向片面把学习造句单位(以双音节词为主)当做词语学习的最高追求,忽视了汉字与词语的关系,削弱了汉字在词汇教学中应有的地位,抛弃了借助汉字表意能力学习词汇这一最有效的词语学习方法,人为地割裂了单音词语与复音词的冲突,造成词语学习的困惑。

2. 片面强调所谓按词语难度等级进行教学的"循序渐进式教学"。忽视了词语难度等级与习得顺序间存在的巨大差距,忽视了汉字难度的因素,也忽视了口语词语与书面语词语出现顺序的差距。

3. 忽视了系统向学生传授汉语词语的结构方式的知识。没有最大限度地帮助留学生掌握利用汉语构词法学习汉语词汇的技能。

"词本位"的缺陷已有很多学者认识到了。吕必松先生就认为,长期以来,我国对外汉语教学采用的基本是西方语言的教学路子,不符合汉语的教学规律。他还认为,汉语中基本语法单位是字,"字本位"是汉语的基本特点。"词本位"的教学方法,不利于揭示汉字的表意和表音功能,使汉字便于理解和记忆的优势变成了劣势,在汉语教学中走了弯路。吕先生的看法是很有见地的。但在词汇教学中全面推行"字本位"似乎也有缺陷。

1. "字本位"忽视培养实际交际能力是语言学习的第一要务这一原则,忽视了汉语实际交际活动中双音节词多于单音节词这一基本事实。

2. "字本位"混淆了母语学习和外语学习的界限,带有强烈传统蒙学意味,认字为主的教学模糊了字词的界限,有时会妨碍交际能力的培养。

汉语词汇教学中单纯的"词本位"和"字本位"都存在明显的缺陷。本文从分析留学生汉语词汇学习的实际情况入手,提出词汇教学要突出汉语构词法知识的传授,让学生在习得汉语词语过程中感悟汉语词语独特的"缀字成词"的构成方式;要在教学中突出汉语字独立表意、构词能力强大的特点,充分利用汉字形成的语义场,高效地学习词语;要分析留学生习得汉语词语顺序和习得规律,科学地安排字词的出现顺序,使之符合学习、理解、记忆、联想的规律。

二 "重词轻字"的缺陷

"词本位"在汉语教学中最大的缺陷就是脱离汉语词汇学习最行之有效的缀字成词、以字义推词义的传统,对最小的独立运用的词的认识有偏差,忽视单音节词,忽视独立运用能力稍差的汉字,放弃了汉语词语高效学习方法,而走了一条事倍功半的路子。后果就是造成学生只见森林、不知树木，缺乏对汉语词语构成方式的领悟，缺乏举一反三的能力。

如语素"具"不具备"词"的资格而被忽略，因此"农具"、"工具"、"文具"、"餐具"、"食具"、"刀具"、"器具"、"雨具"、"渔具"等大量本来同处一个"具"语义系列的词语，要一个个孤立地学习，缺乏效率。其实，讲清汉字"具"的意义，大部分以"具"为语素的词语就可以很容易掌握了。再如，讲清"农"的意义，以语素"农"形成的一系列词语就很简单掌握了，不必逐一讲解"农业"、"农民"、"农夫"、"农妇"、"农田"、"农具"、"农历"、"农时"、"农学"这些以"农"为语素的词语。现在的实际情况是没有教材敢把"具"和"农"这类不太能独立运用的"词"单独列为讲授内容，也没有指导教师如何向学生讲授语素和词语的关系。

在教材《现代汉语教程·读写课本》（第一册）中，就单独、分散地教授了"工作"、"工厂"、"工人"、"工具"这些词语而没有教这些词语中最重要的语素（汉字）"工"，这样，使得本来可以让学生准确、快速掌握的"做工"、"工钱"、"工时"、"工地"等词语也变得复杂。同样，教材教了"时候"、"时间"、"有时"、"小时"这些词，却不教"时"这个字。学生即使遇到"这时"、"那时"都会有困难，不能主动联想到和"时候"、"时间"的关系，更不要说"时新"、"时代"、"时差"、"时刻"这些难度稍微高一些的生词了。

还比如，在教授"衣服"、"样式"、"新鲜"、"干燥"、"疲倦"、"迎接"、"到达"、"应该"、"比赛"、"帮助"、"恋爱"、"特别"等词语时，也同样忽视对其中词语的语素的教授，使得"校服"、"中式"、"送达"、"赛场"、"助学"等词语还要特别讲解和记忆。

即使能独立运用的汉字，由于没能被列入教材的生词进行讲解，空位自动让同义的双音节词填补。但这样的填补有时会有问题。同样是《现代汉语教程·读写课本》（第一册），"学"就没有被当做生词进行教学，而以"学"为语素的生词"大学"、"教学"、"开学"、"留学生"、"同学"、"小学"、"学期"、"学生"、"学习"、"学校"、"学院"、"中学"等12个词语都被孤立、分散讲解。如若我们先教"学"，并强化"学"的意思，学生在今后接触以"学"为语素的词语时就自然能触类旁通,若能在教"学"的时候把词语扩大到以"学"为语素的一系列词语,效果会更好。因为有语言学院的缘故,双音节词语"语言"被过分讲解,而在实际交际和词语学习中,远比它重要的"语"和"话"在教材中毫无地位,始终没有能被讲解。其实,即使是单音节语素,也有将近一半(49%)是可以独立使用的(尹斌庸,1984)。"语"和"话"比之"语言"要更常用些。

重词轻字的做法非但造成学习效率低下,有时还会造成交际上的问题。我们常常听到留学生说出这样的句子:

(1) *我家有洗衣服机器。
(2) *有很多电影迷在门口外边等他。
(3) *城里有一个花商店。
(4) *他买了一张电脑桌子。
(5) *这里不能随便停汽车。

以上句子都明显不合汉语习惯或显得累赘。

三 "字本位"的缺陷

"字本位"似乎走了另一个极端,他们忽视了培养实际交际能力是语言学习的第一要务这一原则,混淆了母语学习和外语学习的界限,也模糊了字和词的界限,忽视了汉语实际交际活动中能独立运用的是以双音节为代表的词这一基本事实。

不管是先教"天地玄黄、宇宙洪荒"、"人之初、性本善",还是先教"上大人孔乙己"或者"人、山、大、小",这些对以母语为汉语的孩子进行汉字启蒙教学的方法都是不适合对外汉语教学的。脱离实际学习词语都是不科学和不得法的,传统蒙学根据汉字结构规律总结出来的教学方法是针对母语为汉语人士的,通俗地说就是识字,与我们说的对外词汇教学完全不同,因为识字本身并不等于学习词语,汉字教学法也不等于词语教学法。

以汉字来替代词语也是缺乏效率的。虽然大部分汉字有独立意义,但不一定就都能独立运用,更何况现代汉语词语双音节的趋

势已经让单音节的汉字更多地作为语素而存在。不正视这个现实,交际中就可能出现大量的偏误:

(1) *我修桌(桌子)
(2) *你吃果(果子)
(3) *中国是一个美的国(美丽的国家)
(4) *他有心病(心脏病)
(5) *我的鼻疼(鼻子)
(6) *你叫什么名(名字)
(7) *明天我没有时(时间)
(8) *这件衣色很好(衣服颜色)

汉字文化圈来的留学生就常犯"字本位"带来的错误,如:

(1) *你的目
(2) *山上的木
(3) *我的足

上面的语言单位明显不合现代汉语用词规律。

四 强化汉语构词法的教学

我们的汉语词语教学严重缺乏构词法的讲解和训练,不但是初级阶段完全没有构词法的内容,就是中高级阶段也鲜有构词法的系统讲解和训练,这是我们教学的一大缺陷。

汉语缀字成词的方法不多,绝大部分汉语词语就是由有限的几种构词法构成的。因此我们要在教学中不断强化汉语词语的构成方式,使学生体会和理解汉语把语素(汉字)缀成词(大多数是双音节词)的方法。有人统计过《现代汉语词典》所收"A"起首的复音词(语)共309个,其中有四字成语21个,三音节及三音以上的多音词61个(其中专有名词、音译或音译加类名计37个),除此而外,全为双音词,计227个,占复音词总数的70.2%。从构词方式看,227个双音词中,偏正式为83个,联合式有81个,支配式25

个,附加式18个,音译词和摹声词13个,单纯词7个,补充式1个。北京语言学院所编《简明汉英词典》(1991年6月版)以"C"字母起首者,收有汉语复音词(语)937个(不包括"从……出发"、"除了……之外"等),双音词共785个,占总数的83.8%,另有成语(主要是四字成语)84条,多音词68个。就785个双音词而论,构词方式分布如下:联合式317个,占40.6%;偏正式278个,占35.4%;支配式118个,占15%;补充式24个,占3%;附加式22个,占2.8%;单纯式19个,占2.3%;表述式7个,占0.9%。(王作新,1995)

这个统计基本反映了汉语词语(复合词)的构成比例,明显看到双音节复合词占了最大数量,而其中联合式、偏正式又占了绝对优势的客观现实。

词汇教学应当充分利用汉语构词法的特点和研究成果,如给学生灌输构词法的知识,使他们认识到汉语联合式复合词是由两个词性相同、意义相同、相反或相对的语素构成的:"道"即是"路",均为名词,"道路"也就是"道"或"路"的意思;"买"、"卖"均为动词,但意思相反,"买卖"意即"买"和"卖",就是"做生意"。这样一来,学生再看到"美丽"、"坚强"、"懦弱"、"人民"、"房屋"、"黑暗"、"图画"、"帮助"、"停止"、"生长"、"制造"、"偷窃"、"奇怪"、"伟大"、"广阔"、"勇猛"、"紧急"这些词语时,就能根据词语中一个已知语素猜到整个词的意思了,认识词汇的数量就可以跨越式、甚至爆炸式地发展。

汉语构词法要细致讲解,尤其是联合式和偏正式复合词,因为这二者已经占了所有汉语复合词的70%以上。事实上许多学生在不自觉的摸索中也能渐渐体会到汉语构词法的一些特点,尤其是偏正式合成词,因为汉语词语的结构特点是那么明显地存在,只是我们的词汇教学方法太滞后于教学和习得的要求。讲完"自行车"后应当单独讲解"自"、"行"、"车"三个字,当学生了解了汉字的意义、熟悉构词法之后,"自学"、"自动"、"行人"、"行走"、"火车"、"马车"就变得很容易掌握。他们对生词"卡车"、"吉普车"、"救护车"、"消防车"、"铲车"一定能联想到交通运输工具,对"菠菜"、"荠菜"、"苋菜"、"芥菜"一定能联想到蔬菜。这样,学生的学习能力就大大提高了。

由字而词,由一个词而一批词,再不会因为词里有一个不认识的字而对整个词毫无了解了。我们说要充分利用汉字形成的语义场帮助学生批量地、高效地学习汉语词语。

五 考察留学生习得词语顺序和规律,科学安排字词的出现顺序

词汇等级是依照难度编排的,如国家汉办《〈高等学校外国留学生汉语教学大纲〉长期进修(附件)·词汇表》,然而实际交际中词语的出现绝不依据此等级次第出现。从汉语词语学习和习得角度出发,根据汉语交际实际,筛选排列词语出现的顺序是非常重要的。

教学和习得词语的顺序不仅要依据词语的难度,更要考察留学生的习得顺序,大多数情况下是交际中的习得顺序。作者考察了现在普遍使用的教材,发现不少字词的出现顺序并不完全符合汉语词习得顺序。

从交际角度看,有些词应该是先出双音节词后出单音节词。如"国家"和"国",而《现代汉语教程·读写课本》(第一册)把"国"列为生词而没有教"国家"(第9课),从实际交际来看,"国家"比"国"要常用得多,活动能力也强得多。如果学生认定"country"在汉语中就是"国"后,结果会出现下列错误:

*你的国大我的国小/你们国很好/他的国很富/别的国也赞成我的国的做法

所以,在教学中,至少"国家"应该和"国"同时出现。教了"国"以后要适当扩展,也要教"国家",说明"country"在汉语中会以"国"和"国家"两种形式出现,并说明使用条件和环境,把"大国"、"小国"、"穷国"、"两国"这样的仂语和词组也做一个说明,否则也可能出现下面的错误:

* 中国是一个强国家/我国家政府表示不发展核武器

　　从学习顺序看,有些词应该是先出单音节词后出双音节词。如前面说过的"语言"和"语"、"话"。在同样教材中,"学期"、"学生"、"学习"、"学院"都列为生词,而没有把使用率最高、组合能力最强的"学"列为生词。其实,至少应该在教以"学"为语素的词语时就应该单独教"学"这个字/词,因为"学"的活动力较"学习"为强,不理会的话,留学生就会出现下列这些看起来没有很大问题、但是明显很累赘的说法:

* 他学习得很快/不要学习我说话/学习开汽车最少要一个月

　　在教学时,首先要从交际角度考虑单双音节的出现顺序,避免误导。在考虑词语难度的情况下,最好是单音节汉字和以此为语素的复音词同时出现。如"饭",同时出现"米饭"、"早饭"、"晚饭"、"饭馆"、"饭碗","包"同时出现"钱包"、"皮包"、"背包"、"书包","扫"同时出现"打扫"。如果有单双音节的同义词,要说明使用条件和环境,如"扫地"、"打扫房间"。

　　词汇教学要关注交际、强化汉字教学,两者互相协调,同时推进。总结起来就是:"交际领先,字词相连。"

六　结　语

　　汉语语词的历史和现实表明,单音节词一直特别活跃。它表意和组合能力强大,是现代汉语双音节词语和多音节词语最主要的构成材料。汉语词语构成方式简单明了,与汉语语法规则高度同步。因此,在强化汉语构词法的基础上突出汉字单音表意特点的教学就有极其重要的现实性。"字本位"和"词本位"各有所据,但都有不足,就如同"修桌"和"桌子布"都是不妥的一样。从具体的教学法来看,传统蒙学和现代西方词汇教学都不能完全适用于对外汉语教学,对外汉语词汇教学有其固有特点,就是在注重交际的前提下,立足学生习得规律,强化汉字意义的教学,强化构词法的教学。

参考文献

北京语言学院语言教学研究所,1986,《现代汉语频率词典》,北京:北京语言学院出版社。

李德津、李更新主编,1988,《现代汉语教程·读写课本》,北京:北京语言文化大学出版社。

刘英林、宋绍周,1992,汉语常用字词的统计与分级,《中国语文》第3期。

吕叔湘,1963,现代汉语单双音节问题初探,《中国语文》第1期。

陈瑞端、汤志祥,1999,90年代汉语词汇地域分布的定量研究,《语言文字应用》第2期。

王作新,1995,汉语复音词结构特征的文化透视,《汉字文化》第2期。

徐国庆,1999,《现代汉语词汇系统论》,北京:北京大学出版社。

徐通锵,1994,"字"和汉语的句法结构,《世界汉语教学》第2期。

徐通锵,1996,加强"字"的研究,推进中国语言学的发展,《语言文字应用》第1期。

尹斌庸,1984,汉语语素的定量研究,《中国语文》第6期。

对海外汉语师资培训的几点思考

刘正文
暨南大学华文学院

提　要　本文主要讨论中国政府主导的海外汉语师资培训的机制、培训方式和内容,分析了师资培训工作中存在的一些问题,并对这项工作的前景进行了展望。

关键词　海外汉语师资　培训　教学法

一　海外汉语师资培训的类型及政府机制

大规模的海外师资培训工作的展开是在20世纪末。经过改革开放20多年的发展之后,中国经济的迅速发展和综合国力的不断提升,造成了世界各地"汉语热"的纷纷出现,从而促成了海外对汉语师资培训的客观需求。

海外汉语师资培训主要是指为来自海外或者将要赴海外从事汉语教学的人士提供的业务培训,培训的对象包括在职教师及其他社会人士。从地域上来看,主要是中国大陆和中国台湾地区。"来自海外",既包括大陆主导的面向海外的汉语师资培训,也包括中国台湾的面向海外的汉语师资培训,还包括在中国开办的各种国际学校所举办的各类汉语师资业务交流活动(每年暑假,在北京、上海等地都有不同的workshop)。"将要赴海外"是指对将要派赴海外的各类汉语师资所进行的选拔、培训活动。在中国大陆,两年前开始的面向全社会的"国际汉语教师中国志愿者计划"项目中的师资培训环节就属于此。

限于篇幅,本文主要就中国大陆方面主导的海外汉语师资培训问题进行一些讨论。

在中国大陆,负责海外汉语师资培训工作的中央政府部门,目前主要有教育部和国务院侨务办公室(以下简称为"国侨办"),特别是设在教育部的国家对外汉语领导小组办公室(以下简称为"国家汉办")。

国家汉办和国侨办都具有政府的职能,从师资培训的角度来说,其主要任务是组织部署和宏观协调,具体的培训工作则由其指定的有关高等院校和中小学承担。具体来说,国家汉办主要负责中国政府与有关国家政府之间签署的文化教育交流协定中的汉语教育项目(其中包括对外国汉语教师的培训,也包括对在外国居住的华人华侨汉语师资的培训),国侨办主要负责海外华人华侨华校的汉语师资培训工作。两者的主要区别是后者是面向海外华人华侨开展工作。此外,教育部还专门设有"外国汉语教师短期研修项目"。该项目由北京语言大学和北京师范大学承办。

二 海外汉语师资培训的方式和内容

海外汉语师资培训的方式主要有两种:"走出去"和"请进来",主要形式是集中短期强化培训。此外还有海外主动邀请国内外的知名专家学者前往当地开展培训工作。

2000年12月15日,国务院侨务办公室在上海召开了海外华文教育座谈会。会议提出的"加大师资培训力度,提高海外华文教师的业务素质和教学水平"被列为今后一个时期华文教育工作的五项主要任务的第二项。同年,国侨办在全国设立了若干个"华文教育基地"(目前有22个基地),其中,一些基地就承担了海外华文师资的培训工作,并形成了培训机制。

国侨办组织的培训工作,先期主要是"请进来"的方式,如国侨办不定期组织的海外各国华文师资培训班。国侨办还依托各级地方侨办,因地制宜地开展了针对毗邻或相近国家的华文师资培训工作。如云南为泰国、老挝等,广东为印度尼西亚,广西为越南,福建为菲律宾等国开展了一系列的师资培训活动。这些培训主要是面向东南亚、北美、欧洲等地区,侨办系统利用祖籍地和地缘等优势开展了富有成效的培训工作。

此外,侨办系统还积极贯彻 2000 年的海外华文教育座谈会的会议精神,积极组织专家团赴海外开展巡回师资培训活动。如在北美洲、欧洲、大洋洲等地开展了上述培训活动。值得一提的,针对印尼的汉语师资几乎断层和华人华侨人口众多的特殊情况,广东省侨办(实际是国侨办安排的)于 2001 年 3 月组织了广东省汉语专家团赴印尼开展了为期 3 个多月的培训工作,在印尼 4 个城市开展巡回培训,受训教师超过 1000 人;第二年又组织了第二批广东省汉语专家团赴印尼培训师资。两次共在 10 多个城市开展巡回培训,受训教师累计近 2000 人。近几年来,国侨办每年都招募专家组团赴海外开展师资培训工作。

国侨办还专门为《中文》教材的推广和使用而组团赴世界各地进行培训。这是我们所知的唯一一个针对某种教材开展的专项师资培训。

国家汉办于 2001 年召开了"支持周边国家汉语教学工作会议",指定了 10 所院校为"支持周边国家汉语教学重点院校"。此后,每年国家汉办都召开支持周边国家汉语教学的专门工作会议,研究工作中的新情况、新问题,部署新举措。

对海外的师资培训也随之被提上议事日程,首先是针对周边国家的汉语师资培训工作。同时,国侨办组织的一些海外华文师资培训班,国家汉办也给予了大力支持。

国家汉办的海外汉语师资培训工作也主要是采取"走出去"的方式。但是,专家团的规模相对要小一些,每次主要是"点对点"的培训。同时,也有"请进来"的,如 2003 年夏,山东大学举办的蒙古汉语师资培训班等。

虽然无法具体调查到每一次的具体培训内容,但是从我们所接触到的具体培训工作及相关信息来看,无论是汉办还是侨办组织的师资培训班,无论是"请进来"还是"走出去",培训的内容主要是三个方面的内容:一是汉语基础知识,二是语言教学理论和教学法,三是现代教育技术在汉语教学中的应用。其中以前两个为主要培训内容,又以汉语教学法为重点。在一些具体的培训过程中,甚至开设了不同课型的教学培训,如语音教学、汉字教学、词语教学、口语教学、听力教学等。

此外,针对师资培训的研讨活动,中外双方也开始进行合作,如国家汉办和美国各大学联合汉语中心(ACC)共同主办的汉语作为外语教学师资培训研讨会于2004年7月4日在首都经济贸易大学举行,共有中美双方18所大学的教师参加。

三 海外汉语师资培训工作中存在的若干问题及对策思考

毋庸置疑,上述各种培训工作都取得了很好的实效,在海内外产生了一定的影响,对提高海外汉语教学水平起到了重要的推动作用。特别是对于印度尼西亚这样的汉语遭到长期禁止、华文教师几乎断层的国家来说,起到了"及时输血"的效果。

当前的培训工作正在有条不紊地往前推进,认真总结培训工作中的经验教训,深入思考海外汉语师资培训的优化策略,是摆在我们面前的现实而迫切的问题。就笔者所思,主要问题和对策如下:

3.1 关于培训的模式

如前所述,所有的培训模式几乎都是集中短期强化培训。这种培训虽然有着受训面广、时间集中、成本低的优势,但是也存在着培训的针对性差、实际受益效果低的不足。

虽然培训的专家具有较高的理论修养和丰富的留学生汉语教学经验,但是他们缺乏对海外汉语学校、汉语教师和汉语教学现状的深刻了解,因此,"讲学式"的培训对于学员来说似"雾中看花",这种培训的效果难免有"纸上谈兵"之憾。这就需要我们考虑如何深入实际,采取各个击破的办法,派一个专家,深入一所学校,带动一个地区,稳扎稳打。在这个方面,日本横滨的山手中华学校就尝到了甜头,菲律宾的一些华校也正在走这样的路子。

由于海外各国的情况千差万别,似不宜采取唯一固定的培训模式,应该因地制宜,采取有针对性的培训措施。

同样,在培训的内容方面,我们也存在着与海外汉语教学实际情况脱节的问题。

3.2 关于培训的内容

目前国内的留学生汉语教学多数是按照听、说、读、写四种技能来设置课程的,但是海外一般学校的汉语课程只有一门,即使是大学也不完全与国内的情况相同。如何培训海外教师在一门课程里面完成听、说、读、写四种技能的培养,是一个重要培训课题。

对于教学法的理解和掌握,首先要求海外教师要正确认识汉语教学的性质,将其定位在语言教学而不是语文教学。其次是要摆正教师和学生的关系,正确认识和处理教师的主导作用和学生的主体地位的关系。这些问题在实际的培训工作中也没有引起足够的重视。

需要说明的是,教学法本身也不是孤立的,它和学生、教材密切相关。因此,对于中国政府有关方面来说,采用"派出去"的办法,结合合作编写教材,来提升海外汉语教师的教学水平,毕其功于一役,未尝不是一种可行的办法。

培训内容还应包括编写教材的能力培训。因为目前海外严重缺乏适用的汉语教材,而要想彻底解决教材问题,最终的办法还是要当地教师参与编写教材。参与编写教材的过程,不仅仅是熟悉教材和教学方法的过程,更是学习如何使用、如何编写教材的过程。任何教材都不可能一成不变,一直使用下去,需要不断地修订、更新和完善。编写教材,更是高水平的汉语教师必须具备的基本素质之一。

关于教材编写,理想的组合模式应该是国内开展留学生汉语教学的专家和教师与海外的汉语教师三方合作,共同编写、开发有针对性的教材。因为三方各有自己的局限性:中国的专家学者有着自己的优势,掌握了最先进的教学方法和丰富的留学生汉语教学经验,但是不太了解海外汉语学校的情况,特别是学生和教师的情况,因为国内的留学生多数是成人层次的,而目前海外汉语学校存在比较多困难的是中小学层次的。这个方面,国内大学的专家学者多数知之甚少,中小学语文教师虽有教学经验,却又缺少把汉语作为外语进行教学的理论和经验。因此,在将来的培训工作中是否需要考虑将三方面的人才进行组合也是需要进一步研究的问题。

3.3 关于培训工作的规范化

培训工作的规范化需要有规范的培训大纲、培训教材、培训师资和培训制度、对受训对象的考核标准及规范证书发放等。按照这个标准来看,以前开展的各种培训活动都有待进一步规范。

根据我们所掌握的情况来看,目前尚没有专门的师资培训大纲和培训教材(针对东南亚国家的汉语师资培训教材正在紧锣密鼓地编写),也没有培训师资的选拔制度和培训制度。各种培训活动,基本上还是临时性的师资组合,使用临时性的培训讲义,百花齐放。考核标准及证书发放等问题也有待进一步的统一和规范,这个方面应该有一个国家标准,统一由国家汉办来发证。

3.4 关于培训工作的法制化

培训工作的法制化是指需要把培训工作纳入到法律的框架,依照法律来解决有关的师资资格问题。

既往的培训工作对于解决当前海外汉语教师急需的实际教学能力问题可谓是雪中送炭,但是,相对于长远而言,他们更需要解决师资资格问题。因为越来越多的国家要求汉语教师具备合乎所在国有关教师资格的基本条件。

众所周知,像印度尼西亚、蒙古等众多发展中国家,华人华侨曾经受到极大的排挤,历史造成了印度尼西亚汉语教师的断层和蒙古汉语教师的学历问题。

要解决学历问题,需要更长的时间。当前能否先把培训与受训教师的师资资格问题统筹来考虑。将培训工作引入到教育部2004年第19号令所颁布的《汉语作为外语教学能力认定办法》中来。该《办法》第二条明确规定:本办法适用于对从事汉语作为外语教学工作的中国公民和外国公民所具备的相应专业知识水平和技能的认定。这就要求中国政府有关部门尽早拿出解决方案,甚至要与有关国家政府部门进行磋商,达成一揽子协议(承认我有关教师培训、考试及获得的师资资格)。

此外，也有一些海外汉语教师获得了HSK高等证书，能否考虑将该种证书的获取与师资培训和《汉语作为外语教学能力认定办法》衔接起来，规定相关科目的考试成绩的互相或单向认可，避免重复考试，减少海外汉语教师的考试和培训负担，着力加强教学法理论和实际教学能力的培训，最终从法律的层面来解决师资的资格问题。

3.5　关于培训工作的制度化

由于当前海外各国汉语师资水平参差不齐，有的国家汉语师资水平甚至比较薄弱，因此培训工作不可能是短期就可以完成的，应该像教育部解决国内基础教育师资达标问题那样，有一个长期的计划。海外汉语师资的培训又因为各国的情况不同，呈现出更加复杂的局面，更需要我们强化培训的制度建设。将短期培训和长期培训结合起来，将培训与考试和获取《汉语作为外语教学能力证书》结合起来，逐步解决海外汉语教师的师资问题。

长期培训还要考虑到解决部分海外汉语教师的学历问题。可以由中国有关高等教育机构主要是大学协助解决师资的学历问题，或者采用中外双方合作办学，有条件的也可以利用孔子学院来解决迫在眉睫的师资学历问题。

3.6　关于培训工作的集约化

如本文开头所述，开展师资培训的单位和地域之间目前缺少应有的联系，中国大陆和中国台湾相关方面缺少沟通，大陆内部，不同的主管部门之间也存在着一定的条块分割，大学和国际学校之间虽然是同样的针对外国人的汉语教学，也缺少应有的横向交流和联系。从某种意义上看，所有这些都说明，中国大陆的汉语师资培训尚处在一个粗放经营的阶段，如何整合相关的资源，实现资源共享，拟定统一的培训标准（2005年4月，国家汉办编辑出版了国际汉语教师中国志愿者计划培训大纲，如何将其与日后的各种师资培训大纲整合统一也是新的课题），是提高汉语师资培训集约化程度的必需。

四　海外汉语师资培训前景展望

尽管目前的师资培训工作还有一定的不足。但是,由于政府和全社会的关注和投入力度加大,相信海外汉语师资培训工作将会迎来一个空前的发展势头。

2004年3月,在全国政协致公侨联联组会议上,中共中央总书记胡锦涛就进一步推动新时期海外华文教育工作做出了重要指示,提出在加大政府投入的同时,建立华文教育基金会,动员社会力量支持华文教育事业。同年9月,中国华文教育基金会正式在北京注册成立。

中国华文教育基金会以"弘扬中华文化,促进华文教育事业发展,加强中外文化交流"为宗旨,业务主管单位是国务院侨务办公室,理事单位包括中央统战部、中央外宣办、全国人大侨委、外交部、国家发展改革委员会、教育部、财政部、文化部、广电总局、新闻出版总署、国务院侨办、全国政协港澳台侨委、中国侨联、致公党、国家语言文字工作委员会、暨南大学、华侨大学。

2004年11月25日,中国华文教育基金会举行一届一次理事会,会议认为,师资数量和质量是海外华文教育所面临的最现实、最迫切的问题。基金会秘书处依据国家海外华文教育工作联席会议2004年至2007年工作规划以及海外华文教育现状,邀请专家学者,对首批募捐项目进行了专题研究和策划,初步构想推出"海外华文师资培养计划"。

据基金会副理事长周中栋介绍,正在规划中的"海外华文师资培养计划"将对骨干教师进行学历教育,对一般教师进行短期培训,同时利用海外力量设立基地开展就地培训,以5年为一个计划周期,努力在5年内培训10000名华文教师,教学效果辐射100万名海外学生。

据了解,该计划将以资助东南亚华文教师来中国短期培训为重点,并兼顾欧美地区重点国家。同时每年将资助数个专家团赴海外进行短期师资培训,使受训对象每年达到1500至2000人次。

在一般教师短期培训的基础上,计划还充分利用暨南大学、华侨大学等华文教育基地学校的优势,每年招收300至500名海外华裔青少年和华校现职教师来中国接受系统的学历教育,培养一批能够从事一线教学的骨干和一批教学、科研和管理并重的海外华文教育精英。

海外华文师资,在某种意义上代表着整个海外汉语师资的水平。加大对海外华文师资的培训力度,也就是加大对整个海外汉语师资的培训力度。

笔者在修改本文之际,国家汉办已将"制订师资培训规划"列为2005年的重点工作之一,并于2005年6月4日在云南师范大学召开"制订海外汉语教师发展规划研讨会",相信这一举措将有力地推动汉语作为外语教学的师资培训工作向纵深发展。

另外,随着美国AP中文项目(即在高中阶段设立的"大学汉语和中国文化预修课程和考试")的逐步推展,中美之间必将在汉语师资培训方面展开进一步的合作。由于美国的国际影响,其他国家的汉语教学及师资培训工作都可能受到美国AP中文项目及其师资培训模式的影响。

参考文献

陈键兴,中国华文教育基金会推出"海外华文师资培养计划",见http://news.xinhuanet.com /newscenter/2004-11/25/content_2261762.htm

国家对外汉语教学领导小组办公室编,《汉语作为教学能力(初、中级)培训大纲》。

国家对外汉语教学领导小组办公室编,《国际汉语教师中国志愿者培训课程大纲》。

《汉语作为外语教学能力认定办法》,2004,《教育部公报》第10期,又见http://www. hanban. edu. cn/ExpressLayer/Information/newsDetail. aspx? infoid=870

《华文教育通讯》及《国外汉语动态》各期。

滕剑峰、张伟超,华文教育工作面临着巨大的发展机遇,见http://www. chinanews. com. cn/news/2004/2004-12-01/26/511609. shtml.

新编《医学专业汉语课本》的编写原则

莫秀英　林华生
中山大学国际交流学院

提　要　医学专业课的课堂用语和教材用语专业性很强,教科书又常用汉语书面语甚至古汉语的表达方式来进行表述,这使来华攻读医学专业的外国留学生常常遇到听力理解和阅读理解的困难。因此,编写一套帮助他们顺利闯过这些难关的医学汉语教材十分必要。本文对现有医学汉语教材的现状进行了分析,并根据实际教学经验提出新教材的编写原则。

关键词　医学汉语　教材　编写原则

引　言

来华攻读医学专业的外国留学生在入系学习以前,一般在我国或外国学习了一年汉语,HSK水平考试达到三级或以上,日常生活会话使用汉语没有很大的问题,但是他们学到的汉语及其表达方式基本上都是口语式的。进入医学专业后,他们与中国学生一起上专业课,课堂用语和书面用语专业性都很强,教科书的表达方式更是以书面语甚至古汉语的表达方式出现,这就使得一年级的外国留学生在第一个学期开始时完全听不懂专业课、看不懂专业书。因此,为他们开设医学专业汉语课十分必要。但是,从我们多年的教学实践来看,现有的医学专业汉语课本已不能适应教学的实际需要。要帮助医学专业的留学生顺利通过一年级的专业汉语关,就必须重新编写医学专业的汉语教材。本文拟对现行教材进行分析,并提出新编教材的编写原则。

一 现状分析

目前国内公开出版的医学汉语教材,只有《大学医用汉语教程》一套四册(洪材章,1991)。该教材在《前言》中说:"前三册为主课本,每册用一学期,供三学期用……第四册为《文化(医学)读本》,供教师在教学中选择使用或学生自学用……学完本教程,汉语水平可达三级以上。"而实际情况是:全国没有一所院校开设医学汉语课达三个学期之长,一般只开设一个学期;汉语水平未达到三级以上的留学生一般不能入系学习,而不是入系学习后经过三个学期的专业汉语学习,汉语水平才达到三级以上。显然,这套教材在教学进度安排以及汉语水平等级方面并不适合实际的教学需要。因此,大学一年级的医学专业汉语课并未使用过该教材,一些院校则在学习了四个月汉语的进修生中使用该教材的第一册。但是因为进修生的汉语水平非常有限,该教材的课文相对来说显得过长过难,生词量也过大,因此一个学期也只能讲授第一册的二到三课(该教材第一册共二十一课),使用率极低。从如此低的使用率我们也可以看出该教材与教学实际的距离。

在医学专业汉语课中,使用率较高的是各院校自编的没有公开出版的内部教材。在这类教材中,又以原中山医科大学汉语教研室编的《医学专业汉语课本》(以下简称为《课本》)较为成功和较有代表性。

《课本》的课文全部改编自医学专业教材,课文内容的编排顺序也与专业教材保持一致。由于我国大学一年级的新生入学报到后都必须参加二到三周的军训,而外国留学生不需参加军训,学校一般会利用这段时间对留学生进行中国国情教育,并让他们开始学习专业汉语。也就是说,《课本》的内容顺序虽然和专业教材一致,但在讲授时比专业课提前三到四周,这就保证了没有接触过医学专业汉语的留学生可以在听专业课和阅读专业教材之前先从汉语课中接触到医学专业的汉语名词、术语和专业教科书的表达方式,为他们听专业课、看专业书打下一定的基础。专业课开始以后,汉语课与之对应的内容总是在专业课之前讲授,留学生可以通过汉语课先学习专业词汇和主要的专业知识,对专业课的内容有个大致的了解,然后再去听专业课。这样经过大半个学期的医学汉语学习后,他们逐渐可以听懂专业课、看懂专业书了。由于《课本》基本上符合医学专业对留学生的汉语要求,所以原中山医科大学的医学汉语课能够从20世纪80年代坚持至今,而有些院校则由于汉语教材的内容不能与医学专业课配合,取消了汉语课。

现在的《课本》是1996年在原《(供来华医学专业留学生用)汉语课本》的基础上改编的,改编的直接原因是20世纪90年代以后医学专业教材内容的更新和调整。因此现在的《课本》与原《课本》相比,改动的主要是内容,体例和练习没做明显的改变。

如前所述,内容与专业教材保持一致,是《课本》的最大优点。因此,《课本》尽管有各种各样的不足,仍能从1996年沿用至今,长达八年之久。在这八年的教学实践中,《课本》的缺点也渐渐暴露,且越来越明显。

首先是课文的难度安排不合理。这里说的难度不是专业内容的难度,而是汉语表达的难度。如第一、二课,课文的表述运用了许多长句、复句,还有很多书面用语(如:较、称、称为、故称为、存在于、与……结合、以……状态存在、……等、由……构成、即、所有的、可、以至、微量、A与B或C结合成D或E、但、含、则、A与B相连组成C、而、通过……方法、成为、形成、A是从B+V.而来的、以……为……+V.、便、须、才能)。这对刚刚接触专业汉语和汉语书面语的留学生来说,难度过大。教师教得辛苦,学生学得困难,学习以后也很难消化。

第二是课文之后没有语法点的解释。教师只能凭经验在课前估计学生的语法难点,上课时根据课文中出现的语法难点的顺序讲解,往往是碰到一个讲授一个。讲解后问问学生还有什么地方不明白,再根据学生提出的难点进行讲解。这就使得这一阶段的语法学习没有系统性,更不用说科学性与合理性了。

第三是练习的编排不能与课文中出现的语法点相配合。如第一、二课的书面语练习只有"于"、"即"、"须"、"所有的"、"以……状态",而长句和复句的练习则完全没有编入。这就使教师讲解完课文中出现的语法点之后,不能以相应的练习让学生进行操练,帮助学生掌握这些语法点,学生也不能通过练习来熟悉和巩固所学的新语法知识。这是不符合语言学习规律的。

第四是没有插图。一般的汉语课本,如果没有插图,只是显得版面呆板,不够生动,但对内容的理解不会有太大的影响。可是医学专业汉语课本如果没有插图,就会大大增加学生对课文内容理解的难度。我们所见的医学专业教材里面都是有很多插图的。由于《课本》没有插图,我们上课时不得不每次都在黑板上依照专业教材来画图,这样既增加了教师的负担,又浪费了课堂时间。这一点,《大学医用汉语教程》做得比较好,它的许多课文都附有插图。

第五是课本后面没有词汇表,不利于学生查找学过而未记住的单词

由此可见,《课本》的优点是内容的选择和编排顺序比较适合学生学习专业课的实际需要,学生在学习汉语课后对专业课的帮助是立竿见影的,因此学生十分清楚医学汉语课的重要性,都愿意学、认真学;其缺点是课文表达方式的难度没有做到循序渐进,语法点的出现没有根据语言学习规律,根据精心设计和安排,缺乏语法解释,练习的编排不够科学合理,没有必不可少的插图和词汇表。这就诚如俄国教育家乌申斯基说过的"好的教科书和有效的教学法,能够使没有经验的教师成为一个好老师。如果缺少这些,一个优秀的教师也难以真正在教学上登堂入室"一样,《课本》显然不能适应教学的需要,编写新的《医学专业汉语课本》已迫在眉睫。

二 新编《医学专业汉语课本》的编写原则

由于课时的限制,医学专业的汉语课不可能分成读写课、听力课、阅读课等课型,它只能是一门综合课。又由于它以帮助留学生听懂专业课、看懂专业书为教学目的,这就使得它的侧重点落在听力和阅读,尤其是阅读上面。根据这门课的特殊性,我们提出以下的编写原则。

2.1 针对性原则

教材的编写应该有针对性。一般来说,应针对不同的母语、母语文化背景与目的语、目的语文化对比及学习者的年龄、国别、文化程度特点、学习目的、学习起点、学习时限等来确定教学的重点(刘珣,2001)。而医学专业汉语的特殊性,决定了它与一般汉语教学的针对性有所不同。

学习医学专业汉语的留学生都不是零起点的、从未接触过汉语的外国人,而是最少学习了四个月汉语,有一定汉语基础的外国人。学习者的年龄一般为二三十岁,来自各种语系的国家,有着不同的文化背景,对中国文化有初步的了解。学习时限一般为每周4—6学时。学习的目的很明确——通过学习专业汉语来帮助他们听懂专业课、看懂专业书。因此,编写教材可不考虑不同的母语、母语文化背景与目的语、目的语文化对比、学习者的年龄、国别、文化程度等因素,而把针对性放在学习目的、学习时限、学习起点这几个方面。

首先,应针对学习者的学习目的来编写教材。留学生学习医学汉语的目的是十分明确和一致的,对他们入系学习时没有帮助或帮助不大的内容也不应编入教材(如有些带有文学色彩的医学科普类文章等)。

其次,应针对学习时限来编写教材。医学专业汉语课虽是综合课,但周学时数比普通汉语综合课少得多,每周只有4—6学时。一般来说,一课的内容在一周内讲完比较合适。

再次,应针对学习起点来编写教材。学习医学汉语的留学生汉语水平都不是零起点。入系前学习医学汉语的留学生一般在中国学习了一个学期即四个月汉语,学习医学汉语的同时还在以大部分的时间学习普通汉语。入系后的学习者则应在中国学习了两个学期汉语,学习医学汉语的时候已不再学习普通汉语,而是以大部分的时间学习医学专业的各门课程。这两种情况的学生汉语水平相差很大,还有一些学生入系前和入系后都学习医学汉语(即学习两个学期医学汉语),因此,应针对不同学习起点的学生编写出既可供一个学期单独使用,又可供两个学期连续使用的教材,即把

《医学专业汉语课本》编为上、下两册。上册供入系前使用,课文内容可从与医学有关的学科如物理、化学、生理学、生物化学、组织胚胎学、解剖学等中选取。因是入系前的学习,不需与专业课的进度相配合,此时学生的汉语水平也较低,故词汇方面以专业术语为主,并配合一些简单的书面语和书面表达方式,语法则尽量与普通汉语同步。下册供入系后使用。课文主要从一年级第一学期开设的专业基础课《细胞生物学》中选出,内容编排顺序应与专业课的顺序一致,词汇以专业名词术语和专业课本出现较多的汉语书面语汇为主,语法则以长句、复句、书面表达方式为主,难度应比同等级的普通汉语语法深。

2.2 实用性原则

医学汉语教材不同于普通综合课的汉语教材,普通综合课的汉语教材主要为提高学习者汉语听说读写各项技能而编写,医学汉语教材的实用性体现在确实能进入该课程的学习。具体来说,实用的医学汉语教材应体现以下特点:

(1)课文内容的专业性特征要明显,选材来自专业教材。

(2)课文的表达方式应与专业教材保持一致,即采用书面语体的表达方式。

(3)为配合课文内容,帮助学习者理解课文内容,应配上相应的插图。

(4)应有语法解释。语法点编排除参照《语法等级大纲》的难易顺序,还应根据专业汉语的特点做适当调整。如有的语法点可能较难,但该类句式在专业教材中出现得早,出现得多,属于专业汉语的常用句式或常用表达方式,编排语法点时也应把其排在前面,否则专业汉语课达不到帮助学习者学习的目的。

(5)应有足够数量的语法练习。因为专业汉语的语法点比同等级的汉语语法要难,教材中如果没有大量的练习,学习者很难掌握所学的语法知识,教师在课堂上也很难对学生进行相应的语法操练。这会大大影响教学效果,也不能真正达到教学目的。

(6)除了语法练习外,还应有适当的阅读理解练习和听力练习。这是由这门课的教学目的决定的。阅读理解练习的目的是要求学生在掌握了相应的语法现象后,进一步理解长句、文段、篇章所讲述的内容。听力练习应分两个部分:一是专业术语的听力训练;二是听力理解训练,这部分可参照教师讲授专业课时的用语,内容与课文相关,但语体不是专业书面语,而是专业口语。听力练习的目的是培养学习者听懂专业课的能力。听力练习不必配备录音带,可把要求学生听的内容以附录的形式附在课本后面,课堂上采取教师说、学生听的形式进行练习。

(7) 课本后面应有附录,附录的内容可包括汉语的化学元素周期表、词汇表、听力语料等。

2.3 专业至上原则

这是由开设本课程的目的决定的。所谓专业至上原则即一切为专业服务,一切问题如与专业发生冲突,则遵循专业优先、专业至上的原则。

如根据普通汉语的词汇大纲,《医学专业汉语课本》上册的词汇应以甲级词和乙级词为主,下册则以丙级词和为主。但根据专业的需要,必然出现许多丁级词和超纲词,超纲词的数量可能占生词总量的60%以上。遵循专业至上的原则,应该把数量庞大的超纲词编入生词表中,在这两册课本中,丁级词和超纲词应成为要求学生掌握的词汇的主力军。

实际上,专业需要的大部分丁级词和超纲词是不难掌握的。因为数量最庞大的是专业名词,这些专业名词绝大部分不是抽象名词,而是事物名词。根据语言学习规律,事物名词是最容易掌握的。因此,编入大量的超纲词并没有违反语言学习规律。学生在汉语课中先从形、音、义三方面接触这些丁级词和超纲词,然后在上专业课时从形、音两方面反复接受刺激,看专业书时又从形、义两方面反复接受刺激,这对他们顺利掌握专业术语、专业知识是十分有益的。

根据专业的需要,普通词汇和语法方面也会有不少超纲或超等级的情况。虽然这些词汇和语法较难掌握,提前学习增加了学生的负担,但因为专业需要,也应编入或提前学习,否则就达不到其教学目的。只要编写教材时重视这些难点,对这些词语和语法点做出明确的、深入浅出的解释,并配以足量的由易到难的练习,学习者还是可以掌握的。

总而言之,合适的医学汉语教材应能帮助学生学好医学专业课程。

参考文献

1984,《科技汉语教程》,北京:北京语言学院。
国家汉办,1991,《中高级对外汉语教学论文选》,北京:北京语言学院出版社。
国家汉办,1998,《汉语水平等级标准与语法等级大纲》,北京:高等教育出版社。
国家汉办,2001,《对外汉语教学与教材研究论文集》,北京:华语教学出版社。
洪材章,1991,《大学医用汉语教程》,天津大学出版社。
华东师范大学国际中国文化学院,2002,《对外汉语教研论丛》第二辑,上海:华东师范大学出版社。
刘　珣,2000,《对外汉语教育学引论》,北京:北京语言文化大学出版社。
中山医科大学汉语教研室编,1986,《(供来华医学专业留学生用)汉语课本》,校内印刷。
中山医科大学汉语教研室编,1990,《汉语课本》,校内印刷。
中山医科大学汉语教研室编,1996,《医学专业汉语课本》,校内印刷。
周小兵、张世涛,1999,《中级汉语阅读教程》,北京:北京大学出版社。

泰国高校汉语学习者学习状况调查及其对教材编写的启示

徐霄鹰
中山大学国际交流学院

提　要　本文对泰国华侨崇圣大学中文系三个年级 90 名学生的课堂及课外学习现状、学习困难及其应对策略进行了全面调查。通过对调查结果的统计和分析,发现了泰国高校中文专业的学生在学习中存在一些特有的问题,这些问题涉及教与学两个方面。在这个基础上,本文提出了在相应的分语种教材中解决这些问题的办法。

关键词　学习困难　语法教学　词汇教学　教材　汉泰对比

目前,中山大学国际交流学院正在与泰国华侨崇圣大学合作编写针对泰国汉语学习者(主要是高校中文系学生)的基础汉语教材。在启动教材编写之前,我们对崇圣大学中文系二年级、三年级及四年级同学进行了一次相关问卷调查。华侨大学中文系是泰国位居前列、学生人数最多的汉语言文学教学单位,其学生情况相信具有一定的代表性。本文在完整的调查报告中,抽取最能反映泰国学习者学习现状和困难的部分,进行重点分析,提出如何在教材中采取相应的策略以加强教材的针对性,使教材更符合泰国使用者需要。

一　关于调查

1.1　调查实施

双方教师共同完成调查问卷,并翻译成泰语。之后,进行了小范围的测试调查。10人(6女4男)参加了测试调查。泰方翻译全程参与。根据测试调查过程和结果反映出来的情况,对小部分题目、题目的问法以及选择项进行了调整。

二年级二班、四年级的问卷是当场完成的,平均用时不超过20分钟。二年级三、四班和三年级问卷是课后完成的。

1.2 抽样

本次调查,在二年级学生中分发了45份问卷,三年级分发了30份,四年级分发了15份。之所以按这样的比例分配,原因有二:其一是二年级学生人数接近120人,而三年级为90多人,四年级仅60多人。其二是二年级已经使用了基础汉语课本[①]的一、二、三册,目前正在使用第四册,她们对基础汉语学习和教材的意见,无疑是最全面也最具即时性的。三年级完成基础汉语学习不久,他们的意见也非常有参考价值。而四年级已完成基础汉语学习近一年半,因此我仅把他们作为对比组列入考察。

华侨大学中文系的学生基本上可以分两类:一类是入大学之前已经在中小学或中文补习学校学习过汉语的(下称"有基础学生");另一类则是零起点的(下称"无基础学生")[②]。本调查没有刻意按比例来抽样,只是请老师随意分发。

最后回收有效问卷:二年级41份,其中13份来自有基础学生,无基础28份;三年级29份,其中来自有基础学生13份,无基础16份;四年级15份,其中来自有基础学生5份,无基础10份,由于四年级是作为对比组出现的,因此在统计结果时没有做有无基础的区分。

二 重点统计结果

存在一些在入学前就在补习学校学习过的学生,而他们学习汉语的时间又从10年到1、2年不等,使用过的教材也是五花八门。这是泰国高校中文系面临的一个问题,也是东南亚地区一个普遍的情况。因此,我们首先对这两类学生多一个基本的对比。

2.1 呈现有无基础学生差异的统计结果

2.1.1 语言环境及学习动机

在26名有基础学生家庭中,有华语环境的占了20人,其中只讲方言的占12人,普通话方言都讲的8人,但没有一人的家庭是只讲普通话的。而在44名无基础的学生家庭中,有华语环境的只有22人,其中17人家中只讲方言。

与此对应,26名有基础学生中的11位声称他们选择中文系是由于他们对中国和中文感兴趣,而只有6名无基础学生这样说。可是更值得深思的现象是,只有15位(53.8%)有基础学生对学习比较或很感兴趣,而无基础学生中这一比例却高达88.6%。

2.1.2 学习及表达困难

有基础学生几乎各方面的学习困难都较无基础学生小。但比较而言,两类学生在生词、语法学习方面的差异很小,在发音、汉字学习、汉语阅读和汉语听力这几个方面差距很大。

表1

	无基础学生的难度系数[3]	有基础学生的难度系数
发音	5.74	4.5
认汉字	6.63	5.7
写汉字	6.4	4.46
记汉字	7.45	6.34
汉语阅读	6.16	5.07
汉语听力	7.27	4.83

同样,在表达时,无基础学生也比有基础学生遇到更多的困难。

表2

	无基础学生	有基础学生
总是/常常想不出合适的词	84%	61%
表达前总是/常常用泰语思考	75%	57.7%
完全/基本只能用一些简单的词和几种简单的句子	86.4%	65.4%

最后,有 10 名有基础的同学表示他们在遇到学习困难时最常求助于工具书或其他教材,而只有 6 名无基础的同学有这样的学习习惯。

2.2 呈现一致性的统计结果

2.2.1 汉语时间

所谓"汉语时间"是指被调查的学生学习、接触和使用汉语(指普通话)的时间。

平均统计,70 名参加调查的二三年级学生每天除了上课和做作业外,用于汉语学习的时间(也就是我们通常所说的复习、预习和自学)在半小时以内的占了 52.9%,其中更有 29 名表示他们几乎不再进行课外的汉语学习;只有 16 名,即不到 23% 的同学表示他们课外学习时间超过 1 个小时。对比组的四年级同学的情况更糟糕,15 名同学中有 9 名表示他们几乎不进行课外学习,学习时间超过 1 小时的仅有 3 名。

那么学生又需要用多少时间完成基础汉语作业呢?

61.4% 的同学每次课后(注意不是每天,而是每次上课以后)只需 15—30 分钟来完成抄写作业;另外,同样比例的同学每次课后只需要花同样时间来完成运用式生词作业;54.3% 的同学表示他们每次课后只需要花 15 分钟左右来做跟语法有关的练习;还有 17% 表示只需要用半小时左右。

那么,学生在学校外通过其他途径接触和使用汉语的时间有多少呢?

只有 19 名同学每星期能接触(包括听和读)到普通话的时间超过 1 小时,同时 23 名表示他们在校外没机会接触普通话,只有 15 名同学每周使用(包括说和写)普通话超过 1 小时,而完全没机会使用的同学有 21 名。

2.2.2 困难

2.2.2.1 语音、汉字、词汇和语法学习的难度

在语音和汉字学习上,虽然有基础学生跟无基础学生反应差异比较大,但其难度感觉在整体上仍然存在下述一致。

汉语发音对学生来说不难也不易,平均难度系数为 5.13。

跟其他母语为拼音文字的外国学生正好相反,这次参加调查的学生也并不认为写汉字很难,写汉字一项的平均难度系数仅为5.43;反而,他们觉得认汉字比书写更难,难度系数为6.18;但学生一致认为记忆汉字相当困难,系数达到了6.9;对于无基础学生来说,记忆汉字比记忆生词更难。

汉语词汇的理解和运用对于学生来说不算太难,难度系数分别为6.19和6.09;主要的难点仍然是记忆,难度系数达到6.57。

再来看语法学习。下表是三个年级的学生给语法学习打的难度系数。

表4

	理解语法	运用语法	记忆语法
二年级	7.74	7.87	7.75
三年级	7.6	7.24	7.58
四年级	7.73	7.87	7.73

很清楚,无论是语法的理解、运用还是记忆,对三个年级的学生来说都几乎一样困难。在调查中,还请学生对正在学习的其他专业课(商业汉语、古文等)做个难度评价,结果从低到高三个年级打出的难度系数分别为7.42,7.37和8.36。可以看出,对于四年级学生来说,语法比专业课稍微容易;对于三年级学生来说,一样困难;对于二年级学生来说,语法比专业课还难。

2.2.2.2 表达困难

调查中列出了五个基本的表达困难:(1)表达时不知道某个词在中文中怎么说;(2)无法准确使用意思差不多的词;(3)表达前需要用母语思考;(4)表达时无法组织合适而准确的句子;(5)只能使用最基本的词汇和句式进行表达。

虽然在有基础和无基础学生之间存在差异,但整体来看,二三年级学生中普遍存在上述第一、第三、第四和第五个表达困难。总是或常常遇到上述困难的学生比例分别为72.5%、66.5%、65.7%和74.7%。四年级的学生常常或总是遇到上述前三项困难的比例分别降低到60%、30.1%和46.2%,但到了第五项,比例却突然攀升至77%。

第二个表达困难似乎是一个例外,大部分学生表示他们只是有时遇到这个问题,只有17位同学(24.3%)表示他们常常或总是不能确认应使用一组近义词中的哪一个。

另外,56%的学生表示在他们遇到学习困难时,对他们帮助最大的是同学。

77%的学生表示他们在学习时总是或常常进行汉语和泰语的比较,只有2个同学表示他们从不或只是偶尔进行这种对比。同时,84.3%的同学认为这种比较对他们的学习很有或比较有帮助。

三 统计结果分析

3.1 学习时间问题

一般而言,泰国中文系一、二年级的基础汉语教学时间每周只有8—10小时左右,而学生在课后完成作业及其他的学习时间更是严重不足。学习时间的不足直接反映到学习困难上。

我们看到,无论是在汉字、词汇还是语法学习中,学生都认为记忆是最难的,运用反而比较容易。运用和记忆之间的关联不言自明:用得越多,记得越牢。因此,学生的困难反映出真正困难的并不是所学习的内容本身,而是学习者缺乏接触、使用这些汉字、词汇和语法的机会。

3.2 有基础学生的问题

一般可以认为有基础的学生在学习中占了很大的优势,尤其是因为他们大部分出身于华人华侨家庭,部分生活于华语环境中。但是,本次调查发现他们也有许多自身的问题。

首先,他们的学习兴趣和学习意愿低于无基础学生。与他们的学习动机和他们对教材的满意程度加以对比,我们可以认为,这一现象在一定程度上表明了他们对教材和教学的要求更高,而目前未尽如人意的教材及教学现状导致了其较为低落的学习兴趣和意愿。而且,多年低效率的汉语学习也可能是一个消极因素。

其次,家庭语言环境的负面影响。

这些有基础学生在听力、汉字和阅读三个方面明显优于无基础学生,这无疑得益于他们学习了较长时间的汉语,也跟他们的家庭语言环境有关。但调查数据显示,有基础学生每周在校外接触和使用普通话的时间并不比无基础学生多,这说明绝大多数学生在家中讲的是方言或方言色彩浓重的普通话。这至少会导致两个负面的结果。

第一,学生语音不但受泰语负迁移的影响,而且受到方言的影响。更糟糕的是,这些有基础的学生对此并不知觉(数据显示,他们认为发音很容易),因此他们不但缺乏对发音进行自我监控的意识,而且没有改善发音的动机。

第二,因方言负迁移而产生词汇、语法偏误④。调查显示,有基础学生在表达方面遇到的困难明显低于无基础学生。因此,最后出现的情况很可能是,他们能比较流利地使用汉语进行表达,可是其中语音、词汇和语法的错误却很多(甚至有可能多于无基础学生),而且往往已经在其身处的语言环境中"化石化"了,难以纠正。

最后,有基础学生对无基础学生可能产生的"坏影响"。数据显示,绝大部分无基础学生在遇到学习困难时求助于同学,在遇到表达困难时,也有相当比例的人选择"查字典或问别人"。与前面一点结合考察,"问别人"的比例应远远高于"查字典"。根据我们的实际观察,情况确实如此。因此,我们可以得出以下推论:无基础学生遇到学习或表达障碍时,很有可能会向汉语水平和表达能力都较高的有基础学生求助。而如前所述,后者所提供的帮助的准确性是很成问题的。换言之,有基础学生很容易对无基础学生产生"坏影响"。

3.3 语法教学

对于非汉字文化圈的汉语学习者来说,汉字一向是学习的最难点,比较而言,语法往往是相对容易的一环。因此才出现了一些西方学习者只学听说、不学读写的现象,才出现了纯拼音版本的汉语教科书。

通过汉泰比较我们发现,以语法结构而言,汉语和泰语是非常接近的语言,相同点远远多于不同点。因此,语法学习令学生感到如此之难是极其不合理的,只能说明目前的语法教学出现了问题,不但教学效果不理想,而且使学生对语法学习的认知出现了严重偏差。

3.3.1 使用教材的问题

目前泰国高校使用的来自北京的基础教材大部分编写时间较早,存在"语法现象不分出现频率和使用价值的高低而做全面、完整的介绍,造成了语法教学内容繁杂,增加了教学难度"的缺陷,主要表现为"其一是每课安排的语法项目多,有些教材每课有三四个甚至五个语法项目。其二是某些语法项目包含的教学量大"。(吕文华,1994)

3.3.2 操练严重不足

任何有经验的语言学习者都知道,语法不是"记"住的,是"用"住的。华侨大学中文系一个班人数在30—40人之间,课时十分有限。而数据显示,学生每次课后用于学习的时间少得可怜。

3.3.3 学生语言学习基础差

泰国学生语言学习基础差,反映在两个方面。

其一,他们的外语水平普遍很低。一般的通用教材都使用英文释义和语法讲解,对于他们来说,几乎起不到帮助作用;

其二,缺乏基础的语法概念。通用的教材在讲解语法时一般都预设学习者具有基础的语法概念,如什么是名词、动词、形容词等。由于泰语的词类系统很独特,因此学生对汉语教学中通用的词类概念完全陌生。这就导致了他们感觉语法讲解很难理解。

3.4 词汇教学问题

3.4.1 "近义词"问题

调查结果中的两个事实引起我们的注意。第一,大部分学生认为自己只是有时遇到近义词辨析失败的问题。第二,年级越高的学生,越觉得生词难。二年级学生给理解生词和记忆生词定的难度系数为 6.09 和 6.44,而三年级学生定的系数为 6.75 和 6.68,四年级学生为 6.67 和 7.27。

对于泰国学习者来说,汉语的"近义词"特别多,这是由于汉语词汇比泰语更丰富,导致了大量"(汉语)多对(泰语)一"的对应关系。涉及这一对应关系时,教材中的泰语释义、现有的汉—泰词典对学习者没有任何帮助。

这种"多对一"的关系存在于虚词、实词和词组中。例如,"和"、"跟"、"对"在泰语中是同一个词;"叫"、"让(表指令)"和"给"在泰语中也是一个词;"送"、"交"和"发(信)"在泰语中是一个词;"侄子"和"孙子"也一样;"一点儿"和"有一点儿"在泰语中是一个词组。

与调查结果相印证,我们推测,受母语的影响,很多学生在入门阶段并没有意识到这些近义词是有区别的,而是把他们当成一个词来用。

而当学生有了一定的词汇量积累之后。他们开始意识到这些词是有区别的,因此开始觉得生词难,而目前还没有基于汉泰对比的词典或教材,学生难以找到有效的帮助。况且,近义词辨析对于任何一个缺乏语言环境的学生来说,都是非常困难的。

3.4.2 生词重现率与输入量

先从汉字说起。电脑拼音的输入使一部分非汉字圈的汉语学习者对汉字采取"只认不写"的学习方法,这里隐藏了一个判断:认汉字比写汉字容易。很奇怪的是,调查结果表明学生认为认汉字比写汉字难,而记汉字最难。

在真实的学习过程中,汉字总是跟词汇一起出现的,除了专门的汉字课,几乎不存在指认单个汉字的需要。相应地,学生认为记忆生词比理解和运用生词要难。

为什么会出现这样的情况呢?生词重现太少。重现率需要有足够的阅读输入量作为基础。而现在泰国汉语教学中存在忽视阅读教学的问题,学生把绝大部分词汇练习时间用于抄写词汇。

四 调查对教材编写的启示

4.1 词汇:增加阅读输入量

调查结果表明,学生学习汉语的时间严重不足,并且最希望提高的是口语表达能力。口语训练固然重要,但受到很大的外界限制,必须有良好的语言环境(自然或课堂的)。在外界条件达不到要求的情况下,教材能做什么呢？我们认为,利用学生在阅读能力上的优势(他们普遍觉得阅读比较容易,并且对自己的阅读能力表示满意),增加阅读输入量,从而增加其接触汉语的机会和时间,将学习时间从课堂上自然地延续到课后。与此同时,也增加了学生接触语法和词汇的机会。最后,当输入积累到一定程度,自然会帮助输出。

此前我也已经分析了教材砸词汇复现方面的不足,同样需要增加阅读输入量。

4.2 语法:大幅度增加练习量

在学生缺乏通过自然方式接触和使用汉语机会的情况下,通过大量的语法练习来达到操练的目的,似乎是唯一的选择。

语法练习可分为两种,一种是直接运用的,焦点集中于课堂学习过的语法点。这一部分练习,正是学生也同意目前做得太少的一种。另一种则是综合的,与听说读写的技能训练、与词汇练习紧密结合起来。这种练习的综合性,让学生能够通过比较自然的输入和表达,通过他们认为不太难的词汇练习,不知不觉地学习语法。

4.3 汉泰对比问题

4.3.1 汉泰对比的度

调查表明,绝大部分学生常常在学习中使用汉泰对比,并且认为这对他们的学习有帮助。但明确表示希望教材清楚比较两种语言的学生的却不如前面两类学生多,只占总数的49％。另有15位同学表示不希望教材这么做。

这里涉及表达困难的第三项"表达前需要用母语思考",好的外语学习者总是试图尽早克服这一困难。而如果一个学习者过分依赖母语与目的语的对比,则肯定会延迟这一过程。因此,我们认为,教材在汉泰对比的方式和分量上都要恰如其分。

首先,在对比方法上,要"明暗结合":所谓"明"对比,就是直接指出汉语与泰语之间的异同之处;所谓"暗"对比,就是通过各种输入和训练安排的不同密度和强度来落实汉泰对比,而不直接说明。

其次,随着学习的深入,慢慢减少"明"对比,渐渐地过渡到除了一些必要的语法点外,基本不再出现对比。调查数据显示,比较而言,高年级或有基础学生不那么依赖语言对比和翻译。因此,我们的教材应配合这一规律。

4.3.2 在汉泰对比的基础上强化"近义词"讲解和操练

一般来说,近义词辨析是中级汉语教学阶段的重点,初级阶段不宜进行过多的近义词辨析。但如前所述,由于存在许多"汉语多对泰语一"的情况,我们认为在教材中对这类词语进行重点讲解和操练是必要的。这样,既可以弥补词典的不足,从而使教材工具书化,也能避免学生基于母语或方言负迁移而产生的词汇使用偏误"化石化"。教材教了,学生可能一时掌握不住,但至少建立一个对错概念,使他能在使用时能进行有意识的自我监控。对于那些有基础学生来说,这一点尤其重要。

附注

① 华侨崇圣大学中文系一年级使用自编的基础教材,二年级使用经过节选的北语的初级教材。
② 这一现象普遍存在于泰国各高校。
③ 我们请学生从 1 到 10 打难度分。
④ 很明显的一个例子是"给"的滥用。在泰语中,与汉语"给"对应的词也可以表示"允许";而在粤语里,"给"也有这一用法。两种负迁移叠加固化,其结果可想而知。

参考文献

何福祥,2000,汉泰语常用单音节动词词义比较研究,博士论文。
吕文华,1994,《对外汉语教学语法探索》,北京:语文出版社。
杨汉川,1999,《现代汉泰词典》,RUAM SAN(1997)公司。
Ellis, R., 1985, *Understanding Second Language Acquisition*,(《第二语言习得概论》,上海:上海外语教育出版社,2000。

试论网上学习中文的活动

姚道中
美国夏威夷大学

提　要　随着电脑辅助教学的发展,学习中文的网站也越来越多。这些网站提供了许多不同类型的练习,有些练习是为了配合某个学校的中文课程而设计的,有些练习则给一般的学习者提供自学的机会。绝大多数的中文课程都包括了听、说、读、写四种语言技能的训练,还有不少练习是为了帮助学习者掌握生词、语法和发音而设计的。本文介绍并分析了作者熟悉的一些学习中文的网站,首先根据语言技能探讨了网站类型,然后分析了网站利用科技的情况,最后评述了网上反馈的艺术。文章还对中文学习网站的制作提出了几点建议:(1)丰富内容:任何练习最重要的是内容,如果练习本身没有教学价值,无论科技怎么先进都无法帮助学生学习。(2)增强反馈:网上练习应尽量提供指引性的反馈,而且仅仅指出对错是不够的,应该引导学习者如何获得正确答案。(3)利用科技:要在做好上面两项工作的基础上,利用现代科技使网上活动多彩多姿,更富吸引力。

关键词　电脑辅助教学　中文学习网站　课程练习　听、说、读、写技能训练　反馈

随着电脑辅助教学的发展,学习中文的网站也越来越多。这些网站提供了许多不同类型的练习,有些练习是为了配合某个学校的中文课程而设计的,有些练习则给一般的学习者提供自学的机会。本文的重点在于介绍并分析一些网上练习。首先按照语言技能排列,探讨网站能够有效地处理哪些语言技能,然后谈谈网站利用科技的情况,最后评述一下网上反馈的艺术,探讨什么样的练习对学生比较有用。目前网上和中文有关的网站很多,有收费的,也有免费的。本文所介绍的都是免费的网上练习。

一 语言技能

绝大多数的中文课程都包括了听、说、读、写四种语言技能的训练。有些网上练习是针对某一种技能而设计的,有些则混合了两种、甚至三种语言技能。除了这四种基本语言技能之外,还有不少练习是为了帮助学习者掌握生词、语法和发音而设计的。总的来说,受网络的限制,网上的练习绝大多数为听力及阅读练习,说话和书写的练习较少。

1.1 听力练习

培养学生听力的网站大致可以分为录像及录音两大类。录像类因为有图像,比较吸引人,也比较容易把学生带入语境。

1.1.1 录像类

例子,看录像,回答是非题或者选择题

美国白建华教授制作的"生存汉语录像(Video Clips of Survival Chinese)"＜http://www2.kenyon.edu/People/bai/VCSC.htm＞共有二十个单元,内容包括问路、天气、换钱、邮局等跟日常生活有关的题目。每一个单元有一小段录像。录像在屏幕的左上方,屏幕的右边列出一些问题让学生回答。学生看完录像后,用鼠标点击每个问题的正确答案。每答完一个问题,屏幕上立即会有反馈。(看图1)这个练习的优点很多。录像是在旅馆实地拍摄的,声音也相当清晰。它的反馈不仅指出答案的对错,还指引学生做进一步的学习活动。比方说,学生答错了第一题,而答案可以在第一句里找到,电脑就叫学生再听一次第一句话。第二题又答错了,电脑觉得学生不懂"护照"是什么,就提醒他弄清楚"护照"的意思。这样的反馈可以让学生知道错误所在,并通过进一步的学习而掌握听力材料。

1.1.2 录音类

例一,听录音,选择正确的英文翻译

美国加州大学伯克利分校的中文学习网站有不少听力练习。这些练习都是配合教材而设计的。学生可以上网做功课。比方

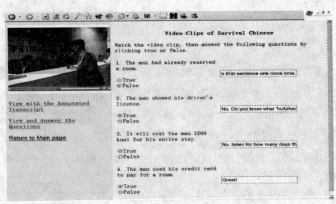

图 1

http://www2.kenyon.edu/People/bai/HotelCheckin.htm

说,学到第十课时,学生上网听一些句子。学生听完录音后用鼠标点击最正确的英文翻译。电脑会立即说"不对"或者"很好",让学生知道对错。(看图 2)

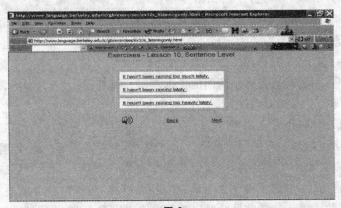

图 2

http://www.language.berkeley.edu/ic/gb/exercises/ex10s_listeningonly.html

例二,听录音然后填空

美国弗吉尼亚大学的网站有下面这样一个听写词汇的练习。屏幕上列出五个句子,每个句子都有空白部分。学生听完一句话以后,在句子的空白处键入遗漏的词汇。答完后点击"交卷"按钮,屏幕便会在每个答案的后边显示一个图形。如果答案正确,出现的是一张绿色的笑脸,答案错误,则是一张红色的鬼脸。(看图3)

图 3

http://faculty.virginia.edu/cll/chinese/1_3_2.htm

例三,听录音回答问题,然后检查答案

美国哈佛大学为中文班的同学设置了网上听力练习。有选择题、填空题,还有问答题。学生做完练习之后,可以自己查看网页上的正确答案。(看图4)

1.2 说话练习

目前网上训练学生说话的练习较少,以翻译及问答为主。下面举的两个例子都没有要求学生把答案录下来让电脑判断答案的对错,而只是提供参考答案,让学生自己决定回答得如何。

例一,翻译题:中文怎么说

英国牛津大学的听力练习,先让学生听一段录音,然后列出一些英文句子,让学生用中文来表达同样的意思。学生说完一句话

图 4

http://www.courses.fas.harvard.edu/%7Echiba/exsound/audio.htm

后,用鼠标点击屏幕上的耳机图形就可以听到标准答案,然后自己判断说得是否正确。(看图5)

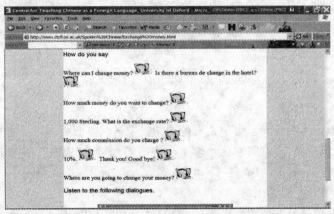

图 5

http://www.ctcfl.ox.ac.uk/Spoken%20Chinese/Exchange%20money.html

例二,问答题:回答日期

香港理工大学的说话练习,结合了听力和阅读技能。屏幕上半部用拼音、汉字和录音提出问题。屏幕下半部列出了一些答案,

让学生照着念。学生念完之后,可以马上聆听标准读法,跟自己说的话做比较。(看图 6)

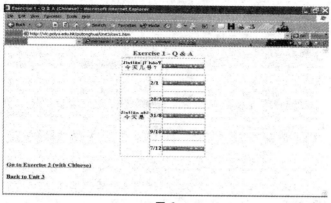

图 6

http://vlc.polyu.edu.hk/putonghua/Unit3/cex1.htm

1.3 阅读练习

例一,选择题:时间表

阅读的材料应该是包罗万象的,澳大利亚 Monash 大学有一个阅读练习是让学生根据一个上课时间表回答问题。(看图 7 和图 8)

比里的时间表

	周一	周二	周三	周四	周五
9.00				中文口语	
10.00	历史	历史	语言学	中文口语	
11.00	历史		语言学		在
12.00		中文语法		中文阅读课	家
1.00					里
2.00	政治学	中文语音室			学
3.00	政治学			语言学	习
4.00		政治学		语言学	
5.00					

图 7

http://eall.hawaii.edu/yao/icfc/index.html

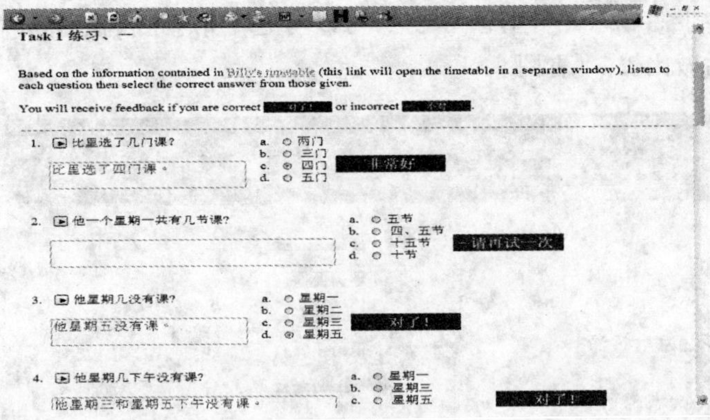

图8

http://www.arts.monash.edu.au/subjects/chinese/zh4au/intermediate/speaking/task.php?mod=01&prt=0&sctn=01&dev=0

例二,是非题:阅读理解

最常见的阅读材料还是成段的文章。澳大利亚 Monash 大学大部分的阅读练习都是让学生看完文章之后回答是非题。(看图9)

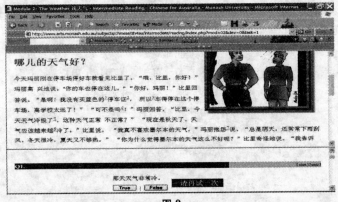

图9

http://www.arts.monash.edu.au/subjects/chinese/zh4au/intermediate/reading/index.php?mod=02&dev=0&task=1

1.4 写作练习

网上的写作练习所受的限制跟说话练习一样。电脑目前还不能很精确地判断开放式答案的对错,所以无法立即在屏幕上给予学生回馈。下面举的两个例子都让学生把答案送给老师批改。

例一,完成对话

澳大利亚 Monash 大学设计了一个结合阅读及书写的练习。让学生假想跟另一个人进行对话,屏幕上显示甲说的话,学生则扮演乙,在屏幕上的空格内键入乙该说的话。对话完成之后,把答案纸打印出来交给老师。(看图10)

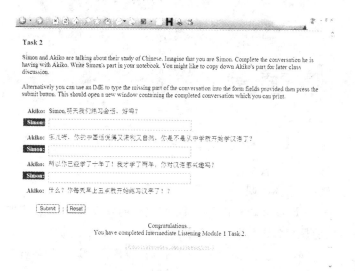

图 10

http://www.arts.monash.edu.au/subjects/chinese/zh4au/intermediate/listening/index.php?mod=01&dev=0#sctn2

例二,作文及翻译

美国卡耐基梅隆大学要求学生在网上做翻译练习及作文,做完后,通过网路把作业交给老师批改。(看图11)跟上面例一比起来,这个练习少了一道打印的手续。老师可以直接在网上看到学生的作业。

1.5 发音练习

跟发音有关的练习可以分成两大类：一类是听音练习，让学生辨别所听到的语音和声调；另一类是读音练习，要求学生发出某个语音和声调。

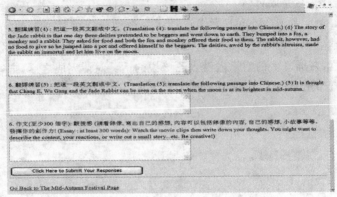

图 11

http://ml.hss.cmu.edu/courses/suemei/Moon/xie.htm

1.5.1 听音练习

例一，选择声调

Alan Peterka 设计了一套相当完整的发音练习，包括了四声、声母、韵母、测试等项目。其中的四声练习采取了选择的形式，学生点击屏幕让电脑读一个字，然后选择正确的声调。如果选对了，屏幕上就会出现一个"对"字。（看图 12）

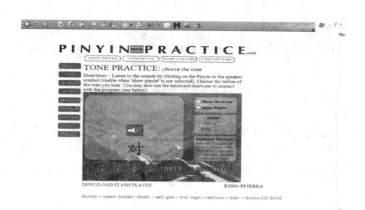

图 12

http://www.pinyinpractice.com/tones.htm

例二,填写拼音

Alan Peterka 的发音练习有一项是自我测试。学生听了一个词条后键入拼音。屏幕上也可显示汉字,成为一个读字测试。(看图 13)

图 13

http://www.pinyinpractice.com/selfquiz.htm

1.5.2 读音练习

例子:读句子

香港理工大学设计的读音练习让学生根据屏幕上的拼音或汉字读句子,然后听标准的读法,让学生自己找出错误。(看图 14)

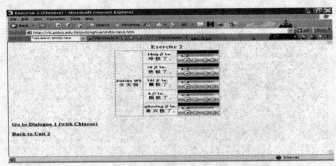

图 14

http://vlc.polyu.edu.hk/putonghua/Unit2/cex2.htm

1.6 词汇练习

词汇练习的形式相当丰富,常见的有翻译、填空、选择等方式。本文只介绍几个比较特殊的方式。

例一,美国加州大学伯克利分校设计了一个反义词配对练习

屏幕上显示左右两栏词汇,学生的任务是找出意义相反的词条。每次在左右二栏中各点击一个词条,如果两个词条的意思相反,就会从屏幕上消失。要是它们不是反义词,则变成红色,表示没选对,还得继续努力。(看图 15)

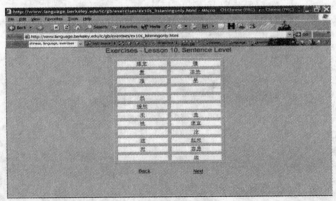

图 15

http://www.language.berkeley.edu/ic/gb/exercises/ex10s_listeningonly.html

例二，词语搭配

美国弗吉尼亚大学的词语搭配练习让学生从六个词汇中选出五个跟另外五个搭配。因为两组的数目不同，增加了难度。回答的方式是键入答案，而不仅是点击词条，又牵涉到了打字。所以学生必须会在电脑上输入汉字才能作答。（看图16）

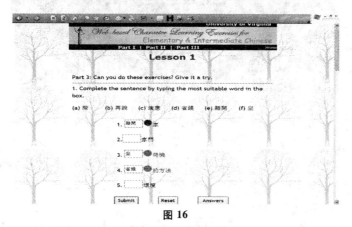

图 16

http://faculty.virginia.edu/cll/chinese/1_3_1.htm

例三，选择题：词汇练习

美国加州大学中文班的学生 Dmitry Chirkin 为了帮助自己记住词汇，特地设计了一个练习词汇的软件。词条按在课本内出现的顺序编排，练习采取选择的方式，有中译英跟英译中两种练习。屏幕上方显示汉字，学生从下面的四个英文词汇中选取正确的翻译。若是答对了，就会进入下一个词条。若是答错了，同一个词条会再出现三次，强迫学生多回答几次，加深印象。（看图17）

图 17

http://eall.hawaii.edu/yao/icfc/index.html

1.7 语法练习

网上的语法练习大部分是选择题。在此只列举几个利用了电脑功能的练习。

例一,改正词序

美国学生学习汉语时,经常会犯词序上的错误。弗吉尼亚大学有一种网上练习就是故意把一句话里的几个词语放错位置,让学生调整词序。学生得把正确的句子重新打字输入,电脑会立即告诉学生对错。(看图 18)

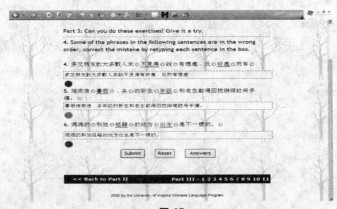

图 18

http://faculty.virginia.edu/cll/chinese/1_3_7.htm

例二,重组句子

美国学生在使用时间词时经常会把词序弄错。这是因为英语的时间词可以放在句首或句尾而意思不变,汉语则没有这种伸缩性,时间词必须放在固定的地方。孙珞老师设计的时间词练习,让学生重组句子,是一个很有效而且很友善的练习。学生只要用鼠标把拆开的句子的各部分按正确的词序排列就行了,不必重新打字。(看图19)

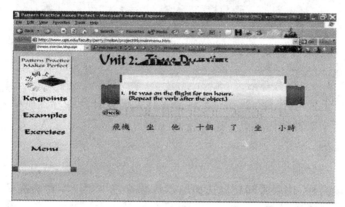

图 19

http://www2.ups.edu/faculty/perry/mellon/project99/openpage.htm

例三,用鼠标填空

孙珞老师的结果补语练习采用的是选择式的填空法。屏幕上列出了六个句子,每个句子都缺少了补语,屏幕下方有六个结果补语让学生选用。学生做习题时不需要打字,只要用鼠标把正确的补语挪动到句子中的空格里就行了。这个练习和上一个练习都充分利用了电脑科技的长处,值得我们学习。(看图20)

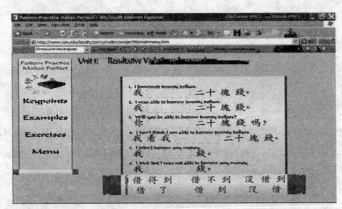

图 20

http://www2.ups.edu/faculty/perry/mellon/project99/openpage.htm

1.8 综合练习

上面介绍了一些针对某种语言技能而设计的练习。现在要介绍几个牵涉到两种以上语言技能的练习。

例一，听力与阅读

结合澳大利亚 Monash 大学二年级的听力练习，先让学生听一段会话，让后听问题做选择题。每题有三个用汉字写的选择，学生要能看懂汉字才能回答。（看图 21）

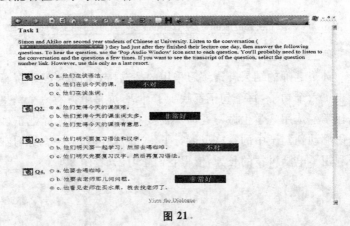

图 21

http://www.arts.monash.edu.au/subjects/chinese/zh4au/intermediate/

例二,阅读与词汇结合

老师教词汇时,应该让词汇在语境中出现,这样才能让学生正确地掌握词汇的用法。做练习时也应把词汇跟语境结合。美国弗吉尼亚大学有一个生词练习就采用了这个原则。屏幕上列出了一些生词,生词下面有一段含有几个空白的短文,学生的任务是从所列的词汇中选出适当的填入空白处。(看图22)

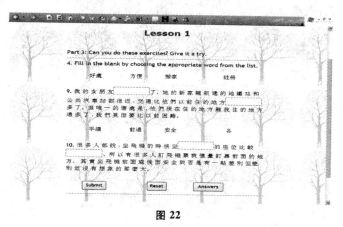

图22

http://faculty.virginia.edu/cll/chinese/1_3_11.htm

上面举的例子虽然不多,可是可以看出网上的练习包含了各种语言技能。听力和阅读练习多半采用选择题,电脑可以立即告诉学生对错;说话和写作练习大多采用问答的方式。由于受到了科技的限制,并不要求学生把答案输入电脑,由电脑来判断对错,而是提供标准答案,让学生自己核对,或者把批改习题的责任交给老师,让学生把答案送给老师看。

二 练习形式

以练习的形式来分,网上练习绝大多数都是选择题,填空和是非题较少,配对和重组就更少了。大部分的练习都是比较传统的,也有一些以游戏姿态出现的练习。美国加州大学戴维斯分校的靳茉莉（Mary Jacob）教授设计了很多网上游戏来帮助学生掌握词汇。下面举几个例子给大家参考：

例一，汉字配拼音

屏幕显示十六张卡片，其中的八张用汉字写着不同的词语，另外八张写着它们的拼音。学生的任务是把汉字和拼音配对，用鼠标点击一个汉字卡，再点击跟它成对的拼音卡。如果配成对，那两张卡片就会翻过来显示背面的图案。（看图23）

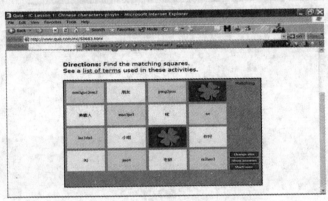

图 23

http://www.quia.com/mc/50683.html

例二，翻对子

这个游戏用的也是十六张卡片，八张汉字、八张拼音。上面那个游戏的卡片都是翻开的，可是这个游戏的卡片都只显示背面，看不到卡片上写的是什么。玩的方法是每次翻两张，看看是否刚好是两张可以配对的汉字卡跟拼音卡。如果刚好是一对，那两张卡片就继续开着，若不成对子，就又翻回背面。每翻一次，右边的积分表就增加一分。游戏结束后，看积分的多少来决定成绩的好坏，积分越少则成绩越好。（看图24）

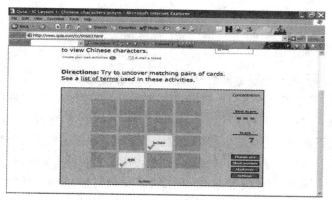

图 24

http://www.quia.com/cc/50683.html

例三，找拼音

这个游戏是一个翻译练习。屏幕中间显示一些看起来杂乱无章的英文字母和数字，英文字母是拼音，数字代表声调，屏幕下方显示一些词语。学生的任务是在屏幕上找出每个词语的拼音。拼音排列的方法不但可以从上到下或从左到右，还可以从下到上或从右到左。所以要仔细地看才能找到答案。每找对一个，电脑就会显示一颗金星，作为奖赏。（看图 25）

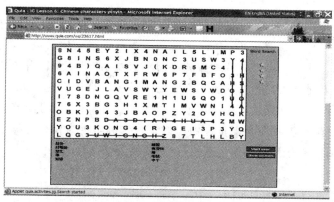

图 25

http://www.quia.com/cc/23617.html

三　电脑科技

　　网上练习应该尽量利用科技。可是有些练习并没有充分利用科技,只是把书本上的习题搬到网上而已,实在可惜。我们设计网上练习时应尽量利用目前网上已有的科技,如图片、声音、录像等。网上练习应尽可能立即提供回馈。目前听力和阅读练习比较容易马上让学生知道答案的对错;说话练习由于受到科技的限制,不要求学生录音,因此没有办法判断学生答案的对错,只能让学生听事先预备好的标准答案。比较理想的做法是,让学生回答问题时用麦克风把答案输入电脑,跟电脑里储存的正确答案做比较,判断之后立即给予回馈。当然这种做法也只限于一些简单的问答题和发音练习。如果正确的答案太多的话,设计电脑练习的人恐怕不可能想到所有的正确答案。那么,电脑就无法精确地判断答案的对错。写作练习若是很简单而又很死板的翻译练习,电脑也许可以看得出答案的对错,若是作文,则很难判断文章的好坏。

四　反馈艺术

　　电脑最大的好处是能很快地处理学生输入的答案,并指出答案的对错。目前所见到的网上练习大多数都能做到这一点,但是也只限于这一点。只有少数的练习不但指出对错,而且引导学生进一步地学习。最好的反馈方法是不但告诉学生错在那里,还能告诉学生对在哪里。由于网上练习大多是选择题,很可能有些答案是猜对的,而不是真正会做。如果能告诉学生为什么答案是对的,那么对于猜对的学生来说,就是提供了一个学习的机会。

五　结　语

　　纵观各色各样的网上练习,有些利用了先进科技,有声有色,制作精美,颇为吸引人,有些练习虽然看起来制作简单,但是在反

馈方面下了很大的工夫,具有较高的教学价值,显然是资深教师设计的。对于有志设计网上练习的同仁,笔者有下列几点建议:

1. 丰富内容。任何练习最重要的是内容,如果练习本身没有教学价值,无论科技怎么先进都无法帮助学生学习。如果科技与教学法不能两全时,我们觉得应该以教学法为重。有教学价值的练习才值得做。

2. 增强反馈。网上练习应尽量提供指引性的反馈。仅仅指出对错是不够的,应该引导学习者如何获得正确答案。不但错误的答案应该有反馈,说明错在何处。就是对的答案也应该有反馈,说明为什么答案如此。这样,如果学习者只是猜对的,看了反馈之后,也会有所收获。

3. 利用科技。如果上面两项工作都能做好的话,设计网上练习的老师可以动动脑筋,如何利用科技使网上活动多彩多姿,更吸引人。网上练习应尽量避免重复书本可以做的事情,应尽量利用声音及图像。如果练习的目的不是训练学生打字,则应尽量让学生用鼠标来回答问题,这样可以节省不少时间。

首届国际汉语教学与习得研讨会
论文讨论综述

周小兵

首届国际汉语教学与习得研讨会于2004年12月26—27日在广州举行。会议由中山大学国际交流学院主办。来自美、法、韩、新加坡、越南等16所高校的19名学者,来自中国27所高校的63名学者、教师及研究生参加了会议。中山大学、暨南大学等高校的40多名教师、研究生旁听了大会发言和小组讨论。

一 论文研究内容

大致分八个方面。

1. 综合研究。如范开泰从汉语韩语结构特点、表达习惯和韩国人学习汉语的心理特征入手,探讨对韩汉语教学的策略。周清海对现代汉语中语言变体、文言和字词进行描写,提出对外汉语教师应该具备跟本族汉语教师不同的知识结构。赵延风考察"S+'一'+V"的成句条件及其对习得过程的影响,并提出相应的教学对策。朱其智统计"由"字句在不同体裁中的频率,考察留学生偏误,并通过实验证明教学效果。

2. 汉语本体研究。研究语法的最多,如刘兵从新的角度,尤其是计算语言学的视点对现代汉语介词功能语属性进行探讨。再如任海波、王刚的《基于语料库的现代汉语离合词形式分析》及牟世容的《副词"并"+否定词的语义句法考察》。

3. 汉外对比。如周健从五个方面探讨英汉对比分析在教学中的作用和价值。其他均为语法对比。

4. 认知习得研究。数量比例为历次研讨会之最。如王建勤全面探讨、评估联结主义在语言学习研究中的价值,是很好的理论研究。语言要素的认知习得十二篇,如高定国等实验考察部件语音信息对假字识别的影响。此外还有论文探讨中介语、考察学习策略和技能发展。

5. 偏误分析。从宽泛的角度看,偏误分析也可并入习得研究类。其中有讨论语音偏误的(陈凡凡、何黎金英),有探讨句法、篇章偏误的(蔡晓、赵成新),还有描写新闻汉译偏误的(叶蓉)。这些论文大都都以汉外对比作为基础,偏误分析有理有据。除了生成性偏误之外,还有论述理解性偏误的(陈淑梅)。

6. 汉语教学。此大类内部可分多个小类:国别教学如白乐桑的《法国汉语教学的总况》,语言要素和课程教学十二篇,还有教学法、课堂操练、测试、教材和词典编写、师资培养和少儿教学等。

7. 现代技术应用。如姚道中考察了多个汉语学习网站,运用丰富的例子,从多个角度讨论利用网络学习中文的情况和实用价值。

8. 对外汉语教学史。李炜探讨琉球官话课本的五种版本、年代和语言特点。

从总体上看,本次会议的论文涵盖了学科主要领域,尤其是习得研究成果很多,研究方法也呈多样性:有定性研究和定量考察,有理论阐述和实证研究,有个案考察和问卷调查,也有基于语料库的分析。相对薄弱的有理论研究、词汇的本体研究和汉外对比、教学模式的探索等等。

二　研讨热点与动向

1. 教学内容的确定。从某种意义上讲,"教什么"是学科研究的起点。一些与会者提出"大汉语",强调要教典型变体,但不否定非典型变体;对"写错字"算错、"写白字"才算对的测试标准答案提出异议。一些与会者认为提"大汉语"不妥,易将方言和海外华人社区的不规范汉语引进普通话。随着汉语作为第二语言学习和使用范围的迅速扩大,"教什么"及相关的"大汉语"观,将是未来长期的研究课题,会引起更多更激烈的讨论。

2. 对比分析。语言对比是对外汉语教学学科研究的一个重要基础,也是本次会议一个热点。有对比理论方面的讨论:如邓守信提出对比应从句法扩展到语义结构和特性;孟柱亿认为基于第二语言学习的教学语法,应该以学生母语为基点、从外国人学习出发、从表达入手进行构建。有具体语言点的对比:如阮黄英和其他两位与会者分别探讨汉语跟越南语、西班牙语、英语的语法对比。还有理论和事实结合的论述,如陈珺使用"关键相似度"的理论对汉韩某对副词进行对比,并描述了韩国人学习汉语的情况。我们期望对比研究能继续向语义、语用方向扩展,能够更多考虑学生母语和学生习得,能够加上语言类型学的视点,使之视角更为广阔,并能更好地为汉语作为第二语言的教与学服务。

3. 认知习得研究。学习研究是学科三大基本内容之一,也是本次会议倡导的重要议题。语音习得有四篇,如李彦春、侯晓虹研究韩国学生双音节词的声调发音规律,谢小丽考察日本学生舌尖后音的产生和发展途径。词汇语法方面,如江新、高珊研究词边界对不同水平者阅读理解的影响,曾金金探讨印尼学生对能愿动词的使用。不少论文用心理学的理论方法手段,扩宽、增加了研究视野和深度,显示出对外汉语跨学科的性质。其中词界划分对阅读影响的研究,对语言规划也有启发。

4. 国别教学。除法国外,还有对美、韩、新加坡、越南等国汉语教学的探讨。如吴英成从宏观角度探索新加坡及全球华语使用层面,范开泰从主题入手论述对韩汉语教学特点,王秀珍从对比和操练等方面讨论对韩汉语教学的重点难点,何黎金英从偏误入手讨论对越南人的语音教学方法。只有对国别汉语教学的特点研究深透了,对外汉语教学的共性研究规律探索才可能上一个台阶。

5. 语言与技能教学。这是学科研究的传统内容,也最能体现学科的应用性,成果不少。如刘乐宁探索非目的语环境下语法点导入、教学、训练与巩固的方法,刘晓梅提出同义词解释应强化对比、凸现信息,张世涛论述词汇结构教学的必要性,王松岩、李海鸥分别讨论口语速成和听力教学,张洪明、郝红艳分别探讨古汉语教学和零起点混合班课程。

6. 开发研究。基础、应用、开发是科学研究三部分,后者的成果如大纲、教材、词典,可直接服务社会。本会相关研究如:翟汛等分析字表的字种、字量和排序,徐霄鹰探讨基于双语对比的泰国中文系汉语教材编写,赵新、刘若云从收词、释义、辨析、用例入手探讨留学生近义词典的编写。现代科技形成磁盘软件或网络教学,也属开发研究内容。属应用研究的对外汉语要结合基础研究,更要重视开发,将研究成果转化为产品以直接推动教学。

三 海内外的研究取向与人才梯队

研讨会在推动海内外汉语教学与习得的研究互动上起了积极作用,同时也显示出海内外研究的一些特点。

海外更关注以下问题:

1. 课堂操练。如梁新欣、顾百里、朱永平分别论述操练在一对一教学、高级汉语教学、不同年级教学中的设计与应用。王秀珍论述了韩国课堂教学的操练方法。这些操练方法不但对海外教学有指导意义,对国内教学也有启发作用。

2. 现代技术应用。除姚道中外,白建华论述了高科技提高教学效率的原则,李艳惠探讨了教学中使用科技手段的成效及成败的原因。

3. 师资培养。如孙朝奋论述教师具备基本汉语史知识的重要,周质平对教学界匠人日益增多、学者日益减少表示忧虑。目前将汉语作为外语学习的人数,海外逾千万,国内不到 10 万。海外汉语教师数量严重不足。培养更多的好教师,海外教学界更有紧迫感,国内教学界应承担更多任务。当然,师资培养远远赶不上学生数量的增长,更多利用现代技术,才能满足需求。要使海外学汉语的人数大幅度地提高,只有更好地开发多媒体互联网等技术,才有可能实现这个目标。

国内更关注以下问题:

1. 汉语习得。二十一篇论文都是国内作者撰写。原因有三：一是中国国内更强调学科建设,而汉语作为第二语言的习得研究正是学科建设的重要内容;二是有更多的师资和更强的科研队伍;三是好多高校有更多的来自多个国家和地区的二语学习者。希望今后多一些国内外合作研究,多引进一些二语习得的最新成果,以推动学科健康、均衡地发展。

2. 专用教材和学生词典编写。前者有莫秀英、林华生对编写《医学专业汉语课本》的探索,有徐霄鹰对编写泰国中文专业汉语教材的研究;后者有赵新对编撰近义词学习词典的论述。全球学汉语人数剧增,要求教学朝着分语种、专用化方向发展,要求有适合外语学习的各类词典。相信今后类似的开发研究成果会更多。

本次会议有不少国内在读研究生和刚毕业的博士硕士参加,其中一些论文表现出作者良好的发展前景:如对留学生形声字形旁意识发展的实验研究,对日本学生心理词典表征结构的考察及词汇加工模型的建构,对介词"向"的分析与教学研究,对同义词教学静态系统化、动态程序化的论述,对修辞结构理论和语篇教学的分析,对高级综合课教学的探讨。年轻一代的成长,预示着国内梯队建设日趋成熟、学科建设后继有人。

首届国际汉语教学与习得研讨会论文总目

（按作者姓名音序排列）

白建华	*高科技手段在对外汉语教学中的有效融入
白乐桑	*法国汉语教学总况
蔡　晓	从留学生偏误看协同副词的语义句法特征
陈凡凡	韩国学生普通话主要韵母发音－知觉的实验研究
陈　珺	汉语副词"比较"和汉语相关形式的对比
陈淑梅	留学生汉语学习中的理解偏差
崔颂人	管窥对外汉语成绩测试兼谈试题编写的原则与技巧
邓守信	*对比分析与语法教学
邓淑兰	关于汉语中级写作教学的一些思考
邓小宁	留学生"得"字补语句习得考察
范开泰	*对韩汉语教学的特点
高定国　章睿健　丁玉珑	*部件的语音信息对于假字识别的影响
顾百里	*操练在高级对外汉语教学中的必要性
郝红艳	零起点混合班对外汉语教学课程的设置
何宝璋	对外汉语教材问题浅谈
何黎金英	越南学生汉语声韵母偏误分析
何　薇	对象类介词"向"的分析与教学
江　新　高　珊	不同视觉空间条件下的汉语阅读
孔庆蓓	修辞结构理论与对外汉语语篇教学
黎　静	日本留学生心理词典的词汇通达——一项关于双音节汉日同形词的研究

李丹丹	外国学习者汉语写作中的回避现象研究
李海鸥	听力理解中的语篇分析
李 蕊	留学生形声字形旁意识发展的实验研究
李 炜	*琉球官话课本与清代对外汉语教学
李彦春 侯晓虹	初级汉语水平韩国留学生汉语双音节词的声调发音规律研究
李艳惠	科技与汉语教学的结合及评估
李 英	含"没"的否定结构在英语中的表现形式
李宇凤	高级综合课教学探讨
梁新欣	对外汉语微型操练课的设计原则与技能
林 欢	浅谈中级写作课中的语法教学
林 凌	"向、往、朝"与西班牙语 hacia、a 的对比
林齐倩	"NP + 在 NL + VP"与"在 NL + NP + VP"
刘 兵	现代汉语介词功能与属性研究
刘乐宁	*语法点的导入与巩固
刘晓梅	高级班对外汉语教学同义词的范围与辨析
刘正文	关于海外汉语师资培训的几点思考
吕俞辉	"丝毫"句语法语义考察
孟柱亿	*汉语教学语法描写的新构思
莫秀英 林华生	新编《医学专业汉语课本》的编写原则
牟世荣	副词"并"+否定词的语义句法考察
彭淑莉	留学生报刊阅读中专有名词的识别与理解
钱玉莲	第二语言学习策略的定义和实质
任海波 王 刚	基于语料库的现代汉语离合词形式分析
阮黄英	*现代汉语偏正结构的名词性短语与越南语对比
单韵鸣	国际学校学生及汉语教学策略
孙朝奋	对外汉语教师必备的汉语史知识
王汉卫	"等级大纲"音义词教学初探
王建勤	*联结主义的语言习得观
王松岩	中高级阶段口语速成教学与评估
王秀珍	《对外汉语教学大纲》的借鉴与对韩汉语教学的思考

吴 琳	对外汉语教学中的同义词教学
吴门吉	意义被动句与"被"字句习得难度比较
吴英成	*全球情景下的华语作为第二语言教学
谢小丽	日本学生汉语舌尖后音的产生和发展途径
邢志群	对外汉语教学法理论初探
徐霄鹰	分语种教材编写中的双语对比——以泰国汉语基础教材编写为例
严慧仙	中介语中的固化现象及其成因
姚道中	试论网上学习中文的活动
叶 蓉	新闻汉译与偏误分析
曾金金	印尼学生使用能愿动词的探讨
翟 汛 王若萱 韩丽丹 唐伟群 易洪川	对《高等学校外国留学生汉语言专业教学大纲汉字表》的一点认识
张高翔	对外汉语教学中的敬语问题
张 舸	初级阶段留学生话语分析
张洪明	古汉语教学对象分类及相关的教学法意义
张 觉	编写对外汉语教材要注意"四性"
张世涛	"字本位"和"词本位"以外的思考——汉字与词语关系及词汇教学顺序的考察
赵成新	留学生汉语语篇语法偏误的语内因素考察
赵 新 刘若云	*编写《外国人实用近义词词典》的几个基本问题
赵延风	"S+'一'+V"成句条件初探——兼议制约结构成句因素对习得过程的影响及对策
周 健	英汉对比分析在汉语教学中的作用与价值
周清海	*语言变体、文言、字词与对外汉语教师
周质平	在"匠人"与"学者"之间——美国对外语教学的尴尬处境
朱锦岚	从 HSK(高等)成绩看听说读写技能的发展
朱其智	"由"字句的语法项目选取依据研究
朱永平	控制式操练教学法在不同年级汉语教学中的运用

注:有星号的论文在大会宣读。

后　记

　　2004年12月26—27日,由中山大学国际交流学院主办的"首届国际汉语教学与习得研讨会"在中国广州举行。来自6个国家的82位专家、学者、教师和研究生参加了会议,提交论文75篇。收入本集的论文,绝大多数是在这次会议上宣读的。

　　这个集子选入40篇论文。来自美国的12位学者,在本次会议前参加了国家汉办主办、北京语言大学和南开大学承办的"新世纪对外汉语教学——海内外的互动和互补研讨会"学术演讲讨论会。他们的论文大多选入那个会议的论文集。有一些在本次研讨会上宣读的论文,现已或将要在一些刊物上刊登,故没有收入本集。有些与会者会后提交入选本集的论文或论文题目跟会议论文或论文题目不同。

　　本论文集由周小兵、朱其智、周健、赵新编辑。

编者